에듀윌과 함께 시작하면,
당신도 합격할 수 있습니다!

취업 성공을 위해
한경TESAT S급을 취득하여 자신감을 얻은 취업 준비생

바쁜 일상 속에서도
새로운 도전으로 1급 합격을 이룬 직장인

비전공자여서 망설였지만
두 달 만에 2급에 합격하여 학점을 취득한 편입 준비생

누구나 합격할 수 있습니다.
해내겠다는 '다짐' 하나면 충분합니다.

마지막 페이지를 덮으면,

**에듀윌과 함께
한경TESAT 합격이 시작됩니다.**

한경TESAT 1위

에듀윌 한경TESAT
합격 스토리

에듀윌 합격 커리큘럼으로 S급 달성했어요!

황O욱 합격생

에듀윌 인강으로 TESAT 공부를 시작했습니다. 전공이 상경계열이라 쉽게 이해되는 부분도 있었지만, 배운 지 오래된 내용들은 잘 기억이 나지 않았기에 에듀윌 인강이 많은 도움이 되었습니다. 특히 이론에 실제 기사 내용을 접목시켜서 설명해 주신 것이 이해하는 데 큰 도움이 되었습니다. 교재는 한권끝장을 1회독 후 600제 문제집으로 부족한 부분의 문제를 풀었습니다. 맞힌 문제와 틀린 문제 모두 오답 정리를 꼼꼼히 한 덕분에 최고 등급의 성적을 받을 수 있었던 것 같습니다. 다른 수험생 분들도 에듀윌 인강으로 개념을 익힌 후 충분히 복습하신다면 좋은 성적을 받으실 것 같습니다.

기출문제가 있어 합격이 쉬웠어요!

정O진 합격생

단기간에 TESAT을 준비해야 했던 저는 에듀윌 한권끝장 교재를 중심으로 인강을 수강했습니다. 경제이론은 책과 강의 내용을 충분히 이해하는 것이 중요합니다. TESAT은 기출문제가 굉장히 중요한데, 에듀윌 교재에는 실제 기출문제가 함께 수록되어 있었습니다. 거의 동일한 문제가 출제되는 등 실제 시험에 적중률이 높아 이를 풀어보고 시험에 응시한 점이 '1급'을 획득할 수 있었던 포인트였던 것 같습니다. 이론 뒤에 수록된 기출동형 연습문제도 실제 시험과 매우 유사하기 때문에 시간이 된다면 문제를 모두 풀어보는 것을 추천합니다.

비전공자도 고등급 취득 가능해요!

이O진 합격생

저는 편입을 준비하고 있어 학점을 취득하기 위해 TESAT을 공부했어야 했습니다. 하지만 저는 경제 관련 전공자가 아니고, 다른 일과 병행했기에 시간이 많이 없었습니다. 그래서 독학보다는 인강을 듣는 게 더 효율적이라고 보았습니다. 저는 에듀윌 이종학 교수님의 강의를 수강했는데요. 비전공자임에도 불구하고 교수님의 알기 쉬운 설명과 재치 있는 입담으로 지루하지 않게 들을 수 있었습니다. 에듀윌에서 만든 TESAT 한권끝장 교재도 이름이 왜 한권끝장인지 알 수 있는 알찬 구성이었습니다. 강의와 교재로 공부한 결과, 3급이 목표였는데 결과는 '2급'으로 기분 좋게 초과 달성했습니다!

다음 합격의 주인공은 당신입니다!

더 많은
합격 스토리

에듀윌 한경TESAT

회원 가입하고
100% 무료 혜택 제공

무료 혜택 1

초보 수험 가이드
학습플랜/샘플문제
&고득점 전략 TIP 제공

*PDF로 제공

무료 혜택 2

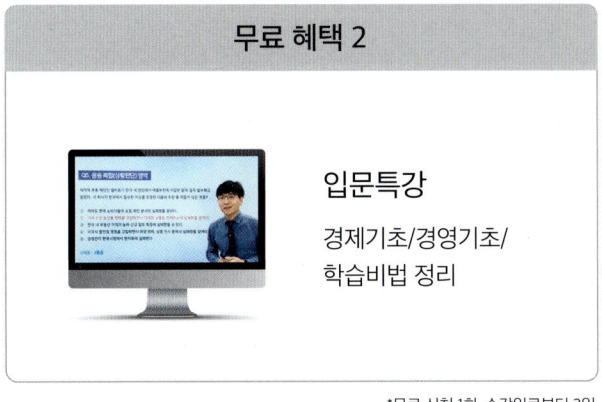

입문특강
경제기초/경영기초/
학습비법 정리

*무료 신청 1회, 수강일로부터 3일

무료 혜택 3

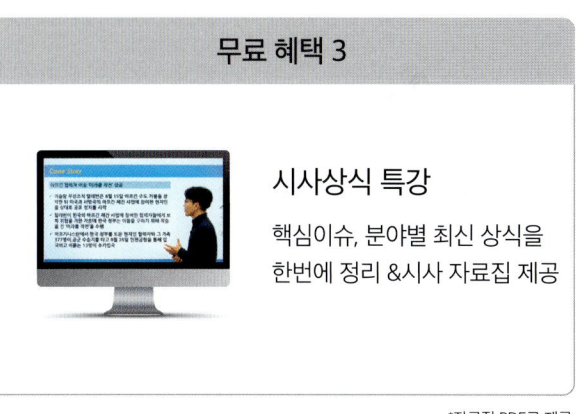

시사상식 특강
핵심이슈, 분야별 최신 상식을
한번에 정리 &시사 자료집 제공

*자료집 PDF로 제공

무료 혜택
바로 가기

※ 상기 혜택은 에듀윌 홈페이지 회원 가입 시 무료로 제공되며, 예고 없이 변경되거나 종료될 수 있음

한경TESAT 1위

1초 합격예측
모바일 성적분석표

클릭 한 번으로 1초 안에 성적을 확인할 수 있습니다!

활용 GUIDE

실시간 성적분석 방법!

- STEP 1: QR 코드 스캔
- STEP 2: 모바일 OMR 입력
- STEP 3: 자동채점 & 성적분석표 확인

STEP 1
QR 코드 스캔

- QR 코드를 모바일로 스캔 후 에듀윌 회원 로그인

STEP 2
모바일 OMR 입력

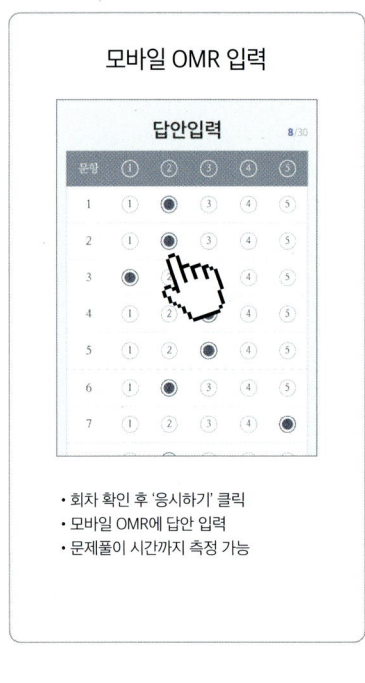

- 회차 확인 후 '응시하기' 클릭
- 모바일 OMR에 답안 입력
- 문제풀이 시간까지 측정 가능

STEP 3
자동채점 & 성적분석표 확인

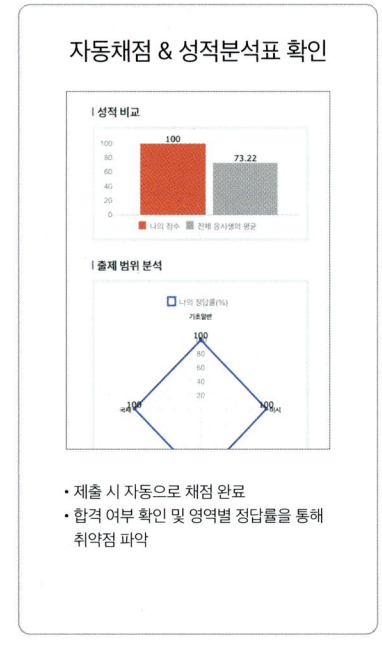

- 제출 시 자동으로 채점 완료
- 합격 여부 확인 및 영역별 정답률을 통해 취약점 파악

에듀윌이
너를
지지할게
ENERGY

처음에는 당신이 원하는 곳으로
갈 수는 없겠지만,
당신이 지금 있는 곳에서
출발할 수는 있을 것이다.

– 작자 미상

에듀윌 TESAT
회차별 기출문제집
+무료특강

오직 에듀윌 제공
TESAT 자가 진단표

점수 확인하기
자동채점 서비스를 이용하여 편하게 채점하고, 점수의 변화를 기록하시기 바랍니다.

과목	87회 기출	86회 기출	85회 기출	79회 기출	78회 기출	77회 특별 기출	74회 특별 기출	74회 기출
경제이론	/100점	/100점	/100점	/100점	/100점	/100점	/100점	/100점
시사경제·경영	/100점	/100점	/100점	/100점	/100점	/100점	/100점	/100점
상황추론·판단	/100점	/100점	/100점	/100점	/100점	/100점	/100점	/100점
합계	/300점	/300점	/300점	/300점	/300점	/300점	/300점	/300점

최신 4회분(87회~79회) 문항별 키워드

☑ 반복적으로 틀리는 키워드를 파악하여 자신의 약점을 보완할 수 있습니다.

87회 기출 키워드

1	국부론	21	총수요	41	매파, 비둘기파	61	공급의 감소
2	물가안정목표제	22	시장 유형	42	전기차	62	조세의 종류
3	공유지의 비극	23	한계생산체감의 법칙	43	주가지수	63	물가 안정
4	GDP	24	가격탄력성	44	포트폴리오	64	인수의 장점
5	중앙은행의 역할	25	무차별곡선	45	가산금리	65	GNI
6	불황형 흑자	26	매몰비용	46	어닝 쇼크	66	외부효과
7	완전경쟁시장	27	보호무역	47	포워드 가이던스	67	가격 차별
8	통화정책	28	생산가능곡선	48	차등의결권제도	68	실업률, 경제활동참가율
9	콩도르세의 역설	29	디플레이션	49	서학개미	69	저출산
10	실업의 종류	30	공급 충격	50	특허	70	환율 변동
11	밴드왜건 효과	31	근린궁핍화정책	51	일본	71	환율 변동
12	경상수지	32	피벗	52	그래놀라즈	72	소득 분배
13	코즈의 정리	33	우선주	53	그린래시	73	ELS
14	가격차별	34	엥겔지수	54	경상수지	74	금리 인상
15	자원의 희소성	35	온디바이스 AI	55	반도체	75	소득세
16	예금자보호제도	36	경기 선행 지수	56	김치 프리미엄	76	가격 규제
17	실질 이자율	37	텐 배거	57	ESG	77	무인 로보택시
18	가격 통제	38	CBDC	58	인플레이션의 종류	78	SSM 규제
19	보완재	39	자기 주식	59	휴머노이드	79	관세의 효과
20	인플레이션	40	우주 산업	60	메기효과	80	경제 성장의 미래

86회 기출 키워드

1	경제의 기초	21	노동시장	41	경제고통지수	61	경제 기본
2	환율	22	소득 불평등	42	골디락스	62	CRB지수
3	금융시장	23	이윤극대화	43	대만	63	긴축적 통화정책
4	정부개입	24	실업	44	국제통화체제	64	독점의 장점
5	케인즈 거시경제학	25	가격탄력성	45	충당금	65	금융 자산
6	중앙은행	26	경기부양책	46	카니발라이제이션	66	환율
7	경제 성장	27	잠재 GDP	47	홍해	67	완전경쟁시장
8	유동성 함정	28	맬서스	48	보호무역	68	경제 동향
9	가격차별	29	인플레이션	49	주주의 권리	69	수요공급의 변화
10	수요 변화, 수요량 변화	30	케인즈 방정식	50	HMM	70	독점 시장
11	오버슈팅	31	리튬	51	NATO	71	경쟁 시장
12	고전학파 시장경제	32	치킨게임	52	합종연횡	72	생애 소득 가설
13	효율적 시장 가설	33	비트코인	53	핌피	73	외부효과
14	외부효과	34	물가 지수	54	시가총액	74	조세 수입
15	정상재	35	매그니피센트7	55	그린워싱	75	금융거래
16	필립스 곡선	36	스톡옵션	56	부채 축소	76	정보비대칭
17	기회비용	37	칩플레이션	57	CVC	77	독점적 경쟁
18	스태그플레이션	38	디플레이션	58	파생결합증권	78	통화정책
19	정보의 비대칭	39	넛 크래커	59	경제학자	79	국가부채
20	공공재	40	직접금융	60	수출입	80	상업의 발전

자신의 점수와 약점을 한눈에!

점수로 나의 등급 파악하기

점수	ZONE
270	S급 ZONE
240	1급 ZONE
210	2급 ZONE
180	3급 ZONE
150	4급 ZONE
120	5급 ZONE
0	입문 ZONE

87회 기출 / 86회 기출 / 85회 기출 / 79회 기출 / 78회 기출 / 77회 특별 기출 / 74회 특별 기출 / 74회 기출

210 223 219

85회 기출 키워드

#	키워드	#	키워드	#	키워드	#	키워드
1	경제의 기초	21	WTO	41	임금피크제	61	통화정책
2	경기침체	22	금융상품	42	국부펀드	62	시장 균형의 이동
3	GDP	23	예금자보호제도	43	행동주의	63	환율 하락의 효과
4	공유지의 비극	24	부정적 외부성	44	DSR	64	역선택과 도덕적 해이
5	유동성 함정	25	비교우위	45	스트림플레이션	65	총수요곡선, 총공급곡선
6	완전경쟁시장	26	대체재, 보완재	46	워크아웃	66	투자 포트폴리오
7	국채 발행	27	노동 시장	47	나이키 커브	67	시장실패
8	규모에 대한 수익 불변	28	가격 통제	48	최저한세율	68	소득 분배
9	수요곡선	29	총수요, 총공급	49	딩크	69	중간배당
10	국채 매입	30	통화정책	50	전략적 투자자, 재무적 투자자	70	위험과 기대수익
11	실업	31	OPEC	51	마이너스 금리	71	매파, 비둘기파
12	구성의 오류와 인과의 오류	32	디플레이션	52	생활인구	72	가격하한제
13	잠재성장률	33	게임 체인저	53	웨어러블	73	기준금리 인상
14	국가 신인도	34	백기사	54	승자의 저주	74	거시 경제의 목표
15	지대 추구행위	35	디지털 트윈	55	유니콘, 헥토콘	75	수요 공급의 변화
16	무차별곡선	36	케인즈	56	인공지능	76	특허권
17	경기 예측	37	알트코인	57	흑사병	77	인구 감소
18	실증경제이론	38	빅배스	58	네덜란드	78	거시 경제 변수
19	조세의 효과	39	인플레이션	59	경기침체	79	과세제도
20	재정정책의 효과	40	인구론	60	하이퍼 인플레이션	80	국부론

79회 기출 키워드

#	키워드	#	키워드	#	키워드	#	키워드
1	기회비용	21	경제활동 참가율	41	아르헨티나	61	물가 안정
2	통화정책	22	시장 균형	42	카니발리제이션	62	기업가 정신
3	조세의 효과	23	솔로우 성장모형	43	미국 3대 지수	63	외환시장
4	경제성장 정책	24	자중손실, 사중손실	44	균형 재정	64	좀비기업
5	가격차별	25	환율 상승 요인	45	금융 상품	65	수요 공급의 변화
6	GDP	26	자원의 희소성	46	R의 공포, 리세션	66	이윤극대화
7	미시경제학	27	총수요 총공급	47	그린메일	67	치킨게임
8	저축의 역설	28	비교우위	48	최저임금	68	재정 건전성
9	재화의 종류	29	총수요	49	갈라파고스	69	소득 분배
10	화폐 중립성	30	기펜재	50	투자세액 공제	70	글로벌 최저한세
11	공유지의 비극	31	페트로	51	무역 장벽	71	GDP
12	독점적 경쟁 시장	32	주식시장	52	ISA	72	독과점
13	물가 안정 목표제	33	화폐유통속도	53	금융허브	73	수요 공급의 변화
14	실업의 종류	34	황금주	54	리디노미네이션	74	국부론
15	소비자 잉여	35	CES	55	공매도	75	경제 체제
16	실질이자율	36	님비	56	불황형 흑자	76	인구 통계
17	소비자 효용	37	서학개미	57	프로크루스테스의 침대	77	기대수익과 위험
18	도덕적 해이	38	파킨슨 법칙	58	포퓰리즘	78	통화정책
19	기업의 특징	39	시너지	59	중진국 함정	79	경기종합지수
20	필립스 곡선	40	동맹	60	테슬라	80	수출주도 성장

구성

최다 기출문제 8회분

기출문제 풀이
모바일로 QR 코드를 스캔하여 OMR에 정답을 체크하면 자동으로 채점됩니다.

등급예측 + 성적분석
실제 시험이었을 경우, 예상 등급과 약점이 무엇인지 파악할 수 있습니다.

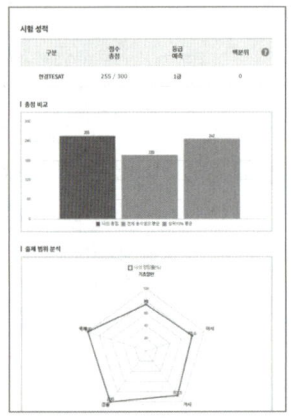

기출해설 무료특강

차례 페이지에 있는 QR 코드만 스캔하면, 전체 기출해설 특강(총24강)을 모두 무료로 시청하실 수 있습니다. 저자의 해설강의를 들으며 부족한 부분을 보완하시기 바랍니다.

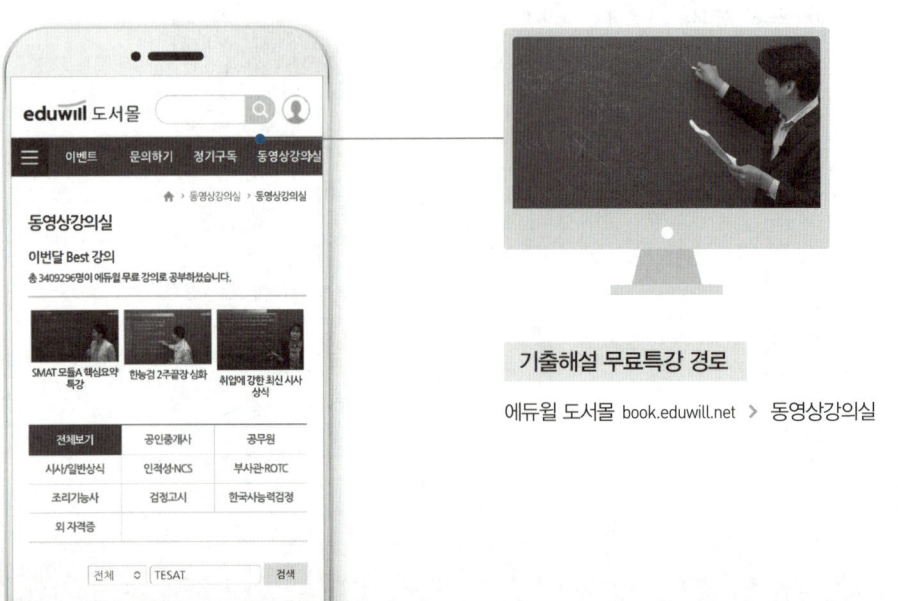

기출해설 무료특강 경로
에듀윌 도서몰 book.eduwill.net ▶ 동영상강의실

차례

최다 기출문제 8회분

87회 기출문제	p. 14	정답 및 해설	p. 2
86회 기출문제	p. 32	정답 및 해설	p. 14
85회 기출문제	p. 50	정답 및 해설	p. 26
79회 기출문제	p. 68	정답 및 해설	p. 38
78회 기출문제	p. 86	정답 및 해설	p. 49
77회 특별 기출문제	p. 104	정답 및 해설	p. 60
74회 특별 기출문제	p. 122	정답 및 해설	p. 72
74회 기출문제	p. 140	정답 및 해설	p. 83

기출해설 무료특강

QR 코드는 무엇으로 스캔할까?

❶ [네이버앱] → 그린닷 → 렌즈
❷ [카카오톡] → 더보기 → 코드 스캔
❸ 스마트폰 내장 카메라
❹ Google Play 또는 App Store에서 QR 코드 스캔 앱 설치

TESAT의 모든 것

TESAT이란?

TESAT이란 'Test of Economic Sense And Thinking'의 약어로 시장경제에 대한 지식과 이해도를 측정하는 경제 지력·사고력 테스트이다. 단편적인 경제 지식을 묻는 퀴즈식 시험이 아니라 복잡한 경제현상을 얼마나 잘 이해하고 있는가를 객관적으로 평가하는 종합경제 시험이다. 한국경제신문이 주최하며 2010년 11월 정부로부터 '국가공인' 자격시험으로 인정받았다.

출제기준 및 배점

☑ 출제기준

▶ **경제이론**

경제 정보를 이해하는 데 필요한 주요 경제 이론 지식을 테스트한다. 경제기초, 미시, 거시, 금융, 국제 등 경제학 전 분야에서 골고루 출제된다.

▶ **시사경제(경영)**

경제·경영과 관련된 뉴스를 이해하는 데 필요한 배경지식을 테스트한다. 새로운 경제정책과 산업, 기업 관련 뉴스 이해에 필요한 경제·경영 상식을 검증한다.

▶ **응용복합(상황판단)**

경제, 경영, 시사 상식을 결합한 심화 영역으로 경제상황을 분석·추론·판단할 수 있는 종합 사고력을 테스트한다. 자료(통계)해석형, 이슈분석형, 의사결정형의 문항으로 출제한다. 여러 변수를 고려해야 하는 경제이해력의 특성을 감안해 마련한 영역이다.

☑ 배점

영역	출제 범위	지식이해 (3점)	적용 (4점)	분석추론 (5점)	합계
경제이론	기초일반, 미시, 거시, 금융, 국제	20문항 60점	10문항 40점	–	30문항 100점
시사경제 (경영)	정책(통계), 상식(용어), 경영(회사법, 회계, 재무)	20문항 60점	10문항 40점	–	30문항 100점
응용복합 (상황판단)	자료해석, 이슈분석 의사결정(비용편익분석)	–	–	20문항	20문항 100점

2025 시험일정 및 시간

☑ 2025 시험일정

회차	시험일자	접수기간	성적발표일
95회	2025.02.15.(토)	2025.01.02. ~ 2025.02.03.	2025.02.21.
96회	2025.03.22.(토)	2025.02.18. ~ 2025.03.10.	2025.03.28.
97회	2025.05.17.(토)	2025.03.25. ~ 2025.05.05.	2025.05.23.
98회	2025.06.28.(토)	2025.05.20. ~ 2025.06.16.	2025.07.04.
99회	2025.08.09.(토)	2025.07.01. ~ 2025.07.28.	2025.08.14.
100회	2025.09.20.(토)	2025.08.12. ~ 2025.09.08.	2025.09.26.
101회	2025.11.15.(토)	2025.09.23. ~ 2025.11.03.	2025.11.21.
102회	2025.12.27.(토)	2025.11.18. ~ 2025.12.15.	2026.01.02.

☑ 시험시간

입실	오전 9시 30분까지	고사장	서울, 인천, 수원, 부산, 대구, 대전, 광주, 전주, 창원, 제주, 강원
시험시간	100분 (오전 10시 ~ 11시 40분)		

※ 상황에 따라 고사장이 변경될 수 있으므로 정확한 내용은 TESAT 홈페이지를 참고하시기 바랍니다.

TESAT의 모든 것

등급 및 유효기간

☑ 점수에 따른 등급

총점을 기준으로 경제이해력 정도를 나타내는 S(최고 등급), 1~5의 등급을 부여하며, 백분율 석차도 함께 표시하고 있다.

* **TESAT이 검증하는 경제이해력** : 국내외에서 발생하는 각종 경제 정보를 제대로 이해하고 이를 바탕으로 주어진 경제 상황에서 합리적인 판단을 내리거나 주요 경제 이슈에 대해 독자적으로 의견을 제시할 수 있는 능력이다.

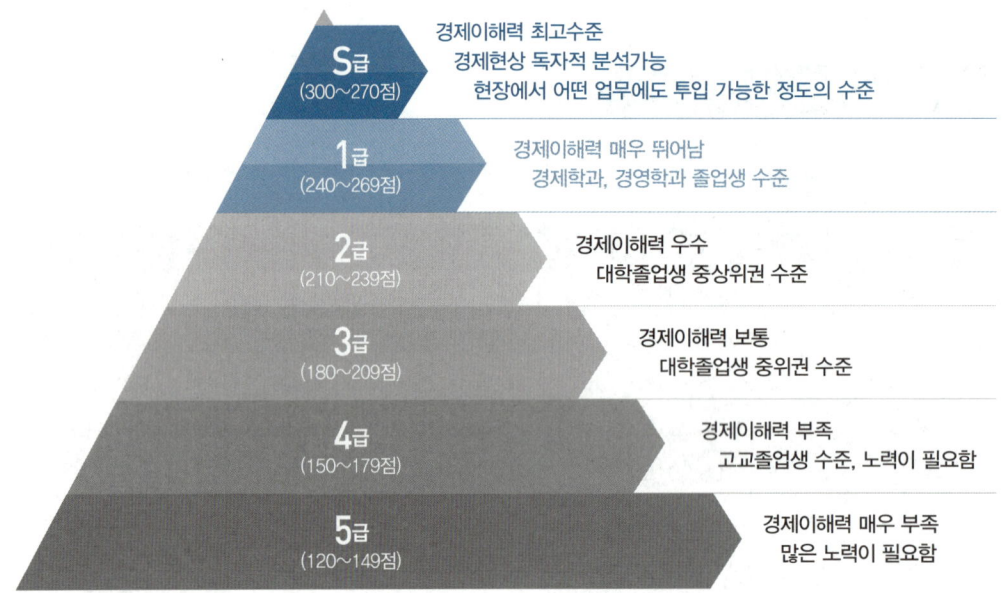

* 120점 미만은 등급 외

☑ 성적 유효기간

성적 유효기간은 응시일로부터 2년이다. 2년 후에는 성적표의 재발급이나 성적 확인이 불가능하다.

TESAT의 활용 현황

활용 기업·단체

대졸 신입사원 채용 시 활용하는 기업·단체	• 삼성그룹 • SK • 코오롱 • 아모레퍼시픽 • 오뚜기 • 신영증권 • 한화그룹	• 현대차 • GS리테일 • BGF리테일 • 대우건설 • KT&G • IBK기업은행 • SPC그룹	• 현대제철 • 대림 • CJ • 넥센타이어 • 한국거래소 • 미래에셋증권 • 애경산업	• 현대카드 • S-oil • 모두투어 • 신세계 • KB국민카드 • 한국관광공사
임직원 승진 인사에 활용하는 기업·단체	• 퍼시스 • SK네트웍스	• 한국투자증권 • DB그룹	• 한국경제인연합회	

대입(학생부종합전형 기재) 시 사용

소관 부처	자격종목	등급	자격관리자
기획재정부	국제금융역	-	(사)한국금융연수원
	외환전문역	Ⅰ·Ⅱ종	
	경제이해력검증시험(TESAT)	S급, 1·2·3급	한국경제신문사
	경제경영이해력인증시험 매경TEST	최우수, 우수	매일경제신문사
	원가분석사	-	(사)한국원가관리협회

학점은행제 인정 학점으로 사용

분류	자격명	인정학점		표준교육과정 해당 전공	
		기존	변경 (18.04.01)	전문학사	학사
경영/경제	경제이해력검증시험(TESAT) S급	20	20	경영	경영학, 경제학
	경제이해력검증시험(TESAT) 1급	18	19		
	경제이해력검증시험(TESAT) 2급	16	18		
	경제이해력검증시험(TESAT) 3급	14	17		

국가공인 1호 경제이해력 검증시험
제87회 TESAT 문제지

* 모바일로 정답입력 후
  등급예측 및 성적분석

성 명

수험번호

국가공인 1호 경제이해력검증시험
제87회 TESAT 문제지

- 문제지 표지에 성명과 수험번호를 적었는지 확인하십시오.
- 경제이론과 시사경제·경영은 문항당 3점, 4점이고 상황추론·판단은 문항당 5점입니다.
- 시험시간은 100분입니다.

〈 경제이론 〉

1. 영국의 경제학자 애덤 스미스의 『국부론』에서 설명하는 경제 체제의 특징으로 적절하지 않은 것은?

   > 우리가 저녁 식사를 맛있게 할 수 있는 것은 정육업자 양조업자 및 제빵업자들이 자비로워서가 아니라 그들이 이익을 추구하기 때문이다. 그러나 이렇게 행동하는 가운데 보이지 않는 손의 인도를 받아서 사회 전체의 이익이 증가한다.

   ① 혁신과 경제성장을 촉진한다.
   ② 국민들의 정치·경제적 자유가 보장된다.
   ③ 수요와 공급에 따라 결정된 가격으로 거래를 한다.
   ④ 정부가 복지를 무상으로 제공하여 소득분배도 공평히 한다.
   ⑤ 기업은 소비자가 원하는 제품을 판매하여 이윤을 극대화한다.

2. 한국의 물가안정목표제에 대한 설명으로 옳지 않은 것은?
   ① 물가안정목표는 인플레이션 변동성을 낮추는 것이 목적이다.
   ② 한국은행은 물가안정목표를 달성하기 위해 금융통화위원회에서 기준금리를 결정한다.
   ③ 현재 우리나라 물가안정목표는 소비자물가상승률(전년 동기 대비) 기준 2%이다.
   ④ 물가안정목표는 한국은행이 중기적 관점에서 달성하고자 하는 물가상승률 목표를 말한다.
   ⑤ 물가안정목표는 정해진 적용기간이 종료될 때까지 변경하지 못하도록 한국은행법에 명시되어 있다.

3. 아래 그림에서 소유권이 없는 초원이 무분별한 사용으로 황폐화되는 상황을 무엇이라 하는가?

   ① 기펜의 역설
   ② 가치의 역설
   ③ 공유지의 비극
   ④ 마천루의 저주
   ⑤ 살로메의 비극

4. 올해 국내총생산(GDP) 계산에 포함되지 않는 것은?
   ① 올해 생산한 자동차의 재고
   ② 지하경제의 거래 금액
   ③ 가사 도우미에 대한 임금
   ④ 기업이 국내에서 벌어들인 영업이익
   ⑤ 국내 공장에서 근무하는 외국인 근로자의 임금

5. 경기침체 시 '중앙은행'이 시도하는 정책으로 옳지 않은 것은?
   ① 소득세 및 법인세율 인하
   ② 기준금리 인하
   ③ 공개시장에서 채권 매입
   ④ 재할인율 인하
   ⑤ 지급준비율 인하

6. 아래 상황을 설명할 수 있는 용어로 알맞은 것을 고르면?

   > A국 중앙은행의 발표에 따르면 4월 경상수지도 흑자를 기록했다. 흑자 폭은 지난달보다 커졌다. 하지만 내용을 보면 수출이 큰 폭으로 줄어든 가운데 경기침체와 투자 위축 등으로 수입이 수출보다 더 큰 폭으로 감소하여 나타난 결과이다.

   ① 피구효과
   ② 레온티에프 역설
   ③ 불황형 흑자
   ④ 트리핀 딜레마
   ⑤ 쌍둥이 적자

7. 완전경쟁시장에서 가격과 거래량이 결정되는 과정을 설명한 내용 중 옳지 않은 것은?
   ① 수요가 증가하면 시장가격은 상승한다.
   ② 초과공급이 존재하면 시장가격은 하락한다.
   ③ 공급이 감소하면 거래량이 줄어들고 가격은 상승한다.
   ④ 상품의 수출이 증가하면 수출 상품의 국내 시장가격은 하락한다.
   ⑤ 정상재의 경우 소득이 증가하면 재화의 가격은 상승한다.

8. 중앙은행의 통화정책 가운데 통화량이 감소하는 정책은?
   ① 공개시장에서 국채를 매각한다.
   ② 시중은행에 대한 대출을 확대한다.
   ③ 재할인율을 5%에서 3.5%로 인하한다.
   ④ 외환시장에서 달러화를 매입한다.
   ⑤ 법정 지급준비율을 3%에서 2%로 인하한다.

9. 다수결 투표 제도에선 개인들의 선호가 모두 이행성을 충족하더라도 사회 전체 선호가 이행성이 충족되지 않는 경우 투표 결과가 순환되는 현상이 발생할 수 있다. 이처럼 다수결 투표제 아래에서 투표 순서에 따라 서로 다른 결과가 나타날 수 있으며, 따라서 사회적 선호를 가릴 수 없다는 것을 뜻하는 용어는?
   ① 만장일치
   ② 섀도 보팅
   ③ 패스트트랙
   ④ 승자의 저주
   ⑤ 콩도르세의 역설

10. 직장인들이 이직을 미루는 이유 중 하나로 ⊙을 첫 순위로 언급하고 있다. ⊙과 관련한 실업에 대한 설명으로 옳지 <u>않은</u> 것은?

    > 〈이직을 미룬 이유(복수응답)〉
    > • 혹시 발생할 이직 공백기가 부담스러워서(⊙): 51.1%
    > • 원하는 기업의 채용 공고가 안 나와서: 44.5%
    > • 채용 취소 등 불확실성이 커서: 25.2%
    > • 재직 중인 직장의 업무가 늘어서: 18.9%
    > • 회사 사정이 안 좋아질 수 있어서: 15.3%

    ① 탐색적 실업이라고도 한다.
    ② 자발적 실업의 종류 중 하나이다.
    ③ 자연실업률 수준에서는 해당 실업이 존재하지 않는다.
    ④ 실업급여 지급 기준 완화는 이 실업을 증가시킬 수 있다.
    ⑤ 일자리에 대한 정보망 확충은 해당 실업을 감소시키는 요인이다.

11. '친구 따라 강남 간다.'의 속담에서 의미하는 소비행태는 무엇인가?
    ① 톱니효과
    ② 낙수효과
    ③ 피터팬 증후군
    ④ 밴드왜건효과
    ⑤ 스톡홀름 증후군

12. 경상수지와 관련한 설명 중 옳지 않은 것은?
   ① 경상수지 흑자 규모는 외환보유액 증가 규모와 그대로 일치한다.
   ② 경상수지는 수출이 부진하더라도 흑자를 보이는 경우가 있다.
   ③ 달러화 대비 원화 환율의 변화는 경상수지 실적에 영향을 미친다.
   ④ 국제 원자재 가격의 상승은 경상수지 흑자 달성에 부정적인 요인이다.
   ⑤ 경상수지는 상품수지, 서비스수지, 본원소득수지, 이전소득수지의 합이다.

13. 코즈의 정리와 관련한 설명으로 옳은 것은?
   ① 긍정적 외부 효과에서만 작동한다.
   ② 허가권을 가진 하나의 독점주체가 시장에서의 효율성을 높일 수 있다.
   ③ 이해관계자들이 늘어날수록 갈등 사항에 대한 해결이 더 힘들어진다.
   ④ 거래비용이 크더라도 시장 메커니즘은 효율적인 결과에 도달할 수 있다.
   ⑤ 외부효과를 일으키는 행위에 대한 법적 권리가 누구에게 있는지가 외부효과 해결에 중요한 요인이다.

14. 아래는 한 영화사의 요일과 시간대에 따른 가격표이다. 영화사의 이와 같은 행위를 무엇이라 하는가?

■ 일반(3D)

요일	시간대	일반	청소년
월~목	모닝(06:00~)	12,000	11,000
	브런치(10:01~)	15,000	12,000
	일반(13:01~)	16,000	13,000
금~일(공휴일)	모닝(06:00~)	13,000	11,000
	브런치(10:01~)	17,000	14,000
	일반(13:01~)	17,000	14,000

   ① 순차게임
   ② 가격차별
   ③ 롱테일 법칙
   ④ 파레토 효율
   ⑤ 네트워크효과

15. 경제문제가 항상 존재하는 근본적인 이유로 가장 옳은 것은?
   ① 인간의 욕구에 비해 자원이 희소하기 때문이다.
   ② 인간의 행동은 항상 이타적이기 때문이다.
   ③ 인구의 증가속도가 매우 빠르기 때문이다.
   ④ 정부가 민간 경제의 자원 배분을 통제하기 때문이다.
   ⑤ 인간은 생활필수품에 대한 소비가 일정하기 때문이다.

16. 한국의 예금자보호제도와 관련한 설명으로 옳지 않은 것은?
   ① 다수의 소액 예금자를 보호하려는 목적을 지닌다.
   ② 예금보험공사가 해당 제도를 법에 따라 운영하고 있다.
   ③ 대규모 뱅크런을 예방하고 금융시스템을 유지하기 위한 제도이다.
   ④ 정기예금, 양도성예금증서(CD), 환매조건부채권(RP) 등이 보호 대상이다.
   ⑤ 원금과 소정의 이자를 합해 1인당 최고 5,000만 원까지의 예금을 보호한다.

17. 처음 계약에 비해 채권자가 가장 큰 이익을 보는 경우를 고르시오.

	명목 이자율(%)	실제 인플레이션(%)	예상 인플레이션(%)
①	5	2	5
②	6	5	2
③	7	4	6
④	8	6	4
⑤	9	9	9

18. A국 정부가 시장가격이 P^*인 어떤 제품에 대한 가격상한을 P_0로 설정했다. 이때 발생하는 사회적 후생손실의 영역으로 알맞은 것을 고르면?

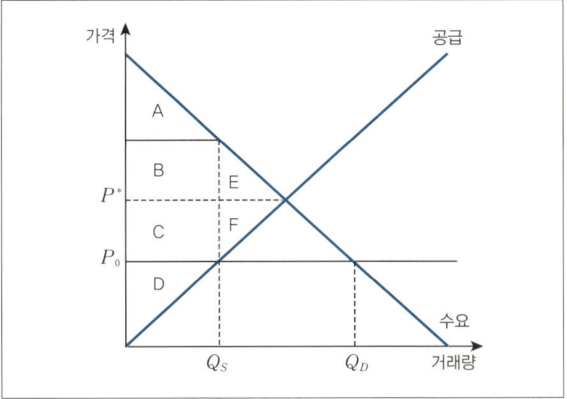

① B+C
② E+F
③ A+B+E
④ C+D+F
⑤ B+C+E+F

19. 완전경쟁시장에서 거래되고 있는 X재와 Y재의 수요곡선은 우하향한다. X재의 가격이 크게 오르자 Y재의 수요도 감소했다. 이때 Y재에 대한 분석으로 옳지 <u>않은</u> 것은?

① X재와 Y재는 보완관계이다.
② Y재의 거래량은 감소한다.
③ Y재 공급자의 잉여는 감소한다.
④ Y재 생산기업의 매출은 증가한다.
⑤ 소비자잉여와 생산자잉여의 합은 감소한다.

20. 빈번한 인플레이션이 초래하는 현상이 <u>아닌</u> 것은?

① 조세제도체계를 왜곡한다.
② 일반적으로 돈을 빌려준 사람이 불리하다.
③ 화폐 보유에 대한 기회비용이 낮아진다.
④ 기업은 재화의 가격을 조정하는 데 드는 비용이 발생한다.
⑤ 금이나 부동산 대신 현금을 더 많이 보유한 기업들이 불리하다.

21. 총수요(AD)를 증가시키는 요인이 <u>아닌</u> 것은?

① 순수출의 감소
② 기업의 투자 증가
③ 정부의 재정지출 증가
④ 가계의 소비지출 증가
⑤ 중앙은행의 기준금리 인하

22. 아래는 기업의 수 및 상품의 질에 따라 시장유형을 구분한 것이다. (가)~(라) 시장에 대한 설명으로 옳지 <u>않은</u> 것은?

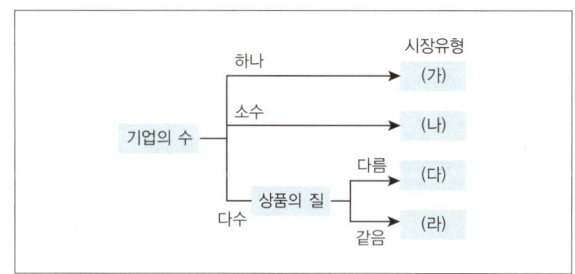

① (가) 시장은 정부 허가권과 같은 진입 장벽이 존재한다.
② (가)와 (나)의 기업은 가격 설정자이다.
③ (나) 기업의 선택은 게임이론으로 설명할 수 있다.
④ (다) 기업은 (라) 기업보다 시장 지배력이 크다.
⑤ (라) 기업은 광고, 디자인과 같이 기업 간 비가격경쟁이 치열하다.

23. 자본재나 노동과 같은 생산요소의 투입을 한 단위 늘림에 따라 추가로 생산되는 제품의 수량이 감소하는 것을 일컫는 개념은?

① 풍선효과
② 확증편향
③ 한계생산체감의 법칙
④ 현시선호이론
⑤ 범위의 경제

24. 수요의 가격탄력성이 완전탄력적일 때, 이와 관련한 설명 중 옳은 것은?
① 수요곡선의 모양은 수직선이다.
② 공급이 증가하면 가격이 상승한다.
③ 공급이 감소하면 재화의 거래량은 증가한다.
④ 세금을 누구에게 부과하든 항상 공급자가 모든 세금을 부담한다.
⑤ 재화의 가격이 상승했을 때, 가격상승률보다 수요량감소율이 더 낮다.

25. 무차별곡선과 연결되는 소비자선호의 기본공리 중 볼록성(convexity)을 가장 잘 설명한 내용은?
① 재화의 선호는 갑자기 변할 수 없다.
② 재화의 소비량이 많을수록 효용도 증가한다.
③ 두 개의 재화 중 일방적으로 하나의 재화만을 매우 선호한다.
④ 소비묶음 A보다 B를 선호하고, B보다 C를 선호하면 A보다 C를 선호한다.
⑤ 소비자는 극단적인 재화묶음보다 여러 재화가 골고루 섞여 있는 재화묶음을 선호한다.

26. 아래 그림에서 오른쪽 프랑스 담당자가 간과한 경제 개념은?

① 가변비용
② 매몰비용
③ 고정비용
④ 메뉴비용
⑤ 구두창비용

27. 아래의 주장과 이를 달성하기 위한 수단을 알맞게 짝지으면?

> 비교우위에 따라 무역을 하면 우리나라는 비교우위가 없는 시계를 영원히 생산하지 못하게 됩니다. 이것은 말이 안됩니다. 국민은 국내에서 생산한 시계를 찰 수 있도록 외국산 시계를 당분간 수입하지 말아야 합니다.

	주장	수단
①	보호무역	WTO
②	보호무역	관세
③	자유무역	FTA
④	자유무역	수출보조금
⑤	폐쇄경제	WTO

28. 아래 그림은 생산가능곡선이다. 이에 대한 설명으로 옳지 않은 것은?

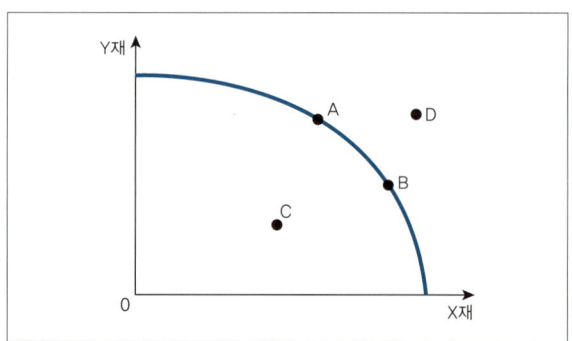

① A점에서 D점으로 이동하려면 기술의 발전 등이 필요하다.
② 곡선상의 A점과 B점은 X재와 Y재를 최대한 생산할 수 있는 산출물 조합이다.
③ C점은 A점보다 주어진 생산요소의 활용이 비효율적인 상태이다.
④ D점은 현재 주어진 자원과 기술 수준으로는 달성하기 어려운 상태이다.
⑤ 갑국이 A점, 을국이 B점에 있다면 무역을 하지 않는 것이 옳다.

29. 디플레이션과 관련한 설명 중 옳지 않은 것은?
   ① 디플레이션이 발생하면 단기 실질이자율은 높아진다.
   ② 디플레이션이 발생하면 중앙은행은 확장통화정책을 시행한다.
   ③ 디플레이션이 발생하면 빚 상환 부담이 오히려 더 늘어난다.
   ④ 디플레이션이 예상되면 가계는 소비를 미래로 미루려고 한다.
   ⑤ 디플레이션은 농산물의 물가만 지속적으로 하락하는 현상을 가리킨다.

30. 아래 지문에서 나타난 사건의 영향에 따른 국내 단기 필립스곡선의 변화로 알맞은 것은? (단, 단기 필립스곡선은 우하향하는 모양이다.)

   > 수에즈운하는 세계 컨테이너 운송 물량의 30%가 오가는 물류 요충지이다. 이를 통과하는 선박은 지난해 주당 평균 114척이었다. 이 수치가 올 들어 50척 밑으로 떨어졌다. 발단은 작년 10월 터진 이스라엘-하마스 전쟁이다. 하마스의 지원을 받는 예멘의 후티 반군이 수에즈운하 길목(호르무즈해협)을 지나는 선박에 무차별 공격을 감행하고 있어서다. … (중략) … 제조업체들의 피해는 갈수록 커지고 있다. 한국에서 유럽과 북미 동안으로 가는 화물 운송료가 치솟은 데다 납기일마저 늦춰지고 있기 때문이다. 르노코리아의 올 1월 유럽 수출 차량이 1년 전(7929대)보다 97% 줄어든 226대에 그친 이유가 여기에 있다.
   > ○○경제신문, 2024. 3. 18.

   ① 필립스곡선 자체가 좌측으로 이동
   ② 필립스곡선 자체가 우측으로 이동
   ③ 필립스곡선상에서 균형점이 좌측으로 이동
   ④ 필립스곡선상에서 균형점이 우측으로 이동
   ⑤ 필립스곡선 변화 없음

〈 시사경제 · 경영 〉

31. 무역에서 다른 나라의 경제를 희생시키면서 자국의 이익을 추구하는 행위를 무엇이라 하는가?
   ① 콜드게임
   ② 트리플 악재
   ③ 스트레스 테스트
   ④ 2080 법칙
   ⑤ 근린궁핍화정책

32. 중앙은행이 통화정책을 전환하거나 스타트업이 사업 전략을 변경하는 것 등을 공통적으로 가리키는 용어는?
   ① 피벗
   ② 인소싱
   ③ 풀체인지
   ④ 챗봇
   ⑤ 스위프트

33. 기업 경영과 관련한 의결권이 없는 대신 보통주에 비해 배당을 더 받을 수 있는 것이 특징인 주식은?
   ① 황제주
   ② 실권주
   ③ 가치주
   ④ 우선주
   ⑤ 테마주

34. 통계청 가계동향조사에 따르면 지난해 소득 하위 20%(1분위) 가구는 식료품·비주류음료 구매에 월평균 25만 9,000원으로 전년(26만 원)보다 소폭 감소했다. 이에 따라 전체 소비지출(127만 1,000원)에서 식료품 지출이 차지하는 비중인 '이것'은 20.3%를 기록하며 전년(2022년)보다 감소했다. 독일의 통계학자의 이름으로 만든 '이것'은 무엇인가?
   ① 빅맥지수
   ② 하상계수
   ③ 엥겔지수
   ④ 슈바베계수
   ⑤ 앳킨슨지수

35. 아래는 한국인이 외국인 앞에서 한국말로 질문을 하자 스마트폰이 해당 질문을 외국인에게 바로 영어로 통역해주는 모습이다. 이와 같이 각종 전자기기에 인공지능이 탑재되어 자체적으로 정보를 처리하여 사용자 맞춤형 서비스를 제공하는 기술을 무엇이라 하는가?

① 디파이
② 블록체인
③ 로보어드바이저
④ 빅블러
⑤ 온디바이스 AI

36. BSI, CSI의 기준점이 '이것'을 기준으로 높으면 경기전망이 긍정적, 낮으면 부정적으로 본다. '이것'은 얼마인가?

① 5
② 10
③ 50
④ 100
⑤ 200

37. 증시에서 텐 배거의 정의로 가장 적절한 것은?

① 비상장 종목이다.
② 상장폐지 가능성이 높다.
③ 경영권 방어가 어렵다.
④ 주가가 저평가 상태이다.
⑤ 수익률이 매우 높다.

38. '이것'은 중앙은행이 발행하는 전자 형태의 화폐이다. 민간이 발행 주체인 비트코인 등과 비교해 가격이 안정적이고, 가치저장 기능을 한다는 장점이 있다. 여러 나라에서 '이것'과 관련한 논의가 활발히 진행 중이다. '이것'을 표현한 영어 약자를 고르면?

① LBO
② MMF
③ CBDC
④ APEC
⑤ NAFTA

39. 최근 정부가 기업 가치 제고와 주주 환원 확대 계획으로 투자자와 소통하며 국민과 기업이 상생·성장할 수 있도록 추진하고 있는 기업 밸류업 프로그램이 주목받고 있다. 정부는 이와 관련하여 주주가치 제고를 위해 '이것' 소각에 대한 세제 혜택을 주겠다는 방침이다. 기업이 보유한 자기 회사의 주식인 '이것'은 무엇인가?

① 황금주
② 주도주
③ 방어주
④ 자사주
⑤ 배당주

40. 아래 나열한 내용에 해당하는 산업은?

• 블루 오리진
• 팰컨9
• 스타링크

① 철강
② 우주
③ 해운
④ 바이오
⑤ 조선

41. 중앙은행에서 통화정책을 결정할 때, 이들 간의 대립이 있다고 한다. 동물이름에서 유래한 것으로, 경제성장을 중시하는 (A)와 물가안정을 중시하는 (B)의 우위가 어디 있느냐에 따라 통화정책의 방향이 결정되기도 한다. (A)와 (B)를 순서대로 알맞게 짝지은 것은?

	(A)	(B)
①	비둘기파	매파
②	매파	비둘기파
③	황소파	왝더독
④	매파	황소파
⑤	백로파	비둘기파

42. 미국 기업인 루시드, 리비안, 테슬라, 니콜라는 공통적으로 어떤 제품을 생산하는가?
① 전기차
② 설탕
③ 복제약
④ 비행기
⑤ 슈퍼컴퓨터

43. 아래에서 미국의 3대 주가지수를 고르면?

ㄱ. 닥스 지수
ㄴ. 다우존스 지수
ㄷ. 코넥스 지수
ㄹ. 나스닥 지수
ㅁ. S&P500 지수

① ㄱ, ㄴ, ㄷ
② ㄱ, ㄷ, ㅁ
③ ㄴ, ㄷ, ㄹ
④ ㄴ, ㄹ, ㅁ
⑤ ㄷ, ㄹ, ㅁ

44. 포트폴리오의 개념을 가장 잘 설명한 격언은?
① 소문에 사서 뉴스에 팔라.
② 무릎에서 사고 어깨에서 팔아라.
③ 밀물이 들어오면 모든 배가 뜬다.
④ 계란을 한 바구니에 담지 말라.
⑤ 하락하는 시세는 염라대왕도 못 막는다.

45. 은행 등 금융회사는 보통 대출금리를 정할 때, 기준금리에 대출자의 신용도에 따른 '이것'을 더해 정한다. '이것'을 무엇이라 하는가?
① 가산금리
② 콜금리
③ 리보
④ 금리캡
⑤ 디폴트

46. A 기업의 매출과 영업이익이 예상과 다르게 실제로는 크게 하락해 A 기업의 주가도 하락했다. 이와 같은 상황을 무엇이라 부르는가?

① 데스밸리
② 어닝쇼크
③ 티핑 포인트
④ 턴어라운드
⑤ 베어마켓 랠리

47. 미국 중앙은행(Fed)의 파월 의장이 앞으로의 금리 향방에 대한 질문에 이처럼 대답했다. 이를 통해 시장이 예측할 수 있도록 통화정책 방향을 알리는 행위를 무엇이라 하는가?

> 인플레이션이 2% 수준으로 움직인다는 더 큰 확신을 얻기 전까지 금리를 인하하는 것이 적절하지 않을 것으로 예상한다.

① 포워드 가이던스
② 베이시스
③ 프레너미
④ 린치핀
⑤ 오퍼레이션 트위스트

48. 창업 초기 기업은 대규모 투자를 위해 자금을 유치할 때 창업주의 지분 비율이 감소한다. 이에 따라 기업경영권이 불안해질 수 있기에 최대주주나 경영진이 실제 보유 지분보다 많은 의결권을 행사할 수 있도록 하는 제도를 무엇이라고 하는가?

① 황금낙하산
② 차등의결권
③ 섀도보팅
④ 포이즌필
⑤ 의결권 승수

49. 미국, 유럽 등의 해외 주식에 직접 투자하는 국내 개인 투자자를 무엇이라 부르는가?

① 핫머니
② 서학개미
③ 옴니버스
④ 테마섹
⑤ 대주거래

50. 제조, 서비스 등의 생산활동은 하지 않고 특허를 매입한 뒤 특허를 침해한 기업을 상대로 소송을 제기해 소송 합의금, 로열티 등의 수익을 얻는 특허자산관리업체(NPE)를 지칭하는 용어를 무엇이라 하는가?

① 특허맵
② BM특허
③ 특허박스
④ 삼극특허
⑤ 특허괴물

51. 아래 나열한 내용에 해당하는 알맞은 국가는?

- 17년 만에 기준금리 인상
- 2016년 이후 유지해온 마이너스 금리 정책 폐기
- 캐리 트레이드

① 덴마크
② 스위스
③ 일본
④ 싱가포르
⑤ 중국

52. 미국 증시를 이끄는 주식 종목을 매그니피센트7, 일본 증시를 이끄는 종목을 사무라이7이라고 한다. 유럽에도 이와 같은 종목이 있다. 비만약 열풍을 일으킨 노보 노디스크부터 명품 대장주 루이비통모에헤네시(LVMH)까지 유럽랠리를 이끄는 11개 기업을 일컬어 무엇이라 하는가?

① 그린백
② 파네토네
③ 그래놀라즈
④ 퍼네이션
⑤ 캐시그랜트

53. 영국 리시 수낵 총리는 안정적인 전력공급과 경제적 부담을 완화하기 위해 화석연료인 가스화력발전소 신규 건립 지원 계획을 밝혔다. 영국 정부의 이번 정책발표는 최근 유럽에서 일고 있는 '이것'으로 불리는 친환경 속도조절론의 일환이다. 친환경 정책에 대한 반발을 의미하는 '이것'은 무엇인가?

① 스우시
② 노랜딩
③ 디버전스
④ 리걸테크
⑤ 그린래시

54. 아래 신문기사와 그림을 통해 설명한 내용 중 옳지 <u>않은</u> 것은?

> 8일 한국은행에 따르면 1월 경상수지는 30억 5,000만 달러 흑자를 기록했다. 한 달 전(74억 1,000만 달러)보다는 흑자가 절반 이상 줄었지만 1년 전 42억 달러의 적자를 기록한 것에 비하면 큰 폭으로 늘었다.
> ○○경제신문, 2024. 3. 9.

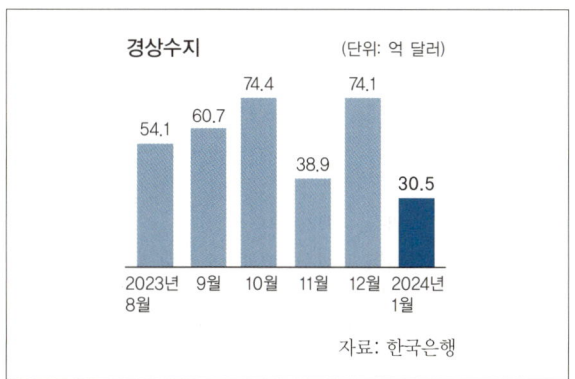

① 그래프에 따르면 한국은 경상수지 흑자를 지속하고 있다.
② 그래프에서 경상수지 흑자 규모는 올해 1월이 가장 낮다.
③ 2024년 1월 경상수지는 전년도 1월과 비교해서 80억 달러 이상 증가했다.
④ 2024년 1월 경상수지 규모는 2023년 12월과 비교하면 절반 이상으로 감소했다.
⑤ 그래프에서 경상수지 흑자 규모는 지난해 10월이 가장 높다.

55. (A), (B)는 반도체 공정의 어떤 분야를 대표하는 기업의 로고이다. (A), (B)는 각각 수탁생산과 설계전문 기업을 일컫는다. 각각에 들어갈 용어로 알맞은 것을 짝지으면?

(A)   (B)

	(A)	(B)
①	파운드리	팹리스
②	팹리스	파운드리
③	다운사이징	터보차저
④	터보차저	다운사이징
⑤	패키징	레이블링

56. 주요국 거래소에서 각국 통화로 거래되는 비트코인 가격을 달러로 환산해 분석한 결과, 한국의 비트코인 가격이 가장 높은 것으로 나타났다. 글로벌 1위 암호화폐거래소 바이낸스에서 비트코인은 6만 3,724달러였는데 국내 암호화폐 거래소인 업비트에서는 6만 9,534달러로 9.12% 비쌌다. 이처럼 다른 국가와 달리 한국이 가상화폐 시장에서 외국보다 비싸게 거래되는 현상을 무엇이라 하는가?

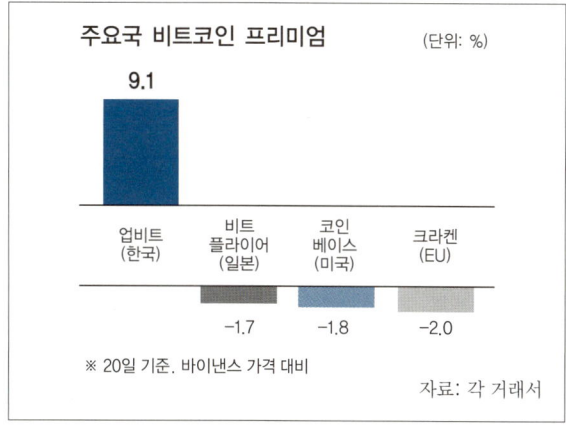

① CDS 프리미엄
② 패스트 프리미엄
③ B+ 프리미엄
④ 김치 프리미엄
⑤ 마켓 프리미엄

57. 최근 기업 성과를 측정할 때, ESG를 강조하고 있다. ESG가 의미하는 세 가지를 고르면?

> ㄱ. 환경
> ㄴ. 노동
> ㄷ. 사회
> ㄹ. 이익단체
> ㅁ. 지배구조

① ㄱ, ㄴ, ㄷ
② ㄱ, ㄷ, ㅁ
③ ㄴ, ㄷ, ㄹ
④ ㄴ, ㄹ, ㅁ
⑤ ㄷ, ㄹ, ㅁ

58. 아래 인플레이션 용어를 이에 해당하는 내용과 짝지은 것 중 내용이 옳지 <u>않은</u> 것은?

㉠ 피시플레이션	A. 반도체
㉡ 프루트플레이션	B. 야채
㉢ 프로틴플레이션	C. 설탕
㉣ 슈거플레이션	D. 수산물
㉤ 칩플레이션	E. 과일

① ㉠ – D
② ㉡ – E
③ ㉢ – B
④ ㉣ – C
⑤ ㉤ – A

59. 아래 그림은 챗GPT 개발사 오픈AI와 로봇 스타트업 피규어 AI가 협력해 만든 '이것'인 피규어01이 개발자와 대화를 나누고 있는 모습이다. 개발자가 "내가 먹을 게 있을까?"라고 묻자 피규어01이 "물론이다"고 답한 뒤 손으로 사과를 집어 개발자에게 건넸다. '이것'은 인간의 신체와 유사한 모습을 갖추었다. '이것'은 무엇인가?

① 피짓토이
② 휴머노이드
③ 슈퍼차저
④ 스피너
⑤ 자이로스코프

60. 아래 사설을 읽고, 알맞은 제목을 고르면?

> 인터넷은행에서 시작된 혁신 바람이 전 은행으로 빠르게 확산하는 것은 고무적인 일이다. 토스뱅크가 환전 수수료 무료를 내놓자 대형 시중은행들도 떠밀리듯 따라가기 바쁘다. 토스뱅크는 이미 매일 이자 받기 등을 선보이며 소비자의 이목을 끄는 데 성공했다. 인터넷은행들은 대출 갈아타기, 모바일·인터넷뱅킹의 타행 이체수수료 폐지 등 상품·서비스 경쟁을 하면서 금융시장 게임 체인저로 성장했다. 소비자 선택권을 넓혀주기 위한 인터넷은행의 역할은 크다. 끝없는 혁신을 통해 소비자 중심의 경쟁을 촉진하는 마중물 역할을 충실히 하길 바란다.
>
> ○○경제신문, 2024. 2. 27.

① 하인리히 법칙에 빠진 대형 은행
② 대형 시중은행과 인터넷은행 간 치킨게임
③ 대마불사에 빠진 대형 시중은행
④ 죄수의 딜레마에 빠진 인터넷은행
⑤ 금융에서 인터넷은행이 이끄는 메기효과

〈 상황추론·판단 〉

61. 아래 신문기사를 읽고, 사과의 가격과 거래량 변화로 알맞은 것은? (단, 다른 조건은 일정하다고 가정한다.)

> 지난해 경남 지역은 작년 3월 기록적인 고온으로 사과꽃이 당초 예상보다 일찍 폈는데, 4월 들어 갑작스레 쌀쌀한 날씨가 지속되면서 냉해 피해가 발생했다. 통상 영하 2도의 기온이 5시간 이상 지속되면 냉해 피해가 발생할 가능성이 커진다. 국내 5대 사과 생산지로 꼽히는 경남 거창군의 경우 지난해 3~4월 전체 재배 면적의 22.8%(393.2ha)가 냉해 피해를 봤다. 작년 6월에는 경남 지역에 보름 이상 우박이 내리면서 농가 피해가 컸다. 사과 50%가 상처를 입었고, 사과나무 잎의 20%가 손상됐다. 저온과 우박 피해로 착과수 생산량은 전년 대비 17%로 떨어졌다.
> ○○닷컴, 2024. 3. 18.

	가격	거래량
①	상승	감소
②	상승	증가
③	상승	변화 없음
④	하락	감소
⑤	하락	증가

62. 세금과 관련한 지문을 읽고, ㉠, ㉡과 관련한 설명으로 옳은 것은?

> 우리는 살면서 많은 세금을 납부하고 있다. 일을 하고 급여를 받으면 소득세, 벌어들인 소득으로 부동산을 사면 취득세, 구매한 부동산을 가지고 있으면 재산세 등을 납부해야 하는데 이런 종류의 세금을 (㉠)라고 한다. 만약, 벌어들인 소득으로 필요한 물건을 구매하면 재화의 가격에 부가가치세, 고가의 귀금속 등을 구매하면 개별소비세를 내야 한다. 이런 종류의 세금들은 (㉡)라고 한다.

① ㉠과 같은 세금을 간접세라고 한다.
② ㉠은 ㉡에 비해 탈세를 하려는 경향이 높다.
③ ㉡은 납세의무자와 조세부담자가 같다.
④ ㉠은 과세대상 금액이 크면 클수록 더 낮은 세율이 적용된다.
⑤ ㉡은 ㉠보다 조세 역진성이 낮다.

63. 아래는 중앙은행의 통화정책 중 하나를 설명한 지문이다. (A)~(C)에 들어갈 단어가 옳게 연결된 것은?

> 중앙은행의 통화정책이 지향하는 궁극적 목표는 (A)이다. 중앙은행이 통화정책을 펼치는 방법 중에는 공개시장에서 (B)(을)를 사고파는 공개시장 조작이 있다. 예를 들어 통화량이 많이 늘어나거나 경기가 과열되기 시작하면 (B)(을)를 (C)해서 시중의 통화량을 줄이려 한다.

	(A)	(B)	(C)
①	경제성장	주식	매도
②	경제성장	채권	매입
③	물가안정	주식	매입
④	물가안정	채권	매도
⑤	물가안정	채권	매입

64. 아래 신문기사를 읽고, (A)와 관련한 내용을 〈보기〉에서 고르면?

> 엑슨모빌은 파이어니어를 595억 달러에 인수하기로 합의했다고 지난 11일 발표했다. 1997년 설립된 파이어니어는 미국의 석유·가스산업 중심지인 퍼미안 분지에 기반해 성장한 회사로 에너지 매장량이 풍부한 미들랜드 지역의 광구를 확보한 회사이다. … (중략) … 알라스테어 심 씨티그룹 애널리스트는 최근 보고서에서 "파편화된 퍼미안 분지의 셰일산업을 통합한다는 점에서 설득력 있는 거래"라며 "(A)을(를) 통해 상당한 이득을 얻을 수 있다"고 분석했다. … (중략) … "퍼미안 분지에서 업스트림 재고 증가세가 둔화했다는 점을 감안할 때 굴착 장비 수를 늘리고 새로 탐사 및 시추에 나서는 대신 (이미 광구를 확보한) 파이어니어와 같은 업체를 인수해 엑슨모빌 정유소 등에 원유를 공급하는 것이 더 효율적일 수 있다"고 평가했다.
> ○○경제신문, 2023. 10. 18.

〈보기〉
ㄱ. 장기평균비용곡선 하락
ㄴ. 차액지대설
ㄷ. 규모에 대한 수익 체증
ㄹ. 한계대체율

① ㄱ, ㄴ   ② ㄱ, ㄷ
③ ㄴ, ㄷ   ④ ㄴ, ㄹ
⑤ ㄷ, ㄹ

65. 아래 신문기사와 그래프를 통해 밑줄 친 내용과 이와 관련한 설명 중 옳지 않은 것은?

> 한국은행이 5일 발표한 '2023년 4분기 및 연간 국민소득(잠정)' 통계에 따르면 지난해 <u>1인당 GNI</u>는 3만 3,745달러로 1년 전(3만 2,886달러)보다 2.6% 늘었다. 원화가치 하락 등으로 2022년 7.4% 급락한 추세가 1년 만에 다시 반등했다. … (중략) … 국민의 평균적인 생활수준을 보여 주는 1인당 GNI는 2017년 3만 1,734달러로 처음 3만 달러를 돌파한 뒤 2018년 3만 3,564달러까지 상승했다. 하지만 코로나19 사태 여파로 2019년(3만 2,204달러)과 2020년(3만 2,004달러) 2년 연속 뒷걸음질 쳤다. 2021년(3만 5,523달러)엔 일상 회복 효과 등으로 다시 큰 폭(11.0%)으로 뛰었다. 지난해 한국의 1인당 GNI는 대만(3만 3,299달러)을 다시 역전한 것으로 나타났다. 2022년 한국의 1인당 GNI가 대만(3만 3,624달러)보다 낮은 것으로 집계됐는데, 한국이 대만에 뒤진 것은 2002년 이후 20년 만의 일이었다.
> ○○경제신문, 2024. 3. 6.

① 1인당 명목 GNI가 가장 높은 시기는 2021년이다.
② 1인당 명목 GNI가 처음 3만 달러를 돌파한 시기는 2017년이다.
③ 전년보다 달러화 대비 원화 환율이 하락하면 달러화로 환산한 1인당 명목 GNI는 하락한다.
④ 2023년 한국의 1인당 명목 GNI는 대만보다 446달러 크다.
⑤ 한국은 2014~2023년 기간 중 대만보다 달러화 기준 1인당 명목 GNI가 낮았던 기간은 2022년뿐이다.

66. 외부 효과와 관련하여 (가)와 (나)의 사례에 대한 설명 중 옳지 않은 것은?

> • (가): 사과 과수원 근처 양봉업자 덕분에 사과의 수확량이 늘어났다.
> • (나): 강 상류의 공장에서 배출한 폐수로 강 하류의 공원에서 심한 악취가 발생했다.

① (가)는 긍정적 외부효과의 사례이다.
② (가)는 시장의 균형거래량이 사회적 최적 수준보다 많다.
③ (가)와 같은 사례는 정부가 보조금을 지급하면 사회적 최적 거래량을 달성할 수도 있다.
④ (나)는 사회적 비용이 사적비용보다 크다.
⑤ (나)와 같은 사례는 세금을 부과하면 사회적 최적 거래량을 달성할 수도 있다.

67. 아래 신문기사를 읽고, 웬디스의 방침에 대한 설명으로 옳지 않은 것은?

> 미국 패스트푸드 체인 웬디스가 내년부터 변동 가격제를 도입한다. 우버 리프트 등 차량 공유 업체처럼 수요 변화와 시간대에 맞춰 가격을 유동적으로 책정하겠다는 방침이다. 27일(현지시간) 뉴욕타임스(NYT)에 따르면 웬디스는 붐비는 점심과 저녁 식사 시간대에는 햄버거 가격을 비싸게 책정하고 그렇지 않은 시간에는 할인 가격으로 판매할 예정이다. … (중략) … 웬디스가 새로운 가격 전략을 안착시키려면 소비자의 거부감을 극복하는 게 과제가 될 전망이다. 수요자들은 호텔, 항공 요금 변화는 자연스럽게 받아들였지만 매일 먹는 음식값에는 민감하게 반응하기 때문이다.
> ○○경제신문, 2024. 2. 29

① 웬디스의 가격 전략은 3급 가격차별에 해당한다.
② 기사에서 나타난 수요자 입장에서는 햄버거 가격 상승분보다 수요량 감소폭이 더 클 가능성도 있다.
③ 호텔이 성수기와 비성수기에 따라 가격을 달리하는 것도 웬디스의 가격 정책과 맥락이 같다.
④ 웬디스는 점심과 저녁 식사 시간대 햄버거에 대한 수요의 가격탄력성을 단위탄력적으로 판단해 햄버거 가격을 비싸게 책정하여 매출 증대를 고려하고 있다.
⑤ 수요자 입장에서는 웬디스가 이와 같은 가격전략을 진행하면 다른 대체 패스트푸드로 수요가 이동할 수 있다.

68. 한국의 총인구 5,000만 명, 비경제활동인구 1,000만 명, 취업자 2,400만 명, 실업자 600만 명이라고 하자. 이때 경제활동참가율과 실업률을 구하면?

	경제활동참가율	실업률
①	40%	15%
②	50%	15%
③	50%	20%
④	75%	15%
⑤	75%	20%

69. 아래는 통계청과 경제협력개발기구(OECD)에서 발표한 자료를 바탕으로 그래픽을 만든 것이다. 이를 바탕으로 설명한 내용 중 옳지 않은 것은?

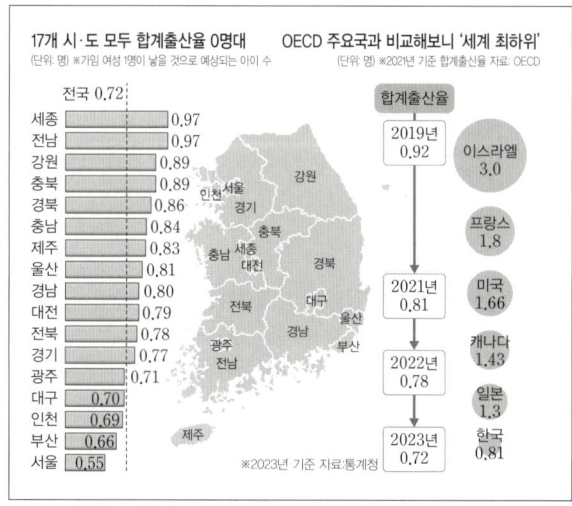

① 앞으로 초등학교 입학생이 점점 줄어들어 폐교하는 학교가 늘어날 것이다.
② 2021년 기준 한국은 나열한 나라 중 합계출산율이 가장 낮다.
③ 2021년~2023년 기간 한국의 합계출산율은 계속 하락 중이다.
④ 17개 시·도 중 합계출산율이 가장 낮은 곳은 서울이다.
⑤ 2023년보다 2022년이 전년 대비 합계출산율 감소폭이 더 크다.

70. 아래 그림은 3개국의 최근 3개월 동안 미국 달러화 대비 각국 통화의 환율 변동률을 보여 준다. 이와 관련한 설명 중 옳지 않은 것은?

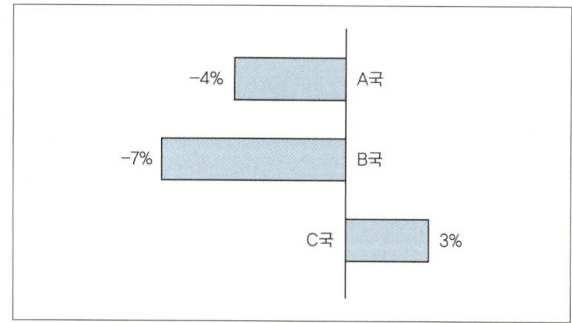

① A국과 B국은 미국으로 수출하는 상품에 대한 가격경쟁력이 개선되었다.
② A국에서 부품을 수입하는 미국 기업의 생산비가 증가했을 것이다.
③ B국으로 여행하려는 C국 사람은 여행 경비 부담이 커졌을 것이다.
④ 달러화 표시 외채를 상환하는 부담은 C국이 가장 커졌을 것이다.
⑤ C국으로 출장가는 A국과 B국 국민의 경제적 부담이 감소했을 것이다.

71. 아래 동그라미로 표기한 부분처럼 달러화 대비 원화 환율이 앞으로도 하락한다고 가정하자. 이와 관련하여 나타날 현상을 설명한 내용 중 옳지 않은 것은? (단, 다른 조건은 일정하다고 가정한다.)

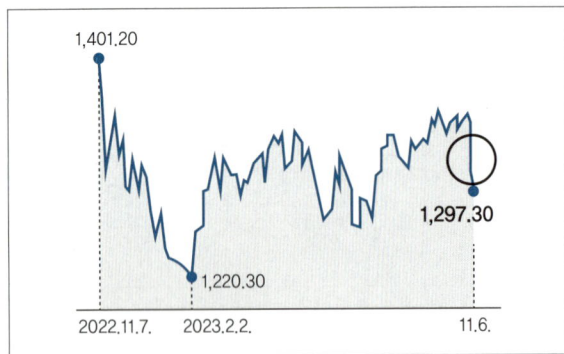

① 달러화로 갚아야 하는 한국 정부의 채무 부담이 감소한다.
② 한국 여행을 계획 중인 미국인의 비용 부담이 증가한다.
③ 외국인 투자자가 국내 주식을 매도하여 자금을 회수하면 환율은 더 하락한다.
④ 곡물이나 원자재 등을 수입하는 국내 기업의 비용 부담이 감소한다.
⑤ 미국에 유학 중인 자녀를 둔 한국 거주 학부모는 학비 송금 부담이 감소한다.

72. 아래는 A국과 B국의 로렌츠곡선이다. 이에 대한 설명으로 옳지 않은 것은?

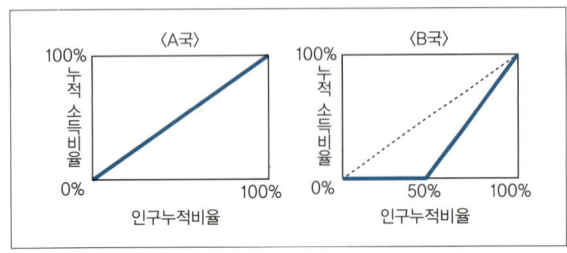

① 로렌츠곡선은 그 나라의 소득불평등도를 나타낸다.
② A국은 국민의 소득이 균등하게 배분되어 있다고 말할 수 있다.
③ B국의 경우 하위 50% 계층은 소득이 없다.
④ A국의 지니계수는 1에, B국의 지니계수는 0에 가깝다.
⑤ B국은 A국보다 상대적으로 사회불안의 정도가 높을 것이다.

73. 아래 사설을 읽고, 기자가 우려하고 있는 것과 주가연계증권(ELS)에 대한 특징을 〈보기〉에서 고르면?

ELS 판매사가 사용자에게 원금 손실 가능성을 고지하지 않는 등 불완전판매를 했다면 명백한 잘못이고, 법에 따라 처벌받을 일이다. … (중략) … 하지만 이 같은 경우에 해당하지 않는 투자자들까지 원금을 보장하거나 투자 손실을 일부 배상하는 게 적절한지는 의문이다. 투자자가 자신이 내린 의사 결정에 대해 "은행 직원이 시키는 대로 서명했다."며 투자 책임을 지지 않는 것이 이치에 맞느냐는 얘기이다. ELS를 비롯한 투자 상품은 위험이 수익률과 비례한다. … (중략) … ELS와 같은 고위험 상품에 여러 차례 가입한 고객의 투자 손실도 배상해야 한다면, 이익이 날 때는 꼬박꼬박 챙기다 손실이 나면 금융회사가 물어주는 선례가 잇따라 금융 시장이 제대로 작동할지 의문이다.
○○경제신문, 2023. 12. 1.

〈보기〉
ㄱ. 도덕적 해이
ㄴ. 하이리스크, 하이리턴
ㄷ. 피치 마켓
ㄹ. 일물일가의 법칙

① ㄱ, ㄴ   ② ㄱ, ㄷ
③ ㄴ, ㄷ   ④ ㄴ, ㄹ
⑤ ㄷ, ㄹ

74. 아래에서 A국 중앙은행의 통화위원이 언급한 금융 안정이 의미하는 정책으로 옳은 것을 고르면?

A국 중앙은행의 기준금리 결정에 대한 회의록을 보면 한 통화위원은 "경제가 회복국면에 들어서면 지금보다 금융 안정에 더 무게를 두고 통화정책을 운용해야 한다."고 말하기도 했다. 팬데믹이 완화되면서 억눌린 수요가 지난 해 중반부터 분출되었다. 이에 따라 커지는 인플레이션 압력에 A국 중앙은행이 선제적으로 대응해야 한다는 목소리도 안팎에서 나온다.

① 양적완화
② 재할인율 인하
③ 공개시장에서 국공채 매입
④ 기준금리 인상
⑤ 중소기업에 대한 직접 대출 요건 완화

75. (나)에 기초한 (가)에 대한 분석 중 옳은 것은? (단, 갑국의 물가지수 기준연도는 2010년이고, A의 소득공제액은 0이다.)

[가]
⟨갑국 거주자 A의 연간 근로소득에 대한 소득세부담액 변화⟩

(단위: 달러)

연도	연간 근로소득	소득세 부담액	소비자 물가지수
2010년	4,000	350	100
2020년	8,000	1,150	160

[나]
⟨갑국 소득세 과세표준⟩

과세표준	기본세율(%)
1,000달러 이하	5
1,000달러 초과~4,000달러 이하	10
4,000달러 초과~8,000달러 이하	20
8,000달러 초과~1만 2천 달러 이하	30
1만 2천 달러 초과~2만 달러 이하	35
2만 달러 초과~4만 달러 이하	38
4만 달러 초과	40

① A의 2010년 근로소득에 적용된 세율은 10%이다.
② A의 10년간 소득 증가율이 세금 인상률에 비해 크다.
③ A의 2020년 근로소득에는 2개의 기본세율 구간이 적용된다.
④ A의 10년간 실질근로소득 상승률은 80%이다.
⑤ 세부담액을 고려할 경우 2010년 대비 2020년 A의 실질근로소득은 증가했다.

76. 아래 A국 정부가 시행한 정책과 이에 대한 영향을 분석한 설명 중 옳지 않은 것은?

A국의 X재 시장은 완전경쟁시장이다. X재에 대한 수요곡선은 우하향하는 직선이고, X재의 공급곡선은 우상향하는 직선이다. 균형가격과 수량은 양(+)이다. 최근 A국 정부는 X재에 대하여 시장 가격이 균형가격보다 낮게 유지되도록 가격 규제 정책을 시행했다.

① 해당 정책은 최고가격제이다.
② X재에 대한 초과수요가 반드시 발생한다.
③ X재에 대한 정부세금수입은 반드시 증가한다.
④ X재에 대한 생산자잉여는 반드시 감소한다.
⑤ X재에 대한 소비지출액은 반드시 감소한다.

77. 아래 신문기사를 읽고, 로보택시 사건과 관련하여 같은 맥락의 사건과 택시운전사들이 인공지능(AI)을 어떤 관계로 보는지 ⟨보기⟩에서 고르면?

지난 12일 밤 미국 샌프란시스코 차이나타운에서 구글의 인공지능(AI) 기반 자율주행 로보택시 웨이모 한 대가 화염에 휩싸였다. 중국 춘제(설)를 기념해 불꽃놀이를 벌이던 군중 일부가 웨이모를 에워싸고 창문을 파손한 뒤 불을 질렀다. ⋯ (중략) ⋯ 캘리포니아주는 작년 8월 구글, 제너럴모터스(크루즈) 등에 대해 무인 로보택시 운행을 허용했다. 이후 'AI가 모는 택시'에 의한 교통사고가 잇달아 발생하자 두려움이 커지고 있다는 분석이었다. AI를 향한 공포심의 원인은 비단 사고뿐만은 아니다. 실체가 보이지 않는 AI가 인간의 밥그릇을 뺏는다는 불만이 기저에 깔려 있다. 도로를 활보하는 무인택시에 의해 일자리를 잃은 택시운전사들의 일이 "남 일 같지 않다."는 우려다.

○○경제신문, 2024. 2. 15.

―⟨보기⟩―
ㄱ. 대체재
ㄴ. 보완재
ㄷ. 러다이트 운동
ㄹ. 옥스퍼드 운동

① ㄱ, ㄴ
② ㄱ, ㄷ
③ ㄴ, ㄷ
④ ㄴ, ㄹ
⑤ ㄷ, ㄹ

78. 아래 신문기사와 자료를 잘못 이해하고 있는 사람은? (매출 그래프는 위에서 순서대로 온라인, 슈퍼마켓 및 잡화점, 대형마트, 전통시장 순이다.)

> 대형마트와 기업형 슈퍼마켓(SSM) 영업 규제는 2010년 시작됐다. 당시 전통시장 인근에 대규모 점포의 신규 출점을 제한하는 등록제한이 시행됐고, 2012년 의무휴업일 지정과 특정 시간 영업을 금지하는 영업제한까지 확대돼 대형마트는 밤 12시 이후 영업금지와 한 달 2회 의무 휴업을 지키고 있다. … (중략) … 정책 시행 당시 대형마트, 전통시장 소상공인 등 이해 관계자의 의견 수렴은 있었지만, 소비자 의견은 배제됐다. 이 때문에 의무휴업 시행 10년이 넘은 지금까지도 각종 온라인 커뮤니티에서는 의무휴업으로 불편함을 호소하는 글이 꾸준히 올라오고 있다.
> ○○경제신문, 2022. 7. 21.

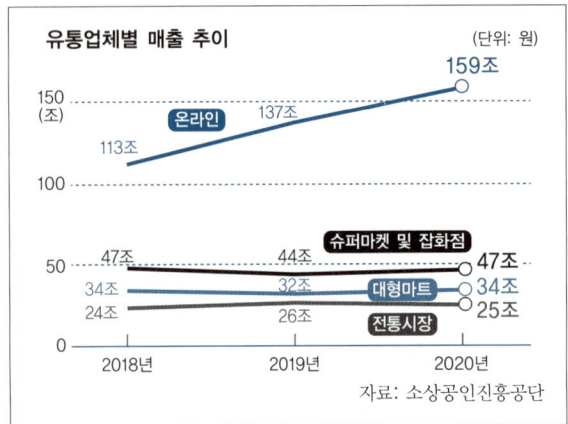

① 가영: 이런 규제는 소비자 후생보다는 전통시장을 보호하기 위함이야.
② 나영: 순위변동은 없지만, 오프라인 유통산업과 온라인 사이의 매출 격차는 더 커졌지.
③ 다영: 2018년에는 그래도 다른 3개의 시장을 합친 것이 온라인 시장의 매출 규모보다 컸어.
④ 라영: 규제 시행 이후 유통시장에서 온라인 업체의 매출은 급격히 늘어났고, 대형마트나 전통시장의 매출은 정체되었어.
⑤ 마영: 규제 당국은 대형마트, SSM을 전통시장과 대체 관계로 판단해서 대형마트, SSM에 대한 영업제한 조치를 시행했겠지.

79. 소규모 개방국가인 A국이 수입하는 B라는 물품에 대해 관세를 부과했다고 하자. 이때 나타날 상황으로 옳은 것을 〈보기〉에서 고르면?

― 〈보기〉 ―
ㄱ. 단기에 A국 정부의 관세 수입이 늘어날 것이다.
ㄴ. 국내 생산자들은 물품을 더 높은 가격에 판매할 수 있어 이득이다.
ㄷ. 수입액은 줄어들지만 수입물량은 늘어날 것이다.
ㄹ. 국내 소비자들은 더 많은 물품을 더 낮은 가격에 구매할 수 있어 이득이다.

① ㄱ, ㄴ   ② ㄱ, ㄷ
③ ㄴ, ㄷ   ④ ㄴ, ㄹ
⑤ ㄷ, ㄹ

80. 아래는 벤저민 프리드먼의 『경제성장의 미래』에서 내용을 일부 발췌한 것이다. 필자의 주장과 일치하지 않는 것은?

> 경제성장을 논하는 과정에서 도덕적으로 부정적인 요소와 물질적으로 긍정적인 요소를 평가하려는 경향은 잘못된 시도이다. 경제가 성장하면 물질적으로는 풍요롭게 되지만 도덕적으로는 타락한다는 주장은 역사적 사실과도 맞지 않다. 미국·영국·프랑스·독일 등 서구 민주주의 국가의 역사를 살펴보면 장기침체 시기 더 나은 미래에 대한 확신이 줄어들면서 사회의 개방성과 관대함이 퇴색하고 민주적 정치제도도 취약해진 사례를 충분히 찾아 볼 수 있다.

① 창고가 가득 차야 예절을 안다.
② 항산(恒産)이 없으면 항심(恒心)도 있을 수 없다.
③ 생활 수준의 향상은 다양성에 대한 포용력을 키운다.
④ 국내총생산(GDP)이 높은 국가일수록 배려와 관용의 사회 분위기를 가진다.
⑤ 경제의 규모를 키우기보다는 가지고 있는 재원을 분배하는 정책이 사회 분열을 막는다.

국가공인 1호 경제이해력 검증시험
제86회 TESAT 문제지

* 모바일로 정답입력 후
  등급예측 및 성적분석

| 성 명 | | 수험번호 | | | | | | |

국가공인 1호 경제이해력검증시험
제86회 TESAT 문제지

- 문제지 표지에 성명과 수험번호를 적었는지 확인하십시오.
- 경제이론과 시사경제·경영은 문항당 3점, 4점이고 상황추론·판단은 문항당 5점입니다.
- 시험시간은 100분입니다.

〈 경제이론 〉

1. 자원의 희소성과 관련한 가장 적절한 설명은?
   ① 자원의 희소성은 시대에 따라 변하지 않는다.
   ② 희소성은 자원의 절대적인 크기에 따라 결정된다.
   ③ 자원의 양이 많으면 인간의 필요 및 욕구와 상관없이 희소하지 않다.
   ④ 같은 자원이라도 인간의 필요와 욕구에 따라 자원의 희소성은 달라진다.
   ⑤ 정부의 개입이 있다면 자원의 희소성과 희귀성은 존재하지 않게 된다.

2. 변동환율제도에서 달러화 대비 원화 환율을 하락시키는 요인이 아닌 것은?
   ① 미국인의 국내 부동산 매입
   ② 미국 기업의 국내투자 확대
   ③ 국내 기업의 미국산 제품 수입 증가
   ④ 국내에서 생산한 반도체의 미국으로 수출 증가
   ⑤ 국내 기업이 미국에서 받은 배당금을 국내로 송금

3. 금융 및 자본시장과 관련한 설명으로 옳지 않은 것은?
   ① 금융시장은 경제주체 간에 자금을 중개할 수 있게 해준다.
   ② 자기자본을 일정 비율 이상으로 유지해야 하는 금융회사들이 있다.
   ③ 금융시장은 나라 경제의 저축과 투자를 중개하는 역할을 한다.
   ④ 자본시장이 발달할수록 상장기업의 은행 차입 의존도는 줄어드는 경향을 보인다.
   ⑤ 자본시장의 발달로 주식 가격의 변동성이 줄어들고, 채권 가격의 변동성은 커졌다.

4. 풍작으로 쌀값 폭락이 예상되자 농민들이 논을 갈아엎는 시위를 벌였다. 이에 따라 정부는 쌀값 안정을 위해 쌀 매입 지원정책을 확대했다. 이 정책이 초래하는 효과가 아닌 것은?
   ① 쌀 시장에서 1인당 노동 산출량이 증가한다.
   ② 납세자로부터 농민으로 인위적인 소득 재분배를 이끈다.
   ③ 쌀을 보관하고 관리하기 위한 정부의 관련 예산이 증가한다.
   ④ 쌀의 초과공급을 유도하여 지속적인 쌀 수급의 불균형이 발생한다.
   ⑤ 높은 가격이 보장된 쌀을 생산하므로 다른 농산물의 생산을 줄인다.

5. 영국의 경제학자 케인스의 입장과 가장 가까운 견해는?
   ① 시장에서 가격은 자유롭게 변화한다.
   ② 시장은 항상 효율적인 결과를 가져온다.
   ③ 기준금리 인하보다 재정지출의 정책 효율성이 높다.
   ④ 정부의 시장에 대한 개입은 최소한에 머물러야 한다.
   ⑤ 국채 발행은 시중 이자율의 인상으로 이어져 기업의 투자를 위축시킨다.

6. 아래 역사적 사건을 통해 유추할 수 있는 내용을 〈보기〉에서 고르면?

   > 리처드 닉슨 전 대통령도 1972년 대선 당시 아서 번스 당시 연준 의장에게 경기를 부양해 달라고 강력히 요청했다. 닉슨은 압승을 거뒀지만, 연준의 개입으로 전 세계적인 인플레이션이 촉발됐고 전후 채택된 고정환율제의 몰락을 야기했다.

   〈보기〉
   ㄱ. 콩도르세의 역설
   ㄴ. 중앙은행의 고용안정 책무
   ㄷ. 중앙은행 독립성 침해
   ㄹ. 정치적 경기순환이론

   ① ㄱ, ㄴ   ② ㄱ, ㄷ
   ③ ㄴ, ㄷ   ④ ㄴ, ㄹ
   ⑤ ㄷ, ㄹ

7. 한 나라의 경제가 지속적으로 성장하기 위한 요인으로 보기 가장 어려운 것은?
   ① 생산성의 향상
   ② 교육에 대한 지출 증가
   ③ 통화량의 지속적인 증가
   ④ 지식재산권의 보호
   ⑤ 기술 개발을 위한 R&D(연구·개발) 비용 세액공제 확대

8. A국에서는 기준금리가 0%에 가까운 상황에서 중앙은행이 발행한 통화량에 비해 시중에 유통되는 통화량이 늘어나지 않는 현상이 나타났다. 이와 같은 상황과 함께 나타날 수 있는 경제 현상으로 알맞은 것은?
   ① 경제주체가 화폐를 쓰기보다는 보유하려는 수요가 높다.
   ② 통화량이 늘어나지만, 시중의 이자율은 오히려 상승한다.
   ③ 재정정책의 승수가 감소하여 재정정책의 효과가 증가한다.
   ④ 유동성이 풍부하여 화폐유통속도가 상승세를 나타낸다.
   ⑤ 중앙은행은 보통 공개시장 매각, 지급준비율 인상을 시행한다.

9. 완전가격차별이 시행되는 독점시장에 대한 설명으로 옳지 않은 것은?
   ① 소비자잉여는 0보다는 크고 1보다는 작다.
   ② 한계수입곡선은 시장수요곡선과 동일하다.
   ③ 소비자잉여는 모두 생산자잉여로 귀속된다.
   ④ 완전경쟁시장과 동일한 수량이 시장에 공급된다.
   ⑤ 독점기업이 소비자 모두의 지불용의가격을 알고 있다.

10. 아래 그림에서 (가)와 (나)로 각각 이동하는 요인을 알맞게 짝지으면?

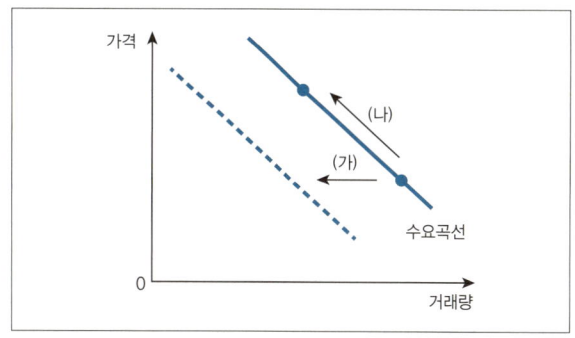

	(가)	(나)
①	가격 상승	대체재 가격 상승
②	가격 하락	가격 상승
③	소득 감소	소비자 수 증가
④	보완재 가격 상승	가격 상승
⑤	대체재 가격 하락	보완재 가격 하락

11. 시장에 외부충격이 발생하였을 때, 환율이나 주식과 같은 금융자산의 가격이 단기적으로 급등락하여 장기균형수준에서 크게 이탈한 후 시간이 지남에 따라 점차 장기균형수준으로 수렴하는 현상을 무엇이라고 하는가?
    ① 턴어라운드
    ② 오버슈팅
    ③ 레온티에프 역설
    ④ 트리핀 딜레마
    ⑤ 랜덤워크

12. 시장경제 체제에서 사회적 분업을 가능하게 하는 요인으로 가장 알맞은 것은?
    ① 절제된 이기심
    ② 정부의 경제정책
    ③ 각 개인의 책임감
    ④ 중앙은행의 통화정책
    ⑤ 시장에서 형성된 가격의 신호

13. 효율적 시장 가설을 가장 잘 설명한 것은?
   ① 시장에서의 거래로 사회적 후생이 극대화된다.
   ② 완전경쟁시장에서는 자원 배분의 균등이 달성된다.
   ③ 시장을 통해 거래되는 모든 잉여는 생산자잉여로 포함된다.
   ④ 자산 가격은 시장에 유입된 새로운 정보를 빠르게 반영한다.
   ⑤ 시장에서의 사회적 분업은 공급자의 효율성과 형평성을 높여준다.

14. 외부효과를 내부화하는 사례로 가장 거리가 먼 것은?
   ① 탄소 배출권 거래제를 시행한다.
   ② 담배 구매자에게 건강세를 부과한다.
   ③ 독감 예방주사를 접종한 사람에게 보조금을 지급한다.
   ④ 원유 가격이 오르자 주유소의 휘발유 가격이 상승했다.
   ⑤ 오염물질 배출 기준을 어기는 생산자에게 환경정화부담금을 부과한다.

15. 아래 지문에서 중고차를 통해 설명하고자 하는 개념은?

   > 대학생이 졸업 후 취업을 하여 소득이 생기면 자동차를 구입하는 경우가 많다. 처음에는 주로 중고차를 구입한다. 하지만 시간이 흘러 소득수준이 높아지면 중고차를 처분하고 신차를 구입하는 경우가 많다.

   ① 정상재 – 열등재
   ② 재화 – 비재화
   ③ 가치재 – 비가치재
   ④ 자산효과 – 기저효과
   ⑤ 피구효과 – 피셔효과

16. 필립스곡선과 관련한 설명으로 옳지 않은 것은?
   ① 단기적으로 실업률과 물가상승률은 음(-)의 관계이다.
   ② 기대인플레이션율이 낮아지면 단기 필립스곡선은 좌측으로 이동한다.
   ③ 자연실업률 가설에 따르면 장기적으로 정책 당국은 실업률을 통제할 수 없다.
   ④ 스태그플레이션이 발생하면 단기 필립스곡선은 좌측으로 이동한다.
   ⑤ 합리적 기대하에서라도 예상하지 못한 통화팽창은 단기적으로 실업률에 영향을 미친다.

17. 뜨개질로 목도리를 만들어 팔고 있는 가영이는 유행이 지난 디자인의 목도리를 재고로 보유하고 있다. 이 목도리를 만드는 데 들어간 비용은 총 3만 원이나 구식이어서 지금 처분한다면 1만 원밖에 받을 수 없다. 그래서 5만 원을 투자해 재고로 보유 중인 목도리를 최신 디자인으로 바꾸려고 한다. 이 목도리를 최소 얼마 이상에 판매할 때 최신 디자인으로 바꾸는 작업을 하는 것이 가영에게 이득이 될까?
   ① 5만 원 ② 6만 원
   ③ 7만 원 ④ 8만 원
   ⑤ 9만 원

18. 총수요와 총공급 측면에서 국내 물가가 오르면서 산출량이 감소할 수 있는 사건은?
   ① 시간당 자본 생산성 향상
   ② 석유 등 국제 원자재가격 상승
   ③ 글로벌 경제의 회복으로 수출 증가
   ④ 대규모 사회간접자본(SOC) 투자 증가
   ⑤ 중앙은행의 물가상승률 목표 상향조정

19. 정보의 비대칭성과 관련한 설명으로 옳지 않은 것은?
   ① 근로자의 근무태만을 줄이기 위해 성과에 따른 인센티브를 지급한다.
   ② 도덕적 해이는 사용자가 대리인의 행동을 완벽하게 감시할 수 없을 때 발생한다.
   ③ 중고차 판매 기업이 구매자에게 10년간 무상수리 서비스를 지원한다고 발표하는 것은 선별의 사례이다.
   ④ 정보의 비대칭이 존재하는 시장에서는 정부의 개입으로 자원 배분의 효율성을 개선할 수 있다.
   ⑤ 보험회사는 사건이 발생하면 보험 가입자도 비용을 부담하는 보험 상품을 판매함으로써 도덕적 해이를 줄일 수 있다.

20. 공공재와 관련한 설명 중 옳지 않은 것은?
    ① 무임승차문제는 비배제성 때문에 발생한다.
    ② 지진이나 해일 등의 발생 경보가 대표적인 사례가 될 수 있다.
    ③ 비배제성과 비경합성으로 인해 공공재는 시장을 통해 충분히 공급되지 못한다.
    ④ 공공재 중 비순수공공재가 존재하는데 비경합성과 배제성을 가진 경우에만 해당한다.
    ⑤ 공공재는 어떤 사람이 재화나 서비스에 대해 대가를 지불하지 않더라도 그 소비를 막을 수 없는 특징이 있다.

21. 노동시장이 경쟁적일 경우 다음 중 단기적인 임금 하락을 유발하는 것은?
    ① 제품가격의 상승
    ② 노동생산성의 향상
    ③ 외국인 노동자의 유입
    ④ 기업투자에 따른 인력 필요 확대
    ⑤ 노동과 자본이 서로 대체 요소일 경우 자본 가격의 상승

22. 아래에서 소득 불균등의 측정과 관련한 내용을 고르면?

    ㄱ. 지니계수
    ㄴ. 로렌츠곡선
    ㄷ. VIX지수
    ㄹ. RBC비율

    ① ㄱ, ㄴ
    ② ㄱ, ㄷ
    ③ ㄴ, ㄷ
    ④ ㄴ, ㄹ
    ⑤ ㄷ, ㄹ

23. 연필공장 A의 연필은 하나에 100원이며, 하루 노동에 대한 임금은 1인당 1,000원이라고 하자. A공장의 생산이 아래 표와 같을 때, 이윤극대화를 위해 공장은 최대 몇 명의 근로자를 고용해야 하는가?

고용 근로자 수	일간 생산량
0	0
1	13
2	28
3	45
4	61
5	74
6	84
7	90

    ① 2
    ② 3
    ③ 4
    ④ 5
    ⑤ 6

24. 고용과 실업과 관련한 설명 중 옳은 것은?
    ① 자연실업률에 도달하더라도 물가상승 압력이 사라지지 않기 때문에 물가는 지속적으로 상승한다.
    ② 실업자가 구직활동을 포기하면, 실업률이 낮아진다.
    ③ 경제활동참가율은 노동수요를 나타내는 지표이다.
    ④ 로스쿨 진학을 준비하는 대학생은 실업자로 분류된다.
    ⑤ 일반적으로 경기침체가 발생하면, 기업은 근로자의 근로시간을 단축하기보다는 해고를 먼저 한다.

25. 수요의 가격탄력성을 잘못 설명한 것은? (단, 재화는 정상재이다.)
    ① 수요곡선이 우하향하는 직각쌍곡선 모양이면 수요의 가격탄력성은 항상 1이 된다.
    ② 수요의 가격탄력성이 클수록 수요곡선은 수평선에 가까워진다.
    ③ 수요의 가격탄력성이 0보다 크고 1보다 작으면 비탄력적이라고 한다.
    ④ 가격 변화에 대해 수요량이 얼마나 민감하게 변하는지를 나타내는 지표이다.
    ⑤ 수요의 가격탄력성이 1보다 큰 재화의 경우, 가격이 상승하면 해당 재화의 지출액이 증가한다.

26. 중앙은행과 정부가 아래와 같은 정책을 실시할 경우 예상되는 효과가 아닌 것은?

> • 중앙은행이 국채를 매입하고 지급준비율을 내린다.
> • 정부는 기업과 가계에 대한 세율을 인하한다.

① 소비가 증가한다.
② 인플레이션이 심화한다.
③ 통화량이 증가한다.
④ 부동산 거래가 증가한다.
⑤ 기업의 투자심리가 악화한다.

27. 아래 글에서 설명하는 개념은 무엇인가?

> 한 나라의 경제가 물가를 자극하지 않으면서 노동과 자본 등의 생산요소를 완전히 사용하여 달성할 수 있는 최대 생산 수준

① 잠재GDP
② 명목GRDP
③ 실질GNP
④ 명목PPI
⑤ 1인당 GNI

28. 영국의 경제학자 토머스 맬서스는 『인구론』에서 식량 증가 속도보다 인구 증가 속도가 더 빨라 인류는 총체적 빈곤상태에 빠질 것으로 예측했다. 하지만 현재 인류는 빈곤에 빠지지 않았다. 이때 맬서스가 간과한 것은 무엇인가?

① 빅맥지수
② 기술의 진보
③ 중상주의
④ 절대우위의 원리
⑤ 파레토 법칙

29. 인플레이션으로 인해 발생하는 비용에 대한 설명으로 적절하지 않은 것은?

① 인플레이션이 발생했을 때 세법은 자원배분을 왜곡한다.
② 인플레이션을 예상할 수 있다면 사회적 비용은 발생하지 않는다.
③ 인플레이션율이 높아지면 화폐보유에 대한 기회비용이 증가한다.
④ 통화량의 증가로 발생한 인플레이션은 장기적으로 고용, 산출량 등 실물변수에 영향을 미칠 수 없다.
⑤ 인플레이션에 따른 가격조정이 모든 기업과 산업에 동일하지 않아서 자원배분의 비효율성이 생길 수 있다.

30. 아래 표는 거시경제변수들의 GDP와의 상관계수 및 표준편차를 계산한 것이다. 이와 관련한 〈보기〉의 설명으로 옳은 것을 모두 고르면? (단, 모든 변수들은 1인당 실질변수이고, y: GDP, c: 소비, i: 투자, g: 정부소비, x: 수출, m: 수입, σ는 표준편차를 나타냄.)

GDP와의 상관계수	y	c	i	g/y	x	m
	1.00	0.47	0.90	−0.26	−0.25	0.34
표준편차	σ_y	σ_c/σ_y	σ_i/σ_y	σ_g/σ_y	σ_x/σ_y	σ_m/σ_y
	3.05	1.51	4.07	1.42	3.38	2.42

─〈보기〉─
ㄱ. 소비와 투자는 경기순응적이다.
ㄴ. 투자는 소비에 비해 변동성이 크다.
ㄷ. 수출은 경기동행적이다.

① ㄱ
② ㄴ
③ ㄱ, ㄴ
④ ㄴ, ㄷ
⑤ ㄱ, ㄴ, ㄷ

〈 시사경제 · 경영 〉

31. '이것'은 전기차 배터리 원가의 40% 안팎을 차지하는 핵심 구성 요소인 양극재에 채워져 전기를 생성하고 충전하는 역할을 한다. '이것'은 세계 매장량의 60%가 칠레·아르헨티나·볼리비아 일대에 집중돼 있다. 그중 상당량이 중국에서 가공돼 다시 세계 각국으로 공급된다. 그래서 '이것' 국제 시세는 달러화가 아닌 위안화로 매겨지고 있다. 하얀 석유라고 불리는 '이것'은 무엇인가?

① 구리
② 니켈
③ 철광석
④ 망간
⑤ 리튬

32. 한때 테슬라가 전기차 주요 모델의 가격을 인하하면서 점유율을 늘려갔다. 이에 따라 경쟁업체들도 가격 인하 대열에 합류했었다. 이와 같은 상황을 설명할 수 있는 '이것'은 게임이론에서도 사용되는 용어로, 어느 한쪽이 무너질 때까지 출혈 경쟁을 하는 것이다. '이것'은 무엇인가?

① 콜드게임
② 스윙전략
③ 퍼펙트게임
④ 집중화 전략
⑤ 치킨게임

33. 지난 1월 10일 미국 증권거래위원회(SEC)가 11개 '이것' 현물 상장지수펀드(ETF)의 상장과 거래를 승인했다. 이번 결정으로 가상화폐인 '이것'은 세계 최대 자본시장에서 제도권 자산으로 인정받게 되었다. 2009년 미국 중앙은행(Fed)이 금융위기에 대응하기 위해 양적완화를 시작한 시점에서 개발된 세계 최초의 가상화폐인 '이것'은 무엇인가?

① 포크배럴
② 비트코인
③ 알트코인
④ 하드포크
⑤ 코인블루

34. 〈보기〉에서 물가 수준을 측정하는 통계 지표를 모두 고르면?

〈보기〉
ㄱ. NIM
ㄴ. PMI지수
ㄷ. CPI
ㄹ. PPI
ㅁ. GDP디플레이터
ㅂ. CES

① ㄱ, ㄴ, ㄷ
② ㄱ, ㅁ, ㅂ
③ ㄴ, ㄷ, ㄹ
④ ㄴ, ㄹ, ㅂ
⑤ ㄷ, ㄹ, ㅁ

35. 7개 미국 빅테크(거대기술기업)를 뜻하는 '매그니피센트 7'의 전체 시가총액 규모가 전 세계 국가로는 두 번째에 해당한다는 분석이 나왔다. 이들 7개 기업의 전체 시총은 13조 달러로, G20 국가 중 시장 규모가 두 번째로 큰 중국(11조 달러)보다도 많았다. 이들보다 시장 규모가 큰 국가는 미국뿐이었다. 이때 매그니피센트 7에 속하지 않는 기업은?

① 애플
② 넷플릭스
③ 아마존
④ 알파벳
⑤ 메타

36. 기업이 임직원의 성과에 대한 보상을 위해 활용하는 제도로 가장 적절한 것은?

① 서머타임
② 워크아웃
③ 디폴트
④ 스톡옵션
⑤ 패스트트랙

37. 아래 인플레이션 용어와 이에 해당하는 내용을 짝지은 것 중 옳지 않은 것은?

㉠ 그리드플레이션	A. 환경
㉡ 에코플레이션	B. 채소
㉢ 베지플레이션	C. 감자
㉣ 칩플레이션	D. 제품 수량 축소
㉤ 슈링크플레이션	E. 탐욕

① ㉠ – E
② ㉡ – A
③ ㉢ – B
④ ㉣ – C
⑤ ㉤ – D

38. 아래는 중국의 소비자물가 상승률 추이를 나타내고 있다. 전문가들은 중국의 경제상황에 대해 '이것'을 우려하고 있다. '이것'과 관련한 설명으로 옳지 않은 것은?

① '이것'은 일반적으로 D의 공포라고 불린다.
② '이것'이 발생하면 단기 실질이자율은 하락한다.
③ 유동성 함정이 발생하면 '이것'이 더 심화될 수 있다.
④ 중앙은행은 '이것'에 대응하기 위해 국공채를 매입한다.
⑤ 해당 사례가 지속적으로 이어진 것이 1990년대 시작된 일본의 장기불황이다.

39. 스마트폰 시장 점유율 측면에서 한국 A 기업은 미국 B 기업에 프리미엄폰 시장에 밀리고, 중저가 보급형 시장에서는 중국 C 기업에 쫓기는 상황이라고 가정하자. 이러한 상황을 무엇이라 부르는가?

① 왝더독
② 불스프레드
③ 캐시카우
④ 숏 커버링
⑤ 넛 크래커

40. 기업이 자금을 조달하는 방식은 직접금융과 간접금융으로 나뉜다. 이때 직접금융 방식이 아닌 것은?

① 은행대출
② 유상증자
③ 기업공개(IPO)
④ 전환사채 발행
⑤ 신주인수권부사채 발행

41. 아래의 식에서 (가), (나)에 들어갈 조합을 알맞게 짝지으면?

경제고통지수 = (가) + (나)

① 실업률 – 물가상승률
② 실업률 – 재정적자비율
③ 실업률 – 합계출산율
④ 국가부채율 – 합계출산율
⑤ 국가부채율 – 물가상승률

42. 아래 신문기사의 내용을 바탕으로 알맞은 제목을 고르면?

미국의 물가 상승률이 둔화하는 가운데 경제성장률이 예상치를 뛰어넘었다. 26일 미 상무부는 12월 미국 개인소비지출(PCE) 가격지수가 전년 동기 대비 2.6% 상승했다고 발표했다. 금융조사회사 팩트셋이 집계한 전문가 전망치에 부합했다. 2021년 2월 이후 최저치이다. PCE 가격지수 상승률은 2022년 6월 7%로 최고점을 찍었다. … (중략) … 전날 발표된 지난해 4분기 미국 국내총생산(GDP) 증가율은 3.3%로 시장 예상치(2.0%)를 크게 웃돌았다. … (중략) … S&P500지수는 이날 전 거래일보다 0.53% 상승한 4894.16을 기록했다. 이는 2021년 11월 이후 가장 오랜 기간인 5거래일 연속 사상 최고치를 경신한 것이다.
○○경제신문, 2024. 1. 27.

① 리플레이션 벗어나는 미국
② 어닝쇼크 기록한 미국 주식시장
③ 미국 경제 골디락스에 진입했나
④ 블랙스완 나타난 미국 주식시장
⑤ 물가와 경제성장 리파이낸싱 시작됐나

43. 지난 1월, '이 나라' 총통 선거가 세계적 관심을 받았다. 미국과 중국의 대리전이기도 했기 때문이다. TSMC의 본사가 있는 '이 나라'는?

① 필리핀
② 태국
③ 대만
④ 베트남
⑤ 싱가포르

44. 주요 국제통화체제의 변천사를 시간순으로 알맞게 나열한 것은?

① 킹스턴 체제 → 스미소니언 체제 → 브레턴우즈 체제
② 킹스턴 체제 → 브레턴우즈 체제 → 스미소니언 체제
③ 브레턴우즈 체제 → 스미소니언 체제 → 킹스턴 체제
④ 브레턴우즈 체제 → 킹스턴 체제 → 스미소니언 체제
⑤ 스미소니언 체제 → 브레턴우즈 체제 → 킹스턴 체제

45. 은행의 위험관리와 관련하여 (A), (B)에 들어갈 알맞은 내용을 순서대로 짝지으면?

> 은행이 위험관리를 함에 있어 예상된 손실은 (A)(으)로, 예상 밖의 손실은 (B)(으)로 보전할 수 있어야 한다는 것이 일반적으로 적용되는 기본원칙이다.

	A	B
①	자본	충당금
②	자본	부채
③	부채	충당금
④	충당금	자본
⑤	충당금	부채

46. 아래 지문의 (A)에 들어갈 알맞은 용어는?

> 코카콜라는 탄산음료 시장의 절대적 강자였다. 그 요인에는 (A)의 위험에도 새로운 제품을 개발하여 지속적으로 출시한 점에 있다. 대표적으로 탄산음료의 유해성이 강조되기 시작하자 '다이어트 콜라'로 불리는 제로 코카콜라가 대표적이다. 제로 코카콜라는 출시 전만 해도 기존의 일반 콜라 영역을 잠식할 것으로 봤지만, 기존 고객에 더해 다이어트에 관심이 많은 고객까지 유입되고 시장 규모가 커지면서 (A)(이)가 긍정적으로 작용한 사례로 인용되고 있다.

① 리스트럭처링
② 로그롤링
③ 넛지마케팅
④ 카니발리제이션
⑤ 니치효과

47. 미국과 영국은 지난해 말부터 '이곳'을 지나는 민간상선을 공격해온 예멘 후티 반군에 대한 공습에 나섰다. 이에 따라 코로나 19 대유행 이후 또다시 글로벌 물류 대란이 벌어질 수 있다는 우려가 커지고 있다. '이곳'은 수에즈 운하를 통항하려면 지나가야 하는 곳이다. '이곳'이 막히면 전 세계 무역량의 12%가 막히는 것이다. 아프리카 대륙과 아라비아 반도 사이에 있는 좁고 긴 바다인 '이곳'은 어디인가?

① 사해
② 발트해
③ 카스피해
④ 흑해
⑤ 홍해

48. 국제무역에서 아래 나열한 정책의 목적과 같은 정책을 고르면?

- 쿼터 및 허가제
- 무역기술장벽(TBT)
- 위생·검역조치(SPS)

① 사이드카
② 북클로징
③ 세이프가드
④ 크롤링
⑤ 윈도드레싱

49. 아래는 주요 선진국은 도입하고 있지만, 한국에서는 모두 도입되지 않은 제도를 나타내고 있다. ㉠~㉢과 관련한 설명 중 옳지 않은 것은?

구분	㉠ 차등의결권	㉡ 포이즌필	㉢ 황금주
한국	×	×	×
미국	○	○	○
일본	○	○	○
프랑스	○	○	○
영국	○	×	○
독일	×	○	○
이탈리아	○	×	○
캐나다	○	×	×

① 세계적 투자회사 버크셔해서웨이는 워런 버핏 회장에게 일반주주의 200배에 해당하는 의결권을 부여한 것이 ㉠의 대표적인 사례이다.
② 원칙적으로 ㉠은 주주평등의 원칙에 위배되지만, ㉢은 주주평등의 원칙에 위배되지 않는다.
③ ㉡은 적대적 인수합병 시도를 당한 기업이 기존 주주들에게 회사 주식을 시가보다 싼 가격에 매입할 수 있는 콜옵션을 부여한 것으로 해당 기업의 경영권 인수 비용을 높인다.
④ ㉢보다 ㉡을 도입하지 않은 국가의 수(한국 포함)가 더 많다.
⑤ ㉠~㉢과 같은 목적의 제도 중 하나가 황금낙하산이다.

50. 해운기업 중 한국 국적의 기업을 고르면?
① HMM
② MSC
③ 하파그로이드
④ 머스크
⑤ 에버그린

51. 핀란드와 스웨덴은 러시아의 우크라이나 침공 이후 안보 강화를 위해 2022년 5월 '이것' 가입을 신청했다. 핀란드는 지난해 튀르키예 의회의 마지막 승인을 받아 31번째 '이것' 회원국이 됐다. 스웨덴도 유럽연합(EU) 내 친(親) 러시아 국가인 헝가리 의회의 승인을 받아 32번째 '이것' 회원국이 됐다. '이것'은 1949년 서유럽에 대한 옛 소련의 군사위협에 대응하기 위해 결성된 기구로 북대서양조약기구라고 불린다. '이것'의 영어 약자는?
① NATO
② NAFTA
③ IPEF
④ AUKUS
⑤ APEC

52. 아래 신문기사를 읽고, 이와 같이 석유기업들의 행동을 사자성어로 무엇이라 하는가?

> 석유업계에서는 최근 몇 달 새 텍사스주 최대 유전 지역인 퍼미안 분지를 둘러싼 기업 간 인수·합병이 활발하다. 지난해 10월 엑슨모빌이 600억 달러에 파이어니어내추럴리소시스를 인수한 데 이어 셰브런이 530억 달러에 헤스코퍼레이션을 사들였다. 두 달 뒤에는 옥시덴털페트롤리엄이 120억 달러에 크라운록을 샀고 올해 들어선 체사피크에너지가 74억 달러에 천연가스 기업 사우스웨스턴에너지를 매입했다.
> ○○경제신문, 2024. 2. 14.

① 견원지간
② 유비무환
③ 독야청청
④ 합종연횡
⑤ 암구명촉

53. 아래 사진과 같이 수익성 있는 사업을 무조건 자기 지역에 유치하려는 행위를 무엇이라 하는가?

① 욜로(YOLO)
② 핌피(PIMFY)
③ 노마드(NOMAD)
④ 니트(NEET)
⑤ 딩크(DINK)

54. 한국거래소는 유가증권시장 종목에서 '이것'을 기준으로 상위 1~100위는 대형주, 101~300위는 중형주, 나머지는 소형주로 분류한다. '이것'은 무엇인가?
① 시가총액
② 배당금
③ 매출
④ 영업이익
⑤ 감가상각

55. 아래 광고 문구 내용 때문에 해당 기업은 '이것' 논란에 휘말렸다. LNG 자체가 친환경이 아님에도 광고를 통해 친환경적인 것처럼 홍보했다는 것이다. 이때 '이것'을 무엇이라 하는가?

> '탄소 없는 친환경 LNG 시대를 연다.'

① 그린카운티
② 그린벨트
③ 그린북
④ 그린워싱
⑤ 그린론

56. 국제결제은행(BIS)이 발표한 자료에 따르면 한국의 지난해 2분기 말 총부채는 5,956조 원, 국내총생산(GDP) 대비 총부채 비율은 273.1%를 기록하며 경제협력개발기구(OECD) 회원국 중 전년 동기 대비 부채가 증가한 유일한 나라가 되었다. 이 때문에 과다한 부채를 축소해야 하는 상황이다. 이때 아래 보기 중 부채 축소와 관련한 용어로 가장 관련이 적은 것은?

① 테이퍼링
② 신용거래융자 잔고 상승
③ 디레버리징
④ 기준금리 인상
⑤ 총부채원리금상환비율(DSR) 금리 상향

57. 아래 신문기사를 읽고, 밑줄 친 회사와 같은 기관을 영어 약자로 무엇이라 하는가?

> 두산인베스트먼트는 ㈜두산, 두산에너빌리티, 두산밥캣, 두산테스나, 두산로보틱스 등 5개 계열사로부터 200억 원씩 출자받았다고 8일 밝혔다. 펀드명은 '두산신기술투자조합 1호'로 정했다. 두산그룹은 이를 통해 투자수익을 내기 위해서가 아니다. 펀드자금을 로봇(두산로보틱스), 반도체(두산테스나) 등 계열사와 시너지를 낼 수 있는 스타트업 등에 투자할 계획이어서다.
> ○○경제신문, 2024. 2. 9.

① EMP
② MMF
③ CVC
④ MBA
⑤ CTO

58. 자산에 투자할 때, '하이 리스크, 하이 리턴(high risk, high return)'이라는 말이 있다. 이 의미에 따라, 고위험 고수익을 추구하는 투자자가 가장 선호할 만한 금융상품은 무엇인가?

① 보통예금
② 정기적금
③ 파생결합증권
④ 저축연금
⑤ CMA

59. 다음은 경제학 발전 과정에 지대한 영향을 미친 학자들의 생각을 단적으로 표현한 문장이다. 〈보기〉에서 ㉠과 ㉡을 언급한 경제학자를 알맞게 짝지으면?

> 〈보기〉
> ㉠ cool head but warm heart
> ㉡ Inflation is always and everywhere a monetary phenomenon.

	㉠	㉡
①	알프레드 마샬	밀턴 프리드먼
②	어빙 피셔	제임스 토빈
③	아서 래퍼	조지 스티글리츠
④	애덤 스미스	데이비드 리카도
⑤	클로디아 골딘	벤 버냉키

60. 아래 표는 관세청에서 발표한 '24년 1월 수출입 현황' 보도자료에서 발췌한 것이다. 이와 관련한 설명 중 옳지 않은 것은? (증감 표기는 전년 동기 대비 기준이다.)

〈1월 수출입실적(통관기준 잠정치)〉

(단위: 백만 달러, %)

구분	2023년 1월	2023년 12월	2023년 1~2월	2024년 1월
수출	46,343 (-16.4)	57,614 (5.0)	632,384 (-7.5)	54,689 (㉠)
수입	59,002 (-2.6)	53,157 (-10.8)	642,593 (-12.1)	54,391 (㉡)
무역수지	-12,658	4,457	-10,209	298

① 2023년 1월 무역수지는 적자를 기록했다.
② 2023년 전체 기간 무역수지는 적자를 기록했다.
③ 2024년 1월 잠정치 수출 실적은 2023년 1월 수출 실적보다 높다.
④ ㉠에 들어갈 숫자는 10보다 크다.
⑤ 절댓값을 기준으로 했을 때, ㉠보다 ㉡이 더 크다.

〈 상황추론·판단 〉

61. 아래 신문기사를 읽고, 해당 상황과 관련한 알맞은 표현을 고르면?

> 금융소비자에게 인기를 끌었던 알짜카드 단종이 연초부터 이어지고 있다. 소상공인 지원을 목적으로 한 가맹점 수수료율 인하가 불러일으킨 나비효과라는 지적이 나온다. … (중략) … 카드사 본업인 신용판매 실적이 악화한 영향도 크다. 2007년 이후 가맹점 수수료율이 14차례 인하되면서 카드사들은 신용판매 부문에서 적자를 면치 못하고 있다.
> ○○경제신문, 2024. 2. 8.

① 세상에 공짜 점심은 없다.
② 계약은 언제나 불완전하다.
③ 달걀을 한 바구니에 담지 마라.
④ 부의 집중은 권력의 집중을 낳는다.
⑤ 장기적으로 보면 우리는 모두 죽는다.

62. 아래 신문기사를 읽고, 이와 관련한 설명 중 옳지 않은 것은?

> 중동 주둔 미군이 사망한 데 대한 미국의 반격이 본격화하면서 원자재가격 급등 우려가 커지고 있다. 파이낸셜타임스(FT)는 3일(현지시간) "최근 아덴만에서 원자재 중개업체 트라피구라 선박을 겨냥한 예멘 후티 반군의 공격으로 유조선 운임과 경유 가격이 상승세를 보이고 있다."고 전했다. 해상 운임은 코로나19 팬데믹 당시 공급망 병목 현상으로 급등했던 때를 제외하면 사상 최고치에 근접했다.
> ○○경제신문, 2024. 2. 5.

① CRB지수는 장기적으로 하락한다.
② 총공급(AS)곡선이 좌측으로 이동하는 충격이다.
③ 기업의 생산비용이 증가하고 BSI가 하락하는 요인이다.
④ 해운기업은 단기 실적 개선으로 주가가 상승하는 요인이다.
⑤ 코로나 19와 다른 점은 팬데믹으로 항구에서 일하는 인력의 부족보다는 전쟁으로 기존 항로를 이용하지 못하기 때문에 공급망 병목 현상이 나타났다.

63. 밑줄 친 ㉠~㉢의 변화 방향이 올바르게 짝지어진 것은?

> A국의 중앙은행은 최근 채권발행을 늘렸더니 ㉠통화량이 변화했고, 이어서 ㉡국내금리(이자율)에 영향을 주었다. 이는 ㉢소비와 투자*에 영향을 주어 경제가 안정화되었다.
> *기업의 설비투자 등을 의미함.

	㉠	㉡	㉢
①	증가	하락	증가
②	증가	상승	감소
③	증가	상승	증가
④	감소	하락	감소
⑤	감소	상승	감소

64. 아래 지문을 읽고, 엔비디아가 인공지능(AI) 칩 분야에서 강세를 보이는 가장 근본적인 이유를 고르면?

> 그래픽 처리장치(GPU) 시장에서 큰 성공을 거둔 젠슨 황과 엔비디아는 2010년 이후 회사 주력 제품을 GPU에서 더 넓히기 위해 노력했습니다. 이때 황은 앞으로 기술의 발전으로 컴퓨터 성능이 급성장하게 되면 AI 기술이 등장하고 AI 프로그램을 실행하는 데 필요한 알고리즘과 복잡한 계산을 처리해야 하는 기술이 필요한 시기가 올 것이라고 확신했습니다. 이를 기점으로 엔비디아는 AI 기술 시행을 돕는 소프트웨어와 하드웨어를 연구하고 개발하기 시작했습니다. … (중략) … 엔비디아는 2020년 출시한 A100을 시작으로 AI 칩 분야에서 독주하기 시작합니다. 엔비디아는 지난해 말 오픈AI의 챗GPT로 시작된 생성형 AI 열풍으로 올 한해 주가가 200% 넘게 상승하고, 지난 6월 반도체 기업 중 최초로 시가총액 1조 달러를 달성하는 등 'AI 황제'로 우뚝 서게 됩니다.
> ○○닷컴, 2023. 12. 31.

① 독점기업인 엔비디아가 진입장벽을 쳤기 때문이다.
② 엔비디아는 시장지배력을 행사하여 경쟁기업을 몰아냈기 때문이다.
③ 엔비디아가 보여준 해당 시장에서의 강세는 그만큼 경쟁력 있는 제품을 만든 결과이다.
④ 엔비디아는 가격을 높게 올려 소비자잉여를 잠식해서 이익을 얻었다.
⑤ 엔비디아는 입법 로비를 통해 관련 시장의 인재를 모두 영입했기 때문이다.

65. 아래 표는 가영이가 보유하고 있는 금융 자산들의 비중 변화를 나타낸 것이다. 이와 관련한 옳은 설명을 고르면?

구분	㉠ 예금	㉡ 주식	㉢ 채권	합계
2023년	40%	32%	28%	100%
2024년	30%	35%	35%	100%

① ㉠과 ㉡의 비중 합계는 2023년보다 2024년이 크다.
② ㉡과 ㉢은 모두 배당 수익을 기대할 수 있다.
③ 일반적으로 ㉠과 ㉡은 만기가 있으나, ㉢은 만기가 없다.
④ 2023년에 이자 수익을 기대할 수 있는 금융 자산의 비중은 70% 미만이다.
⑤ 2024년에 시세 차익을 기대할 수 있는 금융 자산의 비중은 2023년보다 감소했다.

66. 아래 자료와 관련한 설명으로 옳은 것은?

> 6개월 후 신혼여행을 계획하고 있는 가영이는 하와이 ○○풀빌라에서 숙박하고자 한다. 가영이는 숙박비 결제 시 원화를 달러화로 환전하는데, 환전비용은 없다.

> 하와이 ○○풀빌라
> 청명하고 아름다운 오션뷰 ○○풀빌라
> 개인 풀에서 바다를 바라보며 수영을,
> 3분 거리 바다에서 수상스키를 즐기세요.
> ㉠ 지금 결제 얼리버드 특가: 100달러/1박
> ㉡ 투숙 시 결제 가격: 120달러/1박

① 환율(원/달러) 변화와 상관없이 ㉠의 원화 표시 숙박비가 저렴하다.
② 지금보다 투숙 시에 환율(원/달러)이 10% 하락한다면, ㉠이 유리하다.
③ 지금보다 투숙 시에 미국 기준금리가 큰 폭으로 상승한다면, ㉡이 유리하다.
④ 지금보다 투숙 시에 달러화 대비 원화 가치가 하락한다면, ㉡이 유리하다.
⑤ 한국 외환 시장에서 달러화 수요가 지속적으로 늘어나리라 예상된다면, ㉡이 유리하다.

67. 아래 표는 완전경쟁시장에서 거래되는 사과의 수요량과 공급량에 관한 자료이다. 이 자료를 바탕으로 한 설명 중 옳은 것은?

사과 가격	수요량	공급량
1,000원	10개	12개
800원	11개	11개
600원	12개	10개
400원	13개	9개
200원	14개	8개

① 사과 가격을 400원으로 고정시키면 실제 거래량은 9개이다.
② 사과시장의 균형가격과 균형거래량은 각각 600원과 12개이다.
③ 사과 가격을 1,000원으로 설정하면 실제 거래량은 12개이다.
④ 생산자잉여를 가장 크게 하려면 사과의 가격이 200원이 되어야 한다.
⑤ 소비자잉여를 가장 크게 하려면 사과의 가격이 1,000원이 되어야 한다.

68. 아래 갑국의 경제 동향 조사 보고서를 주제로 토론한 학생들의 대화 내용 중 옳지 않은 설명은?

> 〈 2023년 갑국의 경제 동향 조사 보고서 〉
> • 경제성장률: 4.0%
> • 실질GDP: 5,200억 달러
> • 명목임금상승률: 2.5%
> • 실질임금상승률: -3.5%
> • 경제활동인구: 1,000만 명
> • 취업자 수: 975만 명
> • 실업률 변화 동향: 3.5%p 감소(2022년 대비)

① 가영: 2022년 갑국의 실질GDP는 5,000억 달러야.
② 나영: 갑국의 2023년 실업률은 2.5%, 2022년 실업률은 6%야.
③ 다영: 경제활동인구에 변화가 없다면, 2022년 취업자 수는 940만 명이야.
④ 라영: 2023년에는 은행의 명목 예금금리가 적어도 6% 이상이 되어야 예금하는 사람들이 손해를 보지 않는다고 할 수 있어.
⑤ 마영: 2023년에 나타난 경제문제를 완화하기 위해 갑국 중앙은행은 지급준비율을 낮추거나 국공채를 매입하는 정책을 시행해야 해.

69. 아래 신문기사에 나타난 상황을 통해 사과의 가격과 거래량의 변화를 알맞게 짝지으면? (단, 다른 조건은 일정하다고 가정한다.)

> 10일 통계청에 따르면 지난해 사과 생산량은 39만 4,428t으로 최근 10년 새 가장 적었다. 전년(56만 6,041t) 대비로는 30.3% 줄어든 수치이다. 봄엔 냉해와 우박이, 여름엔 장마와 태풍이 겹치면서 사과 참사가 벌어졌다는 설명이다.
> ○○닷컴, 2024. 2. 10.

	가격	거래량
①	하락	감소
②	하락	증가
③	상승	감소
④	상승	증가
⑤	알 수 없음	증가

70. 아래 신문기사를 읽고, 이와 관련한 상황을 설명한 내용 중 옳지 <u>않은</u> 것은?

> 2일 모빌리티업계에 따르면 국토교통부는 최근 카카오모빌리티와 플랫폼을 공유해 카카오T 콜을 받을 수 있게 해 달라는 코액터스 요청을 거절했다. 국토부 관계자는 "타입 1이 일반 승객을 태울 경우 택시와 사업 영역이 겹친다."며 "택시업계 반발이 심해 허가를 내주기 어려운 상황"이라고 설명했다. … (중략) … 전국택시운송사업조합연합회에 따르면 지난해 12월 전국 법인택시 기사는 7만 1,187명으로 2019년(10만 2,840명) 대비 30.7% 줄었다. 업계에선 모빌리티를 혁신해야 승차난이 해소될 것이란 분석이 나온다. 새로운 운송 수단이 등장해야 줄어드는 택시 자리를 메울 수 있다는 지적이다.
> ○○경제신문, 2024. 2. 3.

① 새로운 사업 시도를 막는 지대추구 행위가 나타났다.
② 국토부의 결정 과정은 포획이론으로 설명할 수 있다.
③ 택시업계 입장에서는 코액터스의 진입은 택시 면허 가격의 하락 요인이다.
④ 국토부의 코액터스 요청 거절 과정은 역사적으로 적기 조례법과 맥락을 같이 한다.
⑤ 코액터스의 시장 진입은 소비자와 택시 기사의 잉여 모두 증가하는 요인이 된다.

71. 2012~2013년 개정된 유통산업발전법 개정과 관련한 경제적 영향을 설명한 내용 중 옳지 <u>않은</u> 것은?

> 「유통산업발전법」 개정으로 추가된 규제는 2012년 대형마트 및 기업형 슈퍼마켓(SSM)의 영업시간 제한과 월 2회 의무휴업일 지정, 2013년 전통시장 1km 이내(전통 상업 보존 구역) 대형마트 및 SSM의 신규 출점 제한 등이다. … (중략) … 서용구 숙명여대 교수 등은 신용카드 데이터를 이용해 대형마트 의무 휴일 규제의 효과를 분석했습니다. 분석 결과, 규제 도입 이듬해인 2013년 29.9%이던 대형마트에서의 소비 증가율이 2016년 -6.4%로 뚝 떨어졌습니다. 그런데 같은 기간 전통시장에서의 소비 증가율도 18.1%에서 -3.3%로 감소했습니다.
> ○○경제신문, 2023. 8. 21.

① 추가된 규제는 소비자잉여를 감소하게 한다.
② 신규 출점 제한은 계약자유의 원칙에 위배된다.
③ 전통 상업 보존 구역은 전통시장 간 경쟁을 촉진한다.
④ 전통시장 근처에 다른 경쟁자의 시장 진입을 막는다.
⑤ 「유통산업발전법」 개정으로 추가된 규제는 대형마트와 전통시장의 매출을 감소시켰다.

72. 아래 그림과 관련한 설명으로 옳지 <u>않은</u> 것은?

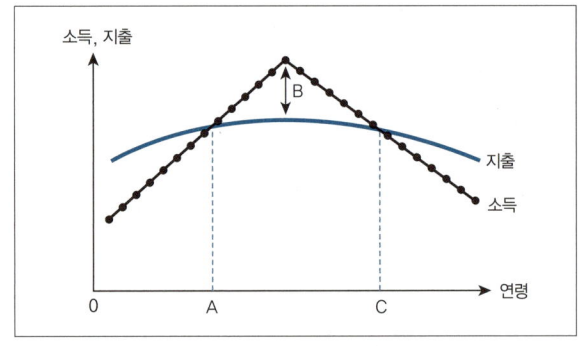

① 생애 주기에 따른 소득과 지출을 보여 준다.
② A 연령에서는 소득과 지출이 같다.
③ 소득에서 지출을 뺀 B의 간격이 클수록 C 연령 이후의 생활 수준이 달라진다.
④ C 연령에는 소득이 0이기 때문에 B만을 활용해야 한다.
⑤ 연령에 따라 소득과 지출의 차이가 변화하기 때문에 이에 따른 재무 설계가 필요하다.

73. 아래 지문에서 (A)와 (B)에 들어갈 단어를 알맞게 짝지으면?

> 독감예방주사는 접종한 사람뿐만 아니라 그 주변 사람들도 독감에 걸릴 확률을 떨어뜨린다. 그러나 예방주사의 접종을 원하는 개인이 모든 접종 비용을 부담하면 독감예방주사를 접종한 사람의 수는 사회적 최적의 수보다 (A)것이다. 이는 예방주사 접종의 모든 (B)(이)가 구매자에게만 귀속되지 않기 때문이다.

	(A)	(B)
①	많을	편익
②	많을	비용
③	적을	편익
④	적을	비용
⑤	적을	부채

74. 아래 신문기사와 그래프를 바탕으로 설명한 내용 중 옳지 <u>않은</u> 것은?

> 지난해 국세 수입이 정부 예산보다 덜 걷혀 사상 최대 세수 펑크를 기록했다. 경기 둔화로 기업이 어려움을 겪은 가운데 부동산 시장까지 얼어붙은 영향으로 풀이된다.
> ○○경제신문, 2024. 2. 1.

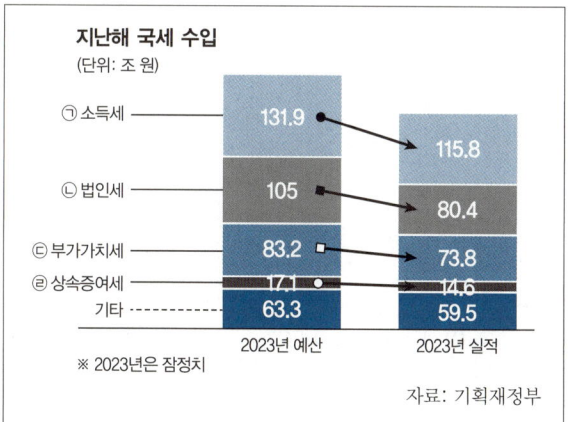

① 2023년 예산은 총 400.5조 원, 실제로 세금으로 거둔 총 국세 수입은 344.1조 원으로 56.4조 원의 차이가 발생한다.
② 경기 둔화에 따른 기업 실적 부진은 ⓒ, 부동산 경기 침체는 ㉢에 부정적인 영향을 준다.
③ 금액 측면에서 2023년 예산 대비 수입이 가장 덜 걷힌 세목은 ㉠~㉣ 중 ⓒ이다.
④ 세금의 종류에 따라 ㉠, ⓒ은 직접세이고, ㉢, ㉣은 간접세이다.
⑤ ㉠, ⓒ, ㉣은 누진세, ㉢은 비례세 구조이다.

75. 아래 신문기사와 그림을 바탕으로 설명한 내용 중 옳지 <u>않은</u> 것은?

> 발전 자회사들이 연초부터 채권 발행에 나서는 건 한국전력에 지급해야 할 ㉠<u>중간배당금</u> 때문이다. 지난해 말 한전은 올해 한전채 발행한도(ⓒ<u>자본금</u>＋적립금 합계의 5배 이하)가 축소될 것을 우려해 발전자회사 6곳으로부터 3조 400억 원의 중간배당을 받아 회계장부에 반영했다. … (중략) … 채권시장에선 발전사 회사채 발행의 증가에 따른 ㉢<u>구축효과</u>를 우려하고 있다. … (중략) … 한전은 지난해 9월 이후 채권을 발행하지 않고 ㉣<u>기업어음(CP)</u>과 ㉤<u>단기사채</u>를 통해 자금을 조달하고 있다.
> ○○경제신문, 2024. 2. 16.

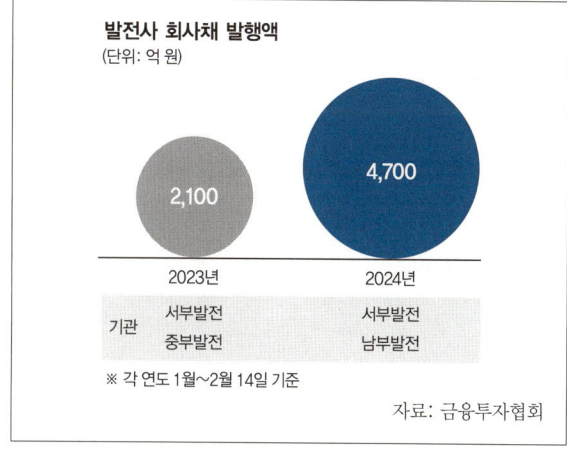

① 2024년 1월~2월 14일 기준 발전사 회사채 발행액이 지난해 같은 기간보다 2배 이상 증가했다.
② ㉠도 주주총회 결의사항이며, 현금배당과 주식배당 모두 가능하다.
③ 기업공개(IPO)를 통해 해당 기업을 주식시장에 상장하면 ⓒ은 증가한다.
④ 우량채인 한전 발전 자회사의 채권으로 투자가 집중되면서 일반 기업의 채권 발행이나 투자가 줄어드는 현상을 ㉢이라고 한다.
⑤ 한전이 지난해 9월 이후 ㉣과 ㉤을 통해 자금을 조달하는 것도 ㉢을 우려해서이다.

76. 아래 신문기사를 읽고, 신용사면 정책과 관련한 내용을 〈보기〉에서 고르면?

> 정부와 여당이 소상공인과 서민의 대출 연체 기록을 대폭 삭제하는 신용사면에 나선다. 대상자는 최대 290만명에 이를 전망이다. … (중략) … 한 시중은행 여신 담당 임원은 "취약계층을 돕겠다는 취지는 이해하지만, 성실하게 빚을 갚아온 차주는 대체 뭐가 되느냐"며 "향후 빚을 갚지 않아도 된다는 심리가 확산되는 위험한 정책"이라고 비판했다.
> ○○경제신문, 2024. 1. 12.

〈보기〉
ㄱ. 포퓰리즘
ㄴ. 매너리즘
ㄷ. 도덕적 해이
ㄹ. 스미스의 역설

① ㄱ, ㄴ
② ㄱ, ㄷ
③ ㄴ, ㄷ
④ ㄴ, ㄹ
⑤ ㄷ, ㄹ

77. 아래 사진에서 나타나는 시장의 특징을 〈보기〉에서 고르면?

〈보기〉
ㄱ. 비가격경쟁
ㄴ. 제품차별화
ㄷ. 가격수용자
ㄹ. 범위의 경제

① ㄱ, ㄴ
② ㄱ, ㄷ
③ ㄴ, ㄷ
④ ㄴ, ㄹ
⑤ ㄷ, ㄹ

78. 아래는 지난 1월 2024 미국 경제학회(AEA) 연례총회에서 경제학자들이 한 발언의 일부이다. 이와 관련한 학생들의 대화 내용 중 옳지 않은 것은?

- 로버트 배로(하버드대 교수): 미국 상업용 부동산저당증권(CMBS) 시장에서 오피스 대출 연체율이 5.28%로 5년 만에 가장 높은 수준이다. 미국 중앙은행(Fed)의 고금리 정책 때문이다.
- 존 테일러(스탠퍼드대 교수): 테일러 준칙에 근거해서 봤을 때 역사적으로 Fed는 통화정책을 적정 시점보다 늦게 시행했다.
- 케네스 로고프(하버드대 석좌교수): 코로나19 팬데믹에 따른 과도한 경기 부양책이 2022년 인플레이션이라는 부메랑으로 돌아왔다.

① 가영: 배로 교수는 2008년 금융위기에서 나타난 금융기관의 파산과 같은 금융 충격을 걱정하고 있어.
② 나영: 테일러 준칙은 통화정책 원칙 중 준칙주의에 해당하지.
③ 다영: 로고프 교수가 언급한 과도한 경기 부양책에 따른 인플레이션은 수요견인 인플레이션에 해당한다고 할 수 있어.
④ 라영: 로고프 교수가 언급한 인플레이션이 Fed의 긴축정책으로 이어졌고, 이는 배로 교수가 언급한 오피스 대출 연체율 상승과도 연관되어 있어.
⑤ 마영: 물가가 점점 안정되면서 테일러 준칙에 따라 계산한 미국의 적정 기준금리는 2022년보다 2023년에 더 상승했을 거야.

79. 아래 신문기사와 그래프 자료를 바탕으로 설명한 내용 중 옳지 <u>않은</u> 것은?

> 정부가 진 빚은 포함하는 범위에 따라 네 가지로 나뉜다. 영어로는 D(Debt)1~4라고 한다. D1은 중앙정부와 지방자치단체에 직접적인 상환 의무가 있는 돈을 말한다. 가장 좁은 의미의 나랏빚이다. 국가채무는 D1을 뜻하는 용어이다. D2는 D1에 비영리 공공기관의 빚을 합친 것으로 일반정부채라고 한다. 국제 비교에 주로 사용하는 기준이 D2이다. … (중략) … 2022년 기준 한국의 GDP 대비 일반정부 부채(D2) 비율은 53.5%이다. 미국(144.2%), 일본(254.5%), 영국(104.0%), 프랑스(117.3%)보다 낮은 것은 사실이다. 하지만 이들 국가는 달러 유로 엔 파운드 등 ㉠기축통화국이고 한국은 ㉡비기축통화국이라는 점을 간과해선 안 된다.
>
> ○○경제신문, 2024. 1. 30.

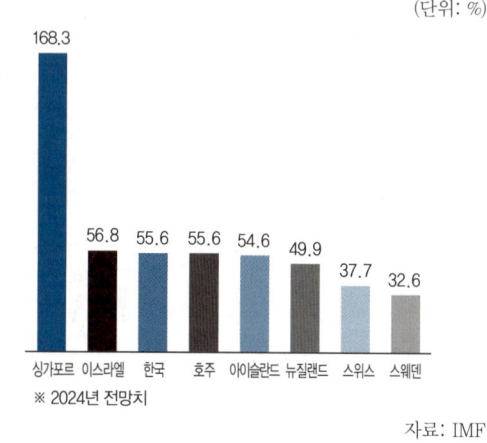

〈나라 빚 얼마나 되나〉 (단위: 조 원)

국가채무	일반정부부채	공공부문부채	국가부채
1,067.4	1,157.2	1,588.7	2,326.2

※2022년 기준 자료: 기획재정부

〈주요 비기축통화국의 GDP 대비 일반정부부채 비율〉

① 한국의 국가부채는 국가채무의 2배 이상이다.
② 일반적으로 ㉠이 ㉡보다 국채금리와 CDS(신용부도스와프) 프리미엄이 높다.
③ ㉠보다 ㉡이 GDP 대비 일반정부부채 비율이 낮은 경향을 보인다.
④ 그래프에서 한국은 비기축통화국 중 GDP 대비 일반정부부채 비율이 세 번째로 높은 국가이다.
⑤ 2022년 한국의 GDP 대비 일반정부부채 비율에 비해 2024년 전망치는 2.1%포인트 상승했다.

80. 아래 글은 조선 후기 실학자인 박제가의 저서 『북학의』에 있는 한 대목이다. 이를 읽고 내용을 <u>잘못</u> 이해한 학생은?

> 옛날의 성왕(聖王)께서는 보석과 화폐 따위의 물건을 만들어 덜 긴요한 물건으로 더 긴요한 물건의 상대가 되도록 하셨고, 쓸모없는 물건으로 쓸모 있는 물건을 사도록 하셨다. 게다가 배와 수레를 만드셔서 험준하고 외진 곳까지도 물건을 유통시켰다. 그렇게 하고도 천 리 만 리 먼 곳에 물건이 이르지 못할까봐 염려하셨다. … (중략) … 왜 그러한가? 물건이 있음에도 불구하고 쓰지 않는 것을 검소함이라고 일컫지 자기에게 물건이 없어 쓰지 못하는 것을 검소함이라고 일컫지는 않는다. 현재 우리나라에는 진주를 캐는 집이 없고 시장에는 산호(珊瑚)의 물건 값이 매겨져 있지 않다. 금이나 은을 가지고 점포에 들어가서는 떡과 엿을 사먹지 못한다. 이런 우리 풍속이 정녕 검소함을 좋아하여 그렇겠는가? 단지 재물을 사용할 방법을 모르는 것에 불과하다. 재물을 사용할 방법을 모르기에 재물을 만들어 낼 방법을 모르고, 재물을 만들어 낼 방법을 모르기에 백성들의 생활은 날이 갈수록 궁핍해 간다.

① 가영: 금이나 은을 가지고 엿을 사 먹지 못한다는 뜻은 시장의 발달이 미비하다는 것이지.
② 나영: 조선은 본디 검소한 나라여서 검소했던 것이 아니라 가난했기 때문이라는 비판이 글에 깔렸지.
③ 다영: 서로 필요한 재화를 교환하는 것은 거래에 참여한 주체 모두를 이롭게 하지.
④ 라영: 박제가가 추구한 부국강병의 방안은 1930년대 미국에서 시행한 스무트-홀리 관세법과 맥락을 같이해.
⑤ 마영: 박제가는 소비의 중요성과 재화의 유통 그리고 물류의 중요성을 강조했어.

국가공인 1호 경제이해력 검증시험
제85회 TESAT 문제지

* 모바일로 정답입력 후
  등급예측 및 성적분석

성 명		수험번호	

국가공인 1호 경제이해력검증시험
제85회 TESAT 문제지

- 문제지 표지에 성명과 수험번호를 적었는지 확인하십시오.
- 경제이론과 시사경제·경영은 문항당 3점, 4점이고 상황추론·판단은 문항당 5점입니다.
- 시험시간은 100분입니다.

〈 경 제 이 론 〉

1. 콩코드 오류가 내재하고 있는 경제학적 개념은 무엇인가?
   ① 매몰비용
   ② 한계효용
   ③ 피셔효과
   ④ 스놉효과
   ⑤ 일물일가의 법칙

2. 경기침체에 대한 설명으로 옳지 <u>않은</u> 것은?
   ① 경기가 침체하면 자연실업률 이상의 실업이 발생한다.
   ② 일반적으로 경기침체 시 투자보다 소비의 변동성이 더 크다.
   ③ 중앙은행의 긴축적인 통화정책으로 경기침체가 발생할 수 있다.
   ④ 스태그플레이션이 일반적인 경기침체와 다른 점은 경기가 침체하는데 물가 상승이 나타나기 때문이다.
   ⑤ 가격과 임금이 신축적으로 작동하는 경제에서는 수요 부족으로 불황이 나타나도 정부의 개입 없이 시장을 통해 해결할 수 있다.

3. 국내총생산(GDP) 계산과 관련한 설명으로 옳지 <u>않은</u> 것은?
   ① 생산단계별로 발생한 부가가치를 모두 합산하여 GDP를 계산할 수 있다.
   ② 외국인이 소유한 서울의 한 빌딩에서 나오는 임대 소득은 한국의 GDP 계산에 포함된다.
   ③ GDP를 계산하기 위해 최종 생산물의 가치를 모두 합하는 방법을 사용할 수도 있다.
   ④ 자동차 기업에서 올해 제조한 자동차의 재고가 증가하면, 이는 올해 GDP 계산에 포함되지 않는다.
   ⑤ 가구점에서 만든 가구의 부가가치는 GDP에 포함되지만, 개인이 자신이 사용할 목적으로 손수 만든 가구는 GDP 계산에 포함되지 않는다.

4. A국은 '이것'의 문제가 나타나면서 멸종 위기 동물에 대한 소유권을 인정하였다. 그러자 '이것'이 해결되었다. '이것'은 무엇인가?
   ① 레몬시장
   ② 파레토 효율
   ③ 레온티에프 역설
   ④ 디드로 효과
   ⑤ 공유지의 비극

5. 유동성 함정과 관련한 내용 중 가장 거리가 <u>먼</u> 것은?
   ① 디플레이션 발생
   ② 투자심리의 위축
   ③ 현금 선호 감소
   ④ 어두운 경제 전망
   ⑤ 제로(0) 수준의 명목금리

6. 완전경쟁시장과 관련한 설명으로 옳은 것은?
   ① 생산자가 제품의 가격을 결정할 수 있다.
   ② 모든 기업이 동질적인 재화를 생산한다.
   ③ 시장 내에 소수의 생산자 및 다수의 소비자가 존재한다.
   ④ 진입 장벽이 있어 생산자가 시장에 자유롭게 진입하지 못한다.
   ⑤ 한 기업의 생산량 변화가 다른 경쟁 기업의 경영 전략에 영향을 미친다.

7. A국 정부가 지출을 늘리기 위해 국채 발행을 늘려 국가 채무가 크게 증가하고 있다. 이후 나타날 문제와 관련한 설명 중 옳지 <u>않은</u> 것은?
   ① 정부의 이자 지급 부담 증가
   ② 정부저축의 증가
   ③ 변동성 지수(VIX)의 상승
   ④ 국가 신용등급 하락
   ⑤ 이자율 상승에 따른 구축효과 확대

8. 규모에 대한 수익 불변의 의미를 설명한 내용으로 옳은 것은?

① 모든 생산요소의 투입을 3배 늘리면 산출량도 3배 늘어난다.
② 모든 생산요소의 투입을 3배 늘려도 산출량은 변하지 않는다.
③ 고정요소의 투입을 3배 늘리면 산출량은 5배 늘어난다.
④ 고정요소의 투입을 3배 늘리면 산출량은 2배 늘어난다.
⑤ 이 기업의 생산기술엔 규모의 경제와 범위의 경제 모두가 작용한다.

9. 수요곡선에 미치는 영향이 다른 하나를 고르면? (단, 재화는 정상재이다.)

① 소득의 증가
② 소비자의 수 증가
③ 대체재 공급 증가
④ 보완재 가격 하락
⑤ 재화에 대한 소비자의 선호도 증가

10. A국 중앙은행이 시장에서 대규모 국채 매입을 할 때 나타나기 어려운 현상은? (단, 다른 조건은 일정하다고 가정한다.)

① 물가 안정
② 투자 증가
③ 통화량 증가
④ 국민소득 증가
⑤ 시중 이자율 하락

11. 실업 및 고용시장과 관련한 설명으로 옳은 것은?

① 완전고용상태에서도 실업률은 0이 될 수 없다.
② 마찰적 실업과 구조적 실업 모두 비자발적 실업이다.
③ 효율성 임금 이론으로 임금 변동의 유연성을 설명한다.
④ 자연실업률은 실업보험과 같은 제도적 요인의 영향을 받지 않는다.
⑤ 경제활동 능력을 갖추고 있으나 일할 의사가 없는 사람은 실업자로 분류된다.

12. 아래 사례 중에서 구성의 오류 및 인과의 오류를 알맞게 짝지으면?

- 사례 A: 모든 사람이 저축을 하면 오히려 경제의 총수요는 줄어든다.
- 사례 B: 마음에 드는 옷을 사려고 하는데 이미 많은 사람들이 그 옷을 입고 있어서 선뜻 사지 못하고 주저하게 된다.
- 사례 C: 에어컨 판매가 늘어나면 날씨가 더워진다.

	구성의 오류	인과의 오류
①	A	B
②	A	C
③	B	A
④	B	C
⑤	C	A

13. '이것'은 자본·노동 등 생산요소를 최대한 투입해 물가 상승을 유발하지 않고 달성할 수 있는 성장 역량을 의미한다. 한 나라의 경제성장이 얼마나 가능한지를 가늠할 수 있는 성장 잠재력 지표로도 활용된다. '이것'은 무엇인가?

① 경제고통지수
② 잠재성장률
③ 빅맥지수
④ 실질성장률
⑤ 생산증가율

14. 국가 신인도가 하락하는 부정적 징후를 〈보기〉에서 모두 고른다면?

〈보기〉

ㄱ. 외국환평형기금채권의 가산금리가 하락했다.
ㄴ. 신용부도스와프(CDS) 프리미엄이 상승했다.
ㄷ. 국제신용평가사가 평가한 국가신용등급이 강등됐다.

① ㄱ
② ㄱ, ㄴ
③ ㄱ, ㄷ
④ ㄴ, ㄷ
⑤ ㄱ, ㄴ, ㄷ

15. 지대, 지대추구행위와 관련한 설명으로 옳지 않은 것은?
① 지대추구행위는 사회적 후생손실을 발생시킨다.
② 한강이 보이는 아파트의 가격이 비싼 이유는 지대 때문이다.
③ 이익집단들이 정책 결정에 영향력을 행사하려는 것도 지대추구행위이다.
④ 정부 규모가 커지고 규제가 많아질수록 지대추구행위는 줄어든다.
⑤ 지대는 토지뿐만 아니라 공급이 고정된 생산요소에 지급되는 보수까지 포괄하는 개념으로 사용되고 있다.

16. 소비가 늘어날수록 한계효용이 체감하는 일반적인 두 재화가 있다고 하자. 두 재화의 무차별곡선과 관련한 설명 중 옳지 않은 것은?
① 서로 다른 무차별곡선끼리 교차할 수 없다.
② 소비자들에게 동일한 만족을 주는 재화묶음을 연결한 선이다.
③ 원점에서 멀리 떨어질수록 소비자들에게 더 높은 효용을 준다.
④ 원점에 대해 오목하며, 곡선은 우상향하는 기울기를 가진다.
⑤ 한 재화의 소비가 감소하면 동일한 만족을 유지하기 위해 다른 재화의 소비량을 늘려야 한다.

17. 경제에 대한 예측은 각 경제주체가 미래 경제 상황에 대비하도록 하는 데도 의미가 있다. 아래 보기 중 경제 예측 방향이 다른 하나는?
① 지난달보다 기업경기실사지수가 더 낮아졌다.
② 선행종합지수가 전년 동월 대비 8개월 연속 하락했다.
③ 지난달 101이었던 소비자동향지수가 92로 하락했다.
④ 각종 연구소와 기관이 낮은 경제성장률을 예고하고 있다.
⑤ 중앙은행이 시중은행에 대한 재할인율을 인상하는 정책을 발표했다.

18. 아래는 이자율과 관련한 다양한 설명이다. 이 가운데 실증 경제이론으로 보기 어려운 것은?
① 경기가 침체할수록 이자율은 하락한다.
② 국채 가격과 국채 이자율(수익률)은 반비례 관계이다.
③ 실질이자율은 명목이자율에서 물가상승률을 차감한 값이다.
④ 사회후생을 증가시키려면 이자율을 인상하는 것이 바람직하다.
⑤ 완전고용 경제에서 저축이 증가하면 실질이자율이 하락한다.

19. 상품에 대한 세금이 기업에 부과될 때, 나타날 현상으로 옳지 않은 것은? (단, 세금이 부과된 상품은 정상재이며, 수요와 공급의 법칙을 따른다.)
① 해당 기업은 생산을 줄인다.
② 판매가격이 높아지고 시장 거래량은 줄어든다.
③ 세금 납부 이후 기업의 총판매수입은 감소한다.
④ 공급의 탄력성이 클수록 기업의 세금 부담은 줄어든다.
⑤ 공급과 수요의 탄력성이 작을수록 사회적 후생 손실이 크다.

20. 정부가 재정지출을 늘렸을 때, 큰 효과를 발휘하기 위한 조건으로 가장 알맞은 것은?
① 한계소비성향이 높을수록 재정정책의 효과는 커진다.
② 구축효과가 크게 나타날수록 재정정책의 효과는 커진다.
③ 수입상품에 대한 선호도가 높을수록 재정정책의 효과는 커진다.
④ 정부지출의 증가로 물가변동이 클수록 재정정책의 효과는 커진다.
⑤ 국채를 발행하여 시중금리가 높아질수록 재정정책의 효과는 커진다.

21. 무역자유화와 관련하여 세계무역기구(WTO) 체제의 기본 원칙으로 보기 어려운 것은?

① 덤핑이나 보조금지급 등 불공정경쟁을 금지한다.
② 수입수량 할당 등 시장접근을 제한하는 직접적인 수입규제는 금지한다.
③ 개발도상국은 경제상황을 고려하여 무역자유화의 속도를 늦출 수 있다.
④ 특정 회원국에 주어지는 최상의 혜택이 다른 모든 회원국에도 동등하게 주어져야 한다.
⑤ 원칙적으로 무역의 한 당사국이 WTO의 기본원칙을 어기더라도 상대국은 제소할 방법이 없다.

22. 아래 대화와 관련한 설명으로 옳지 않은 것은?

- 가영: 나는 은행에서 정기예금에 가입했어.
- 나영: 그렇구나. 난 ○○기업의 주식을 샀어.

① 가영이 선택한 금융상품은 저축성 예금에 해당한다.
② 가영이 선택한 금융상품은 예금자보호제도의 적용을 받는다.
③ 나영이 선택한 금융상품은 만기가 존재하지 않는다.
④ 나영이 선택한 금융상품은 배당 수익을 기대할 수 있다.
⑤ 가영이 선택한 금융상품은 나영이 선택한 금융상품보다 수익성이 높다.

23. 아래 그림의 제도와 관련한 설명으로 옳지 않은 것은?

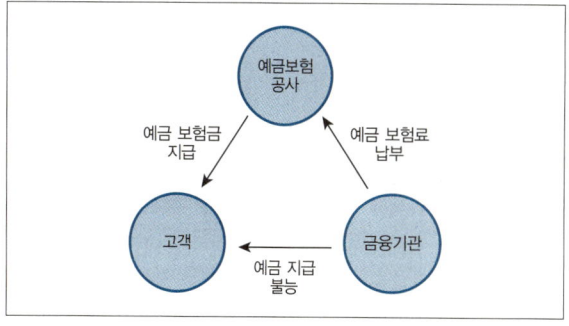

① 보험의 원리를 이용해 예금자를 보호한다.
② 다수의 소액 예금자를 보호하려는 목적을 가진다.
③ 시중은행, 저축은행, 새마을금고가 해당 제도의 대상이다.
④ 대규모 뱅크런을 예방하고 금융 시스템을 유지하기 위한 제도이다.
⑤ 원금과 소정의 이자를 합해 1인당 최고 5,000만 원까지의 예금을 보호한다.

24. 독감에 걸린 사람은 주변 사람들에게 독감을 옮기지만, 주변 사람들에게 이에 대한 대가를 지불하지 않는다. 이와 같은 사례로 알맞은 것을 고르면?

① 성수기 관광지의 숙박비는 평소보다 비싸다.
② 전기자동차의 등장으로 관련 산업이 급성장했다.
③ 화학 공장이 배출한 오염물질로 강이 오염되었다.
④ 국제유가가 하락해도 국내 휘발유 가격은 변함없다.
⑤ 영화관은 손님이 많은 주말에 더 높은 요금을 받는다.

25. 아래 나열한 내용을 가장 잘 설명할 수 있는 개념은?

- 비서보다 타자를 더 빠르게 치는 변호사가 타자를 비서에게 맡기고 자신은 변론만 한다.
- A국은 B국보다 자전거도 더 잘 만들 수 있지만 자전거는 B국에서 수입하고 A국은 자동차를 생산하여 수출한다.

① 승수효과
② 우월전략
③ 오쿤의 법칙
④ 비교우위
⑤ 그레샴의 법칙

26. 아래 지문을 읽고, ㉠에 들어갈 수 있는 내용으로 옳지 <u>않은</u> 것은?

> A재와 B재는 대체관계이고, A재와 C재는 보완관계이다. 이때 A재의 공급이 증가하면 (㉠)

① A재의 가격이 하락한다.
② B재의 가격이 하락한다.
③ B재의 거래량이 증가한다.
④ C재의 거래량이 증가한다.
⑤ C재의 판매 수입이 증가한다.

27. 노동이 거래되는 생산요소 시장인 노동시장과 관련한 설명으로 옳은 것은?

① 노동의 공급자는 기업이며, 수요자는 가계이다.
② 노동의 공급이 독점적일 때 노동자에게 지급하는 임금은 하락한다.
③ 생산성이 동일할 때, 노동시장이 경쟁적일수록 임금 차별은 감소한다.
④ 노동에 의해 생산되는 재화의 가격이 상승하면 노동의 한계생산 가치는 감소한다.
⑤ 보상적 임금 격차에 의해 생산성이 낮은 노동자보다 생산성이 높은 노동자가 더 많은 임금을 받는다.

28. 가격상한제나 가격하한제로 인한 경제적 순손실의 공통 영역을 그래프에서 고르면?

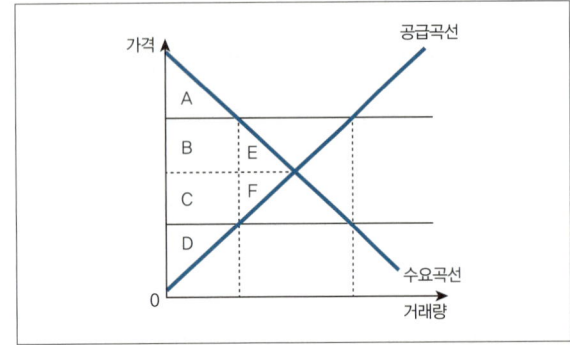

① A+D
② B+C
③ C+F
④ B+E
⑤ E+F

29. 거시경제에서 총수요-총공급에 직접적인 영향을 미치는 요인과 관련한 〈보기〉의 설명 중 옳은 것을 고르면?

〈보기〉
ㄱ. 자본투자의 감소는 총공급곡선을 왼쪽으로 이동시킨다.
ㄴ. 국제 원자재 가격의 상승은 총수요곡선을 오른쪽으로 이동시킨다.
ㄷ. 정부의 추가경정예산 집행은 총수요곡선을 오른쪽으로 이동시킨다.
ㄹ. 가계의 대출 이자 부담 감소는 총공급곡선을 왼쪽으로 이동시킨다.

① ㄱ, ㄴ
② ㄱ, ㄷ
③ ㄴ, ㄷ
④ ㄴ, ㄹ
⑤ ㄷ, ㄹ

30. 아래는 한국의 경제 상황에 대해 가상으로 설정한 상황이다. 이에 따라 ㉠~㉣에 들어갈 내용을 알맞게 짝지으면?

> 원화가치의 (㉠)에 가속도가 붙으면서 수출기업의 대외경쟁력이 악화할 우려가 커지자, 한국은행은 시장에서 달러화를 (㉡)하기 시작했다. 이에 따라 한국은행의 대외지급준비자산은 (㉢)하고, 한국은행이 통화안정 증권을 발행하지 않는다면 시중의 통화량은 (㉣)할 것으로 예측된다.

	㉠	㉡	㉢	㉣
①	상승	매입	증가	증가
②	상승	매도	증가	감소
③	상승	매입	감소	감소
④	하락	매도	감소	증가
⑤	하락	매입	증가	감소

〈 시사경제 · 경영 〉

31. 지난해 12월, 아프리카 산유국 중 하나인 앙골라가 '이것'을 탈퇴했다. 사우디아라비아가 주도하는 글로벌 석유 카르텔이자 석유수출기구라 불리는 '이것'의 영어약자는?

① APEC
② IAEA
③ SPAC
④ OPEC
⑤ BRICS

32. 소비자물가지수(CPI)와 생산자물가지수(PPI) 증감률이 장기간 마이너스를 기록할 때 가장 우려되는 상황은?

① 잠금효과
② 테이퍼링
③ 셧다운
④ 리오프닝
⑤ 디플레이션

33. 애플의 창업자 스티브 잡스, 테슬라와 같이 기존 시장에 엄청난 변화를 불러오는 혁신적 아이디어를 가진 사람이나 기업을 가리키는 경영 용어는?

① 슈퍼사이클
② 게임체인저
③ 레드오션
④ 패스트 팔로어
⑤ 카피캣

34. 공개매수와 같은 적대적 인수합병(M&A) 공격을 받은 기업 경영진은 경영권 방어에 우호적인 주주를 끌어들이기도 한다. 이때 우호적인 주주를 무엇이라 부르는가?

① 팩맨
② 백기사
③ 스윙보터
④ 언더독
⑤ 황금낙하산

35. 아래 그림은 자동차 연구원이 가상현실(VR) 헤드셋을 통해 가상의 공간에서 자동차 설계 품질을 검증하고 있는 모습이다. 이처럼 제품을 만들기 전 가상공간에 실물과 똑같은 물체(쌍둥이)를 만들어 다양한 모의시험(시뮬레이션)을 통해 현실을 분석·예측해 발생할 수 있는 문제점을 개선하는 데 사용하는 기술을 무엇이라 하는가?

① 로블록스
② 메타버스
③ 데이터베이스
④ 멀티미디어
⑤ 디지털트윈

36. '장기적으로 우리 모두는 죽는다.'라는 말을 한 이 경제학자의 이름은?

① John Maynard Keynes
② Robert Triffin
③ Alfred Marshall
④ Arthur Betz Laffer
⑤ David Ricardo

37. 암호화폐 중 비트코인을 제외한 모든 암호화폐를 통칭하는 용어는?

① 알트코인
② 스테이킹
③ 에어드랍
④ 하드파킹
⑤ 스테이블코인

38. 신임 경영자가 전임자 재직 기간에 쌓인 손실과 잠재적 부실 요소를 회계장부에 한꺼번에 반영해 털어버리는 행위를 뜻하는 용어는?
① 빅배스
② 홀딩스
③ 서킷브레이커
④ 숏커버링
⑤ 랩어카운트

39. (가), (나)와 연관된 내용을 고르면?

(가) 칩플레이션
(나) 그린플레이션

	(가)	(나)
①	석유	천연가스
②	천연가스	반도체
③	친환경	플라스틱
④	반도체	친환경
⑤	감자	구리

40. 아래는 영화 어벤저스의 등장인물 타노스가 언급한 내용이다. 이 내용과 관련한 (A) 경제학자의 이름과 이 경제학자가 (B) 주장한 내용이나 저서를 알맞게 짝지으면?

"우주는 유한해. 자원도 그렇지. 이대로 가면 아무도 못 살아남아. 생명체의 절반이 죽어야 파멸을 막을 수 있지. 그래서 내가 나선거야."

	(A)	(B)
①	애덤 스미스	국부론
②	존 포브스 내시	내시균형
③	토머스 맬서스	인구론
④	밀턴 프리드먼	화폐환상
⑤	로버트 루카스	합리적 기대

41. 일정 연령에 이른 근로자의 임금을 삭감하는 대신 정년까지 고용을 보장하는 제도를 가리키는 용어는?
① 재택근무제
② 워크셰어링
③ 타임오프제
④ 탄력근로제
⑤ 임금피크제

42. 싱가포르 테마섹, 카타르 투자청, 한국투자공사를 일컬어 무엇이라 하는가?
① 사모펀드
② 매칭펀드
③ 퀀트펀드
④ 국부펀드
⑤ 벤처펀드

43. 특정 기업 지분을 매입한 뒤 배당 확대나 자사주 매입, 인수합병(M&A), 재무구조 개선, 지배구조 개편 등 주주가치를 높이는 방안을 적극적으로 요구해 주식 가치를 끌어올리는 투자전략을 사용하는 이들을 '이것' 헤지펀드라 부른다. '이것'은 무엇인가?
① 행동주의
② 포괄주의
③ 현실주의
④ 발생주의
⑤ 신고주의

44. 금융위원회는 올해부터 모든 금융권의 변동금리형·혼합형·주기형 대출을 대상으로 스트레스 '이것' 제도를 시행한다고 지난해 말 발표했다. '이것'을 산정할 때 금리가 올라갈 가능성을 고려해 일정 수준의 가산금리를 더하는 제도이다. 이때 '이것'은 대출자의 연소득 대비 전체 금융 부채의 연간 원리금 상환액의 비율로 40%(비은행권 50%) 이하를 유지해야 한다. 총부채원리금 상환비율이라 불리는 '이것'의 영어 약자는?
① LTV
② ESG
③ DSR
④ IPO
⑤ NCR

45. 아래에서 발생한 상황으로 나타나는 현상을 무엇이라 하는가?

유튜브 프리미엄	1만 450원	⇨	1만 4,900원 (프리미엄 기준)
디즈니 플러스	9,900원	⇨	1만 3,900원 (프리미엄 기준)
티빙	1만 3,900원	⇨	1만 7,000원 (프리미엄 기준)
넷플릭스	계정 공유 시 인당 5,000원 추가 (스탠더드·프리미엄 기준)		

① 디마케팅
② 크리슈머
③ 스트림플레이션
④ 코드커팅
⑤ 휘슬블로어

46. 지난해 12월, 일시적으로 자금조달에 어려움을 겪는 기업에 채권단 75% 이상의 동의로 만기연장과 자금 지원 등을 주된 내용으로 하는 기업구조조정촉진법 개정안이 국회를 통과했다. 이는 '이것'의 근거가 되는 법이다. '이것'은 기업개선작업을 말한다. '이것'은 무엇인가?

① 직권상정
② 워크아웃
③ 사이드카
④ 패스트트랙
⑤ 필리버스터

47. 경제가 단기간에 급속히 침체했다가 장기간에 걸쳐 서서히 회복하는 모습을 빗댄 '이 용어'는 스포츠 용품업체의 로고를 닮았다고 해서 붙여진 이름이다. '이 용어'는 무엇인가?

① 룰루 레몬
② 나이키 커브
③ 소프트 패치
④ 리복 랠리
⑤ 퍼스트 랜딩

48. 올해부터 경제협력개발기구(OECD)와 주요 20개국(G20)이 합의하면서 대형 다국적 기업에 대한 글로벌 최저한세가 시행된다. 최저한세율을 정하고 특정 국가에서 이보다 낮은 실효세율이 적용되면 해당 기업이 사업장을 낸 다른 국가에 추가 과세권을 부여하는 게 핵심 내용이다. 이때 글로벌 최저한세율은 몇 %인가?

① 13
② 15
③ 18
④ 20
⑤ 23

49. 지난해 12월 통계청에서 발표한 '2022년 신혼부부 통계'에서 맞벌이 신혼부부 비중이 역대 최고치를 기록했다. 특히, 맞벌이 신혼부부 중 자녀가 없는 '이것'족 비중이 50.2%를 기록해 절반을 넘었다. '이것'족은 의도적으로 자녀를 두지 않고 경제적 자유를 추구하는 맞벌이 부부를 뜻한다. '이것'에 들어갈 알맞은 단어는?

① 니트
② 프리터
③ 딩크
④ 여피
⑤ 캥거루

50. 금융시장에서는 경영권 확보를 목적으로 자금을 조달해주는 (A) 투자자와 경영에 참여하지 않고 배당금 또는 원리금의 형태로 수익을 취하는 (B) 투자자로 나뉜다. (A)와 (B)에 들어갈 내용을 알맞게 짝지으면?

	(A)	(B)
①	옵션	차익
②	재무적	전략적
③	헤지	선물
④	전략적	재무적
⑤	차익	옵션

51. 2016년 마이너스 금리(단기 정책 금리 연 -0.1%) 정책을 도입한 이래 현재까지도 이를 유지하고 있는 나라는?

① 이탈리아
② 태국
③ 인도
④ 브라질
⑤ 일본

52. 내국인과 등록외국인을 더한 현지 등록인구에 월 1회, 하루 3시간 이상 해당 지역에 머무른 체류인구를 더한 개념을 무엇이라 하는가?
① 생활인구
② 종속인구
③ 과잉인구
④ 추계인구
⑤ 상주인구

53. 아래 그림은 '이것' 기기로 체성분을 측정하고 있는 모습이다. '이것' 기기는 몸에 차고 다니는 전자제품을 일컫는다. 스마트워치와 머리에 쓰는 디스플레이 기기(HMD)가 대표적이다. 여기서 '이것'은 무엇인가?

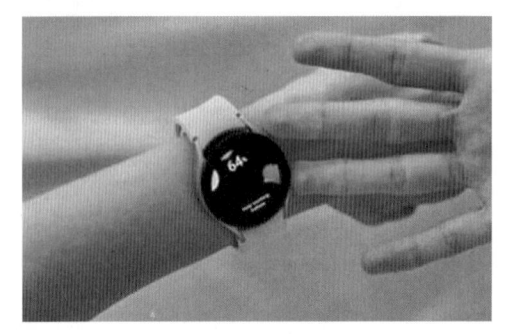

① 웨어러블
② 클라우드
③ 빅데이터
④ 블록체인
⑤ 컨템포러리

54. 아래 신문기사를 읽고, 해당 상황을 설명할 수 있는 가장 알맞은 용어는?

> 2007년 영국 스코틀랜드왕립은행(RBS)이 네덜란드의 ABN암로은행을 인수했다. 인수금액만 무려 710억 유로에 달한 세계 금융 역사상 최대 인수합병(M&A)이었다. RBS는 경쟁사인 바클레이스보다 35억 유로나 더 많은 금액을 제시해 승리했지만, 고가 인수에 따른 부담에 미국발 금융위기까지 겹치면서 결국 영국 정부로부터 200억 파운드의 공적자금을 수혈하는 신세가 됐다.
> ○○경제신문, 2023. 12. 20.

① 기저효과
② 루이스 함정
③ 버스트 오류
④ 승자의 저주
⑤ 스미스의 역설

55. 아래 신문기사를 읽고, (A), (B)에 들어갈 용어를 알맞게 짝 지으면?

> 미국 우주기업 스페이스X의 기업가치가 1,800억 달러(약 237조 원)로 평가됐다. 스페이스X가 상장사라고 가정한다면, 미국 증시에서 시가총액 기준으로 40위권이다. CNBC는 스페이스X가 세계에서 가장 가치 있는 비상장 기업 중 하나인 (A) 기업으로 분류된다고 평가했다. (A) 기업은 기업가치 10억 달러 이상 비상장 스타트업인 (B) 기업의 100배 가치를 지닌 기업이라는 뜻이다.
> ○○경제신문, 2023.12.15

　　　(A)　　　　(B)
① 데카콘　　　프리퀄
② 헥토콘　　　유니콘
③ 유니콘　　　스핀오프
④ 프리퀄　　　유니콘
⑤ 스핀오프　　헥토콘

56. 다음은 인공지능(AI)에 대한 전문가들의 의견 대립을 보여준다. 이와 관련한 설명으로 옳지 않은 것은?

> (A): "AI로 인한 위험성 늘고 있다."
> (B): "AI와 일하면 인류 더 발전할 것"

① (A)는 최종적으로 인류가 AI에 종속될 것으로 보고 있고 이들은 두머(Doomer)로 불린다.
② AI는 인류가 충분히 제어할 수 있는 도구일 뿐이라는 입장은 (B)이고 부머(Boomer)로 불린다.
③ 유럽연합(EU) 의회가 세계 최초로 AI규제법 초안을 마련한 것은 (A)를 지지하기 때문이다.
④ 지난해 말 오픈AI의 창업자이자 최고경영자(CEO)인 샘 올트먼이 이사회에 의해 해고되었다가 5일 만에 복귀한 것도 (A)와 (B)입장의 갈등 때문이었다.
⑤ 영화 아이언맨에 등장하는 자비스는 (A), 터미네이터에 등장하는 스카이넷은 (B)에 속하는 인공지능이다.

57. 14세기 중세 유럽에서는 페스트균에 의해 발생하는 급성 열성 전염병인 '이것'병으로 인구의 50~60%가 사망한 것으로 추정됐다. 이와 비교해 미국 뉴욕타임스 칼럼니스트 로스 다우서트는 '한국은 소멸하는가'라는 칼럼에서 인구 감소 문제에서 한국은 연구 대상이라며, 한국의 인구가 '이것'병과 같이 감소세가 극단적이라는 점을 강조했다. 이때 '이것'은 무엇인가?

① 터너
② 크론
③ 고산
④ 향수
⑤ 흑사

58. 아래 나열한 내용을 통해 유추할 수 있는 알맞은 국가는?

- 반도체 제조 장비인 극자외선(EUV) 노광 장비를 독점적으로 공급하는 ASML의 본사
- 헤이그 특사 사건
- 튤립 버블

① 스페인
② 그리스
③ 네덜란드
④ 독일
⑤ 튀르키예

59. 아래는 누리엘 루비니 교수가 지난해 한 언론사와의 인터뷰에서 세계 경제의 위협 요인을 진단하고 있다. 이를 읽고, (A), (B)에 들어갈 용어를 알맞게 짝지으면?

글로벌 금융위기를 예견한 누리엘 루비니 미국 뉴욕대 스턴경영대학원 명예교수는 "주요국이 너무 오래 저금리 및 양적완화 정책을 유지하면서 국가 부채가 급증하고 인플레이션이 걷잡을 수 없게 됐다."며, "지금까지 보지 못한 최악의 (A)(경기침체 속 물가 상승)이(가) 본격화할 것"이라고 내다봤다. … (중략) … 미·중 갈등이 세계 경제를 양분할 것이란 분석도 내놨다. 그는 "기술 분야를 중심으로 (B)(탈동조화)이(가) 가속화하고 있는데, 결과적으로 세계 경제와 통화 체계를 둘로 쪼갤 가능성이 있다."고 언급했다.

	(A)	(B)
①	디스인플레이션	디커플링
②	디스인플레이션	블랙스완
③	스태그플레이션	디커플링
④	스태그플레이션	블랙스완
⑤	스태그플레이션	리쇼어링

60. 아래 신문기사의 사설을 읽고, 알맞은 기사 제목을 고르면?

아르헨티나는 "망한 나라를 살리려면 고통 감내가 불가피하다."는 밀레이 대통령의 설명에 동의할 수 밖에 없을 만큼 경제가 나락으로 추락한 상태이다. 올해 물가상승률이 143%(10월 기준)에 달하고 "벽지를 사는 것보다 저렴해 10페소 지폐로 도배하는 사람도 있다."는 말이 돌 정도이다. … (중략) … 포퓰리즘에 그렇게 당하고도 아르헨티나 국민들은 선거 때만 되면 현금을 뿌려대는 페로니즘 지도자를 선택했다. 1983년 민주화 이후 최근 40년만 봐도 비(非)페로니스트는 밀레이와 마우리시오 마크리 등 단 두 명에 불과하다. 지금 겪고 있는 지옥 같은 삶은 당연한 귀결로 봐야 한다.
○○경제신문, 2023. 12. 15.

① '유동성 함정'에 빠진 아르헨티나
② 아르헨티나 '피터팬 증후군' 극복할까?
③ '게리맨더링'으로 더 악화하는 아르헨티나 경제위기
④ '세상에 공짜 점심은 없다.'는 평범한 진리 일깨운 아르헨티나
⑤ 아르헨티나 '보이지 않는 손에 맡겨두라.'는 경제정책 추구할까?

〈 상황추론 · 판단 〉

61. 한국의 단기 총공급(AS) 곡선이 왼쪽으로 이동했다고 가정하자. 이런 상황에서 아래에 제시된 각 정책목표 달성을 위해 한국은행은 어떤 식으로 대응해야 하고 물가와 국내총생산(GDP)의 변화를 설명한 내용으로 옳은 것은?

> (A) 물가안정
> (B) 경제성장

① (A)를 달성하려면, 한국은행은 확장통화정책을 시행한다.
② (B)를 달성하려면, 한국은행은 긴축통화정책을 시행한다.
③ 한국은행이 (A)를 달성한다면, GDP는 더 감소할 것이다.
④ 한국은행이 (B)를 달성한다면, 물가는 더 하락할 것이다.
⑤ 한국은행은 단기에 (A)와 (B)를 동시에 항상 달성할 수 있다.

62. 아래 그림은 갑국 커피시장 균형점 E에서 다양한 방향으로의 이동을 나타낸다. 이와 관련한 〈보기〉의 설명 중 옳은 것을 고르면?

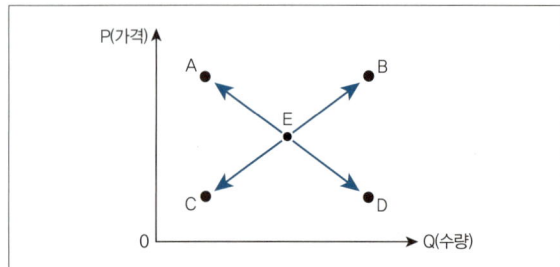

〈보기〉
ㄱ. 커피 원재료인 원두의 가격이 상승하면 균형점이 A로 이동한다.
ㄴ. 커피의 보완재인 비스킷의 가격이 하락하면 균형점이 B로 이동한다.
ㄷ. 커피의 대체재인 홍차 가격이 상승하면 균형점이 C로 이동한다.
ㄹ. 원두 가격의 상승과 홍차 가격의 상승이 동시에 발생하면, 균형거래량은 감소한다.

① ㄱ, ㄴ   ② ㄱ, ㄷ
③ ㄴ, ㄷ   ④ ㄴ, ㄹ
⑤ ㄷ, ㄹ

63. 밑줄 친 (A)에 들어갈 수 있는 알맞은 내용을 〈보기〉에서 고르면? (단, 모든 국제 거래는 달러화로 한다.)

> • 교사: 달러화 대비 원화 환율이 1,200원에서 1,000원으로 하락한다면, 한국 경제에 어떤 영향을 미칠지에 대해 발표해 볼까요?
> • 학생: _____ (A) _____.

〈보기〉
ㄱ. 수입품의 원화 표시 가격은 상승합니다.
ㄴ. 한국 수출기업의 가격경쟁력이 약화됩니다.
ㄷ. 한국에 거주 중인 학부모가 미국에 유학 중인 자녀에게 송금할 학비의 부담이 증가합니다.
ㄹ. 한국 기업의 미국 달러화 표시 외채의 상환부담이 감소합니다.

① ㄱ, ㄴ   ② ㄱ, ㄷ
③ ㄴ, ㄷ   ④ ㄴ, ㄹ
⑤ ㄷ, ㄹ

64. (가), (나)와 관련한 〈보기〉의 설명으로 옳은 것을 고르면?

> • (가): 화재 보험 상품 가입자는 이미 보험에 가입했다는 이유로 화재 예방 및 관리를 소홀히 하기 쉽다. 보험회사가 보험가입자를 온종일 관찰할 수 없기 때문이다.
> • (나): 중고차 시장에서 소비자들은 중고차의 상태를 잘 모르기 때문에 중간 정도 품질의 자동차 가격을 지불하고자 한다. 이에 따라 좋은 중고차는 시장에 잘 나오지 않게 된다.

〈보기〉
ㄱ. (가)의 현상을 줄이기 위해 보험회사는 보험가입자에 대해 사고 발생 시 자기 부담금을 높이기도 한다.
ㄴ. (나)의 현상을 피치마켓으로 표현하기도 한다.
ㄷ. (가)는 거래 후, (나)는 거래 전 정보 비대칭이 발생한다.
ㄹ. (가)보다 (나)가 소비자잉여를 증가시킨다.

① ㄱ, ㄴ   ② ㄱ, ㄷ
③ ㄴ, ㄷ   ④ ㄴ, ㄹ
⑤ ㄷ, ㄹ

65. A국에서 아래와 같은 상황이 발생하면, 균형국민소득과 균형물가수준은 어떻게 변화하는가? (단, 다른 조건은 일정하다고 가정한다.)

- 중앙은행이 공개시장을 통해 국공채를 매각했다.
- 국제 원자재 가격의 하락으로 기업의 생산비용이 감소했다.

	균형국민소득	균형물가수준
①	감소	상승
②	증가	상승
③	증가	하락
④	알 수 없음	상승
⑤	알 수 없음	하락

66. A씨는 자산 구성을 (가)에서 (나)로 변경했다. 이와 관련한 설명으로 옳은 것은?

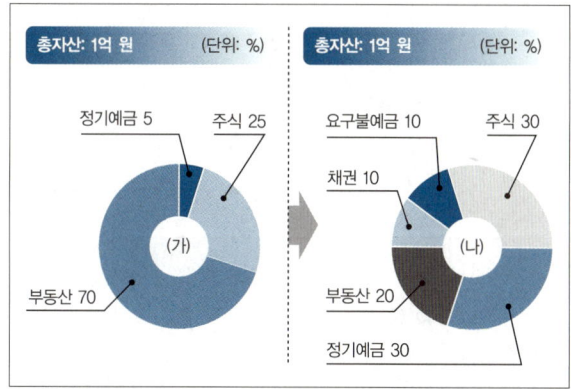

① (가)는 (나)보다 원금을 보장하는 자산의 비중이 높다.
② (나)는 (가)보다 예금자보호법 적용을 받는 자산의 비중이 낮다.
③ (나)에서 새롭게 추가된 두 자산은 주식에 비해 높은 수익성을 기대할 수 있다.
④ (나)에서 새롭게 추가된 유가증권은 일반적으로 금리가 내렸을 때 가격이 하락한다.
⑤ (가)는 (나)보다 현금화가 가장 쉬운 자산이 총자산에서 차지하는 비중이 낮다.

67. 아래 신문기사를 읽고, (A)가 발생하는 요인을 〈보기〉에서 고르면?

> 보통 정부가 개입할 때, (A)를 교정하기 위해서라고 주장합니다. 시장에서 해결하지 못하는 문제를 정부가 나서 해결해야 한다는 것이죠.
> ○○경제신문, 2023. 12. 25.

〈보기〉
ㄱ. 공공재
ㄴ. 시장지배적 지위 남용
ㄷ. 관료제
ㄹ. 규제의 포획이론

① ㄱ, ㄴ ② ㄱ, ㄷ
③ ㄴ, ㄷ ④ ㄴ, ㄹ
⑤ ㄷ, ㄹ

68. 아래는 A국과 B국의 지니계수에 대한 2022~2024년의 자료다. 이와 관련한 설명으로 옳지 않은 것은?

구분	2022년	2023년	2024년
A국	0.43	0.41	0.38
B국	0.40	0.43	0.36

① A국은 소득불평등 수준이 지속적으로 개선되었다.
② 2022년과 2024년 모두 A국은 B국보다 소득의 불평등 수준이 높다.
③ 2023년 B국은 A국보다 로렌츠곡선이 45도 대각선에 가까워진 상태이다.
④ B국의 소득불평등 수준은 2023년 악화하였다가 2024년 개선되었다.
⑤ 소득불평등 수준이 가장 낮은 시기는 A국과 B국 모두 2024년이다.

69. 아래 신문기사를 읽고, 이러한 상황을 표현한 속담으로 옳은 것은?

> 한국전력이 발전 자회사 6곳에 올해 말까지 중간 배당을 해달라고 요구한 것으로 8일 파악됐다. 누적 적자로 내년 한전채 발행 한도(자본금+적립금 합계의 5배 이하)가 축소될 것으로 우려되는 데 따른 것이다. 연내 중간배당을 받으면 올해 말 기준 '자본금+적립금'이 늘어나 내년도 한전채 발행 한도를 늘릴 수 있다. … (중략) … 발전 자회사가 한전의 요구를 들어주려면 올해 영업이익을 모두 중간 배당하는 것은 물론 회계상 배당가능이익까지 손대야 할 수 있다. 문제는 이런 고액 배당이 자회사의 경영에 부담될 수 있다는 점이다.
> ○○경제신문, 2023. 12. 9.

① 아랫돌 빼서 윗돌 괸다.
② 누운 나무에 열매 안 연다.
③ 우물을 파도 한 우물을 파라.
④ 흉년의 떡도 많이 나면 싸다.
⑤ 삼년 벌던 전답도 다시 둘러보고 산다.

70. 아래 그래프는 금융시장의 기대수익과 투자위험 간의 관계를 나타낸다. 나열된 점은 이에 따른 금융상품이라 하자. 이와 관련한 설명 중 옳지 않은 것은?

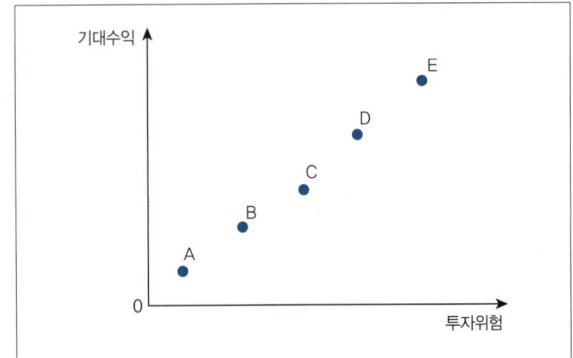

① 투자위험과 기대수익 간에 양(+)의 상관관계를 보인다.
② A, B, C, D, E가 일직선 위에 있는 상품이라면 우월을 가릴 수 없다.
③ 두 개의 금융상품이 수익성은 같다면, 위험이 더 낮은 금융상품을 선택해야 한다.
④ 하이 리스크, 하이 리턴(High Risk, High Return)이라는 투자 격언을 반영하고 있다.
⑤ 파생결합증권(DLS)과 같은 금융상품은 A, 은행의 예금상품은 E에 가깝다고 볼 수 있다.

71. 지문에 나타난 K국의 경제 상황을 통해, (A)~(C)에 들어갈 내용을 알맞게 짝지으면?

> K국의 중앙은행은 지난 2년 동안 1%대 저금리 기조를 유지해왔다. 하지만 최근 (A) 입장을 나타내는 통화위원 대다수가 기준금리 인상 필요성을 강하게 언급하고 있다. 이에 한 국제금융 전문가는 이른 시일 내에 통화 (B) 정책이 발표될 것으로 예상하였으며, 단기적으로는 K국의 총생산과 고용이 (C)할 수 있다고 전망했다.

	(A)	(B)	(C)
①	비둘기파	확장	감소
②	비둘기파	긴축	증가
③	매파	긴축	증가
④	매파	긴축	감소
⑤	매파	확장	감소

72. 농산물이 풍년이면 모두 좋다고 생각한다. 하지만 농가들은 그렇지 못하다. 이러한 이유와 관련한 현상을 설명한 내용으로 옳지 않은 것은?

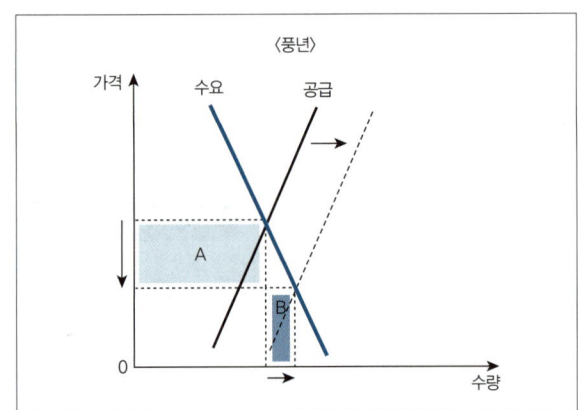

① 수요곡선의 기울기가 가파른 이유는 농산물은 필수재로 가격이 상승하나 하락하나 수요량의 큰 변화가 없기 때문이다.
② 공급곡선의 기울기가 가파른 이유는 농작물을 심고 키우기까지 오랜 시간이 걸리기에 단기의 가격 변화에 맞춰 공급량을 빠르게 변화시킬 수 없기 때문이다.
③ 풍년으로 농산물 가격이 하락하면, 정부가 농가를 보호하기 위해 시행하는 정책은 가격상한제의 일종이다.
④ 농업 기술 발달도 풍년일 때와 마찬가지로 농가의 수입에 비슷한 결과를 발생시킨다.
⑤ 가격 하락에 따른 농가수입 감소분(A)이 판매량 증가에 따른 농가수입 증가분(B)보다 크기 때문에 풍년에 농가의 소득이 오히려 감소한다.

73. 그래프의 동그라미 부분과 같이 가계신용이 증가하는 추세가 지속하고 한국은행이 기준금리를 인상한다고 가정하자. 이와 관련하여 나타날 현상을 설명한 내용으로 옳지 <u>않은</u> 것은? (단, 다른 조건은 일정하다고 가정한다.)

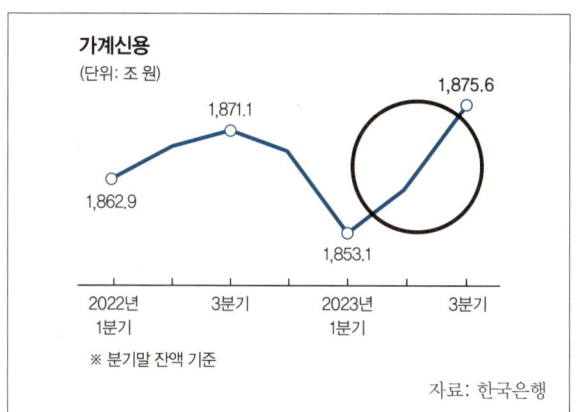

① 가계의 가처분소득은 감소할 것이다.
② 코픽스(COFIX) 금리는 하락할 것이다.
③ 가계의 이자 부담은 증가할 것이다.
④ 소비자심리지수에 부정적인 영향을 미칠 것이다.
⑤ 국민 한 사람당 빚은 점점 늘어날 가능성이 높다.

74. 아래는 국가가 거시경제를 운영할 때, 목표로 하는 것을 그림으로 표현한 것이다. 이와 관련한 설명으로 옳지 <u>않은</u> 것은?

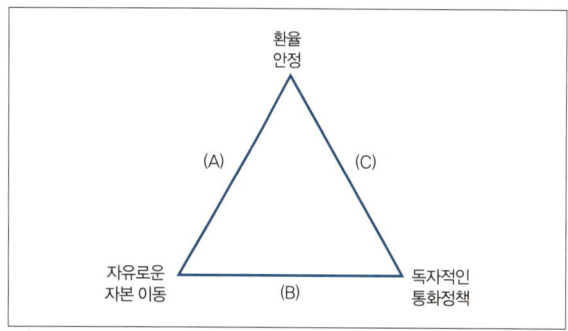

① 노벨경제학상 수상자인 로버트 먼델 교수가 주장한 '삼위일체 불가론', '불가능의 삼각 정리'라고 한다.
② 환율안정이란 일반적으로 고정환율제를 의미한다.
③ (A)는 독자적인 통화정책을 포기하는 경우로 대표적인 사례로는 홍콩과 유로화를 사용하는 유럽연합(EU) 국가들이다.
④ 변동환율제를 채택하는 경우는 (B)로 브레턴우즈 체제가 성립되면서 나타났다.
⑤ (C)는 자본통제를 통해 통화정책의 독자성과 고정환율제를 유지하려고 하지만, 서로 간 긴밀히 연결된 세계 경제에서 현실적으로 운용하기 어렵다.

75. A국에서 아래와 같은 상황이 발생했다. 이에 따라 밑줄 친 내용에 해당하는 변화를 〈보기〉에서 알맞게 추론한 것을 고르면?

> 국제 원자재 X재의 가격이 크게 하락하고 있다. 이에 따라 X재가 핵심 원료인 <u>Y재 시장에도 변화</u>가 발생하여 관련 주가가 요동쳤다.

〈보기〉
ㄱ. 시장 가격이 상승할 것이다.
ㄴ. 시장 거래량이 증가할 것이다.
ㄷ. 소비자잉여가 증가할 것이다.
ㄹ. Y재 수요가 가격 탄력적이라면, 소비자 총지출액은 감소할 것이다.

① ㄱ, ㄴ ② ㄱ, ㄷ
③ ㄴ, ㄷ ④ ㄴ, ㄹ
⑤ ㄷ, ㄹ

76. 아래 신문기사를 읽고, 밑줄 친 (A)와 관련한 설명으로 옳지 않은 것은?

> 크리스퍼 기술을 적용한 의약품이 시장에 나오면서 업계의 관심이 기술에 얽힌 (A) 특허 분쟁으로도 쏠리고 있다. 글로벌 크리스퍼 기술 특허 전쟁은 3파전 양상이다. 국내 바이오기업 툴젠과 2020년 노벨화학상을 받은 연구자들이 속한 CVC그룹(미국 UC버클리-오스트리아 빈대), 미국 매사추세츠공대(MIT)-하버드대가 공동 설립한 브로드연구소 등이다. 유전자 치료제 산업의 성장을 위해선 특허 관련 불확실성이 우선 해소돼야 한다는 것이 업계의 시각이다.
>
> ○○경제신문, 2023. 12. 11.

① (A)는 재산권의 일종으로 인류의 기술발전을 촉진했다.
② 기업은 (A)를 통해 일종의 진입 장벽을 세울 수 있다.
③ 대다수의 나라에서 (A)를 관리하는 국가기관을 두고 있다.
④ (A)는 경합성이 있는 기술을 보호하기 위한 제도이다.
⑤ 원천기술을 보유한 기업은 (A)를 통해 해당 서비스에 대한 독점적 지위와 배제성을 얻고 싶어 한다.

77. 아래 신문기사와 그림을 통해 설명한 내용 중 옳지 않은 것은?

> 한국은행 경제연구원은 17일 발표한 '한국경제 80년(1970~2050) 및 미래성장전략' 보고서에서 생산성이 낮고, 인구가 통계청의 저위 추계(2021년 기준) 수준일 경우 2033년께 0%대 성장이 시작되고, 2042년부터 성장률이 마이너스로 전환될 것으로 전망했다. … (중략) … 자본의 경제성장 기여도와 생산성을 높이기 위해 부동산 중심의 자산축적 흐름이 무형자산 중심으로 전환돼야 한다는 지적도 제기했다. 한국의 국내총생산(GDP) 대비 건설자산 비중은 2018년 이후 증가세이다. 한은 경제연구원은 "주택보급률이 100%를 넘는 상황에서 대규모 신도시 개발은 신중해야 한다."며 "재건축 활성화, 도시 재생 등을 통한 현대화가 필요하다."고 말했다.
>
> ○○경제신문, 2023. 12. 18.

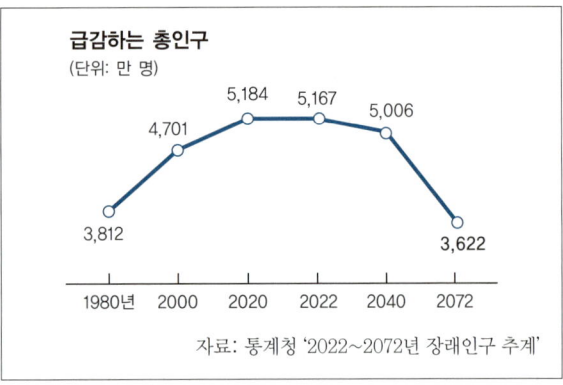

① 통계청은 우리나라 총인구가 2020년 이후 계속 감소할 것이라고 전망하고 있다.
② 1980년 총인구보다 통계청에서 전망하는 2072년 총인구가 더 작다.
③ 한계생산체감의 법칙으로 자본의 경제성장 기여도와 생산성이 낮아지므로 특허권과 같은 무형자산의 축적으로 이를 극복하자는 것이 한은 경제연구원의 주장이다.
④ 한은 경제연구원이 신도시 건설보다는 재건축 활성화, 도시 재생을 통한 현대화를 주장하는 것은 총인구가 감소하면서 신도시를 건설하더라도 입주할 수요를 충족하지 못하기 때문이다.
⑤ 2040년 이후 총인구의 급격한 감소와 2042년 성장률 마이너스 전환은 총인구와 성장률 사이의 유의미한 음(−)의 상관관계가 존재한다는 점을 알 수 있다.

78. 아래 나열한 각각의 경제상황에서 ㉠~㉢에 들어갈 내용을 알맞게 짝지으면? (단, 제시한 상황 이외의 다른 조건은 일정하다고 가정한다.)

- 우리나라의 기준금리가 인하되면 달러화 대비 원화 환율이 (㉠)하는 요인이다.
- 일본의 엔화 가치가 하락하면 경쟁 상태에 있는 우리나라 상품의 수출 경쟁력이 (㉡)된다.
- 우리나라 주식시장에 외국인 투자 자금이 유입되면 상대적으로 달러화보다 원화의 가치가 (㉢)하는 요인이다.

	㉠	㉡	㉢
①	상승	개선	하락
②	상승	악화	상승
③	상승	악화	하락
④	하락	개선	상승
⑤	하락	악화	하락

80. 아래 글은 애덤 스미스의 『국부론』 제2장의 내용을 일부 발췌한 것이다. 이를 읽고, 내용을 잘못 이해한 사람은 누구인가?

> 본질적으로 자산의 축적은 분업에 선행되어야 하며, 사전에 자산이 많이 축적되면 될수록 그에 비례하여 노동이 더욱더 세분화될 수 있다. … (중략) … 자산축적은 자연스럽게 노동 생산력을 증가시킨다. … (중략) … 자신의 저축을 안전성이 있는 곳에 투자하지 않는 사람이 있다면 그는 제 정신이 아님이 틀림없다. … (중략) … 매년 저축되는 것은 매년 지출되는 것처럼 규칙적으로 소비되며 때론 거의 동시에 소비된다. 그러나 그것을 소비하는 사람들은 다른 부류의 사람들이다.

① 가영: 국민 전체가 저축하면 총수요가 감소하고 국민소득도 감소할 거야.
② 나영: 애덤 스미스는 경제성장의 원천이 저축임을 강조하고 있지.
③ 다영: 저축의 역설 개념은 애덤 스미스의 설명에서는 성립하지 않지.
④ 라영: 자본 축적이 많은 나라일수록 잘 살고 반대인 나라가 못사는 이유가 잘 나타난 글이라고 할 수 있어.
⑤ 마영: 가계가 저축하면 이를 바탕으로 기업은 투자를 늘려 경제 전체의 생산성을 높인다는 점을 보여 주지.

79. 그림의 A~D는 서로 다른 과세 제도를 나타낸 것이다. 이에 대한 설명으로 옳지 <u>않은</u> 것은?

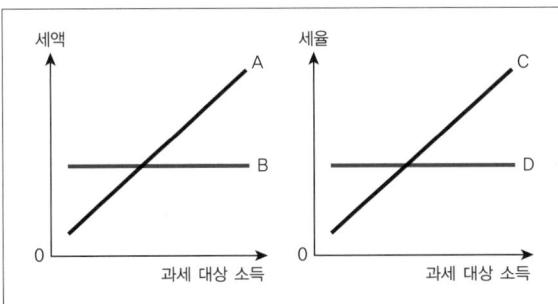

① A 제도는 B 제도보다 조세 저항이 크다.
② B 제도는 A 제도보다 소득 재분배 효과가 크다.
③ C 제도에서는 조세의 역진성이 나타나지 않는다.
④ D 제도는 부가가치세가 대표적인 사례이다.
⑤ C 제도는 D 제도보다 경기 자동안정장치의 효과가 더 크다.

국가공인 1호 경제이해력 검증시험
제79회 TESAT 문제지

* 모바일로 정답입력 후
  등급예측 및 성적분석

| 성 명 | | 수험번호 | | | | | |

국가공인 1호 경제이해력검증시험
제79회 TESAT 문제지

- 문제지 표지에 성명과 수험번호를 적었는지 확인하십시오.
- 경제이론과 시사경제·경영은 문항당 3점, 4점이고 상황추론·판단은 문항당 5점입니다.
- 시험시간은 100분입니다.

〈 경 제 이 론 〉

1. 기회비용을 가장 잘 설명한 것은?
① 구매하고 남은 돈의 총액
② 구매할 때 쓰는 돈의 총액
③ 구매를 결정할 때 쓰는 시간
④ 무엇인가를 얻기 위해 포기한 편익
⑤ 기회를 잡기 위해 들인 돈의 총액

2. 중앙은행이 법정지급준비율을 올렸다고 하자. 이때 나타나는 현상으로 볼 수 <u>없는</u> 것은?
① 본원통화가 늘어난다.
② 콜금리가 상승 압력을 받는다.
③ 은행들의 신용창출 여력이 줄어든다.
④ 지급준비금이 부족한 은행은 중앙은행으로부터 차입을 늘린다.
⑤ 은행들은 지급준비금을 확보하기 위해 콜거래 시장에서 자금을 차입한다.

3. 기업이 생산한 상품에 정부가 조세(물품세)를 부과할 때, 이와 관련한 설명 중 옳지 <u>않은</u> 것은?
① 판매가격이 높아지고 거래량은 줄어든다.
② 공급곡선이 세금 부과만큼 위쪽으로 이동한다.
③ 공급의 가격탄력성이 클수록 공급자의 세금 부담이 적다.
④ 수요의 가격탄력성이 클수록 공급자가 세금을 적게 부담한다.
⑤ 생산자와 소비자 간 세금 부담의 크기는 탄력성에 따라 달라진다.

4. 경제성장을 위한 정책과 가장 거리가 <u>먼</u> 것은?
① 기술진보를 위하여 기업의 연구개발 활동을 장려하는 정책을 시행한다.
② 안정적인 경제활동을 위해 재산권에 대한 위협요소를 낮추는 정책을 실시한다.
③ 교육은 인적자본에 대한 투자이므로 수요자가 요구하는 교육제도와 체계를 만든다.
④ 외국인 투자자본의 투자 이익은 국외로 유출되므로 해외자본의 유입을 제한하는 정책을 시행한다.
⑤ 다른 조건이 같다면, 건강한 근로자들이 상대적으로 생산성이 높으므로 국민건강증진을 위한 정책을 시행한다.

5. 아래 내용을 가장 잘 설명할 수 있는 경제개념은 무엇인가?

> 세계적인 자동차 제조사들은 이윤극대화를 위해 같은 자동차에 대해 자국과 외국에서의 가격을 다르게 책정할 수 있다. 자동차의 수요에 대한 탄력성이 다르기 때문이다.

① 락인효과
② 네트워크효과
③ 범위의 경제
④ 파레토 효율
⑤ 가격차별

6. 한국의 국내총생산(GDP)이 증가하는 경우를 〈보기〉에서 고르면?

〈보기〉
ㄱ. 미국 기업이 한국에 공장을 지어 자동차를 생산한다.
ㄴ. 미국인이 한국에 체류하면서 한국계 기업에서 근무한다.
ㄷ. 한국 기업이 미국에 공장을 지어 반도체를 생산한다.
ㄹ. 한국인이 미국에 체류하면서 한국계 기업의 지점에서 근무한다.

① ㄱ, ㄴ
② ㄱ, ㄷ
③ ㄴ, ㄷ
④ ㄴ, ㄹ
⑤ ㄷ, ㄹ

7. 미시경제학(Microeconomics)은 개별 경제주체들의 행동을 분석하는 데 초점을 맞추고 있다. 이때 미시경제학의 분석 분야에 해당하지 않는 것은?

① 산업 구조
② 경기 변동
③ 기업 행동
④ 소비자 행동
⑤ 시장의 효율성

8. 영국의 경제학자 케인스가 말하는 저축의 역설과 관련한 설명 중 옳지 않은 것은?

① 구성의 오류를 나타내는 사례이다.
② 박제가의 우물론과 같이 소비의 중요성을 설명한다.
③ 저축의 증가는 기업투자를 늘려 총수요곡선을 좌측으로 이동시킨다.
④ 저축의 증가는 소비지출의 감소를 의미하고 이는 총수요의 감소로 이어져 국민소득이 감소한다.
⑤ 각 개인이 저축을 늘리려고 시도하면 결과적으로는 사회 전체적으로 저축이 오히려 줄어들 수 있다.

9. 〈표〉는 경합성과 배제성을 기준으로 재화를 A~D로 분류한 것이다. 이와 관련한 설명 중 옳지 않은 것은?

구분		경합성	
		있음	없음
배제성	있음	A	B
	없음	C	D

① A는 C와 달리 가격을 지불해야 소비할 수 있다.
② B의 사례로 막히지 않는 유료도로가 있다.
③ 공공 목초지는 C에 해당한다.
④ A와 달리 D는 시장에서 과다공급되는 문제가 발생한다.
⑤ D는 무임승차 문제가 발생할 수 있다.

10. 고전학파가 주장하는 화폐중립성이 성립한다고 할 때, 일어날 수 있는 현상으로 가장 적절한 것은?

① 가계 부문의 저축률이 급격히 증가한다.
② 가계 부문의 신용카드 사용액이 증가한다.
③ 총소비의 비중 중 내구재의 소비가 늘어난다.
④ 기업이 금융자산에 비해 설비투자의 비중을 늘린다.
⑤ 명목변수만의 변화가 소비자들의 구매 결정에 큰 영향을 미치지 않는다.

11. 시장경제 측면에서 공유지의 비극을 해소하기 위한 방안으로 가장 적절한 것은?

① 횡재세 부과
② 재산권 부여
③ 자원 균등 분배
④ 리니언시 시행
⑤ 정부 행정력 동원

12. 주유소, 이발소, 미용실, 커피 전문점과 같은 시장 형태와 관련한 설명 중 옳지 않은 것은?

① 기업이 어느 정도의 시장 지배력을 가진다.
② 광고나 판매조건 등 비가격경쟁이 치열하다.
③ 각 기업은 가격수용자(price taker)가 된다.
④ 상표나 품질, 디자인 등에서 차별화된 상품을 생산한다.
⑤ 진입과 퇴출이 자유로워 초과이윤이 발생하면 새로운 기업이 진입한다.

13. 우리나라의 물가안정목표제와 관련한 설명 중 옳은 것은?

① 물가안정목표는 인플레이션 변동성을 낮추는 것이 목적이다.
② 우리나라 물가안정목표제의 대상 지표는 근원인플레이션율이다.
③ 한국은행은 물가안정목표제의 운용목표변수로 통화량을 사용한다.
④ 물가안정목표는 정부가 단기에서 달성하고자 하는 물가상승률 목표를 말한다.
⑤ 물가안정목표는 목표를 달성할 때까지 변경하지 못하도록 법으로 명시되어 있다.

14. A, B에서 설명한 실업의 종류를 알맞게 짝지으면?

> • A 실업: 난방 수요를 석탄 연료에서 가스 연료로 바꾸는 사람이 많아지면서 탄광에서 일하던 가영이는 일자리를 잃었다.
> • B 실업: IT기업에서 일하던 나영이는 사직서를 제출하고 조건이 더 좋은 다른 IT기업으로 이직하기 위해 구직 활동 중이다.

	A	B
①	구조적	마찰적
②	구조적	계절적
③	자발적	경기적
④	자발적	계절적
⑤	마찰적	구조적

15. 어떤 이가 피자를 소비하려 한다. 이 사람의 첫 번째 판에 대한 지불용의는 1만 원, 두 번째 판에 대한 지불용의는 7,000원, 세 번째 판에 대한 지불용의는 4,000원, 네 번째 판에 대한 지불용의는 2,000원이다. 피자 한 판의 가격이 5,000원이라고 할 때, 이 사람의 총 소비자잉여는 얼마인가?

① 3,000원
② 5,000원
③ 7,000원
④ 9,000원
⑤ 11,000원

16. 실물 투자에 가장 좋지 않은 명목이자율과 인플레이션율의 조합을 고르면?

	명목이자율	인플레이션율
①	3%	4%
②	1%	0%
③	2%	5%
④	1%	3%
⑤	0%	2%

17. 아래 지문과 표와 관련한 〈보기〉의 설명 중 옳은 것을 고르면?

> 아래 표는 갑의 X재와 Y재에 있어 재화 1개를 추가로 소비함에 따른 만족감의 증가분을 나타낸다. 갑의 용돈은 9달러이고, X재와 Y재 가격은 모두 개당 3달러이다. (단, 갑은 용돈을 모두 사용하여 X재와 Y재를 소비한다.)

소비량	1개째	2개째	3개째
X재 1개 추가 소비에 따른 만족감의 증가분	200	150	100
Y재 1개 추가 소비에 따른 만족감의 증가분	180	160	140

〈보기〉

ㄱ. X재만 구입할 때의 총만족감은 Y재만 구입할 때보다 크다.
ㄴ. X재 1개를 추가 소비함에 따라 얻는 만족감의 증가분은 일정하다.
ㄷ. X재 1개와 Y재 2개를 구입하는 것이 합리적이다.
ㄹ. 갑의 용돈이 6달러로 감소한다면, X재 1개, Y재 1개를 구입하는 것이 합리적이다.

① ㄱ, ㄴ
② ㄱ, ㄷ
③ ㄴ, ㄷ
④ ㄴ, ㄹ
⑤ ㄷ, ㄹ

18. A씨는 자동차 사고에 대비해서 1억 원의 자동차 보험에 가입했다. 이후 A씨는 자동차 운전 시 이전보다 주의를 기울이지 않게 되었다. 이것을 설명할 수 있는 개념은?

① 도덕적 해이
② 플라시보효과
③ 분수효과
④ 테일러 준칙
⑤ 피터팬 증후군

19. 경제주체 중 하나인 기업과 관련한 설명 중 옳지 않은 것은?
① 기업이 지속가능하기 위한 궁극적인 목표는 이윤극대화이다.
② 기업의 손실은 소비자의 요구를 충족시키지 못한 결과로도 볼 수 있다.
③ 기업은 소비자를 만족시키는 양질의 재화를 공급해야 이윤을 얻을 수 있다.
④ 기업의 규모는 시장거래의 한계비용과 내부거래의 한계비용이 같아질 때까지 커질 수 있다.
⑤ 기업은 재화 생산에 필요한 모든 시장거래를 기업 내에 내부화하는 것이 가장 효율적이다.

20. 아래 필립스곡선과 관련한 설명 중 옳지 않은 것은?

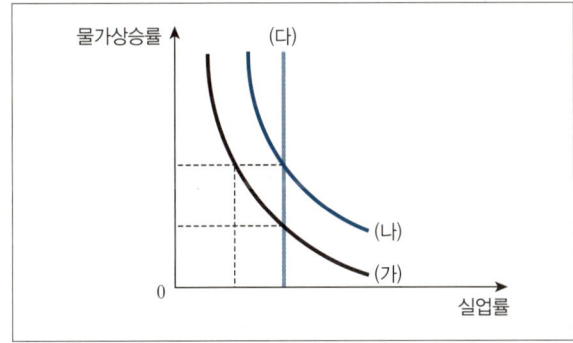

① (가)와 (나)는 단기 필립스곡선이다.
② (가)와 (나)는 인플레이션과 실업률 간의 상충관계를 보여준다.
③ (다)는 장기 필립스곡선이며, 자연실업률 수준에서 수직이다.
④ (다)를 통해 통화량 증가는 장기적으로 물가상승만을 초래한다는 점을 알 수 있다.
⑤ 필립스곡선이 (가)일 때 중앙은행이 통화량을 늘리면, 단기적으로 (나)로 바로 이동한다.

21. A국의 총인구가 5,000만 명, 비경제활동인구가 1,000만 명, 취업자 2,400만 명, 실업자 600만 명이라고 하자. 이때 경제활동참가율을 구하면?
① 60%
② 65%
③ 70%
④ 75%
⑤ 80%

22. 시장에서 가격과 거래량이 결정되는 과정과 관련한 설명 중 옳지 않은 것은?
① 수요가 증가하면, 시장가격은 상승한다.
② 초과공급이 존재하면, 시장가격은 상승한다.
③ 공급이 감소하면, 거래량이 줄어들고 가격은 상승한다.
④ 일반적으로 소득이 증가하면, 정상재의 가격은 상승한다.
⑤ 상품의 수출이 증가하면, 수출 상품의 국내 시장가격은 상승한다.

23. 기술진보가 있는 솔로우(Solow) 경제성장이론과 관련한 설명 중 옳지 않은 것은?
① 성장에 대한 자본 축적의 기여도는 점점 낮아진다.
② 경제성장 과정에서 GDP와 자본의 성장률은 동일하다.
③ 성장률의 점진적인 하락은 한계생산성의 체감 때문이다.
④ 1인당 GDP의 성장률은 시간이 지남에 따라 점점 낮아진다.
⑤ 지속 가능한 성장을 위해서는 결국 기술진보가 지속적으로 이루어져야 한다.

24. 아래 그림과 같이 가격상한이 P_0로 설정되면 시장에서 초과수요($Q_D - Q_S$)가 발생한다. 가격상한에 의해 발생하는 자중손실의 크기는 무엇인가?

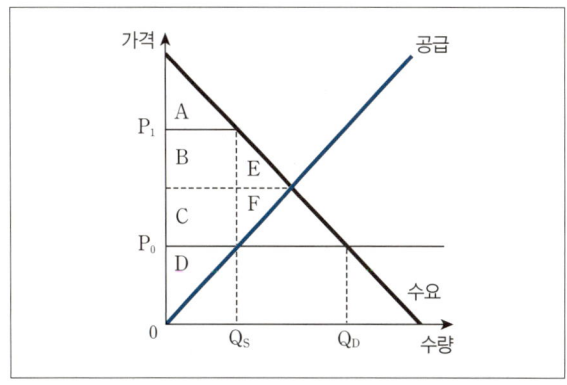

① A+D
② C+F
③ E+F
④ A+B+E
⑤ C+E+F

25. 달러화 대비 원화 환율이 상승하는 요인을 고르면? (단, 다른 조건은 일정하다고 가정한다.)
① 한국은행의 기준금리 인상
② 국내 기업의 설비투자 축소
③ 내국인의 해외여행 수요 증가
④ 정부의 외환시장 개입으로 달러 매도
⑤ 외국인 주식투자 자금의 국내 유입 증가

26. 경제문제가 발생하는 가장 근본적인 이유는?
① 임금이 급격하게 증가하기 때문이다.
② 인간의 행동은 이타적이기 때문이다.
③ 인간의 소비패턴이 일정하기 때문이다.
④ 인간의 욕구에 비해 자원이 희소하기 때문이다.
⑤ 식량의 증가 속도가 기술발전으로 매우 빠르기 때문이다.

27. 아래 그림은 총수요와 총공급이 일치하지 않을 때 나타나는 경제현상과 이에 대한 경제정책을 나타낸 것이다. (가)~(라)에 들어갈 내용으로 옳지 않은 것은?

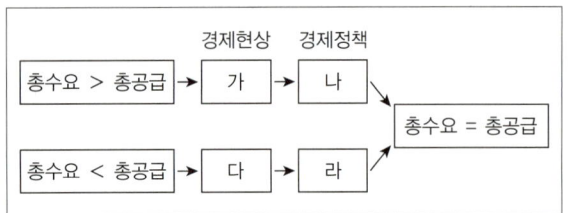

① (가): 재고 감소
② (가): 물가 상승
③ (나): 기준금리 인상
④ (다): 실업률 상승
⑤ (라): 정부 재정 흑자규모 확대

28. 아래 지문이 설명하는 경제 개념은?

> 교환이 상대방과 함께하는 것처럼, 무역도 상대방과 함께하는 상호작용이다. 개인이 서로 간 거래를 통해 이익을 얻는 것처럼, 두 나라가 무역을 통해 이익을 얻을 수 있다. 이것이 자유무역을 하는 이유이다.

① 비교우위
② 매몰비용
③ 2080법칙
④ 피셔효과
⑤ 코즈의 정리

29. 한 나라의 총수요를 증가시키는 요인이 아닌 것은?
① 기업의 투자 증가
② 해외 직구 수입 증가
③ 정부의 재정지출 증가
④ 가계의 소비지출 증가
⑤ 중앙은행의 기준금리 인하

30. 그림은 어떤 재화의 수요곡선을 나타낸다. 이와 관련한 설명 중 옳은 것은?

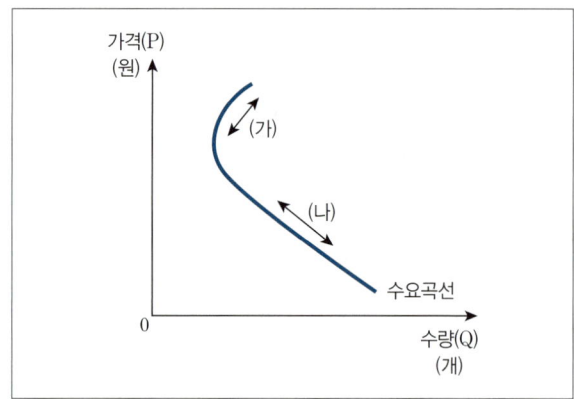

① (가) 구간에서도 수요의 법칙이 성립한다.
② (가) 구간에서 가격이 상승할 때 대체효과에 따른 수요량의 변화는 양수(+)이다.
③ (가) 구간에서 가격이 상승할 때 절대값을 기준으로 소득효과가 대체효과보다 크다.
④ (나) 구간에서 가격이 상승할 때 대체효과에 따른 수요량의 변화는 양수(+)이다.
⑤ (나) 구간에서 가격이 상승할 때 절대값을 기준으로 소득효과가 대체효과보다 크다.

〈 시사경제 · 경영 〉

31. 1974년 석유 파동이 터지자 사우디아라비아와 미국 사이에 '이것' 달러 시스템을 맺었다. 원유에 대한 결제는 달러화로만 한다는 이 약속으로 미국 달러화의 기축 통화 지위가 공고해졌다. '오일달러', '오일머니'라고도 불리는 '이것' 달러를 무엇이라고 하는가?

① 페트로
② 플라자
③ 브레튼
④ 킹스턴
⑤ 루브르

32. 주식시장에서 산타랠리, 어닝서프라이즈 이후 나타날 가장 관련이 깊은 현상은 무엇인가?

① 환율 상승
② 금리 하락
③ 파산 증가
④ 주가 상승
⑤ 예금 상승

33. 시중 유동성이 얼마나 잘 돌고 있는지를 볼 수 있는 지표로 가장 적합한 것은?

① 엥겔계수
② CDS 프리미엄
③ 국민부담률
④ 화폐유통속도
⑤ 재할인율

34. '이것'은 한 주의 주식만 가지고 있어도 주주총회에서 거부권을 행사할 수 있다. 경영권 방어 수단의 일종인 '이것'은?

① 황금주
② 자사주
③ 가치주
④ 테마주
⑤ 우선주

35. 이 전시회는 매년 미국 라스베이거스에서 열리는 세계 최대 IT·가전 전시회이다. 이때 글로벌 기업의 최신 기술이 공개되는데, 이 전시회의 영어 약자는?

① IFA
② CES
③ GMO
④ FTA
⑤ MWC

36. 자기 지역에 이익이 되지 않는 일을 강력히 반대하고 지역이기주의를 추구한다는 의미를 가진 용어를 고르면?

① 팡(FAANG)
② 님비(NIMBY)
③ 딩크(DINK)
④ 빅(BBIG)
⑤ 욜로(YOLO)

37. 미국, 유럽 등의 해외 주식에 직접 투자하는 국내 개인 투자자들을 가리키는 용어는?

① 핫머니
② 서학개미
③ MSCI
④ 테마섹
⑤ 대주거래

38. 기업들이 실제로 사업 인허가나 규제 완화를 요구하면 공무원의 관료주의 벽이 더 강해지는 사례가 많다. 이때 규제 완화를 명목으로 규제 업무를 담당하는 공무원을 오히려 늘리려는 '이것'이 재연되는 움직임도 감지된다. 이런 사례를 설명할 수 있는 '이것'은 무엇인가?

① 파킨슨 법칙
② 플래시백
③ 피터의 원리
④ 필리버스터
⑤ 파랑새 증후군

39. 화폐의 액면가에서 제작비용을 뺀 것으로, 국가가 화폐 발행으로 얻게 되는 이득을 나타내는 용어는?

① 듀레이션
② 캐시카우
③ 스프레드
④ 마일리지
⑤ 시뇨리지

40. 아래 나열한 협의체 및 동맹이 나오게 된 공통적인 목적으로 알맞은 것은?

- 오커스
- 쿼드
- 칩4

① 자원 개발
② 리쇼어링
③ 중국 견제
④ 파운드리 강화
⑤ 개발도상국 지원

41. 아래 나열한 내용이 지칭하는 나라의 이름은 무엇인가?

- 카타르 월드컵 우승국
- 수도 부에노스아이레스
- 페론주의 발상지

① 멕시코
② 콜롬비아
③ 우루과이
④ 크로아티아
⑤ 아르헨티나

42. 한 기업의 신제품이 기존의 자사 주력 제품이 가졌던 시장점유율이나 수익성, 판매량 등을 하락시키는 현상을 뜻하는 용어는 무엇인가?

① 레드오션
② 서비스사이언스
③ 리스트럭처링
④ 넛지마케팅
⑤ 카니발리제이션

43. 미국 3대 주가지수를 〈보기〉에서 모두 고르면?

〈보기〉
ㄱ. S&P500 지수
ㄴ. 항셍 지수
ㄷ. 다우존스 지수
ㄹ. 나스닥 지수
ㅁ. 닛케이225 지수
ㅂ. FTSE100

① ㄱ, ㄴ, ㄷ
② ㄱ, ㄷ, ㄹ
③ ㄴ, ㄷ, ㅁ
④ ㄴ, ㅁ, ㅂ
⑤ ㄷ, ㄹ, ㅂ

44. 아래 나열한 제도들의 목적은 무엇인가?

• 예비타당성 조사
• 비용·편익 분석

① 국가균형발전
② 투자촉진
③ 고용창출
④ 예산낭비 방지
⑤ 물가상승 억제

45. 아래 그림은 금융상품 A, B의 일반적인 특징을 비교한 것이다. 이와 관련한 설명 중 옳지 않은 것은? (단, A, B는 각각 주식과 요구불예금 중의 하나이다.)

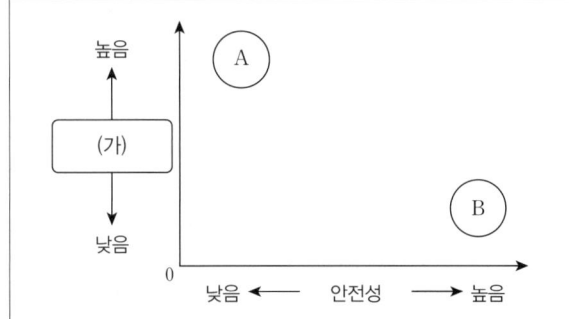

① (가)에는 수익성과 유동성 중 수익성이 들어간다.
② A는 예금자 보호를 받을 수 없다.
③ A와 달리 B는 배당금을 기대할 수 없다.
④ 위험을 선호하는 투자자는 B보다 A를 선호한다.
⑤ 일반적으로 B는 A보다 높은 수익률을 기대할 수 있다.

46. 경제신문에서 종종 볼 수 있는 'R의 공포'에서 R이란 어떤 영어단어의 첫 글자인가?
① recover
② retirement
③ repeat
④ revenue
⑤ recession

47. 투기자본이 경영권이 취약한 기업의 지분을 매집한 다음 대주주에게 자기 지분을 높은 가격에 되사줄 것을 요구하는 행위는?
① 그린워싱
② 그린메일
③ 그린백
④ 그린북
⑤ 그린택소노미

48. 최저임금은 각종 임금의 기준이 된다. 2023년 시간당 최저임금은 얼마인가?
① 8,590원
② 8,720원
③ 9,160원
④ 9,350원
⑤ 9,620원

49. 아래 나열한 내용을 설명할 수 있는 단어는?

• 나쓰노 다케시 게이오대 교수가 이 현상에 대해 설명
• 국제 표준과 세계시장의 흐름과 동떨어지는 현상

① 베르뜨랑
② 스톡홀름
③ 갈라파고스
④ 스탕달
⑤ 아이젠멩거

50. 아래는 기획재정부가 계획 중인 투자세액 공제율 개편안이다. 이를 통해 추구하고자 하는 가장 근본적인 정책 목표로 알맞은 것은?

정부의 투자세액 공제율 개편안 (단위: %)			
	일반	신성장·원천기술	국가전략기술
대기업	1 ➡ 3	3 ➡ 6	8 ➡ 15
중견기업	5 ➡ 7	6 ➡ 10	8 ➡ 15
중소기업	10 ➡ 12	12 ➡ 18	16 ➡ 25

① 기업투자 촉진
② 세금수입 확대
③ 공공부문 축소
④ 소득분배 개선
⑤ 정부부채 축소

51. 탄소국경조정제도, 인플레이션 감축법은 국가 간 거래에서 무엇으로 작용하는가?

① 배당 촉진
② 무역 장벽
③ 카르텔 유지
④ 거래비용 감소
⑤ 노동이동 촉진

52. 정식 명칭은 '개인종합자산관리계좌'로 예금, 적금, 펀드 등을 하나로 모아서 관리할 수 있는 금융상품의 영어 약자는?

① DLS
② ETF
③ ISA
④ IRP
⑤ MMF

53. 세계 유수의 금융회사와 다국적 기업이 밀집해 있어서 시너지 효과를 낼 수 있는 금융 산업이 발달한 지역을 뜻하는 용어는?

① 레몬마켓
② 역외시장
③ 금융허브
④ 라이베리아
⑤ 월스트리트

54. 기존에 통용되고 있는 화폐의 액면을 동일한 비율의 낮은 숫자로 변경하는 조치를 무엇이라고 하는가?

① 디커플링
② 뱅크런
③ 리디노미네이션
④ 판옵티콘
⑤ 오퍼레이션 트위스트

55. 아래 지문에서 (A)에 들어갈 가장 적합한 용어는 무엇인가?

> 1608년 네덜란드 상인 아이작 르 마이어는 동인도 회사에서 쫓겨난 것에 앙심을 품고 주가를 떨어트릴 계획을 세웠다. 그는 다른 주주들과 동인도회사 주식을 빌려서 판 뒤 나중에 사서 갚아 주기로 계약을 맺었다. 주식을 대거 내다 팔면서 영국 함대의 공격 소식 등 유언비어도 함께 유포했다. 주가가 급락하자 네덜란드 당국은 서둘러 (A) 규제에 나섰다. … (중략) … 한국에서는 1969년 2월 신용대주 제도가 도입되면서 (A)가 가능해졌다. 국내에서 (A)가 본격적으로 활성화된 것은 1996년 9월 코스피200 선물옵션시장 개설과 함께 기관투자가 간 주식 대차거래가 허용되면서부터이다.
>
> ○○경제신문, 2021. 1. 25.

① 추격매수
② 공매수
③ 공매도
④ 손절매도
⑤ 선매수

56. 아래 신문기사를 읽고, (A)와 관련한 설명 중 옳지 않은 것은?

> 지난해 연간 경상수지는 상반기 실적 덕에 흑자가 예상되지만 흑자폭은 전년 대비 대폭 감소할 전망이다. 올해 흑자 기조가 이어지더라도 글로벌 경기 둔화에 따른 수입 감소에 기대는 (A)가 될 것이라는 게 전문가들의 관측이다.
> ○○경제신문, 2023. 1. 11.

① 불황형 흑자라고 한다.
② 주로 불경기에 나타나는 현상이다.
③ 수출보다 수입이 더 감소할 때 발생한다.
④ 경제주체들의 소득이 증가하면, (A)가 더 심화되는 요인이다.
⑤ (A)는 수입도 감소하지만, 수출 감소도 동반하기 때문에 국내 수출기업의 경영실적에도 부정적이다.

57. 지나가는 사람을 붙잡아 침대에 눕혀서 침대보다 키가 크면 남는 부분을 자르고, 침대보다 키가 작으면 키를 늘려 죽였다는 이야기를 보통 '이것'으로 부르는데 획일적인 기준을 남에게 강요하는 상황을 뜻하기도 한다. 그리스 신화에 나오는 악당인 인물의 이름을 붙여 만든 '이것'은 무엇인가?

① 다이달로스의 날개
② 트로이의 목마
③ 디오니소스 증후군
④ 프로크루스테스의 침대
⑤ 제논의 역설

58. 아래 영문은 아르헨티나 대통령이 칠레 대통령에게 보낸 편지 내용 중 일부이다. 이 글의 핵심을 가장 잘 표현한 용어는 무엇인가?

> Give to the people, especially the workers, all that is possible. When it seems to you that already you are giving them too much, give them more. You will see the results. Everyone will try to scare you with the specter of an economic collapse. But all of this is a lie.

① populism
② Tobin's q
③ pay-go principle
④ Tax haven
⑤ No pain, no gain

59. 아래는 중국 경제와 관련한 인터뷰 일부이다. 이를 바탕으로 가장 알맞은 신문기사 제목을 고르면?

> • 중국 부상이 정점에 달했다는 분석이 나옵니다. 가장 큰 문제는 무엇인가요?
> 중국의 노동인구 교육이 문제입니다. 사람들은 이런 문제를 잘 알지 못하고, 그 중요성도 간과하고 있습니다. 역사적으로 노동인구의 교육 수준이 낮은 국가가 선진국으로 발돋움한 적이 없습니다.
> • 중국 노동인구의 교육 수준은 어느 정도인가요?
> 중국에선 15~64세에 해당하는 노동인구의 70%가 고등학교 문턱도 밟아보지 못했습니다. 읽기 능력이 떨어지는 데다 수학, 과학을 잘 알지 못합니다. 이런 인구가 중국에 5억 명이나 됩니다.
> • 그동안은 큰 문제가 되지 않았나요?
> 지금까지는 노동인구의 낮은 교육 수준이 문제가 되지 않았습니다. 가난한 국가에서 중간 소득 국가로 발전하는 과정에선 단순히 읽고 쓸 줄 알고, 규율을 지킬 수 있는 좋은 근로자만 있으면 됐기 때문입니다. 중국은 그동안 초등교육만으로 좋은 생산직 근로자를 많이 양성할 수 있었습니다. 하지만 고등교육을 받지 못한 사람들이 화이트칼라나 전문직이 될 수는 없습니다.
> ○○경제신문, 2023. 1. 5.

① 중국, 노동의 한계생산성 점차 증가할 것으로 예상
② 생산가능인구과 잠재성장률 하락으로 위기에 빠진 중국
③ 중국, 화이트칼라와 블루칼라 직종 간 갈등 심해져
④ 노동인구의 교육 수준 낮은 중국, 중진국 함정에 빠질 수도
⑤ 투키디데스 함정의 중국, 노동 인구 문맹률을 높여야

60. 아래 (A)는 지난해 (B)를 인수하였다. 하지만 (B)에 대한 경영 방침 논란과 자신이 경영하는 전기자동차 기업인 (C)의 실적 부진과 맞물려 (C)의 주가가 폭락하는 등 현재 투자자들의 외면을 받고 있다. (A)~(C)에 들어갈 내용을 알맞게 짝지으면?

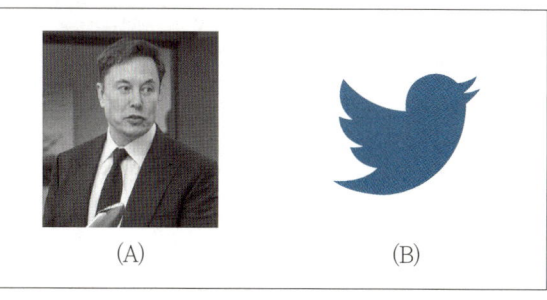

(A) (B)

	(A)	(B)	(C)
①	일론 머스크	트위터	테슬라
②	일론 머스크	테슬라	트위터
③	일론 머스크	트위터	메타
④	마크 저커버그	메타	트위터
⑤	마크 저커버그	트위터	테슬라

< 상황추론 · 판단 >

61. 아래는 한국은행의 통화정책과 관련한 설명이다. (A)~(C)에 들어갈 내용을 알맞게 짝지으면?

> 한국은행의 통화정책이 지향하는 궁극적 목표는 (A)이다. 한국은행이 통화정책을 펼치는 방법 중에는 공개시장에서 (B)을(를) 사고파는 공개시장 조작이 있다. 한국은행은 시중의 이자율을 관찰하고 있다가 이자율이 적정 수준을 벗어나면 공개시장 조작을 실시한다. 예를 들어 이자율이 지나치게 높아서 소비 수요나 투자 수요가 위축되면 (B)을(를) (C)해서 이자율을 낮추는 정책을 펼친다.

	(A)	(B)	(C)
①	물가안정	채권	매도
②	경제성장	채권	매도
③	물가안정	채권	매입
④	경제성장	주식	매입
⑤	물가안정	주식	매도

62. 아래는 전국경제인연합회에서 발표한 경제협력개발기구(OECD) 가입 37개국 기업가 정신 지수 순위이다. 한국이 이 지수의 순위를 올리기 위한 적절한 정책을 〈보기〉에서 고르면?

〈보기〉
ㄱ. 스타트업 지원 강화
ㄴ. 규모별 기업규제 완화
ㄷ. 규제 일몰 연장
ㄹ. 수입품 보복관세 부과

① ㄱ, ㄴ
② ㄱ, ㄷ
③ ㄴ, ㄷ
④ ㄴ, ㄹ
⑤ ㄷ, ㄹ

63. 5명의 학생이 외환시장에 대한 중앙은행의 개입과 관련한 대화를 하고 있다. 이와 관련하여 옳은 내용을 말한 학생을 모두 고르면? (단, 환율은 달러화 대비 원화 환율이다.)

> • 가영: 외국인의 국내 주식시장에 대한 투자가 늘어나면서 외환 공급이 늘어났어.
> • 나영: 그래서 환율이 하락 압력을 받고 있지.
> • 다영: 환율이 하락하면, 수입이 줄어들어 무역수지가 흑자를 기록할 거야.
> • 라영: 그래서 중앙은행이 외환시장에서 달러를 매입하고 있는 거야.
> • 마영: 그렇다면 국내 통화량이 줄어들 텐데.

① 가영, 나영, 다영
② 가영, 나영, 라영
③ 나영, 다영, 라영
④ 나영, 다영, 마영
⑤ 다영, 라영, 마영

64. 아래 지문을 읽고, (A), (B)와 관련한 설명 중 옳지 않은 것은?

> A국의 주요 시중 은행의 총대출 대비 중소기업 대출 비중이 40%를 넘어섰다. 중소기업·자영업자들이 팬데믹의 충격을 받은 탓이다. 이자 비용도 벌지 못하는 (A) 좀비기업이 늘고 있는 가운데 앞으로 한계에 달한 중소기업들이 한꺼번에 부실화할 수 있다는 우려도 커지고 있다. … (중략) … 전문가들은 "무작정 유동성만 공급하면 경제주체들의 (B) 도덕적 해이를 유발할 수밖에 없다."고 했다. 또한, "세계적으로도 부실기업 대출이 대폭 늘었는데 지원 대상 범위를 좁혀 독자적으로 생존 가능한 기업에 지원을 집중할 필요가 있다."고 지적했다.

① 이자보상배율이 1 미만을 지속하면, 잠재적으로 (A)가 될 가능성이 높아진다.
② (A)에 대한 지원이 늘어나면, 정작 유동성 지원이 필요한 기업이 흑자 도산하는 경우가 나타난다.
③ (A)의 파산이 늘어나면, Y=C+I+G+(X-M)에서 I에 부정적인 영향을 준다.
④ (A)의 (B)가 발생하면, (A)는 빚을 갚지 않고 위험한 투자를 하는 등 방만한 경영을 하게 된다.
⑤ (B)를 해결하기 위해서는 신호발송(Signaling)과 선별(Screening)이 필요하다.

65. 아래 지문을 통해 A국의 감자 시장의 가격과 거래량의 변화를 유추하면? (단, A국은 아래 지문 이외의 경제상황에는 전혀 변화가 없다.)

> A국의 감자 재배면적은 전년보다 9.4% 줄었다. 단위면적당 생산량 역시 전년보다 10.5% 줄어든 것으로 분석됐다. 자연히 생산도 줄어들었다.

	가격	거래량
①	상승	감소
②	상승	증가
③	하락	감소
④	하락	증가
⑤	알 수 없음	감소

66. 수지는 머그잔을 만들어 시장에 팔고 있다. 머그잔 시장은 완전경쟁시장이고, 머그잔 한 개의 가격은 18,000원이다. 수지가 머그잔을 만드는 데 드는 총생산비용은 아래 표와 같다. 이와 관련한 설명 중 옳은 것은?

머그잔 생산량(개)	총생산비용(천 원)
0	120
1	131
2	143
3	157
4	174
5	195

① 수지가 머그잔을 5개 생산할 경우 머그잔 생산에 대한 수지의 평균가변비용은 39,000원이다.
② 수지는 단기에 머그잔 생산을 중단할 것이다.
③ 수지의 이윤을 극대화하는 생산량에서 수지는 음(-)의 이윤을 얻는다.
④ 수지가 머그잔을 1개 생산할 경우, 머그잔 생산에 대한 수지의 총가변비용은 한계비용보다 크다.
⑤ 머그잔 생산량이 늘어날수록 평균가변비용은 감소한다.

67. 아래 신문기사를 읽고, 제목을 붙인다고 하자. 이때 가장 적절한 제목을 고르면?

> 세계 최대 전기차 기업 ○○은 A국에서 신차 가격을 최대 20% 인하하면서 글로벌 자동차 시장이 혼돈으로 빠져들고 있다. ○○은 기존 소비자의 불만에도 '고가 전략'을 수정하면서 시장 지배력을 더 공고히 할 것이란 관측이 나온다. 반면, 낮은 수익률로 가격 인하 여력이 크지 않은 글로벌 완성차 기업엔 비상이 걸렸다. 완성차 기업들이 울며 겨자 먹기로 가격 인하 경쟁에 뛰어들 것이라는 전망이 나온다.

① ○○ 기업, 전기차 치킨게임 불붙였다.
② 담합으로 시장 지배력 강화하는 ○○ 기업
③ ○○ 기업의 가격차별 시험대에 올라
④ 베블런효과 노리는 ○○ 기업의 가격정책
⑤ 가격 노마드족 된 전기차 소비자들

68. 아래는 국제통화기금(IMF)에서 발표한 주요 선진국의 채무비율 증감 전망이다. 이에 따른 추론 및 설명 중 옳지 <u>않은</u> 것은?

주요 선진국의 채무비율 증감 전망 (단위: %포인트)

	2020년	2021년	2022년	2023년
한국	6.5(29)	3.8(4)	3.6(3)	3.5(1)
미국	22.5	2.5	0.9	0.7
일본	28.2	−2.2	−0.9	−0.3
영국	22.7	3.5	1.9	1.8

※ 괄호는 35개 선진국 중 한국의 증감폭 순위   자료:IMF

① 2020년의 한국은 다른 선진국에 비해 채무비율증가율이 상대적으로 낮다.
② 2020년은 코로나19 유행으로 각국 정부가 빚을 내 재정을 투입했기 때문에 채무비율이 증가한 것으로 추론된다.
③ 2021년부터는 한국의 채무비율 증감폭 순위가 상위권에 위치한다.
④ 채무비율 증감폭을 낮추기 위해서는 정부의 재정준칙을 법적으로 강화해야 한다.
⑤ 2021년부터는 한국은 미국, 일본, 영국에 비해 상대적으로 국가 재정 건전성을 적극적으로 관리할 것으로 전망된다.

69. 〈표〉는 A국과 B국의 지니계수에 대한 연도별 자료이다. 이와 관련한 설명 중 옳지 <u>않은</u> 것은?

구분	2020년	2021년	2022년
A국	0.48	0.43	0.40
B국	0.40	0.45	0.39

① 2020년 A국은 B국보다 소득의 불평등 수준이 높다.
② 2021년 B국은 A국보다 로렌츠곡선이 대각선에 멀어진 상태이다.
③ 2022년 A국의 소득분배가 전년보다 개선됐다.
④ A국은 소득불평등을 완화하기 위한 복지정책을 펼쳤을 것으로 보인다.
⑤ B국은 소득불평등 수준이 계속 개선되었다.

70. 아래 신문기사를 읽고, ㉠~㉤과 관련한 설명 중 옳지 <u>않은</u> 것은?

> 대한상의는 ㉠ 글로벌 최저한세 시행으로 한국 기업이 피해를 볼 수 있는 부분을 조사하고 있다. 일부 기업이 "㉡ 한국 기업만 피해를 볼 수 있다."고 민원을 제기했기 때문이다. 한국만 글로벌 최저한세를 도입하면 한국 기업이 다른 나라에서 각종 세제 감면으로 10%의 법인세율을 적용받아도 한국에서 5%만큼의 세금을 더 내야 한다. … (중략) … 경제계에서는 미국, EU 등 글로벌 최저한세 논의를 주도하는 국가의 움직임을 지켜본 뒤 법안을 처리해야 했는데, 한국 정부와 국회가 너무 성급했다는 지적이 나온다. 자칫하면 ㉢ 헝가리(9%), ㉣ 아일랜드(12.5%) 등 법인세율이 낮은 국가에 투자한 한국 기업만 15% 세율을 적용받는 상황이 벌어질 수 있다는 것이다. 업계 관계자는 "전 세계가 기업투자를 유치하려고 ㉤ 법인세 혜택을 주는데 글로벌 최저한세 때문에 한국 기업만 세(稅)족쇄에 갇힐 수 있다."고 지적했다.
> ○○경제신문, 2023. 1. 18.

① 전 세계적으로 ㉠이 시행되면 ㉢, ㉣과 같이 법인세 인하 경쟁을 하는 것이 무의미해진다.
② ㉡이 부담하는 현재 국내 법인세율은 ㉢보다 높다.
③ ㉢에 투자한 한국 기업은 ㉠이 시행되면, 한국에 차액인 2.5%만큼의 세금을 부담해야 한다.
④ ㉣에 ㉡이 투자하는 이유는 다양한 ㉤을 통해 경영비용을 감소하기 위해서이다.
⑤ ㉤을 시행하는 이유는 국내 투자를 늘려 일자리 창출과 지역경제 활성화 나아가 국가경제성장을 위함이다.

71. 자동차 회사 A는 2021년 100대의 소형차를 생산하여 한 대당 가격을 2,000만 원으로 책정하여 내놓았다. 그러나 2021년에 팔리지 않고 2022년 초에서야 모두 팔렸다. 이때 국내총생산(GDP)의 계산과 관련한 설명 중 옳은 것은?

① 2021년 GDP와 2022년 GDP가 각각 20억 원 증가한다.
② 2021년 GDP와 2022년 GDP가 각각 10억 원 증가한다.
③ 2021년 GDP는 20억 원 증가하고, 2022년 GDP는 20억 원 감소한다.
④ 2021년 GDP는 20억 원 증가하고, 2022년 GDP에는 아무런 영향이 없다.
⑤ 2021년 GDP에는 아무런 영향이 없고, 2022년 GDP는 20억 원 증가한다.

72. 아래 글의 내용과 관련한 〈보기〉의 설명 중 옳은 것을 고르면?

A국에서는 (A) 매년 한 번씩 각 지역의 특산물을 국가에 공물로 내도록 하는 제도가 있었다. 공물 부과는 각 지역의 산물을 부과하는 게 원칙이었는데 실제로는 그렇지 않은 경우가 많았다. 한 번 정해지면 바꾸기도 쉽지 않아 구하기 어려운 경우 공물로 내야 하는 생산물을 구입해서 납부하는 수밖에 없었다. 공물용 생산물을 전문적으로 판매하는 상인들이 나타났다. 시간이 흐르면서 국가의 관리들이 소수의 상인들에게 공물용 생산물 공급자라는 인증서를 발급했고, (B) 인증서를 발급받은 소수의 상인들로부터 구입한 생산물만 공물로 낼 수 있게 되었다. 그렇지 않으면 불량품이라고 공물로 받아주지 않았다. 이후 국가로부터 (C) 인증서를 받은 상인들은 생산물의 가격을 매우 높게 받아 폭리를 취하게 되었다.

〈보기〉

ㄱ. (A)에서 공물은 지금의 국세와 같다고 볼 수 있다.
ㄴ. (B)는 독과점의 사례로 볼 수 있다.
ㄷ. (B)가 사라지면, 공물로 바치는 생산물 거래가격이 높아질 것이다.
ㄹ. (C)는 완전경쟁시장 공급자들의 모습으로 볼 수 있다.

① ㄱ, ㄴ
② ㄱ, ㄷ
③ ㄴ, ㄷ
④ ㄴ, ㄹ
⑤ ㄷ, ㄹ

73. 경제 동향 보고서의 밑줄 친 내용에 해당하는 변화를 추론한 〈보기〉의 설명 중 옳은 것을 고르면?

〈경제 동향 보고서〉
국제 원자재 X재의 공급이 크게 줄었다. 이에 따라 X재를 핵심원료로 하는 Y재 시장에도 변화가 발생하여 관련 주가가 요동쳤다.

〈보기〉

ㄱ. 가격이 하락할 것이다.
ㄴ. 거래량이 증가할 것이다.
ㄷ. 소비자잉여가 감소할 것이다.
ㄹ. Y재 수요의 가격탄력성이 탄력적이라면, 소비자 총지출액이 감소할 것이다.

① ㄱ, ㄴ
② ㄱ, ㄷ
③ ㄴ, ㄷ
④ ㄴ, ㄹ
⑤ ㄷ, ㄹ

74. 아래 글은 애덤 스미스의 『국부론』에 나오는 한 대목이다. 글이 주장하는 내용을 잘못 이해한 사람은 누구인가?

한 나라의 연간 생산물의 가치를 증대시키려면 오로지 생산적 노동자의 수를 늘리거나 이미 고용되어 있는 노동자들이 생산력을 향상시키는 것 이외에는 다른 방법이 없다. 그러나 생산적 노동자를 부양할 재원이 증가하지 않는다면, 즉 자본이 증가하지 않는다면 고용을 많이 할 수 없다는 사실은 자명하다. 동일한 노동 인원으로 노동력을 향상시키려면 작업을 간소화하여 보다 쉽게 만들 도구나 기계를 개발하거나 또는 노동자의 역할을 세분화하고 그들을 알맞게 배치해야만 한다. 그 어느 경우에도 대체로 추가 자본이 필요하다. 추가자본이 있어야만 고용주는 더 좋은 기계를 제공하거나 노동자들을 좀 더 알맞게 배치할 수 있다.

① 가영: 흥청망청 다 써버리면 자본이 증가하지 않는다는 메시지가 담겨 있어.
② 나영: 선진국과 후진국을 가르는 차이는 자본축적 여부에 달려 있다고 설명할 수 있지.
③ 다영: 좋은 기계가 없더라도 노동자들의 힘이 세면 얼마든지 연간 생산물을 늘릴 수 있지.
④ 라영: 전문화, 분업화가 생산물 가치를 높이는 데 유리하다는 점을 저자는 지적하고 있어.
⑤ 마영: 사람 100명이 10시간 동안 할 수 있는 일을 기계를 활용하여 2시간만에 하는 것이 낫지.

75. 경제체제와 관련한 아래의 지문과 관련한 설명 중 옳은 것은? (단, A와 B는 각각 시장경제체제와 계획경제체제 중 하나이다.)

> 경제체제는 자원의 배분 방식에 따라 A와 B로 구분할 수 있다. A는 B와 달리 정부의 명령과 통제에 따라 자원 배분이 이루어진다.

① A는 시장에 의한 자원 배분을 중시한다.
② A에서는 희소성에 의한 경제문제가 발생하지 않는다.
③ B는 원칙적으로 생산 수단의 사적 소유를 인정하지 않는다.
④ B는 A보다 시장에서의 경제적 유인을 강조한다.
⑤ B는 경제문제의 해결 기준으로 형평성을 중시한다.

76. 아래 신문기사와 그림과 관련한 설명 중 옳지 않은 것은?

> 행정안전부는 '2022년 12월 기준 주민등록 인구통계'를 발표했다. 우선 지난해 국내 주민등록 총인구는 5,143만 9,038명으로 전년(5,163만 8,809명)보다 19만 9,771명 줄었다. 2020년 이후 3년 연속 감소세이다. … (중략) … 인구 고령 추세는 더 뚜렷해지고 있다. 65세 이상 고령 인구 비중은 지속적으로 높아져 작년 말 전체 인구의 18%(926만 7,290명)에 달했다. 전년(17.1%)에 비해선 0.9%포인트 높아졌다.
> ○○경제신문, 2023. 1. 16.

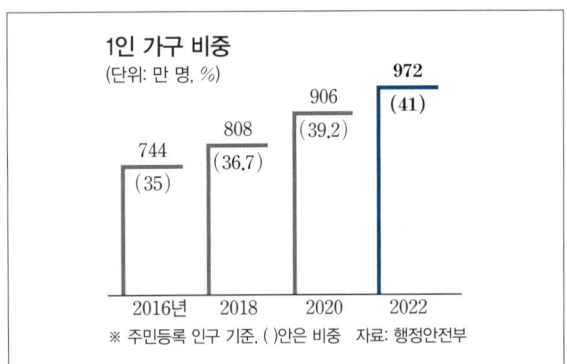

① 총인구의 감소는 인구 데드크로스가 발생했다는 의미이다.
② 2022년 말 한국은 통계상 초고령 사회에 진입했다.
③ 대형마트보다는 편의점, E-커머스 시장 점유율이 더 커질 것이다.
④ 원룸과 같은 오피스텔 시장의 수요곡선이 우측으로 이동할 것이다.
⑤ 1인 가구 비중의 증가는 일반적인 가족 구성인 3·4인 가구의 비중 축소를 의미한다.

77. 아래 그래프는 금융시장의 기대수익과 위험 간의 관계를 나타낸다. 이와 관련한 설명 중 옳지 않은 것은?

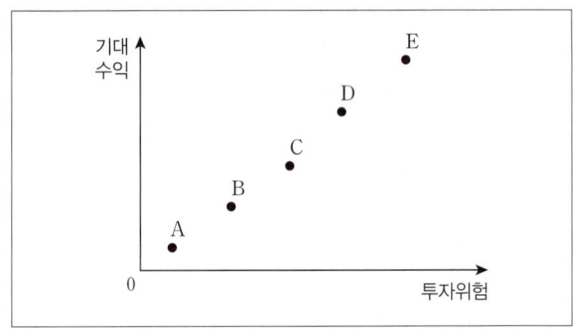

① 그래프는 금융상품의 안전성과 수익성의 상충관계를 나타낸다.
② 수익성이 같다면, 위험이 낮은 금융상품을 골라야 한다.
③ 고위험, 고수익이라는 투자 격언을 반영하고 있다.
④ ELS, ETN, 정크본드 등은 A에 속한다고 볼 수 있다.
⑤ A, B, C, D, E가 일직선 위에 있는 상품이라면 우월을 가릴 수 없다.

78. 아래 신문기사의 사설을 읽고, ㉠~㉣과 관련한 설명 중 옳지 않은 것은?

> 올해 ㉠스태그플레이션을 우려하던 미국 경제를 두고 연초부터 갑작스럽게 골디락스라는 용어가 나온 것은 매달 초 발표되는 고용지표 때문이다. 작년 12월 실업률은 ㉡완전고용 수준인 3.5%이다. … (중략) … 올해 증시에서 골디락스 장세가 나타날 것인가에 대한 판단은 최근과 비슷한 상황이 닥친 1980년대 초 미국 중앙은행(Fed)이 어떻게 대처했는지부터 이해해야 한다. 당시 Fed에서는 우선순위를 "㉢물가안정에 둘 것인가", 아니면 "㉣경기부양에 둘 것인가"를 놓고 난상토론이 벌어졌다. 후일 이 설전은 '볼커 모멘텀'과 '역볼커 모멘텀' 간 대혈투로 비유된다.
> ○○경제신문, 2023. 1. 16.

① 1980년대 초 미국 중앙은행(Fed) 의장이었던 폴볼커는 미국 경제가 ㉠에 빠지면서 ㉢을 최우선순위에 두었다.
② 실제 실업률이 ㉡보다 높으면, 경기가 과열되어 중앙은행은 기준금리를 인상한다.
③ ㉢ 입장인 통화정책위원들을 매파라고 한다.
④ 중앙은행이 ㉣ 입장이 강하면 기준금리 인하, 국공채 매입 등의 정책을 시행한다.
⑤ 단기에 ㉢과 ㉣의 상충관계를 설명한 것이 필립스곡선이다.

79. 아래 신문기사와 그림을 바탕으로 한 설명 중 옳지 않은 것은? (진한 선이 동행종합지수, 연한 선이 선행종합지수이다.)

> 한국은행이 이날 발표한 '11월 무역지수 및 교역조건'을 보면 지난달 수출금액지수는 전년 동월 대비 11.3% 떨어졌다. … (중략) … 한은 관계자는 "반도체 등이 포함된 컴퓨터·전자·광학기기 제품(-25.4%)과 화학제품(-17%)을 중심으로 수출액이 감소했다."며, "수출 가격 하락세와 전방산업 수요 부진 등의 영향"이라고 설명했다.
> ○○경제신문, 2022. 12. 30.

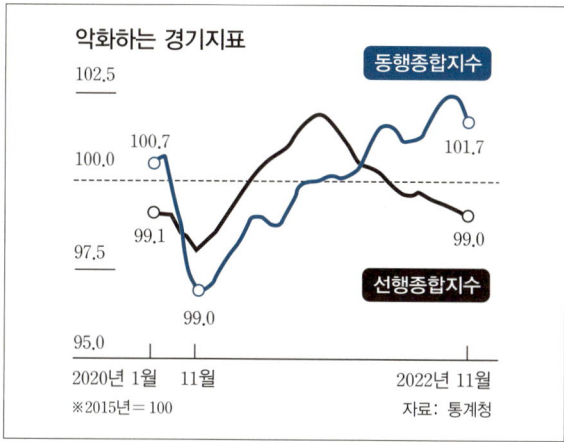

① 선행종합지수의 추이에 따르면, 앞으로 경기침체 국면으로 들어갈 가능성이 높다.
② 2020년 1월~11월 사이 동행종합지수의 하락은 코로나19의 유행이 큰 영향을 미쳤다.
③ 2020년 11월~2022년 11월 사이의 동행종합지수가 상승 추세인 것과 달리 선행종합지수는 이미 중간 지점에서 하락한 것은 선행종합지수가 미래의 경기침체를 경고한다는 의미이다.
④ 전방산업에 대한 수요가 부진한 영향으로 CSI와 BSI 지수는 하락하고, 총수요곡선은 우측으로 이동할 것이다.
⑤ 수출금액지수가 전년 동월 대비 악화했다는 것은 같은 수량을 팔아도 이전보다 판매수입이 감소했다는 의미이다.

80. 아래는 신문사설의 내용 중 일부이다. 필자가 주장하는 바와 가장 거리가 먼 것은?

> 유엔무역개발회의(UNCTAD)가 한국의 지위를 개발도상국에서 선진국 그룹으로 변경했다. 1964년 UNCTAD가 설립된 이래 개도국 그룹에서 선진국 그룹으로 이동한 사례는 한국이 처음이다. UNCTAD 무역개발이사회는 한국의 선진국 진입을 만장일치로 합의해 무역과 투자를 통한 성장의 모범 사례라는 점을 확인했다. 한국이 개도국을 졸업해 선진국에 진입한 최초의 국가라고 유엔이 공인한 것이다. … (중략) … 지금의 한국이 있기까지는 여러 요인이 작용했다. 해방 후 50년간 600억 달러에 달했던 국제원조는 한강의 기적을 일구는 마중물 역할을 했고 여기에 정치적 리더십과 기업의 피땀 어린 노력이 어우러져 선진국을 만들어냈다. 무엇보다 한정된 국내 시장보다 세계를 겨냥해 수출주도형 중화학공업 육성 정책을 편 정치적 결단이 주효했고 여기에 기업이 화답하며 삼성전자, 현대자동차와 같은 글로벌 기업이 탄생할 수 있었다.
> ○○경제신문, 2021. 7. 5.

① 한국은 해방 후 국제원조를 효율적으로 활용하여 경제성장의 바탕을 마련했다.
② 한국은 신토불이, 자급자족 등 내수를 중심으로 한 경제 모델로 성장했다.
③ 한국은 원조를 받는 나라에서 원조를 주는 나라로 성장했음을 국제적인 인정을 받았다.
④ 한국은 시장경제와 개방정책을 묶은 수출주도형 경제로 한강의 기적을 이뤘다.
⑤ 2차 세계대전 직후 독립한 나라 중 한국만큼 경제적으로 부강해진 나라를 찾아보기 힘들다.

국가공인 1호 경제이해력 검증시험
제78회 TESAT 문제지

* 모바일로 정답입력 후
  등급예측 및 성적분석

성 명　　　　　　　　수험번호

국가공인 1호 경제이해력검증시험
제78회 TESAT 문제지

- 문제지 표지에 성명과 수험번호를 적었는지 확인하십시오.
- 경제이론과 시사경제·경영은 문항당 3점, 4점이고 상황추론·판단은 문항당 5점입니다.
- 시험시간은 100분입니다.

〈 경 제 이 론 〉

1. 기회비용의 사례로 적절하지 않은 것은?
   ① 여행을 가는 바람에 집 청소를 하지 못했다.
   ② 입장료가 아까워서 재미없는 영화를 계속 보았다.
   ③ 올해는 배추를 심어서 당근을 심을 수 없게 되었다.
   ④ 오늘 축구경기를 시청해서 영어 공부를 하지 못했다.
   ⑤ 피자를 사 먹는 바람에 용돈이 부족해서 다이어리를 구매하지 못했다.

2. 국내총생산(GDP)과 관련한 설명 중 옳은 것은?
   ① 수출이 증가할수록 GDP는 증가한다.
   ② 전업주부의 가사노동은 GDP에 포함된다.
   ③ 기준연도에서 실질GDP와 명목GDP는 일치하지 않는다.
   ④ 해외에서 근무하는 내국인 근로자가 생산한 가치는 GDP에 포함된다.
   ⑤ A년도에 생산한 제품이 다음 연도인 B년도에 판매되면, B년도 GDP에 포함된다.

3. 정부 실패란 시장 실패에 대한 정부의 개입이 오히려 바람직하지 못한 결과를 초래하는 현상이다. 이 중 정부 실패의 원인으로 옳지 않은 것은?
   ① 정보의 부족
   ② 한계생산물체감의 법칙
   ③ 정부 정책 시차의 가변성
   ④ 관료들의 업무에 대한 보신주의
   ⑤ 정부 정책을 예견한 민간부문 반응의 변화

4. 인플레이션으로 발생하는 문제점과 관련한 설명 중 옳지 않은 것은?
   ① 기업은 메뉴비용이 발생한다.
   ② 실물자산보다는 현금을 보유하는 것이 유리하다.
   ③ 경제주체들이 미래소득 측정을 어렵게 하는 요인이다.
   ④ 재화와 서비스의 상대가격 변화로 자원의 효율적 배분을 저해한다.
   ⑤ 예상된 인플레이션은 채무자와 채권자 사이에 부의 재분배가 일어나지 않는다.

5. 도덕적 해이의 사례로 옳지 않은 것은?
   ① 실비보험에 가입한 이후, 가입자의 병원 방문이 늘어났다.
   ② 정해진 급여를 지급한 후, 일부 직원들의 근무 태도가 불성실하다.
   ③ 팀 발표 준비 과정에서 구성원 중 일부가 발표 준비를 소홀히 한다.
   ④ 화재보험에 가입한 보험 가입자는 가입 이전보다 화재방지 노력을 덜 한다.
   ⑤ 보험시장에서 평균 보험료를 제시하면, 사고를 낼 확률이 높은 사람이 가입한다.

6. 각 부문의 과다한 부채는 세계적 경제위기를 초래할 수 있는 중요한 문제라는 인식이 확산하고 있다. 이때 과다한 부채를 해소하기 위한 방법으로 가장 관련이 적은 것은?
   ① 테이퍼링
   ② 기준금리 인상
   ③ 흑자재정 달성
   ④ 공개시장 국공채 매입
   ⑤ 만기 도래 채권 상환

7. 정부가 사과 생산자에게 보조금을 지급하면 나타나는 현상과 가장 거리가 먼 것은?

① 소비자잉여가 증가한다.
② 생산자잉여가 증가한다.
③ 사과의 시장 거래량이 감소한다.
④ 공급곡선이 우측으로 이동한다.
⑤ 전체적인 사회 후생은 증가하지 않는다.

8. 음식점에서 가격을 인상하자 음식점의 수입도 함께 증가했다. 이 이유에 대한 설명 중 옳지 않은 것은?

① 예전보다 음식 맛이 매우 좋아졌다.
② 음식점을 이용하는 고객의 소득이 증가했다.
③ 음식점 이용자의 음식에 대한 수요의 가격탄력성이 매우 높다.
④ 음식점 주위에 신축 건물들이 증가해 유동 인구가 큰 폭으로 늘었다.
⑤ 이 음식점 주변에 있는 식당들의 음식 가격이 더 큰 폭으로 상승했다.

9. 〈보기〉에서 전통적인 케인스학파의 견해에 해당하는 것을 고르면?

─〈보기〉─
ㄱ. 경기변동의 원인은 총수요의 변화 때문이다.
ㄴ. 재정정책보다 통화정책의 효과가 뛰어나다.
ㄷ. 시장에서 가격은 즉각적으로 조정되지 않아 단기에 불균형이 발생한다.
ㄹ. 정부의 개입은 경기변동의 진폭을 오히려 더 크게 한다.

① ㄱ, ㄴ
② ㄱ, ㄷ
③ ㄴ, ㄷ
④ ㄴ, ㄹ
⑤ ㄷ, ㄹ

10. 아래 그래프는 금융상품 A, B의 일반적인 특징을 비교한 것이다. 이에 대한 설명 중 옳지 않은 것은? (A, B는 각각 주식과 요구불예금 중의 하나이다.)

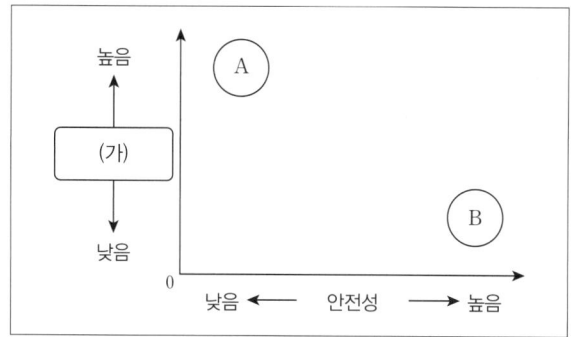

① (가)에는 유동성보다는 수익성이 적절하다.
② A는 예금자 보호를 받지 못한다.
③ A는 배당금을 기대할 수 있다.
④ B는 예금자보호를 받을 수 있다.
⑤ 일반적으로 B는 A보다 높은 수익률을 기대할 수 있다.

11. 어떤 나라에서 철이 구리보다 훨씬 더 많이 매장되어 있음에도 철의 가격이 구리의 가격보다 더 비싸다고 한다. 이러한 상황에 대한 설명으로 옳은 것은?

① 구리보다는 철의 수요가 상대적으로 크다.
② 이 나라에서 구리는 철보다 더 희소한 자원이다.
③ 이 나라에서 철은 구리보다 더 희귀한 자원이다.
④ 철의 가격이 높은 이유는 철이 구리보다 인체에 덜 해로운 자원이기 때문이다.
⑤ 철의 가격이 비싼 이유는 이 나라 국민은 비합리적인 선택을 하고 있기 때문이다.

12. 근로자들이 이직하는 과정에서 발생하는 실업과 관련한 설명 중 옳지 않은 것은?

① 완전고용 상태에서도 이러한 실업은 존재한다.
② 이러한 실업은 경제의 윤활유 같은 역할을 한다.
③ 최저임금제, 노동조합으로 인해 이러한 실업이 발생한다.
④ 구직과 관련한 정보망 확충으로 이러한 실업을 줄일 수 있다.
⑤ 일반적으로 실업보험급여 지급 확대는 해당 유형의 실업을 늘리는 요인이다.

13. 어떤 국가의 올해 지니계수가 작년보다 낮아졌다고 한다. 이를 가장 잘 설명한 것은?

① 파레토 효율이 달성되었다.
② 로렌츠곡선이 45°선에 가까워졌다.
③ 올해 국민소득이 작년보다 훨씬 작아졌다.
④ 올해 노동소득분배율이 점점 불균등해졌다.
⑤ 생산가능곡선이 왼쪽으로(안쪽으로) 이동했다.

14. 자본이동이 자유로운 상태에서 소규모 경제가 통화정책과 재정정책을 수행하고 있다. 이와 관련한 설명 중 옳지 않은 것은?

① 통화정책과 재정정책의 효과는 환율제도에 따라 달라진다.
② 변동환율제에서 중앙은행은 독립적인 통화정책을 수행할 수 있다.
③ 변동환율제에서 정부가 재정지출을 늘리면, 원화의 가치가 상승한다.
④ 고정환율제에서 정부가 재정지출을 늘리면, 수출이 크게 늘어난다.
⑤ 고정환율제에서 정부가 재정지출을 늘리면, 통화량도 동시에 증가한다.

15. 국제무역을 증가시키는 요인이 아닌 것은?

① 유가의 하락 안정
② 국제가치사슬 강화
③ 핀테크 기술의 발달
④ 관세와 수입쿼터 철폐
⑤ 무역상대국 인플레이션의 높은 변동성

16. 아래 영수증에서 '㉠ 부가세'와 관련한 설명 중 옳지 않은 것은?

상품명	수량	금액
9007 6호 생크림 29,000	1개	29,000
과세금액		26,363
㉠ 부 가 세		2,637
총매출액		29,000
합계		29,000
받은돈		29,000
거스름돈		0
현금 결제		29,000

① 한국의 세율은 10%이다.
② 국세에 속한다.
③ 누진세 구조이다.
④ 모든 재화나 용역의 소비 행위에 대하여 과세한다.
⑤ 세금 납부 의무자와 실제 부담자가 일치하지 않는다.

17. 아래 그림은 외부(불)경제를 나타낸다. 이와 관련한 설명 중 옳은 것은?

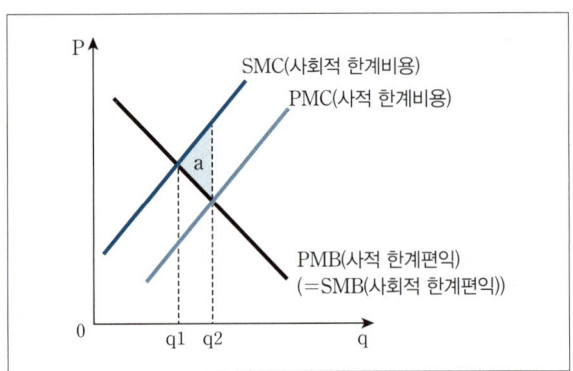

① 시장에서는 q1에서 균형거래량이 결정된다.
② a에 대한 해결방안은 정부의 가격규제가 유일하다.
③ a는 과소생산의 사회적 후생의 감소분을 나타낸다.
④ 피구세는 균형거래량을 q1으로 이동시킬 수도 있다.
⑤ 외부경제로 사회적 한계비용보다 사적 한계비용이 크다.

18. 시장과 관련한 설명 중 가장 옳지 않은 것은?
① 시장은 자본주의 이전부터 존재해왔다.
② 시장은 사회적 분업을 더욱 촉진시켰다.
③ 시장에서 완전하고 공평한 분배가 가능하다.
④ 기계의 등장으로 시장은 더욱 발전하였다.
⑤ 산업혁명 이후로 시장의 규모는 더욱 폭발적으로 증가하였다.

19. 미국 중앙은행(Fed)의 기준금리 인상이 미국 시장에 미칠 수 있는 영향이 아닌 것은?
① 달러화의 가치 하락
② 해외자본의 유입 증가
③ 미국 상품의 수출 경쟁력 약화
④ 미국으로 수입되는 상품의 증가
⑤ 원자재 수입물가 하락으로 미국 내 물가 하락

20. 현재가치와 미래가치와 관련한 설명 중 옳지 않은 것은? (단, 이자율 r > 0)
① 미래에 받을 돈의 현재가치는 이자율이 상승할수록 낮아진다.
② 미래 금액의 현재가치 환산은 이자율과 기간에 따라 달라진다.
③ 현재와 미래 사이의 기간이 길수록 미래 금액의 현재가치는 작아진다.
④ 이자율이 10%일 때, 1년 후 1,000원을 얻으면 현재가치는 1,100원이다.
⑤ 현재가치란 미래 일정 시점의 금액을 현재 시점의 가치로 환산한 금액이다.

21. 기업의 생산기술이 규모에 대한 수익 체증이라고 하자. 이에 대한 설명 중 옳은 것은?
① 이 기업의 생산기술은 래퍼곡선으로 설명할 수 있다.
② 모든 생산요소의 투입을 두 배 늘려도 산출량은 변하지 않는다.
③ 모든 생산요소의 투입을 두 배 늘리면, 산출량이 두 배 이상 늘어난다.
④ 고정요소의 투입을 두 배 늘려도 산출량은 변하지 않는다.
⑤ 고정요소의 투입을 두 배 늘리면, 산출량이 두 배 미만으로 늘어난다.

22. 필립스곡선과 관련한 설명 중 옳지 않은 것은?
① 단기 필립스곡선이 장기 필립스곡선보다 완만하다.
② 자연실업률이 증가하면 필립스곡선은 오른쪽으로 이동한다.
③ 자연실업률 가설에 따르면 장기 필립스곡선은 수직선이 된다.
④ 단기 필립스곡선은 실업률과 물가상승률 간의 양(+)의 관계를 보여준다.
⑤ 1970년대 스태그플레이션으로 실업률과 물가상승률 간의 상충관계가 불분명해졌다.

23. 1급 가격차별이 시행되는 독점시장이 존재한다고 하자. 이와 관련한 설명 중 옳지 않은 것은?
① 소비자잉여는 양(+)의 값을 가진다.
② 한계수입곡선은 시장수요곡선과 동일하다.
③ 모든 소비자는 각각 다른 가격을 지불한다.
④ 완전경쟁시장과 동일한 수량이 시장에 공급된다.
⑤ 일반 독점시장과 비교해 사회적 후생이 더 크다.

24. 〈보기〉에서 보호무역주의 정책을 모두 고르면?

〈보기〉
ㄱ. WTO
ㄴ. 범위의 경제
ㄷ. 관세
ㄹ. 수입할당제
ㅁ. 수출보조금

① ㄱ, ㄴ, ㄷ
② ㄱ, ㄴ, ㄹ
③ ㄴ, ㄷ, ㄹ
④ ㄴ, ㄹ, ㅁ
⑤ ㄷ, ㄹ, ㅁ

25. 재화는 배제성과 경합성에 따라 4가지로 구분된다. 이와 관련한 설명 중 옳은 것은?
   ① 막히지 않는 도로는 배제성을 가지고 있는 재화이다.
   ② 경합성과 배제성을 모두 가지고 있는 재화를 사적재라고 한다.
   ③ 비배제성은 여러 사람이 재화를 동시에 사용할 수 있는 성질이다.
   ④ 무임승차는 재화가 배제성을 가지고 있기 때문에 나타나는 현상이다.
   ⑤ 공유지의 비극이 나타나는 이유는 비경합성을 가지고 있는 재화가 배제성도 가지고 있기 때문이다.

26. 루카스 비판에 대한 설명 중 옳지 않은 것은?
   ① 계량모형을 사용할 때 경제주체의 기대 형성에 대한 가설을 포함하는 구조모형을 사용해야 한다.
   ② 정책 변화가 경제에 미치는 효과를 판단할 때는 새로운 정책에 따라 사람들의 기대가 어떻게 변화하는지를 고려해야 한다.
   ③ 정책이 바뀌면 경제활동에 관한 규칙이 바뀌고 그에 따라 사람들의 기대도 바뀌기 때문에 기존에 성립된 경제 변수 간의 관계도 바뀐다.
   ④ 경제주체들의 합리적 기대 형성을 포함하지 않는 계량경제모형을 이용해 거시경제정책의 효과를 평가하는 방식은 오류를 유발할 수 있다.
   ⑤ 경제주체는 과거의 경험에 기초해 미래에 대한 기대를 형성하는 경향이 있으므로 과거 자료가 많을수록 미래에 대한 정확한 기대를 형성할 수 있으며 축적된 자료에 대한 면밀한 통계적 분석이 중요하다.

27. 그림은 시장의 유형을 분류한 것이다. (가)~(라)에 대한 〈보기〉의 설명 중 옳지 않은 것을 고르면?

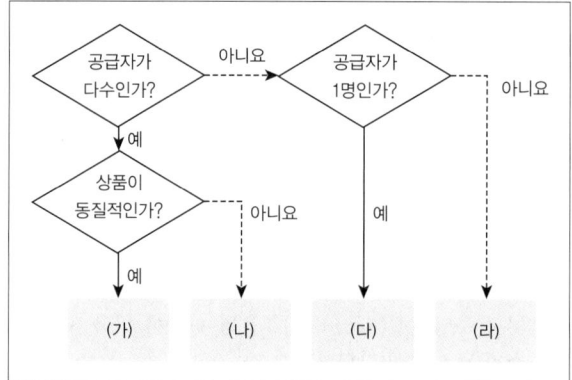

   〈보기〉
   ㄱ. (가)에서는 자원 배분이 효율적으로 이뤄진다.
   ㄴ. (나) 시장의 기업들은 가격수용자이다.
   ㄷ. (다)에는 수도, 철도와 같이 초기 투입 비용이 매우 높은 산업이 포함된다.
   ㄹ. (라)는 기업 간 경쟁이 심해 상호 의존성이 낮다.

   ① ㄱ, ㄴ
   ② ㄱ, ㄷ
   ③ ㄴ, ㄷ
   ④ ㄴ, ㄹ
   ⑤ ㄷ, ㄹ

28. X재와 Y재는 완전경쟁시장에서 거래되고 있다. X재의 핵심 부품 가격이 크게 감소할 때, Y재 시장에서 예상되는 영향을 〈보기〉에서 고르면?

   〈보기〉
   ㄱ. Y재가 X재의 대체재라면, 매출이 감소한다.
   ㄴ. Y재가 X재의 대체재라면, 총잉여가 감소한다.
   ㄷ. Y재가 X재의 보완재라면, 공급량이 감소한다.
   ㄹ. Y재가 X재의 보완재라면, 생산자잉여가 감소한다.

   ① ㄱ, ㄴ
   ② ㄱ, ㄷ
   ③ ㄴ, ㄷ
   ④ ㄴ, ㄹ
   ⑤ ㄷ, ㄹ

29. 한국의 수출액은 3,000억 달러이고 수입액은 2,500억 달러라고 하자. 한국인은 해외 자산을 700억 달러 매입하였고, 외국인은 한국에서 거래되는 자산을 800억 달러 매입하였다. 이때 한국의 외환보유액은 어떻게 변하는가?

① 600억 달러 증가
② 600억 달러 감소
③ 400억 달러 증가
④ 400억 달러 감소
⑤ 변화 없음

30. 단기에는 경제 내에 임금경직성이 존재하므로 총공급곡선은 우상향할 수 있다. 임금경직성이 발생하는 이유를 〈보기〉에서 모두 고르면?

〈보기〉
ㄱ. 명시된 계약임금은 경제여건이 변하더라도 계약기간 동안에는 바뀌지 않는다.
ㄴ. 최저임금제가 시행되면, 고용자는 반드시 균형임금 수준보다 높은 최저임금을 지급해야 한다.
ㄷ. 기업이 이윤을 극대화하기 위해 자발적으로 시장보다 높은 실질임금을 지급하는 기업이 있다.

① ㄱ
② ㄴ
③ ㄱ, ㄷ
④ ㄴ, ㄷ
⑤ ㄱ, ㄴ, ㄷ

〈 시사경제 · 경영 〉

31. 공항, 철도 등의 사례에서 자주 나타나는 지역이기주의의 일종이다. 수익성 있는 사업을 무조건 자기 지방에 유치하려 하는 현상을 일컫는 용어는?

① 핌피현상
② 넛지효과
③ 베이크 아웃
④ 병목현상
⑤ 지렛대효과

32. '이것'은 중앙은행이 경제상황을 평가해 선제적인 방향을 제시할 때 사용하는 용어이다. 보통 정책금리 또는 기준금리의 향방에 대한 시그널을 전달하기 위한 커뮤니케이션 수단인 '이것'은 무엇인가?

① 린치핀
② 포워드 가이던스
③ 베이시스
④ 프레너미
⑤ 오퍼레이션 트위스트

33. 인터넷과 모바일 기술의 비약적 발전을 기반으로 탄생한 스타트업이나 벤처 가운데 기존 법·제도 체계로는 규정되지 않거나, 사각지대에서 사업이나 서비스를 영위하는 기업인 (A) 스타트업, 위험 가능성을 충분히 예상할 수 있었음에도 이를 간과하여 결국 큰 위험에 처하게 되는 상황을 가리켜 (A) 라이노라고 한다. (A)에 공통으로 들어갈 색깔을 영어로 표현하면?

① 레드
② 그레이
③ 브라운
④ 블루
⑤ 옐로우

34. 국내 증시에서 어제 종가 1만 원을 기록한 ○○ 기업의 주가가 오늘은 증시 마감 시간에 가격제한폭까지 떨어져서 마감했다. 증권시장이 마감되었을 때의 ○○ 기업의 주가는 얼마인가?

① 5,000원
② 6,000원
③ 7,000원
④ 8,000원
⑤ 9,000원

35. 회사의 적자가 쌓여 잉여금이 바닥나고, 납입자본금까지 까먹기 시작하면 '이것'에 이른다. 기업 부실화의 징후인 '이것'은?

① 기업공개
② 무상증자
③ 백지신탁
④ 출자전환
⑤ 자본잠식

36. 2022년 노벨경제학상 공동 수상자 3명 중 한 사람으로 2008년 세계 금융위기 당시 미국 중앙은행(Fed) 의장을 지낸 인물은?

① 벤 버냉키
② 재닛 옐런
③ 폴 볼커
④ 앨런 그린스펀
⑤ 매리너 에클스

37. ○○ 기업이 주당 액면가를 5,000원에서 100원으로 대폭 낮춰 1주를 50주로 주식분할을 했다. 주식분할에 따른 이론적인 효과로 알맞은 것은?

① 주식 수는 변하지 않는다.
② 기업가치가 $\frac{1}{50}$로 낮아진다.
③ 주식 거래량은 변하지 않는다.
④ 기업가치가 50배로 높아진다.
⑤ 주식 1주당 가치가 $\frac{1}{50}$로 낮아진다.

38. '이것'은 민간자본을 통해 주거, 상업, 업무 등 다용도 융·복합 개발이 가능하도록 지정한 지역으로, 입지 규제 최소구역이라고도 불린다. 대표적 사례로 싱가포르의 마리나베이 샌즈와 일본의 롯폰기 힐스가 있다. '이것'은 무엇인가?

① 퍼플존
② 레드존
③ 블랙존
④ 화이트존
⑤ 브라운존

39. 자산시장에서 주가와 집값이 오르면 사람들은 돈을 빌려 투자에 나선다. 상승세가 길어질수록 대출 규모도 커진다. 그러나 자산 가격이 끝없이 오르지는 못한다. 가격이 꺾일 조짐을 보이면 투자자들은 대출을 갚기 위해 자산을 내다 판다. 이런 사이클에서 부채가 한계점에 도달해 투자자들이 자산을 팔기 시작하는 '이 시점'이 시작되면 자산시장의 불황과 위기가 찾아오는데 '이 시점'을 무엇이라고 하는가?

① 숏커버링
② 피터팬 증후군
③ 서킷브레이커
④ 민스키 모멘트
⑤ 번아웃 신드롬

40. 외부회계감사를 하는 공인회계사가 감사의견을 형성함에 있어서 필요한 합리적 감사증거를 얻지 못해 재무제표 전체에 대한 의견표명이 불가능한 것으로 판단할 경우 어떤 감사의견을 제시하는가?

① 적정의견
② 한정의견
③ 부적정의견
④ 부실의견
⑤ 의견거절

41. 올해 '이것'이 사상 처음으로 30%를 돌파한 것으로 나타났다. '이것'은 국민이 낸 세금과 국민연금, 산재보험, 건강보험 등 사회 보장성 기금을 합한 금액이 국내총생산(GDP)에서 차지하는 비율을 말한다. '이것'은 무엇인가?

① 조세부담률
② 재정부담률
③ 국민부담률
④ 사회보장부담률
⑤ 금융비용부담률

42. 주당 가격이 1,000원이 안 되는 저렴한 주식에 붙는 별명으로 소형주가 많고 주가 변동성이 큰 경향을 보이는 '이것'은?

① 우선주
② 가치주
③ 동전주
④ 황제주
⑤ 자사주

43. 아래 지문을 읽고, ㉠에 속하는 것을 〈보기〉에서 모두 고르면?

국제 원유시장에서는 수백 종류의 원유가 거래되지만 관심을 가장 많이 받는 것은 늘 ㉠ 3대 원유이다. 거래시장이 잘 발달해 가격이 투명하게 정해진다는 공통점이 있다. 이들 세 유종은 세계 각 지역 원유 가격의 기준이 된다. 3대 원유 시세에 일정액을 더하거나 빼서 나머지 원유의 가격이 결정되는 구조이다.

〈보기〉
ㄱ. WTI
ㄴ. ISM
ㄷ. BDI
ㄹ. 브렌트유
ㅁ. 두바이유

① ㄱ, ㄴ, ㄷ
② ㄱ, ㄹ, ㅁ
③ ㄴ, ㄷ, ㄹ
④ ㄴ, ㄹ, ㅁ
⑤ ㄷ, ㄹ, ㅁ

44. 아래 나열한 내용이 지칭하는 나라는?

• 2022년 월드컵 개최국
• 수도 도하
• 천연가스 매장량 세계 3위

① 카타르
② 베트남
③ 싱가포르
④ 말레이시아
⑤ 아랍에미리트

45. '이것'은 은행과 비슷한 기능을 수행하지만, 은행과 달리 엄격한 규제를 받지 않는 금융권을 통칭한다. 중국이 '이것'의 규모가 커지며 금융 시스템의 안정성에 위협을 받을 수도 있다는 예측도 있었다. '이것'을 뜻하는 용어는?

① 브리지론
② 메자닌 금융
③ 마이크로 파이낸스
④ 리파이낸싱
⑤ 그림자 금융

46. 아래 나열한 중앙은행의 기준금리 인상 폭의 숫자를 더하면 얼마인가?

- 빅스텝
- 자이언트 스텝

① 1.25
② 1.5
③ 1.75
④ 2.0
⑤ 2.25

47. 미국 경제는 두 분기 연속 역성장했다. 올해 1분기 '이것' 증가율이 -1.6%로 후퇴한 데 이어 2분기엔 -0.6%를 기록했다. 이는 기술적 의미의 경기침체에 해당한다. 실질경제성장률을 계산할 때 많이 활용되는 경제지표인 '이것'의 영어 약자는?

① GDP
② GDI
③ PPP
④ PPI
⑤ GRI

48. 기업이 차등의결권, 포이즌 필, 황금낙하산 제도를 활용하는 가장 큰 목적은 무엇인가?

① 집중투자
② 경영권 방어
③ 노동생산성 향상
④ 물류망 확충
⑤ 인수·합병(M&A) 촉진

49. 미국 중앙은행(Fed)의 지속적인 금리 인상으로 경제 사정이 취약한 신흥국을 중심으로 A가 특별인출권인 B을(를) 지원하는 규모가 사상 최대라고 한다. A는 한국이 1997년 외환위기를 겪으면서 구제 금융을 받기도 한 '국제통화기금'이라는 국제기구이다. A, B에 들어갈 영어 약자를 알맞게 짝지으면?

	A	B
①	IMF	NFT
②	IMF	SDR
③	IMF	MMF
④	WB	SDR
⑤	WB	MMF

50. 주식시장에서 주가가 큰 폭으로 떨어지다가 일시적으로 반등하는 상황을 설명하는 용어는?

① 불마켓
② 캐시카우
③ 데드크로스
④ 더블딥
⑤ 데드 캣 바운스

51. 아래 나열한 기업을 영어 약자로 무엇이라고 하는가?

티웨이 진에어 에어부산 제주항공 에어서울

① LBO
② LTV
③ LCC
④ CDO
⑤ CMA

52. 에어비앤비가 임대인과 임차인을 실시간으로 연결해주는 서비스를 제공하는 것처럼 플랫폼과 기술력을 가진 회사가 수요자의 요구에 즉각적으로 대응해 서비스와 제품을 제공하는 전략을 무엇이라고 하는가?

① 온디맨드 경제
② 퍼스트 펭귄
③ 스필오버
④ 티핑 포인트
⑤ 팝콘 브레인

53. 현재 국내 법정 최고금리는 연 몇 %인가?

① 15
② 18
③ 20
④ 22
⑤ 24

54. 지난달 17일 '이 나라'의 재무장관이 내년 4월부터 시행 예정이던 소득세 기본세율 인하 방안을 보류하는 등 감세 조치를 추가 철회한다는 내용을 연설하였다. '이 나라'는 기축통화국 중 하나이며, 역사에서 해가 지지 않는 나라로 불렸다. 지난 9월 말에 발표한 감세안으로 '이 나라' 통화가치가 하락하는 등 혼란을 겪었던 '이 나라'는?

① 독일
② 프랑스
③ 헝가리
④ 영국
⑤ 러시아

55. 아래 나열한 내용을 설명할 수 있는 용어를 고르면?

- 기축통화국의 구조적 모순을 설명
- 기축통화가 국제경제에 원활히 쓰이기 위해서는 대외거래에서의 적자가 발생해야만 하고 반대로 기축통화 발행국이 흑자를 보면 돈이 덜 풀려 국제경제가 원활하지 못하는 역설적인 상황

① 사이드카
② 아비트리지
③ 스미스의 역설
④ 하이퍼 로컬
⑤ 트리핀 딜레마

56. 분산투자를 의미하는 금융투자의 격언으로 가장 알맞은 것은?

① 같은 값이면 다홍치마
② 계란을 한 바구니에 담지 말라.
③ 무릎에서 사서 어깨에서 팔아라.
④ 인플레이션은 언제 어디서나 화폐적 현상이다.
⑤ 사하라 사막의 관리를 정부에 맡기면, 5년 안에 모래가 떨어진다.

57. 아래 지문을 읽고, 제목을 붙인다고 가정하자. 이와 관련한 적절한 제목을 고르면?

A국 3대 클라우드 기업으로 꼽히는 ○○클라우드가 2,000억 원의 자금을 유치한다. ㈜○○으로부터 분사한 지 약 6개월만에 몸값 1조 원을 넘어설 것으로 전망된다. 투자은행(IB)업계에 따르면 A국 사모펀드 운용사 2곳이 ○○클라우드의 제3자 배정 유상증자에 총 2,000억 원을 투자해 지분 약 18%를 확보할 예정이다. 신주 발행이 완료되면 ○○클라우드의 기업 가치는 1조 1,000억 원 수준까지 높아진다.

① '데스밸리' 맞이한 ○○클라우드
② ○○클라우드 'ESG 경영' 선언
③ '마이데이터' 사업 진출 … ○○클라우드
④ ○○클라우드 '유니콘' 등극하나
⑤ '승자의 저주'에 빠진 ○○클라우드

58. 최근 2030세대 사이에서 저작권, 미술품, 상업용 빌딩 등 개인이 접근하기 어려웠던 자산에 여러 사람이 소액 투자하고 이익을 함께 나눠 갖는 '이것'이 주목받고 있다. '이것'은 무엇인가?

① 퀀트투자
② 재고투자
③ 선행투자
④ 조각투자
⑤ 소셜투자

59. 아래 A, B를 가장 잘 설명하는 알맞은 용어는?

- A: A국 공무원 채용 인원은 2018년 1만 9,293명에서 올해 3만 3,000명으로 늘어났다. 내년 공무원 채용도 올해보다 증가할 전망이다. 한편에서는 국민의 세금 부담을 가중시키는 공무원보다 기업이 창출하는 일자리가 늘어나야 한다는 목소리가 크다.
- B: 업무량 증가와 공무원 수의 증가는 서로 아무런 관련이 없으며, 공무원 수는 일의 분량과 관계없이 증가함을 통계학적으로 증명한 것이다. 이것은 관료화된 거대 조직의 비효율성을 비판한다. 즉, 일이 많아서 사람을 더 필요로 하는 것이 아니라 사람이 많아서 일자리가 더 필요해지는 상황이 된다.

① 로그롤링
② 오쿤의 법칙
③ 이카루스의 역설
④ 파킨슨 법칙
⑤ 게리맨더링

60. 최근 홈쇼핑 업계는 해외 명품으로 눈을 돌리고 있다. 홈쇼핑 업계는 최고급 명품보다는 상대적으로 가격이 저렴한 고가 상품인 '이것'을 판매하고 있다. 쇼호스트가 자기 이름을 걸고 제품을 파는 홈쇼핑의 특성을 최대한 활용한 '이것' 판매는 유통시장의 대세인 e커머스와 차별화된 홈쇼핑 업체의 경영 전략을 보여준다. '이것'은 무엇인가?

① 메세나
② 트윈슈머
③ 매스티지
④ 체리피커
⑤ 앰부시마케팅

< 상황추론 · 판단 >

61. 물을 많이 마시면 체내의 미세먼지를 배출하는 데 효과적이라는 연구결과가 발표되었다. 그리고 지하 암반층으로부터 물을 끌어올려 가공하는 새로운 기술이 개발되었다고 하자. 이에 따른 생수시장 균형의 변화를 가장 잘 설명한 것은?

	균형가격	균형거래량
①	알 수 없음	증가
②	상승	알 수 없음
③	상승	증가
④	상승	불변
⑤	불변	증가

62. 인플레이션 원인에 대한 해당 지문을 읽고, 이와 관련한 〈보기〉의 설명 중 옳은 것을 고르면?

인플레이션은 ㉠ 총수요가 증가하여 나타나는 인플레이션과 ㉡ 총공급이 감소하여 나타나는 인플레이션으로 구분할 수 있다. 두 현상의 특징과 대책에 대해 이야기해 보자.

〈보기〉
ㄱ. ㉠의 상황에서 긴축재정을 펼치면, 실업률이 높아질 수 있다.
ㄴ. ㉠의 상황에서 정부지출을 늘리면, 물가가 더욱 하락할 가능성이 높다.
ㄷ. ㉡의 원인 중 하나로 국제 원자재 가격 상승이 있다.
ㄹ. ㉡의 상황에서 통화량을 늘리면, 경기가 회복되고 물가가 안정된다.

① ㄱ, ㄴ
② ㄱ, ㄷ
③ ㄴ, ㄷ
④ ㄴ, ㄹ
⑤ ㄷ, ㄹ

63. 학생의 답변 중 (A), (B)에 들어갈 내용을 알맞게 짝지으면?

> • 교수: 국제 원유 가격이 달러 기준으로 하락했는데도 우리나라의 ○○ 기업은 원화 기준으로 원유 구입비를 더 많이 지급했어요. 왜 그럴까요?
> • 학생: 원유 수요가 가격에 (A)이거나, 국제 원유 가격의 변동률보다 달러화 대비 원화 가치가 더 크게 (B)했다고 추론할 수 있어요.

	(A)	(B)
①	탄력적	하락
②	탄력적	상승
③	비탄력적	하락
④	비탄력적	상승
⑤	단위탄력적	하락

65. 아래의 해당 시장에 관한 특징을 〈보기〉에서 고르면?

> 학생들이 다니는 학원도 무수히 많이 존재하지만 학원이 제공하는 강의 수준이 다르기 때문에 학생들 각자의 기준에 따라 선택하고 소비한다. 즉, 해당 재화나 서비스에 대해 '단골'이 된다. 우리가 주변에 흔히 볼 수 있는 미용실의 경우도 소비자가 헤어디자이너의 맞춤화된 서비스, 거리, 광고, 가격 조건 등을 다른 미용실과 비교하여 하나의 단골집을 선택한다.

〈보기〉
ㄱ. 제품차별화
ㄴ. 비가격경쟁
ㄷ. 역선택
ㄹ. 가격수용자

① ㄱ, ㄴ
② ㄱ, ㄷ
③ ㄴ, ㄷ
④ ㄴ, ㄹ
⑤ ㄷ, ㄹ

64. 그림은 우리나라 1인당 국민총소득(GNI) 증가율과 경제성장률 추이를 나타낸다. 2021년의 통계 수치와 관련한 대화 중 옳지 <u>않은</u> 내용은?

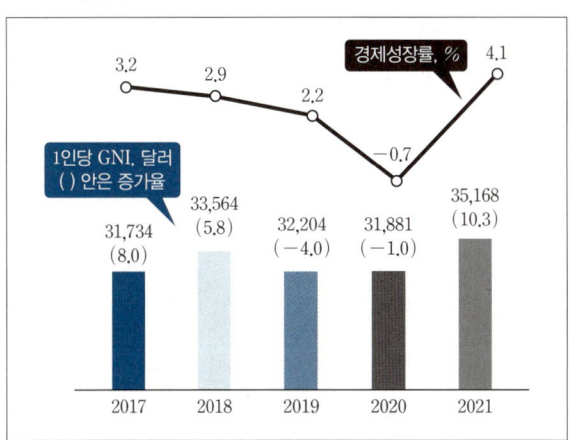

① 가영: 실질GDP가 증가했을 거야.
② 나영: 원화 가치가 상승한 영향이 있을 거야.
③ 다영: 국외 순수취 요소소득이 감소했기 때문일 거야.
④ 라영: 우리나라는 전년보다 국가 경제 규모가 늘어났을 거야.
⑤ 마영: 인구증가율이 국민총소득 증가율보다 낮아서일 거야.

66. 아래 신문기사를 읽고, ㉠~㉤에 대한 학생들의 설명 중 옳지 <u>않은</u> 것은?

> 국회에서 논의 중인 전기통신사업법 개정안은 유튜브, 넷플릭스 등 대규모 트래픽을 발생시키는 해외 ㉠콘텐츠 제공업자(CP)에게 ㉡망사용료를 부과하는 내용을 골자로 한다. 콘텐츠 사용 증가로 늘어난 네트워크 투자 부담을 대형 CP도 함께 져야 한다는 논리이다. 네이버, 카카오 등이 망 사용료를 내는 것과 달리 구글, 넷플릭스는 망 사용료를 내고 있지 않다. ㉢통신 3사 관계자는 "글로벌 빅테크의 인터넷 ㉣무임승차를 방치하면 국내 인터넷 생태계에 ㉤공유지의 비극이 발생할 것"이라고 지적했다.
> ○○경제신문, 2022. 10. 13.

① 가영: ㉠이 등장하면서, 코로나19 시기 경제가 셧다운 되었어도 문화 소비 활동이 가능했지.
② 나영: ㉡은 망 중립성에 관한 ㉠과 ㉢의 갈등을 촉발시켰지.
③ 다영: ㉢을 인터넷 서비스 제공업자(ISP)라 부르지.
④ 라영: ㉢이 구축한 망에 해외 ㉠을 배제할 수 없기 때문에 ㉣이 나타나지.
⑤ 마영: ㉤을 해결하기 위해 일종의 재산권이라 할 수 있는 ㉡을 부과하자는 것이 ㉠의 입장이지.

67. 아래 사례에서 설명하고 있는 해당 기업의 전략을 심화시키는 요인으로 적절하지 <u>않은</u> 것은?

> 독점적 위치를 차지하고 있는 전자상거래업체 A사의 유료회원인 B씨는 180만 원 넘는 C사의 노트북을 사려다 분통 터지는 일을 겪었다. 같은 유료회원인 옆자리 동료와 한 대씩 구매하려던 B씨는 카드 할인 방식이 다르다는 것을 발견했다. … (중략) … A사의 같은 상품을 두고 충성고객에게 더 비싼 가격을 물리는 데서 나아가 유료회원에게 카드 할인 혜택 노출마저 다르게 적용한다는 사실이 드러난 것이다.

① 멤버십 가입자 증가
② 높은 시장 진입 비용
③ 개별 수요에 대한 정보 증가
④ 소비자의 동질적인 유보가격
⑤ 소비자와 판매자 간 정보 비대칭성

68. 아래 통계 자료의 빈칸 ㉠과 ㉡에 들어갈 금액의 합을 구하면?

> 〈갑국의 경제 통계 자료(2021년)〉
> • 실질 국내총생산(GDP): 7,000억 달러
> • 실질 국민총생산(GNP): 9,000억 달러
> • 실질 국민총소득(GNI): 9,300억 달러
> • 교역 조건 변화에 따른 실질 무역 이익: (㉠)
> • 해외 수취 요소소득: 3,500억 달러
> • 해외 지불 요소소득: (㉡) 달러
> *실질GNI = 실질 국내총생산(GDP)+해외 순수취 요소소득+교역 조건 변화로 인한 실질 무역 이익

① 1,200억 달러
② 1,400억 달러
③ 1,600억 달러
④ 1,800억 달러
⑤ 2,000억 달러

69. ㉠~㉢의 변화 방향을 알맞게 짝지으면? (여기서 투자는 기업의 설비투자 등을 의미함)

> A국 중앙은행은 채권 발행을 늘렸더니 ㉠ 통화량이 변화했고, 이어서 ㉡ 국내 금리(이자율)에 영향을 주었다. 이는 ㉢ 소비와 투자에 영향을 주어 경제가 안정화되었다.

	㉠	㉡	㉢
①	감소	하락	감소
②	감소	상승	감소
③	감소	상승	증가
④	증가	하락	감소
⑤	증가	상승	증가

70. 아래처럼 기준금리와 빚이 지속적으로 증가한다고 가정하자. 이때 나타날 수 있는 경제현상 중 옳지 <u>않은</u> 것은? (단, 다른 조건은 일정하다고 가정한다.)

> 한국은행이 기준금리 인상을 단행했다. 기준금리는 10년 만에 3%대로 올라섰다.

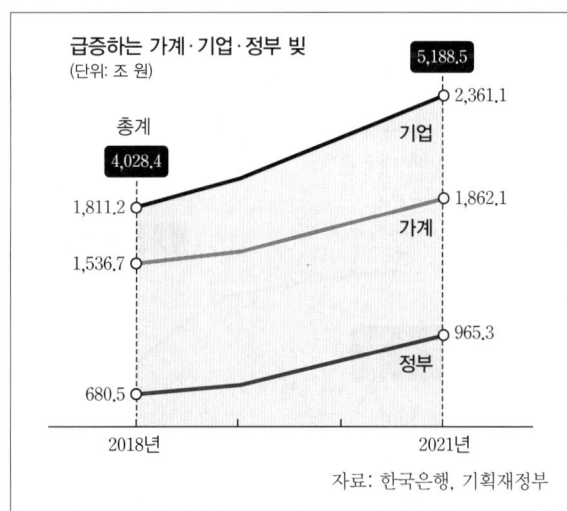

① 한국은행이 기준금리를 인상하면, 대출을 받은 경제 주체의 이자 부담은 증가할 것이다.
② 경기선행지수는 지속적으로 하락할 가능성이 높다.
③ 인구 증가가 없다면, 국민 한 사람당 갚아야 할 정부부채는 점점 늘어날 것이다.
④ 부채가 증가한 가계는 기준금리 인상으로 가처분 소득이 감소할 것이다.
⑤ 한국은행이 기준금리를 인상하면, 코픽스(COFIX)는 내려갈 것이다.

71. 찬호는 당첨 상품이 {자동차, 유럽 여행, 백화점 상품권, 꽝}인 경품 행사에 참가하려고 한다. 각각의 결과에 대한 찬호의 기대효용은 U(자동차)=100, U(유럽여행)=80, U(백화점 상품권)=30, U(꽝)=0이다. 이때 A안은 각각 당첨 상품이 나올 확률이 $\left\{\frac{1}{2}, 0, 0, \frac{1}{2}\right\}$이고 B안은 $\left\{\frac{1}{4}, \frac{1}{4}, \frac{1}{4}, \frac{1}{4}\right\}$이다. 찬호의 A안과 B안에 대한 기대효용은 얼마인가?

	A안 기대효용	B안 기대효용
①	51	55
②	50	52.5
③	50	47
④	52.5	50
⑤	50	50

72. 지문에서 (가)~(다)에 들어갈 내용을 알맞게 짝지으면?

> 국제 신용평가회사인 스탠더드앤드푸어스(S&P)는 A국에 신용등급 전망을 부여하기 시작한 1991년 이후 처음으로 A국 국채의 신용등급 전망을 '안정적'에서 '(가)'으로 낮췄다. S&P는 성명을 통해 "A국이 같은 등급을 받고 있는 국가들과 비교할 때 막대한 정부의 (나)와 국가부채 급증에 대처하는 과정에서 예상되는 불확실성 등으로 장기 전망을 '안정적'에서 '(가)'으로 낮췄다."고 밝혔다. … (중략) … A국 신용전망 소식이 전해지면서 이날 개장한 A국 증시는 급락하고, A국 국채 수익률은 소폭 (다)하는 등 부정적 영향을 받고 있다.

	(가)	(나)	(다)
①	긍정적	영업적자	하락
②	긍정적	재정적자	상승
③	부정적	영업적자	하락
④	부정적	재정적자	상승
⑤	불분명	무역적자	하락

73. 아래 현상을 유발할 수 있는 환율 변동 요인의 조합으로 가장 적절한 것은?

- 수출 호조로 무역수지 적자 폭 축소
- 수입 원자재 가격 상승에 따른 소비자 물가 상승
- 환차손을 우려한 외국인 투자자의 보유 주식 투매로 주가 급락

① 내국인의 해외 투자 증가, 외국인 관광객의 국내여행 감소
② 내국인의 해외 투자 감소, 외국인 관광객의 국내여행 증가
③ 내국인의 해외여행 증가, 외국인의 국내 투자 증가
④ 내국인의 해외여행 감소, 외국인의 국내 투자 감소
⑤ 내국인의 해외 투자 증가, 외국인의 국내 투자 증가

74. 그림은 A국의 경기변동 추세를 나타낸다. 이와 관련한 〈보기〉의 설명 중 옳은 것을 고르면?

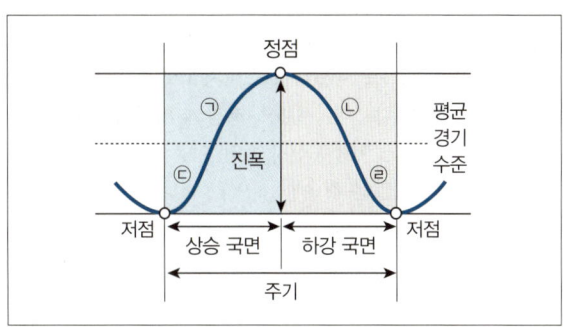

〈보기〉
ㄱ. ㉠에서는 소득이 감소한다.
ㄴ. ㉡에서는 경제 전반의 수요가 점진적으로 하락한다.
ㄷ. ㉢에서는 투자가 감소하고 물가는 상승한다.
ㄹ. ㉣에서는 생산과 고용이 감소한다.

① ㄱ, ㄴ
② ㄱ, ㄷ
③ ㄴ, ㄷ
④ ㄴ, ㄹ
⑤ ㄷ, ㄹ

75. 아래 신문기사를 읽고, 새로운 사업을 막는 역사적 사례나 이론을 〈보기〉에서 고르면?

> 타다와 카카오택시는 기존 시장을 흔들었고 서서히 우세종(種)으로 자리를 잡아갔습니다. 환경에 잘 적응하는 종은 번창하고, 적응하지 못하는 종은 도태된다는 찰스 다윈의 '자연선택(natural selection)'과 유사합니다. 택시업계는 낯선 침입자들을 내쫓아야 했습니다. 타다는 고발됐고, 수사를 받았고, 결국 타다금지법이 생겨서 사업을 접었습니다.
> ○○경제신문, 2022. 10. 10.

〈보기〉
ㄱ. 코즈의 정리
ㄴ. 쿠즈네츠 파동
ㄷ. 철의 삼각
ㄹ. 붉은 깃발법

① ㄱ, ㄴ
② ㄱ, ㄷ
③ ㄴ, ㄷ
④ ㄴ, ㄹ
⑤ ㄷ, ㄹ

76. 이동통신사 A는 모바일 서비스를 독점적으로 제공한다. 이 회사의 서비스를 사용하는 소비자 (가)~(마)의 지불용의는 아래 〈표〉와 같으며, 서비스 제공에 따른 한계비용 및 고정비용은 0이다. 이동통신사 A의 이윤극대화 결과와 관련한 설명 중 옳지 않은 것은?

소비자	모바일
(가)	9
(나)	0
(다)	5
(라)	7
(마)	2

① 이동통신사 A의 이윤은 15이다.
② 이동통신사 A의 이윤은 수입과 같다.
③ 이동통신사 A는 모바일 서비스 가격을 7로 설정한다.
④ 이동통신사 A의 모바일 서비스를 구매하는 소비자는 총 3명이다.
⑤ 소비자 (마)는 이동통신사 A의 모바일 서비스를 구매하지 않는다.

77. 〈표〉는 갑국의 고구마 수요와 공급을 나타낸 것이다. 갑국이 개당 고구마 가격을 1,000원으로 유지하고자 할 때, 고구마 수매에 필요한 금액과 이 정책의 명칭을 알맞게 짝지으면?

공급량(개)	가격(원)	수요량(개)
2,000	1,000	900
1,800	800	1,200
1,500	600	1,500
1,200	500	1,900
900	400	2,000

① 90만 원, 최저가격제
② 110만 원, 최저가격제
③ 90만 원, 최고가격제
④ 110만 원, 최고가격제
⑤ 90만 원, 균형가격제

78. 아래 신문기사를 읽고, 한국이 세계국채지수에 편입되면 나타날 영향에 대한 설명 중 옳지 않은 것은? (단, 다른 조건은 일정하다고 가정한다.)

> 한국이 '선진국 국채클럽'으로 불리는 세계국채지수(WGBI)에 관찰대상국으로 이름을 올렸다. 지수 편입을 위한 마지막 단계로, 내년 편입이 이뤄지면 50조~60조 원에 달하는 외국인 국채투자 자금이 유입될 전망이다.
> ○○경제신문, 2022. 10. 1.

① 한국의 국고채 금리가 하락한다.
② 외국인의 한국 채권 투자가 증가한다.
③ 한국에 대한 CDS 프리미엄이 상승한다.
④ 달러화 대비 원화 환율이 하락하는 요인이다.
⑤ 한국 국채에 대한 신용등급이 상승하는 요인이다.

79. 아래 신문기사를 읽고, ㉠~㉤과 관련한 설명 중 옳지 않은 것은?

> ㉠ 항공권 가격은 기본운임과 공항세, 유류할증료로 구성된다. ㉡ 항공권 가격은 일반적으로 수요·공급 논리에 좌우된다. 다만, 수익 극대화를 위한 항공사들의 '가격 마케팅'에 따라 항공권 가격은 천차만별이다. 재고가 없는 항공권 특성상 출발 전까지 빈 좌석을 얼마나 최소화하느냐에 따라 수익이 좌우되기 때문이다. ㉢ '좌석이 100개이면 가격도 100개이다.'는 말이 있을 정도이다. … (중략) … ㉣ 등급에 따라 마일리지가 얼마나 적립되는지, 좌석 승급이 가능한지, 예약 변경 및 취소가 가능한지, 수수료가 얼마인지 등이 달라진다. 가격이 싼 좌석일수록 부가 서비스 혜택이 작다. 항공사들이 마케팅 차원에서 파격적인 가격에 판매하는 '얼리버드' 항공권이 이런 유형이다. 환불 또는 좌석 승급이 일절 불가능하다. 일반적으로 항공사들은 초기엔 낮은 등급의 항공권을 판매하다가 ㉤ 출발 기한이 얼마 안 남은 상황에선 고가 항공권을 판매한다. 항공권을 일찍 예약하면 가격이 저렴하다고 알려진 것도 이 때문이다.
> ○○경제신문, 2022. 10. 6.

① ㉠: 기업 활동을 위한 최소한의 비용으로 구성되어 있다.
② ㉡: 성수기에는 항공권 가격이 비싼 이유이다.
③ ㉢: 1급 가격차별이 연상된다.
④ ㉣: '공짜 점심은 없다.'는 문구가 적절한 표현이다.
⑤ ㉤: 해당 항공권은 수요의 가격탄력성이 높기 때문이다.

80. 아래는 『허상을 좇는 돈』이라는 책을 소개한 글의 내용 중 일부를 발췌한 것이다. 이와 관련한 설명 중 옳지 않은 것은?

> 신용화폐 제도가 본격 형성되기 시작했다. 외상이나 어음, 선물옵션 거래, 왕실의 차입은 오래전부터 존재했지만, 이 시기는 좀 더 특별했다. 잉글랜드은행이 발급한 귀금속 보관증서가 화폐를 대신하기 시작했다. 영국 의회가 왕실 재정 충당을 위한 차입에 보증을 서기 시작하면서 국왕의 채무는 국가 채무로 전환됐고 국채 시장이 탄생했다. 물론, 복지가 아니라 전쟁용이었다. 영국은 명예혁명 이후 1688~1697년 5,000만 파운드를 대(對)프랑스 전쟁 비용으로 썼는데, 이 중 1,600만 파운드가 차입이었고, 이 가운데 700만 파운드는 의회 보증 국채로 조달한 것이었다. … (중략) … 남해회사는 주식 발행 대금 대부분을 국채 매입에 지출했다. 의회가 보증하는 안전한 공기업이라는 허상의 믿음을 바탕으로, 주가는 1720년 1월 100파운드에서 출발해 6월에 700파운드를 거쳐 1,000파운드까지 치고 올랐다. 당시 회사의 미래 예상수익을 근거로 주기적으로 주식의 적정 가치를 계산한 아치볼드 허치슨에 따르면, 연간 주당순이익이 200파운드가 돼야 700파운드 주가가 뒷받침됐는데, 이는 조폐국장 뉴턴의 5개월 치 월급이었다. 이쯤되면 논리적 분석 따위는 의미가 없다. 그저 남들이 하니까 나도 하는 것이다. 그해 8월 하락세로 돌아선 이후 대파국은 말할 것이 없다.

① 남해회사의 당시 주가는 수익성에 비해 높게 형성되었다.
② 17세기 영국의 국채 발행은 전쟁비용을 충당하는 것이 주된 목적이다.
③ 남해회사의 주식은 손실 위험이 전혀 없는 위험도가 매우 낮은 투자 상품이었다.
④ 포모(FOMO)증후군이 현재뿐만 아니라 과거에도 일어났다는 것을 보여준다.
⑤ 남해회사는 스페인 식민지와의 무역권을 독점하는 무역회사였지만, 실질적으로 영국 정부의 자금조달 창구였다.

국가공인 1호 경제이해력 검증시험
제77회 특별 TESAT 문제지

* 모바일로 정답입력 후
  등급예측 및 성적분석

성 명

수험번호

국가공인 1호 경제이해력검증시험
제77회 특별 TESAT 문제지

- 문제지 표지에 성명과 수험번호를 적었는지 확인하십시오.
- 경제이론과 시사경제·경영은 문항당 3점, 4점이고 상황추론·판단은 문항당 5점입니다.
- 시험시간은 100분입니다.

〈 경 제 이 론 〉

1. 경제학에서 정의하는 희소성이 발생하는 가장 큰 이유는?
   ① 사용 가능한 자원이 제한되어 있기 때문이다.
   ② 모든 사람이 선택의 문제에 직면하기 때문이다.
   ③ 각국의 정부가 사회적 부작용을 고려하여 생산량을 통제하기 때문이다.
   ④ 많은 국가의 사람들이 비정상적으로 많은 재화와 서비스를 소비하기 때문이다.
   ⑤ 대부분 국가의 생산방식이 좋지 않아 충분한 물건을 생산해내지 못하기 때문이다.

2. 올해 국내총생산(GDP)에 포함되는 사례를 고르면?
   ① 살던 집을 매각한 대금 2억 원
   ② ○○ 기업 주식을 매각한 돈 1억 원
   ③ 유선방송에서 최신 영화를 보기 위해 지불한 2,000원
   ④ 남편이 출근한 뒤 집안을 청소한 가정주부의 노동 가치 10만 원
   ⑤ 떡 가게에서 떡을 빚기 위해 구입한 지난해 생산된 쌀값 5만 원

3. 수요곡선에 미치는 영향이 다른 하나는?
   ① 대체재 공급 감소
   ② 소비자의 수 증가
   ③ 미래 가격 상승 예상
   ④ 보완재 단위당 생산성 하락
   ⑤ 재화에 대한 소비자의 선호도 증가

4. 공급측면에서 인플레이션을 발생시키는 원인이 아닌 것은?
   ① 정부지출 증가
   ② 국제 원자재 가격 급등
   ③ 기업에 대한 환경규제 강화
   ④ 홍수나 한파와 같은 자연재해
   ⑤ 노동생산성을 초과한 과도한 임금 상승

5. 소비자잉여에 대한 설명 중 옳지 않은 것은?
   ① 소비자잉여는 소비자가 시장에 참여해 얻는 이득이다.
   ② 소비자가 지불할 수 있는 최저가격과 시장가격의 차이를 소비자잉여라고 한다.
   ③ 소비자잉여는 수요곡선의 아래, 가격 수준 윗부분의 면적으로 계산할 수 있다.
   ④ 완전경쟁시장일 때 수요와 공급의 균형상태에서 소비자잉여와 생산자잉여의 합이 극대화된다.
   ⑤ 소비자잉여란 구입자의 지불용의금액에서 구입자가 실제로 지불한 금액을 뺀 나머지 금액을 말한다.

6. 중앙은행이 경기침체에 대응하기 위해 화폐공급을 증가시켰다고 하자. 이때 중앙은행이 의도한 통화정책의 전달경로로 알맞은 것은?

① 이자율 상승 → 투자 감소 → 총수요 감소 → 국민소득 감소
② 이자율 상승 → 투자 감소 → 총수요 증가 → 국민소득 감소
③ 이자율 하락 → 투자 증가 → 총수요 감소 → 국민소득 감소
④ 이자율 하락 → 투자 증가 → 총수요 증가 → 국민소득 증가
⑤ 이자율 하락 → 투자 감소 → 총수요 증가 → 국민소득 증가

7. 세금 부과와 관련한 설명 중 옳은 것을 고르면?

① 세율을 지속해서 높이면 세금수입이 계속 늘어난다.
② 공급자에게 물품세를 부과하면 공급곡선이 우측으로 이동한다.
③ 소비자의 가격탄력성이 무한대라면 세금은 소비자가 모두 부담한다.
④ 세금의 실제 부담 주체는 누구에게 세금을 부과하는가와 밀접한 관련이 있다.
⑤ 완전경쟁시장에서 거래되는 재화에 세금을 부과하면 사회적 총잉여는 감소한다.

8. 금리와 예금·주식·채권의 관계에 대한 설명 중 옳지 <u>않은</u> 것은?

① 금리가 인상되면, 주식시장에는 악재 요인이다.
② 금리가 인상되면, 채권금리 상승으로 채권가격이 상승할 것이다.
③ 금리가 인상되면, 예금을 꾸준히 하는 사람이 상대적으로 유리해진다.
④ 금리 인하 시기에는 예금보다는 주식 또는 채권시장이 유망하다.
⑤ 금리가 인하되면, 수익성 측면에서 예금보다 주식이 상대적으로 유리해진다.

9. 그림은 갑국의 경기변동 추세를 나타낸다. 이와 관련한 〈보기〉의 설명 중 옳은 것을 고르면?

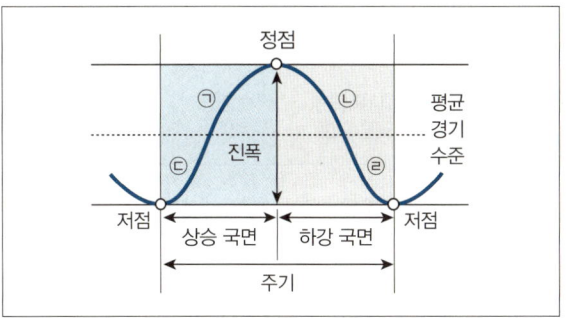

─〈보기〉─
ㄱ. ㉠에서는 생산이 증가한다.
ㄴ. ㉡에서는 경제 전반의 수요가 점진적으로 하락한다.
ㄷ. ㉢에서는 투자가 감소하고 물가는 상승한다.
ㄹ. ㉣에서는 기업의 이윤이 늘어나고, 고용상황이 개선된다.

① ㄱ, ㄴ
② ㄱ, ㄷ
③ ㄴ, ㄷ
④ ㄴ, ㄹ
⑤ ㄷ, ㄹ

10. 아래 지문을 읽고, ㉠~㉢에 들어갈 내용을 알맞게 짝지으면?

비대칭 정보의 상황에서 감추어진 특성이 문제가 되어 정보를 갖지 못한 경제 주체가 바람직하지 않은 특성을 가진 상대방과 거래할 가능성이 높아지는 것을 (㉠)(이)라고 한다. 이 상황에서 정보를 가진 측이 자신의 특성을 상대방에게 알리는 (㉡)와(과) 정보를 갖지 못한 측이 정보를 가진 측의 유형을 판별하고자 노력하는 (㉢)이(가) (㉠)의 문제를 완화시킬 수 있다.

	㉠	㉡	㉢
①	역선택	신호발송	선별
②	역선택	선별	스티그마
③	역선택	유인설계	선착순
④	도덕적 해이	스티그마	선별
⑤	도덕적 해이	유인설계	신호발송

11. 아래 그림과 관련한 설명 중 옳지 않은 것은?

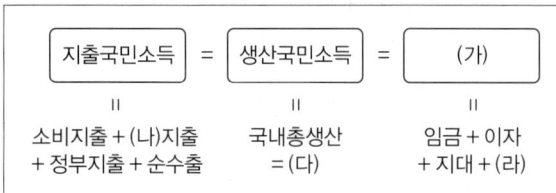

① 국민소득 3면 등가의 법칙을 나타낸다.
② (가)는 분배 국민소득이다.
③ (나)지출은 기업이 재고를 보유하는 행위를 포함한다.
④ (다)에서 중간재의 가치는 포함되지 않는다.
⑤ (라)는 정부가 세금을 징수하여 얻는 대가이다.

12. 무차별곡선이 원점에 대해 볼록한 것과 가장 관련이 깊은 설명은?
① 재화 및 서비스는 양이 많을수록 선호한다.
② 재화 및 서비스가 골고루 섞여 있는 소비묶음을 선호한다.
③ 모든 재화 및 서비스의 소비묶음은 선호를 비교할 수 있다.
④ 재화 및 서비스에 대한 소비자의 선호가 갑자기 변할 수 없다.
⑤ 소비묶음 A보다 B를 선호하고 B보다 C를 선호하면 A보다 C를 선호한다.

13. 절약의 역설에 대한 설명 중 옳지 않은 것은?
① 경제학자인 케인스가 강조하였다.
② 경제의 장기적인 관점에서 유효한 현상이다.
③ 국내총생산의 결정에 있어 총수요의 중요성을 강조한다.
④ 경기불황에는 오히려 소비를 늘리는 것이 도움이 된다.
⑤ 개인에게 도움이 되는 행동이 경제 전체로는 해가 될 수 있다.

14. 어떤 재화 수요의 가격탄력성이 완전탄력적이라고 하자. 이와 관련한 설명 중 옳은 것은?
① 공급이 증가하면 가격이 하락한다.
② 수요곡선은 수직선 모양의 직선이다.
③ 공급이 감소해도 재화의 거래량은 감소하지 않는다.
④ 공급자에게 부과된 세금은 공급자가 모두 부담한다.
⑤ 소비자에게 세금을 부과하면, 소비자잉여는 감소한다.

15. 무역을 허용하지 않았던 국가가 외국과의 무역을 개방함에 따라 예상되는 결과가 아닌 것은?
① 무역을 통해 얻는 이익은 모든 경제 주체에게 돌아간다.
② 국가 간 생산성이 크게 차이가 나더라도 무역이 이루어질 수 있다.
③ 경쟁력을 갖추지 못한 기업이나 산업은 해당 시장에서 퇴출당할 수 있다.
④ 국내 독과점 기업이 지니는 문제를 해외 무역으로 개선할 수도 있다.
⑤ 비교열위에 있는 상품을 덜 생산하는 대신 비교우위에 있는 상품을 더 생산해 수출함으로써 자원이 더 효율적으로 사용된다.

16. 아래 나열한 내용을 지칭하는 소비 행태는 무엇인가?

• 친구 따라 강남 간다.
• 남들이 구매하는 제품은 나도 구매해야 한다.

① 기저효과
② 파레토 법칙
③ 파랑새 증후군
④ 밴드왜건효과
⑤ 피터팬 증후군

17. 필립스곡선과 관련한 설명 중 옳은 것은?
   ① 단기 필립스곡선이 장기 필립스곡선보다 가파르다.
   ② 자연실업률이 증가하면 필립스곡선은 왼쪽으로 이동한다.
   ③ 자연실업률 가설에 따르면 장기 필립스곡선은 수평선이 된다.
   ④ 단기 필립스곡선은 실업률과 물가상승률 간의 상충관계를 보여준다.
   ⑤ 1970년대 스태그플레이션으로 실업률과 물가상승률 간의 상충관계가 더욱 명확하다는 것이 입증되었다.

18. 경쟁시장에 있는 A기업은 철판을 생산하면서 부득이하게 환경을 오염시키고 있다. 이 회사의 환경오염을 막으려면 정부는 어떻게 해야 할까? (단, 거래비용은 존재한다.)
   ① 시장의 자율기능에 맡기고 정부는 개입하지 않는다.
   ② 한계 사적비용에 해당하는 만큼의 세금을 부과한다.
   ③ 한계 사적비용에 해당하는 만큼의 보조금을 지급한다.
   ④ 한계 사회적비용과 한계 사적비용의 차이에 해당하는 만큼의 세금을 부과한다.
   ⑤ 한계 사회적비용과 한계 사적비용의 차이에 해당하는 만큼의 보조금을 지급한다.

19. 그림은 민간 경제의 흐름을 나타낸다. 이에 대한 〈보기〉의 설명 중 옳은 것을 고르면?

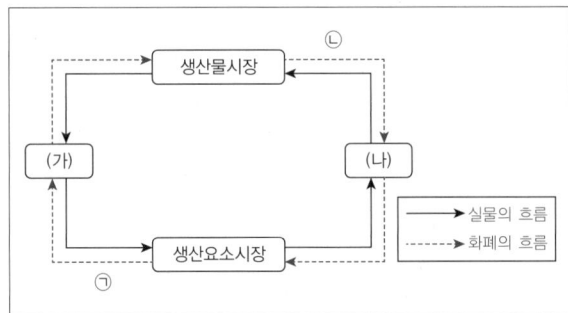

   ─〈보기〉─
   ㄱ. (가)는 공공재 생산의 주체이다.
   ㄴ. (나)는 효용극대화를 위해 경제 활동을 한다.
   ㄷ. ㉠은 (가)가 받는 임금에 속한다.
   ㄹ. ㉡은 (나)의 판매수입에 해당한다.

   ① ㄱ, ㄴ
   ② ㄱ, ㄷ
   ③ ㄴ, ㄷ
   ④ ㄴ, ㄹ
   ⑤ ㄷ, ㄹ

20. 아래 실업 유형과 관련한 설명 중 옳지 않은 것은?

   ┌─────────────────────────────┐
   │ 근로자들이 이직하는 과정에서 발생하는 실업 │
   └─────────────────────────────┘

   ① 완전고용 상태에서도 이러한 실업은 나타난다.
   ② 이러한 실업은 경제의 윤활유 같은 역할을 한다.
   ③ 일자리 정보 확충을 통해 이러한 실업을 줄일 수 있다.
   ④ 일반적으로 실업보험급여 수급기간 확대는 이러한 실업을 늘린다.
   ⑤ 산업구조 개편 등 경제구조의 변화가 이러한 실업을 늘린다.

21. 해외로부터의 외자 도입에 따른 이자 지급은 국제수지표에서 어느 항목에 기록되는가?
   ① 자본계정
   ② 소득계정
   ③ 투자계정
   ④ 서비스계정
   ⑤ 준비자산계정

22. 아래 그림은 시장의 유형을 분류한 것이다. (가)~(라)에 대한 설명 중 옳지 않은 것은?

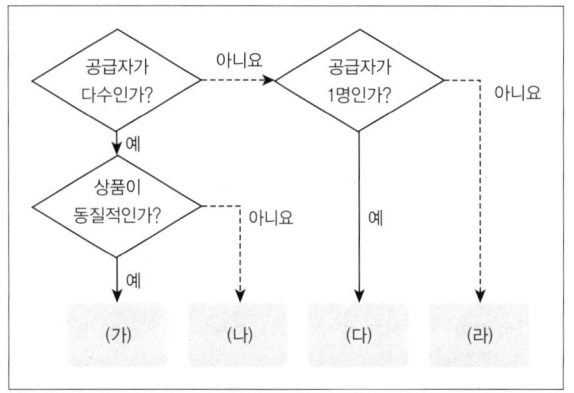

   ① (가)에서는 자원 배분이 효율적으로 이루어진다.
   ② (나)의 사례는 미용실, 음식점 등에서 찾아볼 수 있다.
   ③ (다)는 우월전략균형으로 설명할 수 있다.
   ④ (라)는 기업 간 상호의존성이 매우 높다.
   ⑤ (나)는 (가)보다 각 기업이 해당 시장에서의 지배력이 강하다.

23. 정부가 경기진작을 위해 소득세를 감면하고 정부부채를 증가시켰다고 하자. 이런 정책의 효과가 커질 수 있는 조건이 아닌 것은?

① 소득에 대한 한계소비성향이 높다.
② 정부부채 증가가 이자율 상승을 초래하지 않는다.
③ 소비자들이 먼 미래를 생각하지 않고 현재 중심으로 소비를 한다.
④ 신용제약에 걸려 은행으로부터 차입하기 어려운 소비자들이 존재한다.
⑤ 소비자들이 정부부채 증가가 가까운 미래에 조세 증가로 이어질 것으로 예상한다.

24. 환율과 관련한 설명 중 옳지 않은 것은? (환율은 달러화 대비 원화 환율이다.)

① 환율이 상승하면, 한국 정부의 대외 부채 부담이 늘어난다.
② 환율이 하락하면, 국내 생산 기업의 수출 가격경쟁력이 악화된다.
③ 미국인의 주식 투자자금이 국내에 유입되면 환율은 상승한다.
④ 환율이 하락하면, 미국에 유학생을 둔 부모의 학비 송금 부담이 줄어든다.
⑤ 환율 상승은 원화 가치가 미국 달러화 가치보다 상대적으로 하락함을 의미한다.

25. 아래 지문과 관련한 설명 중 옳은 것은? (단, A와 B는 각각 시장경제체제와 계획경제체제 중 하나이다.)

> 경제체제는 자원의 배분 방식에 따라 A와 B로 구분할 수 있다. A와 달리 B는 정부의 명령과 통제에 의해 자원 배분이 이루어진다.

① A에서는 희소성에 의한 경제문제가 발생하지 않는다.
② A는 보이지 않는 손에 의한 자원 배분을 중시한다.
③ A는 원칙적으로 생산 수단의 사적 소유를 인정하지 않는다.
④ B는 A보다 시장에서의 경제적 유인을 강조한다.
⑤ B는 경제문제의 해결 기준으로 형평성보다 효율성을 중시한다.

26. 경기침체 시에 중앙은행이 시도하는 정책으로 알맞은 것은?

① 소득세율을 낮추어 소비를 진작시킨다.
② 기업의 연구개발을 장려하는 정책을 펼친다.
③ 지급준비율을 낮추어 통화승수를 높이는 정책을 펼친다.
④ 기준금리를 높여서 가계와 기업의 무분별한 차입을 억제한다.
⑤ 통화안정 증권을 발행하여 통화량을 줄이고 경제를 안정시킨다.

27. 아래의 지문에서 나타난 중고차와 신차의 관계를 가장 잘 설명할 수 있는 개념은 무엇인가?

> 대학생 중 자차를 소유한 사람의 비율은 높지 않다. 하지만 대학 졸업 후 취업을 하여 소득이 생기면 차를 구입하는 경우가 많은데, 처음에는 주로 중고차를 구입한다. 하지만 시간이 흘러 경제적 여유가 생기면 중고차를 처분하고 신차를 구입하는 경우가 많다.

① 재화와 비재화
② 공유재와 공공재
③ 정상재와 열등재
④ 매몰비용과 기회비용
⑤ 명시적 비용과 암묵적 비용

28. 외환보유액에 대한 〈보기〉의 설명 중 옳은 것을 고르면?

〈보기〉
ㄱ. 일반적으로 외환보유액은 국가 신용도와 밀접한 상관관계가 있다.
ㄴ. 충분한 외환보유액을 보유하면, 기업 및 금융회사의 외국자본 조달 비용을 낮추고 외국인 투자를 촉진하는 효과도 있다.
ㄷ. 외환보유액이 많다는 의미는 국내 통화량이 감소했다는 의미이다.
ㄹ. 정부가 보유한 달러화와 금은 포함되지만 위안화, 유로화 등은 달러화만큼 널리 사용되지 않기 때문에 외환보유액에 포함하지 않는다.

① ㄱ, ㄴ
② ㄱ, ㄷ
③ ㄴ, ㄷ
④ ㄴ, ㄹ
⑤ ㄷ, ㄹ

29. 독점시장에서 가격차별이 가능하기 위한 전제조건을 〈보기〉에서 고르면?

〈보기〉
ㄱ. 많은 판매자와 낮은 진입장벽이 존재해야 한다.
ㄴ. 가격차별 대상이 되는 집단 간에 상호 재판매가 불가능해야 한다.
ㄷ. 가격차별 대상에 따라 분리된 시장에서 수요의 가격탄력성이 서로 달라야 한다.
ㄹ. 시장분리비용이 시장분리에 따른 이윤증가분보다 커야 한다.

① ㄱ, ㄴ
② ㄱ, ㄷ
③ ㄴ, ㄷ
④ ㄴ, ㄹ
⑤ ㄷ, ㄹ

30. 아래 그림과 관련한 설명 중 옳지 <u>않은</u> 것은?

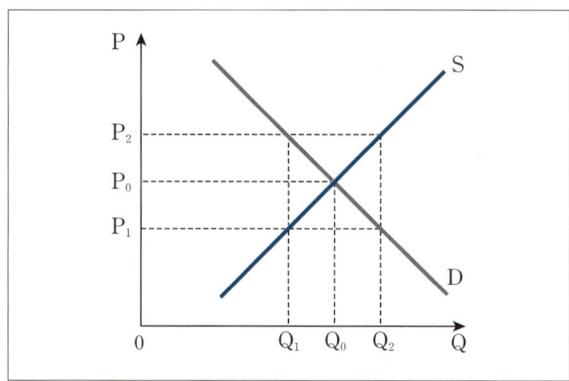

① 정부가 최고가격을 P$_{sin}$으로 설정하는 경우 Q$_{sin}$~Q$_a$ 만큼의 초과수요가 발생한다.
② 정부가 최저가격을 P$_a$로 설정하면, Q$_{sin}$~Q$_a$ 만큼의 초과공급이 발생한다.
③ 정부가 최고가격을 P$_{sin}$으로 설정하면, 암시장에서 P$_a$의 가격을 지불하려는 소비자가 발생한다.
④ 정부가 공급자에게 단위당 P$_{sin}$~P$_a$ 만큼의 조세를 감면하든, 수요자에게 P$_{sin}$~P$_a$ 만큼의 소비 보조금을 지급하든 균형거래량은 같다.
⑤ 정부가 공급자에게 단위당 P¼~P$_{sin}$만큼의 세금을 부과하면, 균형가격은 P$_a$가 된다.

〈 시사경제 · 경영 〉

31. 법정최고금리를 인하하자 오히려 저신용자가 불법 사금융시장으로 밀려나는 현상을 설명할 수 있는 용어는?
① 낙수효과
② 롤링효과
③ 분수효과
④ 밀러효과
⑤ 풍선효과

32. 한 가지 금융상품에 몰아서 투자하지 않고 여러 자산에 분산 투자하는 행위의 가장 큰 목적은 무엇인가?
① 복리효과
② 나비효과
③ 지렛대효과
④ 리스크 축소
⑤ 고위험 고수익

33. '이 법'은 미국이 자국 내 친환경 에너지 공급망을 탄탄하게 하기 위해 약 480조 원을 투입하겠다는 내용 등을 담은 법안이다. 2022년 8월 7일 법안이 미국상원을 통과했고, 같은 달 16일 조 바이든 미국 대통령이 법안에 서명하면서 발효됐다. 하지만 법안의 내용 중 미국에서 제조한 전기차에만 혜택을 주어 한국자동차 산업에 불리하다는 우려가 제기된 '이 법'의 이름은 무엇인가?
① 도드 – 프랭크 법
② 슈퍼 301조 법
③ 인플레이션 감축법
④ 스무트 – 홀리 관세법
⑤ 우루과이라운드 법

34. 경기를 판단하는 지표로 BSI(기업경기실사지수), CSI(소비자동향지수), PMI(구매관리자지수) 등 여러 가지가 있다. 이때 BSI와 CSI에서 경기 확장, 수축을 판단하기 위한 기준이 되는 숫자는 얼마인가?

① 10
② 50
③ 100
④ 150
⑤ 200

35. 아래 나열한 내용을 설명할 수 있는 용어를 고르면?

- 자금조달비용지수
- 주택담보대출금리 등의 기준이 됨
- 국내 8개 은행이 시장에서 조달하는 정기 예·적금, 금융채, 양도성예금증서(CD) 등 8개 수신 상품 자금의 평균 비용을 가중 평균해 산출

① 코픽스
② 코스닥
③ 코스피
④ 코리보
⑤ 코넥스

36. 최근 한국의 고령화 속도가 빨라지면서, 사회·경제적으로 많은 영향을 미칠 것으로 보인다. 이에 따라 한국개발연구원(KDI)은 가까운 미래에 닥칠 경제적 충격을 완화하기 위해 노인연령 상향 조정을 제시하였다. 현재 노인복지법에 따라 주요 노인 복지제도의 기준이 되는 나이는 얼마인가?

① 60
② 62
③ 65
④ 68
⑤ 70

37. 기업이 발행하는 여러 종류의 채권 중 일정 조건에서 해당 업체 주식으로 바꿀 수 있는 권리가 부여된 것은?

① 영구채
② 전환사채
③ 할인채
④ 듀레이션
⑤ 커버드콜

38. 아래 나열한 기관을 일컫는 용어로 알맞은 것은?

- 한국투자공사
- 테마섹
- 아부다비 투자청

① 헤지펀드
② 국부펀드
③ 벌처펀드
④ 퀀트펀드
⑤ 매칭펀드

39. '이 산업'은 원활한 경제활동의 토대가 되는 중요한 산업을 의미한다. 대표적으로 자동차, 철강, 석유, 조선, 화학 등을 포함하는 '이 산업'은 무엇인가?

① 리스산업
② 사양산업
③ 한계산업
④ 기간산업
⑤ 후방산업

40. 아래 A, B의 내용을 설명할 수 있는 용어를 알맞게 짝지으면?

> - A: 이미 알려진 악재이지만, 적당한 해결책이 없어 위험 요인이 계속 존재하는 상태
> - B: 갑자기 발생한 것이 아니라 계속해서 경고음을 내면서 빠르게 다가오는 위험

	A	B
①	블랙 스완	그레이 스완
②	블랙 스완	화이트 스완
③	블랙 라이노	그레이 라이노
④	그레이 스완	그레이 라이노
⑤	그레이 라이노	화이트 스완

41. 주식을 가지고 있지 않은 상태에서 주식을 팔겠다는 주문을 내는 것을 말한다. 시세 차익을 추구하는 투자 방법의 하나이지만, 개인투자자에게 피해를 주는 부작용이 크다는 비판도 받고 있는 '이것'은?
① 유상감자
② 로스컷
③ 무상증자
④ 숏커버링
⑤ 공매도

42. 확정기여(DC)형 퇴직연금에 가입한 근로자가 특별한 운용 지시를 하지 않을 경우, 금융회사가 사전에 결정된 운용방법으로 투자상품을 자동으로 선정, 운용하는 제도는?
① 순환출자
② 골드뱅킹
③ 대체투자
④ 플래시백
⑤ 디폴트 옵션

43. 상장사 주가에 영향을 줄 수 있는 언론 보도나 소문에 대한 확인 요구에 해당 기업이 직접 사실 여부를 답변하도록 한 제도는 무엇인가?
① 기업공개
② 조회공시
③ 내부감사
④ 외부감사
⑤ 수요예측

44. 미국의 지속적인 기준금리 인상으로 세계 각국의 환율 변동성이 커지고 있다. 한국도 달러화 대비 원화 환율이 급상승하면서, 전문가들은 기축통화국인 미국과 통화 '이것'을 체결하는 것이 필요하다고 강조한다. 교환이라는 의미를 가진 '이것'은 무엇인가?
① 스와프
② 베이시스
③ 헤징
④ 인덱스
⑤ 스프레드

45. 아래 A, B는 경제학 발전 과정에 지대한 영향을 미친 학자들의 생각을 단적으로 표현한 문장이다. A와 B를 말한 경제학자를 알맞게 짝지으면?

> 〈보기〉
> A: Cool head and warm heart.
> B: Inflation is always and everywhere a monetary phenomenon.

	A	B
①	J. M. Keynes	I. Fisher
②	A. Smith	J. M. Keynes
③	A. Marshall	M. Friedman
④	J. M. Keynes	A. Marshall
⑤	A. Smith	M. Friedman

46. 소비수준이 한 번 높아지면 다시 낮아지기 힘들어지는 현상을 설명하는 용어는?
① 톱니효과
② 승수효과
③ 피구효과
④ 스놉효과
⑤ 핀볼효과

47. 한때 삼성전자가 메모리 반도체인 D램 시장에서 경쟁업체들과 '이것'을 통해 시장 점유율을 증가시켰다. '이것'은 게임이론에서도 사용되는 용어로, 어느 한쪽이 무너질 때까지 출혈경쟁을 하는 것이다. '이것'은 무엇인가?
① 치킨게임
② 바벨전략
③ 콜드게임
④ 상쇄전략
⑤ 룰렛게임

48. 투자자가 입력한 투자성향, 시장상황 등의 정보를 토대로 알고리즘을 활용해 개인의 자산 운용을 자문하고 관리해주는 자동화된 서비스를 일컫는 용어는?
① 빅블러
② 메타버스
③ 로보어드바이저
④ 블록체인
⑤ 텔레매틱스

49. 공정거래위원회에서는 1개 사업자의 시장 점유율이 A% 이상이거나 3개 이하 사업자의 시장 점유율 합이 B% 이상이면 시장지배적 사업자로 판단한다. A, B에 들어갈 알맞은 숫자를 짝지으면?

	A	B
①	33	33
②	33	50
③	33	75
④	50	75
⑤	50	90

50. 아래 그림은 어느 기간의 유로당 달러 환율의 추이를 나타낸 것이다. 동그라미로 표시한 부분은 1유로=1달러의 등가인 '이것'이 깨져 유로화 가치가 하락한 모습을 보인다. 이때 '이것'을 무엇이라고 하는가?

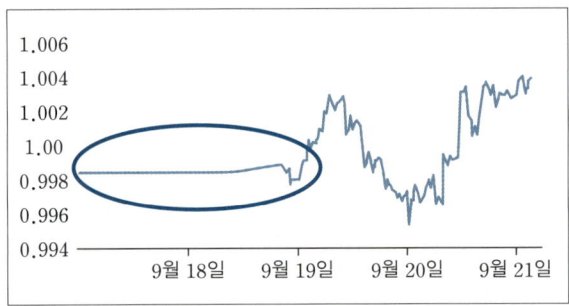

① 업숍션
② 황금률
③ 녹아웃
④ 패리티
⑤ 트리핀

51. 아람코, 석유수출국기구(OPEC)의 맹주에서 공통적으로 연상되는 나라는?
① 아르헨티나
② 나이지리아
③ 남아프리카공화국
④ 베네수엘라
⑤ 사우디아라비아

52. 기업이나 국가의 회계기준에서 경제적 거래가 발생하는 시점에 거래를 기록하는 방식을 무엇이라고 하는가?
   ① 발생주의
   ② 현금주의
   ③ 결과주의
   ④ 총액주의
   ⑤ 확정주의

53. 기업이 제품의 개발·생산·유통·판매·사후관리에 이르는 전 과정에 관련된 업체를 계열사로 두는 방식은?
   ① 관리대상계열
   ② 라이선스생산
   ③ 수평계열화
   ④ 주채무계열
   ⑤ 수직계열화

54. 아래 나열한 자산들의 공통점과 거리가 먼 것은?

   - 금
   - 미국 달러화
   - 미국 국채

   ① 안전자산으로 불린다.
   ② 불황기에는 인기가 많다.
   ③ 투자 손실 위험이 상대적으로 작다.
   ④ 무위험자산에 가깝다고 할 수 있다.
   ⑤ 주기적으로 배당 수익을 얻을 수 있다.

55. 아래 내용은 신문기사의 내용을 일부 발췌한 것이다. A에 공통적으로 들어갈 용어를 고르면?

   - 투자업계에선 '올 게 왔다.'는 분위기도 감지된다. 그동안 핀테크 업계에 돈이 지나치게 많이 몰리면서 기업 가치가 과도하게 치솟는 (A)이(가) 바로잡힐 때가 됐다는 것이다.
   - 당국이 환율 급등에 대응하는 시기를 놓치면 가수요 등으로 일시적 가격 폭등이 발생하는 (A)이(가) 나타나 막대한 비용을 초래할 수 있다.

   ① 어닝쇼크
   ② 오버슈팅
   ③ 턴어라운드
   ④ 크로스오버
   ⑤ 오너어닝

56. 증권회사의 재무건전성을 보여주는 지표를 NCR(영업용순자본비율)이라고 한다. 그리고 보험회사의 재무건전성을 나타내는 지표도 존재한다. '이 지표'는 보험계약자가 일시에 보험금을 요청했을 때 보험사가 보험금을 제때 지급할 수 있는 능력을 수치화한 것이다. '이 지표'는 무엇인가?
   ① EVA
   ② RBC
   ③ ROE
   ④ LBO
   ⑤ CMA

57. 해외에 나가 있는 자국 기업들을 각종 세제 혜택과 규제 완화 등을 통해 자국으로 불러들이는 정책은 무엇인가?
   ① reshoring
   ② retender
   ③ recovery
   ④ recession
   ⑤ retirement

58. 아래 지문의 내용을 설명할 수 있는 알맞은 용어는?

> 미국 지역 12개 연방은행 중 하나인 캔자스시티 연방은행이 매년 8월 주요국 중앙은행 총재와 경제전문가를 와이오밍주 해발 2,100m 고지대의 휴양지에 초청해 개최하는 연례 경제정책 심포지엄이다. 최근 제롬 파월 미국 중앙은행(Fed) 의장이 이 심포지엄에서 향후 기준금리 인상과 관련한 발언을 하여 금융시장에 큰 영향을 주었다.

① 타운홀 미팅
② 잭슨홀 미팅
③ 킥오프 미팅
④ 오픈 컨퍼런스
⑤ 선밸리 컨퍼런스

59. 아래 글에서 밑줄 친 기관과 성격이 다른 기관을 고르면?

> S&P는 ○○국의 신용등급을 'BB-'에서 'B+'로 한 단계 내렸다고 발표했다. ○○국의 국채는 이미 투기등급(정크)이지만 한 단계 더 아래로 끌어내린 것이다. S&P는 '○○국 화폐 가치 급락이 ○○국의 대외부채를 확대하고 민간 기업에 대한 압력을 키워 경제 전반에 부정적인 영향을 미칠 것'이라고 등급 강등 이유를 밝혔다.

① NICE
② 피치
③ 골드만삭스
④ 무디스
⑤ 한국기업평가

60. 주민이 자신이 사는 지역에 혐오시설이 유치되는 것을 반대하는 현상을 설명할 수 있는 가장 적절한 용어는?

① 병목현상
② 설단현상
③ 적목현상
④ 님비현상
⑤ 공동현상

〈 상황추론·판단 〉

61. 아래의 사례가 반도체 시장의 가격과 거래량에 어떠한 영향을 주는가? (단, 다른 요인은 변함이 없다고 가정한다.)

> 코로나19의 확산으로 주요 반도체 공장이 잇따라 셧다운(일시 가동 중단)됐다. 멈춰선 공장엔 최근 공급이 턱없이 부족한 차량용 반도체를 생산하는 라인이 다수 포함돼 있다. 전문가들은 한동안 반도체 수급난이 심화될 것으로 예측하고 있다.

	가격	거래량
①	상승	증가
②	상승	감소
③	상승	변화 없음
④	하락	증가
⑤	하락	감소

62. 아래 신문기사와 그림과 관련한 설명 중 옳지 않은 것은?

> 강달러 현상의 배경에는 고물가가 있다. 고공행진하는 물가를 잡기 위해 미국 중앙은행(Fed)이 자이언트스텝(기준금리 한 번에 0.75%포인트 인상)을 연속해서 밟으면서 달러 가치가 올랐다. Fed의 긴축 강화가 글로벌 자금을 안전자산인 달러에 몰리게 했다. 미국을 제외한 다른 국가들의 경기 전망이 암울하다는 점도 강달러 현상을 부추기는 요인이다. WSJ는 "유럽은 러시아 제재로 에너지 위기에 직면했고, 수십 년에 걸친 중국의 부동산 호황도 꺼지고 있다."고 분석했다.
>
> ○○경제신문, 2022. 9. 20.

① 올해 1월보다 9월이 미국 달러화의 국제적인 가치가 높다.
② 미국의 입장에서는 수입 물가 하락으로 인플레이션 억제에 도움이 될 것이다.
③ 유럽과 중국 경제의 불황도 미국 달러화 가치를 끌어올리는 요인이다.
④ 현재의 달러 인덱스 추이는 달러화 대비 원화 환율이 상승하는 요인이 된다.
⑤ 올해 1월의 미국 달러화 가치는 주요국 통화와 비교해 가치가 높다고 할 수 있다.

63. 아래 글은 신문기사 사설의 내용을 일부 발췌한 것이다. 사설 내용을 설명할 수 있는 알맞은 속담은?

> 정부가 내년 국민·공무원·사학·군인 등 4대 공적 연금에 9조 9,000억 원의 혈세를 투입한다고 한다. 올해보다 11.6% 늘어난 규모로, 대부분이 공무원연금(5조 6,000억 원)과 군인연금(3조 1,000억 원) 적자 보전용이다. 공적연금 재정투입액이 내후년이면 10조 원을 돌파하는 등 특단의 대책이 없는 한 재정투입만 늘어나 국민의 혈세가 계속 낭비되는 상황이다.
>
> ○○경제신문, 2022. 9. 6.

① 티끌 모아 태산
② 밑 빠진 독에 물 붓기
③ 같은 값이면 다홍치마
④ 우물에 가 숭늉 찾는다.
⑤ 바늘 도둑이 소도둑 된다.

64. 아래 역사적 사례를 통해 인텔이 CPU 시장 점유율에서 강세를 보이는 가장 근본적인 이유를 고르면?

> 한때 세계 시장을 100% 장악했던 미국 인텔은 1985년 D램 사업을 전격적으로 포기했다. 회사 매출이 1984년 16억 3,000만 달러에서 1985년 13억 6,000만 달러로 16.7% 감소하긴 했지만, 사업을 포기할 정도는 아니었다. 하지만 인텔 경영진은 정부 지원을 받던 일본 반도체업체들의 저가 공세를 이겨 내기가 쉽지 않을 것으로 내다봤다. 대신 부가가치가 높고 성장 가능성이 큰 중앙처리장치(CPU)를 택했다. 결국, 인텔의 CPU 시장 점유율은 90%를 넘는다.

① 인텔이 카르텔을 활용했기 때문이다.
② 인텔이 CPU 시장에서 가격차별을 시행했기 때문이다.
③ 인텔이 시장지배력을 행사해 경쟁기업을 몰아냈기 때문이다.
④ 인텔이 시장지배력을 행사해 소비자에게 해를 끼치며 이익을 취했다.
⑤ 인텔이 보여준 시장 점유율은 그만큼 경쟁력 있는 제품을 만든 결과이다.

65. A국가의 생산가능인구에 대한 조사 결과가 아래와 같다. 이에 대한 설명으로 옳지 <u>않은</u> 것은?

- 취업자: 1,200명
- 실업자: 400명
- 비경제활동인구: 400명

① A국가의 실업률은 20%이다.
② A국가의 고용률은 60%이다.
③ A국가의 경제활동참가율은 80%이다.
④ A국가에 거주하는 직업 군인은 생산가능인구에 포함된다.
⑤ A국가에서 주당 10시간 이상 아르바이트 중인 A국 대학생은 취업자 1,200명에 포함된다.

66. 〈표〉는 ○○시의 금융복지상담센터에 신청된 상담 내용과 그에 대한 답변을 정리한 것이다. (가)~(마)의 답변 중 적절하지 <u>않은</u> 것은?

상담 신청자	상담 내용	답변 내용
갑	대출을 받으면 신용점수가 낮아질까요?	(가)
을	통신요금을 연체하지 않으면 신용점수에 영향을 미칠까요?	(나)
병	신용평가회사에 확인하니 제 점수가 700점에서 650점으로 낮아졌는데, 신용 상태가 좋아진 것인가요?	(다)
정	A은행에 6개월 연체 채무 500만 원, B은행에 1개월 연체 채무 600만 원이 있습니다. 어떤 채무부터 갚는 게 좋을까요?	(라)
무	제가 감당하기 어려운 빚이 있습니다. 해결할 방법이 있을까요?	(마)

① (가): 과도한 대출은 신용점수에 부정적인 영향을 미칩니다.
② (나): 통신요금 납부내역 등의 비금융 정보도 본인이 신청하지 않더라도 신용평가회사가 자동으로 신용점수에 반영합니다.
③ (다): 신용이 낮을수록 낮은 점수가 부여됩니다.
④ (라): 연체는 기간이 길수록 불리하니 6개월 연체 채무부터 상환해야 합니다.
⑤ (마): 신용회복지원을 받을 수 있으니 신용회복위원회에 신청하시기 바랍니다.

67. 아래 지문을 읽고, A국 시멘트시장이 속하는 시장 형태와 관련한 내용을 〈보기〉에서 고르면?

A국 ○○○ 레미콘 협회장은 "국내 시멘트시장의 94%를 차지하고 있는 5개 대기업 시멘트사들의 기습적·일방적 가격 인상으로 업계는 벼랑 끝에 몰리었다."며, "시멘트 원자재 구매처를 투명하게 공개하고 산업부는 시멘트 가격의 적정성 여부를 모니터링해주길 요청한다."고 산업부장관에게 건의했다.

〈보기〉
ㄱ. 게임이론
ㄴ. 카르텔
ㄷ. 리니언시
ㄹ. 공유지의 비극
ㅁ. 가격수용자

① ㄱ, ㄴ, ㄷ
② ㄱ, ㄷ, ㄹ
③ ㄴ, ㄷ, ㄹ
④ ㄴ, ㄷ, ㅁ
⑤ ㄷ, ㄹ, ㅁ

68. 아래는 총수요와 총공급곡선을 나타낸 그림이다. 이때 균형점 E_1에서 E_2로 이동하게 된 원인과 영향을 알맞게 짝지으면?

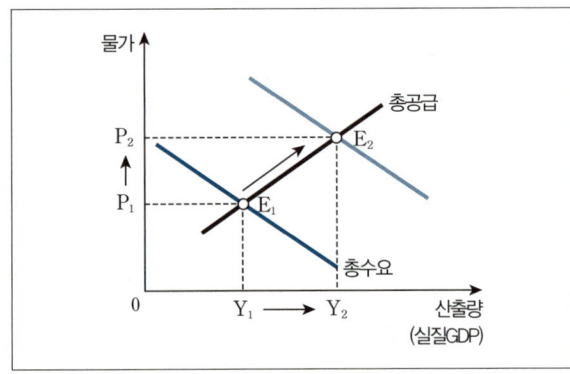

	원인	영향
①	정부지출 증가	채무자 유리
②	순수출 감소	연금생활자 불리
③	기업투자 증가	채권자 유리
④	기준금리 인하	임금 근로자 유리
⑤	가계 소비 감소	실물자산 보유자 불리

69. 아래 글은 적기조례법과 관련한 내용이다. 이때 발생한 현상과 관련한 설명 중 옳지 <u>않은</u> 것은?

> 산업혁명이 한창이던 19세기 영국에서 증기자동차가 나왔다. 영국 의회는 1865년 적기조례법(Red Flag Act)이라는 법을 제정하였다. 자동차가 마차보다 느리게 다니도록 한 규제 법률이었다. 마차 사업자의 이익을 보호한다는 착한(?) 명분이 작용했다. 요즘 자동차보다 성능이 형편없지만, 당시만 해도 증기자동차는 꿈의 속도로 달릴 수 있었다. 시속 30마일, 즉 시속 48km였다. 이런 적기조례법에 대해 제임스 뷰캐넌은 개인뿐만 아니라 집단도 자신들의 이익을 추구한다고 했다. 이를 지대추구라고 한다.

① 이 과정을 철의 삼각으로 설명할 수 있다.
② 지대추구행위는 정부 실패의 요인 중 하나이다.
③ 적기조례법으로 자동차에 투입될 자원이 비효율적으로 배분되었다.
④ 지대추구행위는 소비자잉여를 증가시키고 생산자잉여를 감소시킨다.
⑤ 이익집단들이 정책 결정에 영향력을 행사하려는 것도 지대추구행위이다.

70. 아래 신문기사 제목의 내용에 따라 나타날 변화를 <u>잘못</u> 추론한 것은? (단, 다른 조건은 일정하다고 가정한다.)

> • 美 Fed 내 비둘기파 사라지고 매파 우위
> • "물가 잡으려면 기준금리 0.75%P 올려야" Fed 주요 인사들 매파 발언 쏟아내

① 달러 인덱스가 더욱 상승할 가능성이 크다.
② 미국 중앙은행(Fed)은 물가를 잡기 위해 일정 수준의 실업률을 용인할 것이다.
③ 현재 상태에서 Fed 주요 인사들은 경제성장보다는 물가 안정을 중시하고 있다.
④ 미국의 기준금리 결정에 기준금리 인상을 지지할 Fed 위원들이 다수를 차지할 것이다.
⑤ 현재 Fed의 통화정책을 결정하는 위원들이 지지하는 여러 정책 중에는 국공채 매입이 있다.

71. A국 정부의 정책으로 나타나게 된 영향을 설명할 수 있는 알맞은 표현을 고르면?

> A국 정부의 카드 가맹점 수수료 인하 정책의 여파로 올해 하반기부터 신용카드를 쓸 때 소비자 혜택이 많이 줄어든다. 정부는 그간 카드회사가 소비자에게 주는 혜택을 줄여 이를 가맹점에 주라고 해왔다. 줄어드는 소비자 혜택은 무이자 할부와 할인뿐 아니라 포인트 적립, 캐시백 등에 이를 것으로 예상된다.

① 세상에 공짜 점심은 없다.
② 가을 부채는 시세가 없다.
③ 사촌이 땅을 사면 배가 아프다.
④ 장기적으로 우리는 모두 죽는다.
⑤ 오얏나무 아래에서 갓을 고쳐 쓰지 말라.

72. 아래 지문에서 ㉠과 ㉡을 초래하는 요인을 알맞게 짝지으면?

> 경쟁시장에서는 제한된 자원으로 최대의 결과를 얻을 수 있다. 그러나 이와 같은 효율성이 달성되기 위해 필요한 여러 조건이 현실의 시장에서는 완전하게 충족하지 못한다. 우리는 이것을 (㉠)(이)라고 부른다. 그러나 (㉠)을(를) 교정하기 위한 정부의 개입이 오히려 바람직하지 못한 결과를 초래하는 (㉡)을(를) 야기할 수 있다.

	㉠	㉡
①	압력단체	외부경제
②	공공재	정보 부족
③	비대칭 정보	외부불경제
④	불공정 경쟁	공공재
⑤	관료제 의사결정	공유자원

73. 밑줄 친 정책이 갑국에 미칠 영향과 관련한 설명 중 옳은 것은?

> 국제시장에서 X재를 수입하던 갑국이 최근 X재에 대해 부과하던 관세를 10%에서 25%로 인상할 것이라고 밝혔다. (단, 갑국은 X재를 생산하고 있으며, X재는 수요와 공급의 법칙을 따르며 갑국의 관세 인상이 X재의 국제 가격에 영향을 미치지 않는다고 가정한다.)

① 갑국의 X재 가격이 하락한다.
② 갑국의 X재 수입이 증가한다.
③ 갑국의 X재 생산량이 증가한다.
④ 갑국의 X재에 대한 수요량이 증가한다.
⑤ 갑국의 X재에 대한 관세 수입은 감소한다.

74. 그림은 생애주기에 따른 소비와 소득곡선을 나타낸다. 이에 대한 〈보기〉의 설명 중 옳은 것을 고르면? (단, 소득은 소비와 저축의 합이다.)

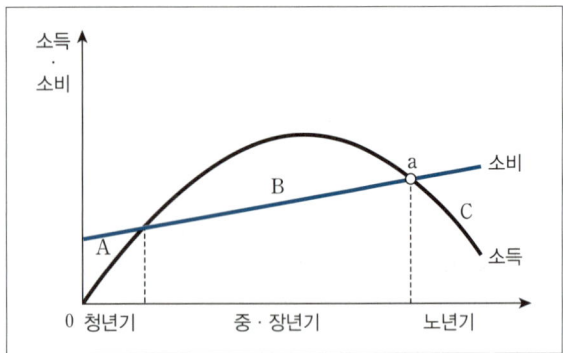

〈보기〉
ㄱ. a점에서 소비 누적액이 가장 높다.
ㄴ. 소비와 달리 소득은 지속적으로 감소한다.
ㄷ. B는 저축에 해당한다.
ㄹ. A + C < B인 경우 안정적인 노후 생활을 보낼 수 있다.

① ㄱ, ㄴ
② ㄱ, ㄷ
③ ㄴ, ㄷ
④ ㄴ, ㄹ
⑤ ㄷ, ㄹ

75. A국의 아래와 같은 정책 변화에 따라 균형국민소득과 균형물가 수준은 어떻게 바뀌겠는가?

> A국 중앙은행은 공개시장조작을 통해 국공채를 매각했다.

	균형국민소득	균형물가 수준
①	증가	하락
②	증가	알 수 없음
③	감소	상승
④	감소	하락
⑤	알 수 없음	하락

76. 그림은 우리나라의 물가상승률, 실업률(계절조정), 고통지수(물가상승률+실업률)의 추이를 나타낸다. 이와 관련한 설명 중 옳지 않은 것은?

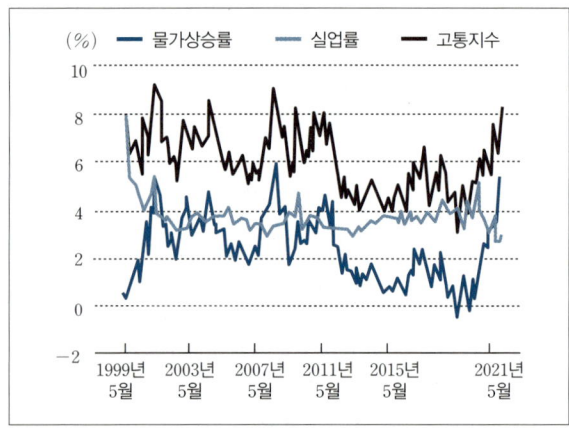

① 최근 고통지수 상승은 주로 물가상승률이 높아진 데 따른 것이다.
② 금리를 인상하면, 물가상승률이 낮아지고 실업률이 높아질 수 있다.
③ 재정지출을 확대하면, 실업률이 낮아지고 물가상승률이 높아질 수 있다.
④ 2010년 이후 통화량의 급속한 증가는 물가상승률과 실업률을 모두 높이는 요인이다.
⑤ 우크라이나 전쟁에 따른 곡물 가격 급등은 물가상승률과 실업률을 모두 높이는 요인이다.

77. 아래 지문은 경제학의 한 분야인 공공선택이론에 관한 내용이다. 이 시각에서 볼 때, 이와 관련한 학생들의 의견 중 옳지 않은 것은?

> 정치도 일종의 경제적 행위이며 비즈니스의 하나이다. 보이지 않는 손은 정치의 세계에선 그 기능을 상실해 주인-대리인 문제(Principal-Agent Problem)가 발생한다.

① 가영: 시장이 실패하더라도 정부가 함부로 시장에 개입하면 안 된다.
② 나영: 정치인들의 선심 정책으로 정치적 경기순환이 나타나기도 한다.
③ 다영: 정부와 정치인들은 공익을 위해 노력하는 개인들이 모인 집단이다.
④ 라영: 정치에서 주인-대리인 문제를 막으려면 정치인에 대한 감시와 감독을 체계화해야 한다.
⑤ 마영: 유권자는 국가에 이익이 되더라도 자신에게 돌아오는 이익이 적으면 무시하는 경향이 있다.

78. 아래는 A국과 B국의 로렌츠곡선이다. 이와 관련한 설명 중 옳지 않은 것은?

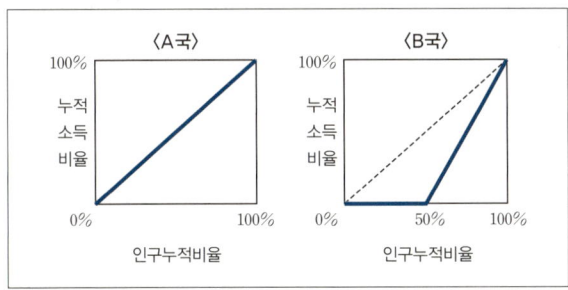

① A국 지니계수는 0이다.
② B국은 A국보다 지니계수가 높다.
③ A국이 B국보다 소득분배를 위한 누진세제 도입이 시급하다.
④ B국 로렌츠곡선을 통해 하위 50% 계층은 소득이 없음을 알 수 있다.
⑤ A국의 소득분배가 B국의 소득분배보다 더 균등하다.

79. 밑줄 친 대출과 관련한 설명 중 옳지 않은 것은?

> 직장인 갑은 전세금 마련을 위해 은행을 찾았다. 은행에서는 갑의 소득, 재직 상태, 금융권 거래내용, 기존 대출 현황, 연체 이력, 카드 사용액 등을 고려한 후 심사가 완료되면 대출 여부를 알려주기로 했다. 은행은 담보를 요구하지는 않았다.

① 신용 대출에 해당한다.
② 일반적으로 담보 대출보다 이자율이 높다.
③ 채무불이행하면, 신용등급이 낮아질 수 있다.
④ 은행의 입장에서는 담보 대출보다 안전하다.
⑤ 이전보다 급여소득이 높아지면, 이미 실행된 대출에 대한 금리가 낮아질 수도 있다.

80. 아래 글은 줄리언 사이먼의 『근본자원』에서 발췌하였다. 이 글을 읽고, 저자가 가장 동의할 수 없는 추론을 고르면?

> 인구 증가와 토지 부족 때문에 장기적으로는 식량 부족에 직면하게 된다는 맬서스적 개념은 틀린 개념이다. 단위 면적당 식량 생산량은 놀랍게도 매우 빠르게 증가한다. 인구가 몇 배 증가하면 현재의 선진국형 토지농사까지 극복하고자 하는 인센티브가 충분히 생길 것이다. 사람들에게는 의심의 그림자가 드리워져 있지만 어두운 그늘의 저편에는 지금보다 훨씬 작은 농지에서 현재 지구 인구의 몇 배가 되는 인구를 부양할 수 있는 영농지식이라는 밝은 곳이 이미 존재하고 있다. 지식의 증가 덕분에 생계수준을 넘어서 생활수준의 여러 측면을 개선할 수 있는 능력이 더 빨리 지수적으로 증가하고 있다. 결국, 세월이 갈수록 식량은 점점 싸진다.

① 인간의 지식이 어떤 자연자원보다 근본적인 자원이다.
② 자연자원은 고정되어 있지만, 대체자원이 꾸준히 개발된다.
③ 인구가 증가하면서 밀 가격은 장기적으로 상승해 왔을 것이다.
④ 인구 증가보다 농업 생산성 향상이 빨랐던 것이 역사적인 사실이다.
⑤ 한국은 자연자원이 부족하지만, 풍부한 인적자원으로 경제성장을 이루었다.

국가공인 1호 경제이해력 검증시험
제74회 특별 TESAT 문제지

* 모바일로 정답입력 후
  등급예측 및 성적분석

성 명		수험번호	

국가공인 1호 경제이해력검증시험
제74회 특별 TESAT 문제지

- 문제지 표지에 성명과 수험번호를 적었는지 확인하십시오.
- 경제이론과 시사경제·경영은 문항당 3점, 4점이고 상황추론·판단은 문항당 5점입니다.
- 시험시간은 100분입니다.

〈 경 제 이 론 〉

1. 경제학이란 사회가 희소자원을 어떻게 관리하는지 연구하는 학문이다. 이와 관련하여 경제학의 기본원리라고 할 수 <u>없는</u> 것은?

   ① 합리적 판단은 한계적으로 이뤄진다.
   ② 자유 거래는 모든 사람을 이롭게 한다.
   ③ 한 나라의 생활 수준은 그 나라의 생산 능력에 달려 있다.
   ④ 단기적으로는 인플레이션과 실업 사이에 양(+)의 상관관계가 존재한다.
   ⑤ 모든 선택에는 대가가 있으며 선택의 대가는 그것을 위해 포기한 그 무엇이다.

2. 시장경제 측면에서 공유지의 비극을 해소하기 위한 가장 알맞은 방법은?

   ① 재산권의 부여
   ② 비례세의 확대
   ③ 자원의 균등 배분
   ④ 완전가격차별의 시행
   ⑤ 정부의 감시 행정 강화

3. 중앙은행이 통화량을 늘리는 팽창적인 통화정책을 시행할 때, 전달경로로 옳은 것은?

   ① 이자율 상승 → 투자 감소 → 총수요 감소 → 국민소득 감소
   ② 이자율 상승 → 저축 감소 → 총수요 증가 → 국민소득 감소
   ③ 이자율 하락 → 투자 감소 → 총수요 증가 → 국민소득 증가
   ④ 이자율 하락 → 저축 증가 → 총수요 감소 → 국민소득 감소
   ⑤ 이자율 하락 → 투자 증가 → 총수요 증가 → 국민소득 증가

4. 미시경제학과 거시경제학에 대한 설명 중 옳지 <u>않은</u> 것은?

   ① 미시경제학은 개별 경제주체에 초점을 맞춘다.
   ② 미시경제학의 관심사는 총고용량, 물가 수준이다.
   ③ 소비자의 효용극대화는 미시경제학에서 다룬다.
   ④ 거시경제학은 국가 경제 전반의 움직임에 관심을 갖는다.
   ⑤ 통화량과 인플레이션의 관계는 거시경제학을 통해 설명할 수 있다.

5. 지문이 설명하는 개념은 무엇인가?

   > 경제주체들이 자신의 이익을 위해 비생산적인 활동에 경쟁적으로 자원을 낭비하는 현상, 즉 로비·약탈·방어 등 경제력 낭비 현상을 지칭하는 말이다. 예를 들어 특정 경제주체가 면허 취득(개인택시기사, 의사 및 변호사) 등을 통해 독과점적 지위를 얻으면 별다른 노력 없이 초과소득을 얻을 수 있다.

   ① 보존 행위
   ② 재량 행위
   ③ 자구 행위
   ④ 불요식 행위
   ⑤ 지대추구 행위

6. A국과 B국이 비교우위에 따라 무역을 하면 해당 국가에 미칠 영향에 대한 옳은 설명을 〈보기〉에서 고르면?

   ─〈보기〉─
   ㄱ. 외국 상품이 국내 시장을 점령한다.
   ㄴ. 국내 독점 산업의 진입장벽이 제거되면서 국내 소비자 잉여가 증가한다.
   ㄷ. 모든 산업의 근로자는 고용, 실업에서 영향을 받지 않는다.
   ㄹ. 개방 이전보다 다양한 상품을 저렴한 가격에 구매할 수 있다.

   ① ㄱ, ㄴ
   ② ㄱ, ㄷ
   ③ ㄴ, ㄷ
   ④ ㄴ, ㄹ
   ⑤ ㄷ, ㄹ

7. 인플레이션이 초래하는 현상이 아닌 것은?
   ① 고정된 연금 소득을 받는 사람은 불리해진다.
   ② 기업의 이윤을 정확히 파악하는 데 도움이 된다.
   ③ 실물자산을 보유한 자가 현금자산을 보유한 자보다 유리해진다.
   ④ 기업들로 하여금 재화의 가격을 조정하는 데 드는 비용을 발생시킨다.
   ⑤ 예상하지 못한 인플레이션이 발생했다면 돈을 빌려준 사람이 불리해진다.

8. A국과 비교해 B국은 사유 재산권을 보장받고 있다. A국에 비해 B국의 경제체제에 나타나는 특성 중 알맞은 것은? (단, A와 B의 경제체제는 시장경제와 계획경제 중 하나이다.)
   ① 경제적 유인이 강조된다.
   ② 정부가 경제활동을 통제한다.
   ③ 효율성보다 형평성이 중시된다.
   ④ 시장 기능에 대한 신뢰도가 낮다.
   ⑤ 소비자의 선호에 따라 획일화된 상품이 생산된다.

9. 필립스곡선에 대한 설명으로 옳지 않은 것은?
   ① 실업률과 물가상승률 간 상충관계를 나타낸다.
   ② 예상 물가상승률이 높아지면 필립스곡선은 우측으로 이동한다.
   ③ 1970년대 스태그플레이션은 필립스곡선의 불완전성을 입증했다.
   ④ 자연실업률 가설에 따르면 장기적으로 정책당국이 실업률을 통제할 수 없다.
   ⑤ 합리적 기대에서 예상하지 못한 통화팽창은 단기적으로 실업률에 영향을 미칠 수 없다.

10. 국내총생산(GDP)은 한 나라의 영역 내에서 가계, 기업, 정부 등 모든 경제주체가 일정 기간 동안 생산된 모든 최종생산물의 시장가치를 합한 것이다. 올해 GDP를 계산할 때 실제로 포함되는 것은?
    ① 기업 주식을 매각한 돈 1억 원
    ② 살던 아파트를 매각한 대금 4억 원
    ③ OTT에서 최신 영화를 보기 위해 지불한 1만 원
    ④ 남편이 출근한 뒤 집 안을 청소한 가정주부의 노동가치 10만 원
    ⑤ 떡 가게에서 떡을 빚기 위해 구매한 지난해 생산된 쌀값 5만 원

11. 조세(tax)에 관한 설명 중 옳은 것은?
    ① 부가가치세는 간접세이다.
    ② 소득세 제도는 자동 안정화 장치와 무관하다.
    ③ 우리나라는 국세에 비해 지방세의 비중이 더 크다.
    ④ 세율이 일정하다면 수요와 공급이 비탄력적일수록 경제적 순손실이 커진다.
    ⑤ 세율이 계속 높아질수록 정부의 조세수입은 증가해 재정적자 완화에 도움이 된다.

12. 어떤 이가 햄버거를 소비하려 한다. 이 사람의 첫 번째 햄버거 소비에 대한 지불용의는 10,000원, 두 번째 소비에 대한 지불용의는 8,000원, 세 번째 소비에 대한 지불용의는 6,000원, 네 번째 소비에 대한 지불용의는 3,000원이다. 햄버거 하나의 가격이 5,000원이라고 할 때, 이 사람의 총 소비자잉여는 얼마인가?

① 8,000원
② 9,000원
③ 10,000원
④ 12,000원
⑤ 15,000원

13. 미국 중앙은행(Fed)의 기준금리 인상이 미국시장에 미칠 수 있는 영향이 아닌 것은?

① 미국의 수입 증가
② 달러화의 가치 상승
③ 미국으로 해외자본의 유입
④ 미국 상품의 수출 가격경쟁력 강화
⑤ 원자재 수입물가 하락으로 미국 내 물가 하락

14. 지문을 읽고, A에 대한 〈보기〉의 설명 중 옳은 것을 고르면?

경합성과 배제성의 유무에 따라 재화 유형을 구분할 수 있는데, 이 중 A는 경합성과 배제성이 모두 없는 재화이다.

〈보기〉
ㄱ. 공공재라고 한다.
ㄴ. 무임승차의 문제가 발생한다.
ㄷ. 사회적 최적 수준에 비해 과다생산된다.
ㄹ. A재화를 한 개인이 소비하면 다른 개인이 소비하지 못할 수 있다.

① ㄱ, ㄴ
② ㄱ, ㄷ
③ ㄴ, ㄷ
④ ㄴ, ㄹ
⑤ ㄷ, ㄹ

15. 재화 X의 공급곡선이 완전비탄력적, 수요곡선은 완전탄력적이라고 가정하자. 정부가 종량세 200원을 부과했을 때 조세 귀착은?

① 소비자가 200원을 부담한다.
② 생산자가 200원을 부담한다.
③ 생산자와 소비자 모두가 부담한다.
④ 생산자와 소비자 아무도 부담하지 않는다.
⑤ 알 수 없다.

16. 국내의 물가가 오르는 동시에 균형국민소득이 감소할 수 있는 경우를 고르면?

① 정부지출의 증가
② 새로운 기술의 개발
③ 글로벌 경제의 회복으로 수출 증가
④ 석유, 구리 등 국제 원자재 가격의 상승
⑤ 가계의 소비심리 개선으로 전년 대비 소비활동 증가

17. 완전경쟁시장의 특징에 대한 설명 중 옳은 것은?

① 생산자가 가격설정자의 역할을 한다.
② 기업이 생산하는 제품은 각 기업마다 조금씩 다르다.
③ 소비자와 생산자가 시장에 대한 모든 정보를 알고 있다.
④ 시장 내에 소수의 생산자 및 다수의 소비자가 존재한다.
⑤ 진입장벽이 있어 생산자들이 시장에 자유롭게 진입하지 못한다.

18. 그림은 교역 전 소규모 경제의 국내 자전거시장을 나타낸다. 이 국가가 자전거를 자유무역하기로 할 때 이와 관련한 설명 중 옳지 않은 것은?

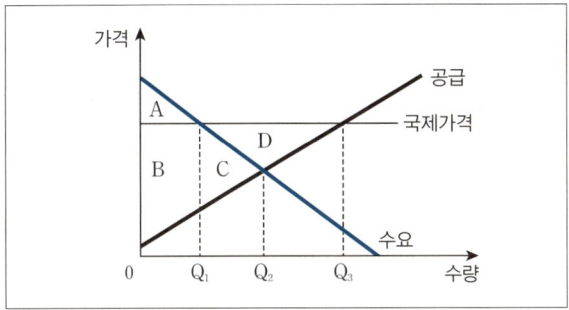

① 자전거 수출량은 (Q_3-Q_1)이다.
② 교역 전 사회 전체의 잉여는 (A+B+C)이다.
③ 교역 후 생산자잉여는 (B+C+D)이다.
④ 교역 후 소비자잉여는 증가한다.
⑤ 교역 후 사회 전체의 잉여는 D만큼 증가한다.

19. 수요와 공급의 법칙이 성립하는 시장에 대한 설명 중 옳지 않은 것은?
① 시장에서 균형이 달성되면 자원 배분의 효율성이 충족된다.
② 시장이 균형일 때, 수요량과 공급량은 언제나 일치한다.
③ 수요와 공급이 증가하면 균형가격은 반드시 증가한다.
④ 초과공급이 존재하면 가격이 하락하면서 시장은 균형 상태로 수렴하게 된다.
⑤ 다른 조건이 일정할 때 수요가 증가하면 균형가격과 균형거래량이 모두 증가한다.

20. 미국의 경제학자 밀턴 프리드먼의 항상소득가설에서 소비가 가장 많이 변화하는 경우는?
① 복권에 당첨되어 상금을 받음
② 감기로 일을 못하여 소득이 감소함
③ 부장으로 승진하여 연봉이 상승함
④ 날씨가 좋아 풍년으로 경작이 늘어 소득이 증가함
⑤ 과거에 숨겨두었던 현금을 잊고 있다가 우연히 발견함

21. 정부가 경기진작을 위해 소득세를 감면하고 정부부채를 증가시켰다고 하자. 이런 정책의 효과가 커질 수 있는 조건이 아닌 것은?
① 소득에 대한 한계소비성향이 높다.
② 정부부채 증가가 이자율 상승을 초래하지 않는다.
③ 소비자들이 현재 상황을 중심으로 소비활동을 한다.
④ 신용제약에 걸려 은행으로부터 차입하기 어려운 소비자들이 존재한다.
⑤ 소비자들이 정부부채 증가를 가까운 미래의 조세 증가로 메울 것으로 기대한다.

22. 통화량의 변화가 다른 사례들과 반대 방향으로 변하는 경우를 고르면?
① 중앙은행이 국고채를 매입했다.
② 중앙은행이 기준금리를 0.5%포인트 인하했다.
③ 중앙은행이 외환시장에 개입해 미국 달러화를 매각한다.
④ 정부가 중앙은행으로부터 차입해 대규모 토목사업을 벌인다.
⑤ 중앙은행이 시중은행에 빌려주는 대출에 대한 재할인율을 인하한다.

23. 지문을 읽고, ㉠~㉢에 대한 설명 중 옳지 않은 것은?

> 김갑돌은 대학 졸업 후 회사에 입사하면서 정기적으로 월급을 받게 되었다. 그는 앞으로 금융 거래가 많아질 것을 대비해 ○○은행에서 ㉠요구불 예금 계좌를 만들고 그 계좌에 ㉡마이너스 통장을 신청했다. 그리고 ㉢신용카드도 새로 신청했다.

① ㉠은 목돈을 일정 기간 넣어두기에는 적합하지 않다.
② ㉡은 현금을 사용한 기간과 액수만큼 이자를 지불해야 한다.
③ ㉢으로 물품이나 서비스 구매 외에 현금 대출이 가능하다.
④ ㉡과 달리 ㉠은 대출 한도 내에서 언제든 대출금을 인출할 수 있다.
⑤ ㉡과 ㉢은 모두 개인의 신용도에 따라 한도 금액이 정해진다.

24. 그림은 갑국의 X재 시장을 나타낸다. 이에 대한 설명으로 옳은 것은? (단, 시장 균형가격은 P_0이고, 시장 균형거래량은 Q_0이다.)

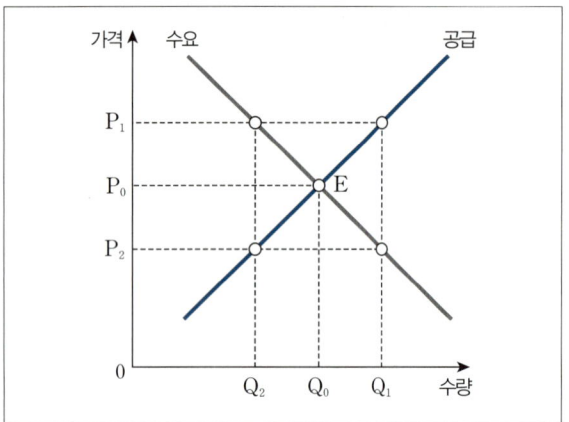

① 갑국이 P_1 수준에서 최저가격제를 시행하면 X재 시장 거래량은 Q_2이다.
② 갑국이 P_1 수준에서 최고가격제를 시행하면 X재 시장 거래량은 Q_1이다.
③ 갑국이 P_2 수준에서 최고가격제를 시행하면 X재 시장 거래량은 Q_1이다.
④ 갑국이 P_2 수준에서 최저가격제를 시행하면 X재 시장 거래량은 Q_2이다.
⑤ 갑국이 P_2 수준에서 최고가격제를 시행하면 X재 시장 가격은 P_0이다.

25. 환율 제도에 대한 설명 중 옳지 않은 것은?
① 고정환율제에서는 통화정책의 자주성을 확보할 수 있다.
② 인플레이션의 안정화가 필요한 국가는 고정환율제가 유리하다.
③ 변동환율제에서는 국제수지 불균형이 환율 변동으로 조정될 수 있다.
④ 무역과 투자 등 국제 거래의 변동성을 낮춘다는 측면에서는 고정환율제가 유리하다.
⑤ 고정환율제에서는 고정된 환율과 균형 환율 간의 차이가 존재하면 국제수지 불균형이 발생한다.

26. 경쟁시장에 있는 A기업은 철판을 생산하면서 부득이 하게 환경을 오염시키고 있다. 이 회사의 환경오염을 막으려는 정부의 대책으로 알맞은 것은?
① 한계 사적비용에 해당하는 만큼의 세금을 부과한다.
② 한계 사적비용에 해당하는 만큼의 보조금을 지급한다.
③ 시장의 자율기능에 맡기고 정부는 개입하지 않는다.
④ 한계 사회적비용과 한계 사적비용의 차이에 해당하는 만큼의 보조금을 지급한다.
⑤ 한계 사회적비용과 한계 사적비용의 차이에 해당하는 만큼의 세금을 부과한다.

27. 파레토 효율에 대한 〈보기〉의 설명 중 옳은 것을 고르면?

─〈보기〉─
ㄱ. 파레토 효율적일 때, 형평성이 극대화된다.
ㄴ. 파레토 효율적일 때, 사회적잉여는 극대화된다.
ㄷ. 열 명 중 한 명이 자원을 독점하고 있다고 하더라도 파레토 최적이 될 수 있다.
ㄹ. 다른 경제주체의 후생을 감소시키지 않고 어떤 경제주체의 후생을 증대시킬 수 있을 때 그 결과는 파레토 효율적이다.

① ㄱ, ㄴ
② ㄱ, ㄷ
③ ㄴ, ㄷ
④ ㄴ, ㄹ
⑤ ㄷ, ㄹ

28. 자연실업률에 관한 설명으로 옳지 않은 것은?
   ① 인터넷의 발달은 자연실업률을 낮추는 역할을 한다.
   ② 경기침체로 발생하는 실업은 자연실업률의 일부이다.
   ③ 산업 간 또는 지역 간 노동수요 구성의 변화는 자연실업률에 영향을 미칠 수 있다.
   ④ 최저임금제나 효율성임금은 구조적 실업을 증가시켜 자연실업률을 높이는 요인으로 작용한다.
   ⑤ 실업보험제도가 시행되고, 고령화로 경제활동인구 중 노년층의 비중이 높아지면 자연실업률이 높아질 가능성이 크다.

29. 가격차별에 대한 설명 중 옳지 않은 것은?
   ① 1급, 2급, 3급 가격차별로 구분한다.
   ② 철도, 우편, 전기 등 공공서비스 요금에도 적용할 수 있다.
   ③ 영화관의 조조할인, 대형마트의 덤 행사 등이 대표적인 사례이다.
   ④ 같은 상품에 대해 구입자에 따라 다른 가격을 받는 행위를 말한다.
   ⑤ 완전경쟁시장에서 나타나며, 독점시장에서는 사례를 찾아볼 수 없다.

30. 채권에 대한 설명 중 옳지 않은 것은?
   ① 시중 통화량이 늘어나면 채권의 가격은 상승한다.
   ② 채권의 가격이 오르면 채권의 금리도 동반 상승한다.
   ③ 일반적으로 디폴트를 선언한 국가의 채권 가격은 하락한다.
   ④ 신용등급이 AA인 회사채의 금리는 일반적으로 BBB인 회사채보다 낮다.
   ⑤ 일반적으로 선진국의 채권금리는 개발도상국의 채권금리보다 낮은 편이다.

〈 시사경제 · 경영 〉

31. '이것'은 가격 변동성을 최소화하도록 설계된 암호화폐이다. 미국 달러화나 유로화 등 법정 화폐와 1대 1로 가치가 고정되어 있는데, 보통 1코인이 1달러의 가치를 갖도록 설계된다. '이것'은 무엇인가?
   ① 다크코인
   ② 도지코인
   ③ 블루코인
   ④ 라이트 코인
   ⑤ 스테이블 코인

32. 전문가들은 코로나19에 대해 종식되지 않고 주기적으로 발생하거나 풍토병으로 굳어진 감염병을 뜻하는 '이것' 국면이라는 전망을 내놓고 있다. '이것'을 전망하는 요인에는 높아진 백신 접종률과 바이러스 자체의 치명률이 지속적으로 낮아지고 있는 점 등이 꼽힌다. '이것'은 무엇인가?
   ① 팬데믹
   ② 에피데믹
   ③ 인포데믹
   ④ 엔데믹
   ⑤ 신데믹

33. 물가가 자꾸 떨어지면서 경기침체가 우려되는 상황을 가장 잘 설명한 용어는?
   ① D의 공포
   ② 펀더멘털
   ③ 블랙아웃
   ④ J-Curve효과
   ⑤ 하이퍼인플레이션

34. 기존 이동통신사에서 망을 빌려 저렴한 값에 서비스를 제공하는 가상 이동통신망 사업자를 지칭하는 영어 약자는 무엇인가?
   ① NFC
   ② RCEP
   ③ ISBN
   ④ MVNO
   ⑤ Fintech

35. 아래 내용이 결합되어 사용되는 용어는 무엇인가?

   - 전통적인 교통수단과 정보통신기술을 결합
   - 사람들의 이동을 편리하게 만드는 각종 서비스
   - 자율주행차, 공유 전동 킥보드, 카 셰어링 등

   ① 플랫폼
   ② 클라우드
   ③ 유비쿼터스
   ④ 메타버스
   ⑤ 모빌리티

36. 아래 신문기사를 읽고, 밑줄 친 (A)와 같은 기능을 하는 금융사의 건전성 지표를 〈보기〉에서 고르면?

   올해 들어 시장금리가 급등하면서 보험사의 건전성 지표로 활용되는 (A) 지급여력(RBC) 비율이 크게 떨어져 회사마다 비상이 걸렸다.
   ○○경제신문, 2022. 4. 21.

   〈보기〉
   ㄱ. ROA 비율   ㄴ. EBITDA 비율
   ㄷ. BIS 비율   ㄹ. NCR 비율

   ① ㄱ, ㄴ
   ② ㄱ, ㄷ
   ③ ㄴ, ㄷ
   ④ ㄴ, ㄹ
   ⑤ ㄷ, ㄹ

37. '이것'은 예금금리와 대출금리의 차이를 뜻한다. 은행의 핵심 수익원이기도 한 '이것'은?
   ① 지급준비율
   ② 감가상각
   ③ 예대마진
   ④ 순이자마진
   ⑤ 레버리지비율

38. 미국 중앙은행(Fed)은 5월 연방공개시장위원회(FOMC) 정례회의에서 기준금리를 0.5%포인트 올리고, 6월부터는 시중의 유동성을 빠르게 흡수하기 위해 '이것'을 단행하였다. '이것'은 Fed의 대차대조표 규모를 축소하는 것이다. Fed는 보유 중인 만기 채권에 대한 돈을 받으면 다른 채권을 사지 않고 시중의 유동자금을 흡수하고, 채권 규모를 줄이는 과정이다. '이것'은 무엇인가?
   ① 코넥스
   ② 양적긴축
   ③ 데드크로스
   ④ 트리플 옵션
   ⑤ 오퍼레이션 트위스트

39. 국제통화기금(IMF)는 8월부터 '이것'을 구성하는 5종의 통화 중 달러와 위안 비율을 높이고, 나머지 유로, 엔, 파운드 비중을 내리기로 결정했다. '이것'에 대한 설명 중 옳지 않은 것은?

① 별명은 페이퍼 골드라고 하고, 공식 명칭은 특별인출권이라고 한다.
② 2016년 영국 파운드화가 추가되어 현재의 체제가 되었다.
③ IMF 회원국들의 출자 비율에 따라 '이것'을 배분받는다.
④ '이것'의 가치기준은 표준 바스켓 방식으로 계산·표시하고 있다.
⑤ IMF 회원국이 국제수지 적자 상태에 빠졌을 경우 할당받은 '이것'을 외국의 통화당국이나 중앙은행에 인도하고 필요한 외화를 획득함으로써, 그 외화를 국제결제 등에 이용하는 대체통화이다.

40. 조 바이든 미국 대통령은 5월 한국과 일본을 방문하는 과정에서 '이것'의 공식 출범을 선언하였다. '이것'은 인도·태평양 지역에서 중국의 경제적 영향력 확대를 억제하기 위해 미국이 동맹·파트너 국가를 규합해 추진하는 다자 경제협의체이다. 무역, 원자재 공급망, 인프라, 청정에너지 등의 분야에서 협력을 강화하기 위해 미국, 한국, 일본 등 총 13개국이 참여하는 '이것'의 영어 약자는 무엇인가?
① WTO
② APEC
③ IPEF
④ CPTPP
⑤ NAFTA

41. 한국은행은 2022년 5월 금융통화위원회를 개최하여 기준금리를 (A)에서 (B)로 0.25%포인트 올렸다. (A)와 (B)의 값을 더하면 얼마인가?
① 2.75
② 3.25
③ 3.75
④ 4.25
⑤ 4.75

42. 특정 제품의 수요가 10억 원어치 생겨날 때, 직간접적으로 늘어나는 취업자 수로, 고용 창출 효과를 보여주는 이 지표는?
① 고용률
② 취업률
③ 노동분배율
④ 취업유발계수
⑤ 경제활동참가율

43. 아래 나열한 내용을 통해, 지칭할 수 있는 알맞은 국가는?

• 수도는 타이베이
• 파운드리 업체 1위 TSMC의 본사

① 태국
② 대만
③ 필리핀
④ 베트남
⑤ 싱가포르

44. 아래 신문기사를 읽고, (A)에 들어갈 알맞은 색깔을 고르면?

기획재정부는 13일 발간한 '5월 경제 동향[(A)북]'을 통해 "우크라이나 사태 및 공급망 차질 장기화 등으로 투자 부진 및 수출 회복세 제약이 우려되고 물가 상승세가 지속적으로 확대되고 있다."고 진단했다. (A)북은 기재부가 매월 발간하는 책자로 정부가 현재 경제상황을 어떻게 보고 있는지 확인할 수 있다. ○○경제신문. 2022. 5. 14.

① 그린
② 옐로
③ 베이지
④ 블랙
⑤ 그레이

45. 코인 가격이 폭락하면서 암호화폐 시장 전체가 심각한 장기 침체에 빠져드는 상황은?
① 더블딥
② 산타랠리
③ 서킷 브레이커
④ 크립토 윈터
⑤ 퍼펙트 스톰

46. 통화정책에서 매파와 관련한 내용으로 가장 거리가 먼 것을 고르면?
① 물가안정
② 테이퍼링
③ 기준금리 인상
④ 인플레이션 파이터
⑤ 최종 대부자

47. '이것'은 뜨겁지도 차갑지도 않은 이상적인 경제상황을 말한다. '이것' 경제는 통상적으로 불황기(겨울)와 호황기(여름) 사이에 나타나는 것으로 알려져 있다. '이것'은 경제의 봄과 같은 시기인 셈이다. 영국의 전래동화에서 유래된 말로 곰 세 마리가 사는 집에 놀러 온 여자 아이의 이름을 딴 것이다. '이것'은 무엇인가?
① 독트린
② 스핀닥터
③ 골디락스
④ 블루오션
⑤ 스트라이샌드

48. 아래 나열한 기업들을 공통적으로 지칭하는 용어는 무엇인가?

| 구글 아마존 메타 애플 네이버 카카오 |

① 빅테크
② 텐 배거
③ 실리콘밸리
④ 사이드카
⑤ 로스리더

49. 신문기사의 (A)에 들어갈 용어로 알맞은 것을 고르면?

리쇼어링 대신 (A)하는 기업도 늘어나고 있다. 미국 등 본토로 복귀하기에는 인건비 등의 부담이 너무 크기 때문에 인근 중남미를 주로 선택하고 있다. 미국 장난감 제조사 마텔은 이달 초 "멕시코에 제조공장을 증설하기 위해 5,000만 달러를 투자하겠다."고 발표했다. 멕시코 공장은 마텔의 최대 역외공장이 될 예정이다.
○○경제신문, 2022. 4. 16.

① 니어쇼어링
② 홈소싱
③ 오픈소싱
④ 오프쇼어링
⑤ 트러스트쇼어링

50. 기업이나 국가의 회계기준에서 경제적 거래가 발생하는 시점에 거래를 기록하는 방식을 무엇이라고 하는가?
① 현금주의
② 총액주의
③ 발생주의
④ 실현주의
⑤ 권리의무 확정주의

51. 기업이 자기 회사가 발행한 주식을 액면분할할 때, 나타날 수 있는 효과가 아닌 것은?
   ① 주식을 액면분할 한 회사의 자본금은 감소한다.
   ② 액면분할 이후 주식 액면가가 하락한다.
   ③ 액면분할 이후 유통되는 주식 수는 증가한다.
   ④ 액면분할 이후 소액 투자자들의 투자가 증가한다.
   ⑤ 액면분할을 한 회사의 주식 거래가 활성화된다.

52. 지문에서 '이것'이 지칭하는 동물은 무엇인가?

   '이것'효과는 어떤 제품의 구매를 망설이던 소비자가 다른 사람들이 구매하기 시작하면 자신도 이에 영향을 받아 덩달아 구매하게 되는 소비 행태를 뜻한다. '이것'효과는 '이것'의 습성에서 유래된 말로, '이것'은 먹이를 구하기 위해 바다에 뛰어들어야 하지만 바다표범과 같은 천적들이 있어 잠시 주저한다. 하지만 한 마리가 먼저 바다로 뛰어 들면 나머지 '이것'들도 따라 바다로 뛰어드는데, 이를 빗대어 '이것'효과라고 한다.

   ① 곰
   ② 상어
   ③ 펭귄
   ④ 거북이
   ⑤ 돌고래

53. 아래 신문기사를 읽고, (A), (B)에 들어갈 알맞은 용어를 짝 지으면?

   한국 증시에 주당 가격이 100만 원이 넘는 (A)가 사라졌다. 미국 중앙은행(Fed)의 긴축이 시작되면서 주가 하락이 이어진 탓이다. 반면, 주당 가격이 1,000원 미만의 (B) 숫자는 1년 새 60% 넘게 증가했다.
   ○○경제신문, 2022. 5. 17.

	(A)	(B)
①	황제주	우선주
②	지폐주	황제주
③	황제주	동전주
④	우선주	황제주
⑤	동전주	가치주

54. 미술품, 음악저작권, 명품 가방 등 개인이 접근하기 어려웠던 자산에 여러 사람이 함께 투자하고 이익을 함께 나눠 갖는 신종 투자 방식을 무엇이라고 하는가?
   ① 조각투자
   ② 퀀트투자
   ③ 엔젤투자
   ④ 유발투자
   ⑤ 임팩트투자

55. 공인회계사가 제시하는 감사의견 중 기업 존립에 의문이 들 정도로 중대한 결함이 발견된 가장 심각한 상태를 무엇이라고 하는가?
   ① 부실
   ② 한정
   ③ 부적정
   ④ 적정
   ⑤ 의견거절

56. 주식회사에 관한 설명 중 옳지 않은 것은?
   ① 주식회사는 자본시장에서 자금을 쉽게 조달할 수 있는 회사 형태이다.
   ② 주식회사는 규모가 작은 회사보다는 규모가 큰 회사에 적합한 회사 형태이다.
   ③ 주식회사는 출자자가 출자금 한도 내에서만 책임을 진다.
   ④ 우리나라는 주식회사의 이익 분배 주체를 주주뿐만 아니라 채권자, 계약자, 근로자, 국가, 사회 등 포괄적인 이해관계자로 보고 있다.
   ⑤ 독일 등 외국에 비해 우리나라에는 주식회사가 유한회사보다 월등히 많다.

57. 한국은 4월까지 누적 무역수지가 적자를 기록하면서 올해 연간 경상수지까지 적자를 기록할 수 있다는 관측이 나온다. 또한, 정부지출의 증가로 올해에도 재정수지가 적자를 이어갈 것으로 보인다. 이에 따라 아래 그림과 같은 추세가 이어지면서 경상수지와 재정수지가 적자를 동시에 기록하는 '이것' 적자를 무엇이라고 하는가?

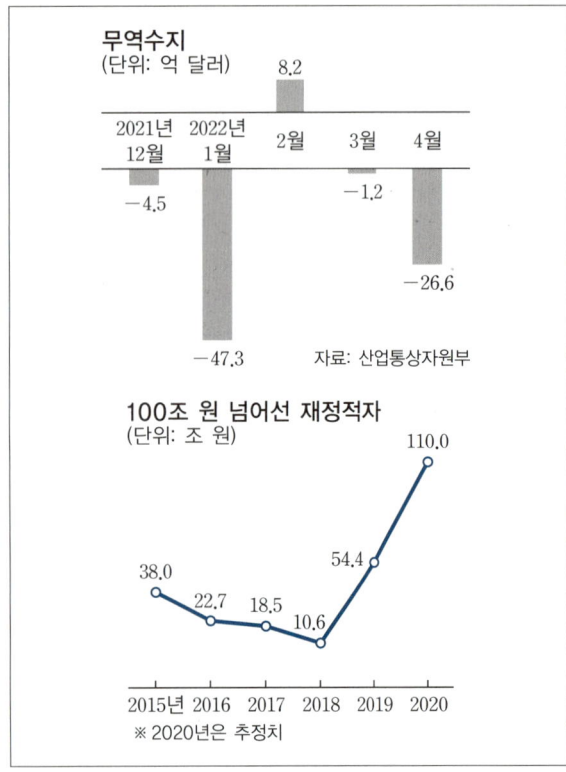

① 자본
② 쌍둥이
③ 트리핀
④ 재무
⑤ 유동성

58. 다음 나열한 지표들의 최댓값은 얼마인가?

• BSI   • CSII   • ESI

① 10
② 50
③ 100
④ 200
⑤ 300

59. 아래 신문기사를 읽고, (A) 기관과 연관된 설명을 〈보기〉에서 고르면?

한국 (A)은(는) 지난 2월 양사 합병을 조건부 승인하면서 5개 노선 모두 독점 우려가 있다고 판단했다. 이에 따라 10년 유예기간을 두고 경쟁 제한 우려가 있는 26개 국제노선과 8개 국내 노선에서 신규 항공사의 진입을 허용하고, 통합항공사의 일부 슬롯(시간당 항공기 운항 횟수)과 운수권을 반납하도록 했다.   ○○경제신문, 2022. 4. 23.

〈보기〉
ㄱ. 기업결합 심사   ㄴ. 빅맥지수
ㄷ. 리니언시   ㄹ. 오버슈팅

① ㄱ, ㄴ
② ㄱ, ㄷ
③ ㄴ, ㄷ
④ ㄴ, ㄹ
⑤ ㄷ, ㄹ

60. 아래 사진은 자발적 탄소 거래 플랫폼을 만든 한 회사의 어플을 나타낸 것이다. 이와 관련한 제도나 이론을 〈보기〉에서 고르면?

〈보기〉
ㄱ. 규제 일몰제   ㄴ. 오일러 정리
ㄷ. 코즈의 정리   ㄹ. 탄소 크레딧

① ㄱ, ㄴ
② ㄱ, ㄷ
③ ㄴ, ㄷ
④ ㄴ, ㄹ
⑤ ㄷ, ㄹ

〈 상황추론 · 판단 〉

61. 아래 그림에서 ⓐ~ⓓ에 대해 옳게 설명한 것을 〈보기〉에서 고르면?

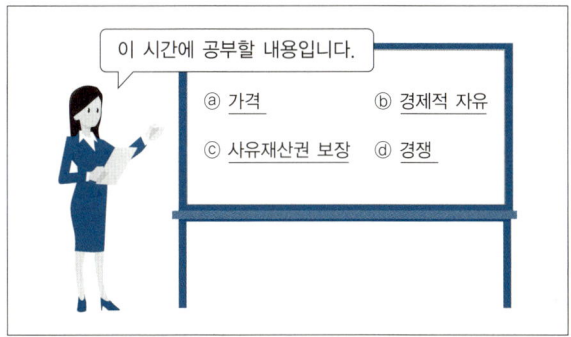

─〈보기〉─
ㄱ. 시장경제체제에서 ⓐ는 자원을 적재적소에 배분하는 기능을 수행한다.
ㄴ. ⓑ를 통해 소득분배의 형평성만 추구할 수 있다.
ㄷ. ⓑ와 ⓒ는 밀접한 관계가 있으며, ⓒ가 없는 ⓑ는 허울에 불과하다고 할 수 있다.
ㄹ. ⓓ가 생산자들 간에 이루어지면 가격이 오르고 자원 배분이 비효율적으로 이루어진다.

① ㄱ, ㄴ
② ㄱ, ㄷ
③ ㄴ, ㄷ
④ ㄴ, ㄹ
⑤ ㄷ, ㄹ

62. 표는 가격에 따른 재화의 수요량과 공급량을 나타낸다. 표에 대한 설명 중 옳지 <u>않은</u> 것은? (단, 이 재화는 정상재이다.)

〈재화의 수요 및 공급표〉

㉠	가격(원)	㉡
200	10,000	160
190	13,000	190
180	15,000	210
㉢	17,000	㉣

① ㉠에는 수요량, ㉡에는 공급량이 들어가야 한다.
② ㉣에서 ㉢을 뺀 값은 음(−)의 값이다.
③ 이 재화의 균형가격은 13,000원이다.
④ 가격이 10,000원일 때 시장에 초과수요가 존재한다.
⑤ 현재 가격이 15,000원이라면 가격이 앞으로 하락할 것이다.

63. 아래 그림에서 동그라미로 표기한 부분과 같이 미국의 기준금리가 더 높을 때, 이와 같은 상황에서 발생하는 경제현상에 대한 설명 중 옳지 <u>않은</u> 것은? (단, 다른 조건은 일정하다고 가정한다.)

① 한국의 달러화 대비 원화 환율이 상승하는 요인이다.
② 한국에서 국외로 외국인 자금이 유출될 것이다.
③ 한국의 국내 수출 기업은 수출 가격경쟁력 차원에서는 긍정적인 요인으로 작용할 수 있다.
④ 미국에서 돈을 빌려 한국에 투자한 미국 투자자는 이익이 더 늘어날 것이다.
⑤ 한국 입장에서 미국과의 통화스와프는 기준금리가 역전된 상황에서 금융시장 안정에 기여할 수 있을 것이다.

64. 아래 신문기사를 읽고, 제목에 들어갈 적절한 문구를 고르면?

> 음식을 너무 많이 먹으면 소화가 안 되고, 다이어트를 위해 음식을 너무 적게 먹으면 몸의 영양 균형이 깨지기도 합니다. 무엇이든 적절한 수준으로 하는 것이 좋은데, 이게 쉽지 않습니다. 너무 많이 먹어도 문제, 너무 적게 먹어도 문제죠. 어느 쪽으로든 정도의 지나침이 과하면 안 됩니다. … (중략) … 물가가 오른 다양한 요인이 있겠지만, 그중 하나는 바로 지나치게 풀린 '통화량'입니다. 코로나19 이후 각국은 침체된 경기를 부양하기 위해 재정·통화정책을 펼쳐 막대한 통화량을 시중에 풀었습니다. 과도하게 흘러나온 통화량은 주식, 부동산, 원자재 같은 자산시장으로 유입되면서 물가를 밀어 올렸습니다.
>
> ○○경제신문, 2022. 5. 23.

① 괄목상대의 경제
② 우공이산의 경제
③ 과유불급의 경제
④ 군계일학의 경제
⑤ 유비무환의 경제

65. 다음 자료의 ㉠으로 인해 예상되는 결과로 옳은 것은? (단, A, B재는 정상재이며, 수요와 공급의 법칙을 따른다.)

> A재와 B재는 각각 소비할 때보다 함께 소비할 때 만족감이 더 크다는 특성이 있다. 최근 ㉠ 정부가 A재 생산에 보조금을 지급하였다.

① A재의 균형가격은 하락한다.
② A재의 균형거래량은 감소한다.
③ B재의 매출액은 알 수 없다.
④ B재의 균형가격은 하락한다.
⑤ B재의 균형거래량은 감소한다.

66. 아래 표는 A국의 연도별 물가상승률과 명목이자율을 나타낸 것이다. 이와 관련한 분석으로 옳은 것은?

구분	2019년	2020년	2021년
물가상승률(%)	3	3	1
명목이자율(%)	5	1	2

① 실질이자율이 매년 하락하였다.
② 2020년의 물가 수준은 2019년과 같다.
③ 2020년의 실질이자율은 양(+)의 값이다.
④ 2021년의 실질이자율은 음(-)의 값이다.
⑤ 2020년이 2021년보다 실질이자율이 낮다.

67. 다음은 허버트 그루벨 캐나다 사이먼 프레이저 대학교 명예교수가 자신의 연구결과 중 일부를 언급한 것이다. 이 내용이 의미하는 알맞은 설명을 고르면?

> "1990년 소득 하위 20%에 속한 캐나다인 중 2009년 같은 그룹에 속한 사람은 13%밖에 남아 있지 않았다."며, "나머지 87%는 19년간 소득이 늘어나 상위 그룹으로 움직였다."고 말했다.

① 부의 세습을 입증하는 통계
② 가난의 세습을 입증하는 통계
③ 빈익빈 부익부를 입증하는 통계
④ 통계수치는 아무런 의미가 없는 수치
⑤ 가난한 사람도 부자가 될 수 있다는 것을 입증하는 통계

68. A국의 총인구가 5,000만 명, 비경제활동인구가 1,000만 명, 취업자 2,400만 명, 실업자 600만 명이라고 하자. 이때 경제활동참가율과 실업률을 구하면?

	경제활동참가율	실업률
①	75%	20%
②	75%	25%
③	80%	20%
④	80%	25%
⑤	60%	20%

69. 아래 글은 애덤 스미스의 『국부론』을 축약한 책에서 나오는 한 대목이다. 글에서 주장하는 바를 가장 잘 이해한 사람을 고르면?

> 상업과 제조업은 사법행정이 원칙적으로 운영되지 않는 나라, 즉, 국민이 재산소유를 보장받고 있다고 느끼지 못하는 나라, 계약의 법적 효력이 신뢰받지 못하는 나라, 그리고 채무상환 능력이 있는 사람으로 하여금 채무를 상환하도록 강제하는 데 국가의 권위가 합당하게 활용된다고 믿기지 않는 나라에서는 오래도록 번성할 수 없다. … (중략) … 미개한 사회 상태에서는 대규모 상업자본이나 제조업자본이 없다. 개인들은 절약할 수 있는 돈을 저장하고 저장한 돈을 은닉한다. 개인들이 그렇게 하는 이유는 정부의 사법행정에 대한 불신이 만연하고, 만약 저장한 사실이 알려지거나 은닉한 장소가 발각되면 곧바로 빼앗기리라는 두려움을 가지기 때문이다.
>
> 『한 권으로 읽는 국부론』

① 가영: 국가가 개인 간의 계약을 보장하기 위해 모든 계약 조항을 꼼꼼하게 심사하고 통제할 필요가 있지.
② 나영: 상업과 제조업이 줄면 정부의 공공부채는 극적으로 감소하는 효과를 볼 수 있다는 역설을 강조하고 있지.
③ 다영: 북한 사람들은 번 돈을 은행에 저축하지 않고 집안에 숨겨둔다고 하던데 이것은 금융제도를 불신한 탓이겠지.
④ 라영: 국가는 특정 목적에 맞는 법을 시장 참여자들이 예측하기 어려울 정도로 자주 바꿔야 해.
⑤ 마영: 국가는 상대적 약자인 임차인을 보호하기 위해 임대 기간과 임대료를 동일하게 규제해야 하지.

70. 신문기사에서 밑줄 친 변화에 대한 분석으로 옳은 것은?

> ○○경제신문
>
> 갑국 중앙은행 기준금리 추가로 인하 발표!
>
> 갑국의 중앙은행은 지난 1/4분기에 이어 이번 3/4분기에 기준금리를 추가로 인하하였다. 또한 내년에도 기준금리를 추가 인하하겠다고 발표하여 시장에 미치는 영향이 클 것으로 보인다.

① 대출금리 상승 요인이다.
② 디플레이션의 발생 요인이다.
③ 시중 통화량의 감소 요인이다.
④ 기업투자 심리의 축소 요인이다.
⑤ 소비자의 소비활동이 증가하는 요인이다.

71. 신문기사의 내용을 바탕으로 국내 기업에 미칠 영향에 대한 설명 중 옳지 않은 것은?

> 국내 반도체·가전·디스플레이 등 7대 수출 주력 업종의 대표 기업들이 글로벌 경쟁사에 비해 매출, 자산, 시가총액 등 기업 규모는 뒤처진 반면 평균 조세부담률은 더 높다는 조사 결과가 나왔다. … (중략) … 국내 기업의 법인세 부담률은 평균 25.7%로, 글로벌 경쟁사 평균(15.7%)보다 10%포인트 높은 것으로 집계됐다. 특히 휴대폰 분야에서 삼성전자와 애플의 법인세 부담률 차이가 컸다. 애플은 삼성전자(휴대폰 부문)보다 지난해 매출이 4배 많았지만 법인세 부담률은 13.3%로, 삼성전자(25.2%)의 절반에 불과했다.
>
> ○○경제신문, 2022. 4. 15.

① 국내 기업의 BSI 지수는 하락할 것이다.
② 국내 총수요(AD)곡선이 우측으로 이동할 것이다.
③ 국내 기업은 해외에 직접 생산하는 비중을 늘릴 것이다.
④ 국내 기업은 해외 기업과 비교하면 규모의 경제 측면에서 열세에 처해 있다.
⑤ 국내 기업이 생산한 같은 제품이더라도 국내 생산 제품보다 해외 직접 생산 제품의 가격이 더 낮을 것이다.

72. 다음 대화를 통해 (A)에 들어갈 내용으로 적절한 것은?

> • 정부 발표 : (A)
> • 가영 : 조세 부담의 형평성이 개선되겠군.
> • 나영 : 물가안정에도 다소 도움이 되지 않을까?

① 할당관세를 도입하기로
② 추가경정예산을 증액하기로
③ 예비타당성조사를 강화하기로
④ 중앙은행이 국채를 매입하기로
⑤ 직접세 징수의 비중을 높이기로

73. 아래 지문에서 밑줄 친 단어와 관련된 내용을 〈보기〉에서 고르면?

> 로이터통신 등은 소식통을 인용해 "석유수출국기구(OPEC)와 러시아 등 비(非)OPEC 주요 산유국 협의체인 OPEC+가 원유를 증산하는 데 최종적으로 합의했다."고 보도했다.

〈보기〉

ㄱ. 석유파동과 한국의 중동진출
ㄴ. 페트로 달러
ㄷ. 플라자 합의
ㄹ. 독점적 경쟁시장

① ㄱ, ㄴ
② ㄱ, ㄷ
③ ㄴ, ㄷ
④ ㄴ, ㄹ
⑤ ㄷ, ㄹ

74. A국 정부의 정책으로 우려되는 결과를 〈보기〉에서 알맞게 고르면?

A국 정부는 대부업체가 보유 중인 장기·소액 연체채권을 사들여 소각하는 방안을 시행하기로 했다. 서민·취약계층의 재기를 돕기 위해 빚 탕감 범위를 금융공기업에 이어 민간 금융회사로 확대하겠다는 계획이다. 빚 탕감 대상자가 사상 최대인 150만 명에 달할 것으로 예상된다.

〈보기〉
ㄱ. 도덕적 해이 확산
ㄴ. 신용시장 위축
ㄷ. 스놉효과
ㄹ. 스미스의 역설

① ㄱ, ㄴ
② ㄱ, ㄷ
③ ㄴ, ㄷ
④ ㄴ, ㄹ
⑤ ㄷ, ㄹ

75. 그림과 같이 A국의 물가와 산출량의 균형점이 E_1에서 E_2로 이동한 원인과 영향을 알맞게 짝지으면?

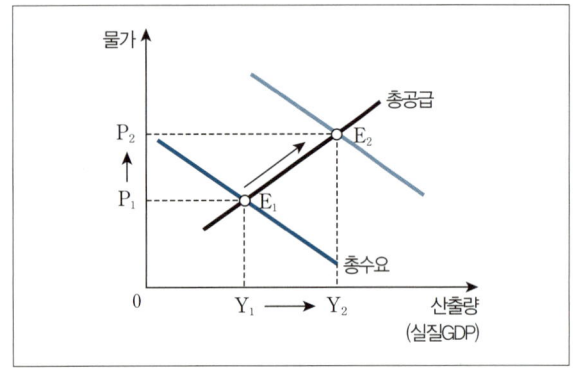

	원인	영향
①	순수출 감소	연금생활자 유리
②	통화량 증가	실물자산 보유자 불리
③	통화량 증가	임금 근로자 불리
④	기업투자 감소	채무자 유리
⑤	가계소비 증가	채권자 유리

76. 아래는 2020~2060년 국민연금 재정수지 전망과 관련한 신문기사와 그림을 나타낸 것이다. 이와 관련한 경제현상을 추론 및 분석한 설명 중 옳지 않은 것은?

국회예산정책처는 국민연금 적립금이 2020년 740조 원에서 2030년 1,027조 7,000억 원으로 늘어나겠지만 2040년 1,019조 9,000억 원으로, 2050년 416조 4,000억 원으로 줄어드는 데 이어 2055년에는 아예 고갈될 것으로 예상했다.
○○경제신문, 2022. 5. 24.

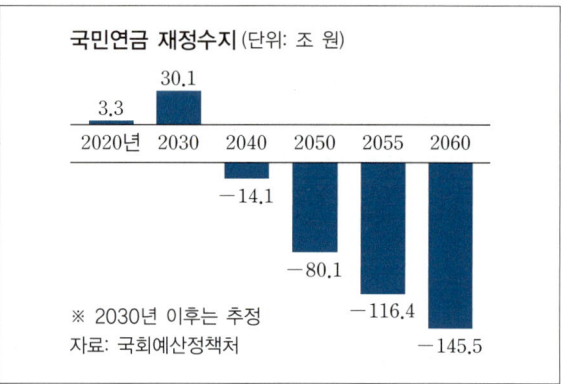

① 2030년에는 국민연금 적립금이 2020년보다 늘어날 것이다.
② 자료에 따르면 2040년부터는 국민연금 적립금은 모두 고갈될 것이다.
③ 인구 고령화 속도가 더 빨라진다면, 국민연금 재정수지 적자의 증가 속도는 더 빨라질 것이다.
④ 이와 같은 전망에 따르면 국민연금 보험료를 더 내고, 연금 수급을 덜 받는 방식의 연금개혁에 대한 사회적 논의가 진행될 가능성이 높다.
⑤ 신문기사에 따르면 2055년부터는 생산가능인구가 납부하는 연금 보험료만으로는 국민연금 수급자의 지급 금액을 모두 감당할 수 없다.

77. 아래 지문의 경제상황에 대한 설명으로 옳지 않은 것은?

한약재시장에 국산과 중국산일 확률이 각 50%이며, 국산 한약재의 가치는 1천만 원, 중국산 한약재의 가치는 2백만 원이다. 한약재 구매자는 국산과 중국산을 식별할 능력이 없다.

① 비대칭 정보로 인한 문제가 발생한다.
② 신호 보내기를 통해 문제를 완화할 수 있다.
③ 역선택 문제로 한약재시장에서 시장 실패가 발생한다.
④ 구매자는 한약재에 1천만 원 이상을 지불할 의향이 없다.
⑤ 장기적으로 한약재시장에는 레몬 상품이 지배적으로 많을 것이다.

78. 다음 표는 A국과 B국의 지니계수에 대한 연도별 자료이다. 이와 관련한 설명 중 옳지 <u>않은</u> 것은?

구분	2019년	2020년	2021년
A국	0.45	0.42	0.39
B국	0.40	0.45	0.37

① 2019년 A국은 B국보다 소득의 불평등 수준이 높다.
② 2020년 B국은 A국보다 로렌츠곡선이 대각선에 멀어진 상태이다.
③ B국은 소득불평등 수준이 계속 개선되었다.
④ 2021년 B국의 소득분배가 전년보다 개선됐다.
⑤ A국은 소득불평등을 완화하기 위한 복지정책을 펼쳤을 것으로 보인다.

79. 아래 뉴스는 지난해 8월 존 테일러 교수가 기고한 글에 대한 내용이다. 뉴스에서 밑줄 친 (A), (B)와 관련한 설명으로 옳지 <u>않은</u> 것은?

> '테일러 준칙'을 제시한 미국 경제학자 존 테일러는 연방준비제도(Fed)는 과열된 경제를 진정시키기 위해 기준금리를 5%까지 인상해야 한다고 주장했다. 테일러 교수는 현재 기준금리가 예외적으로 낮고, 그것이 얼마나 예외적인지를 알아보기 위해서는 테일러 준칙을 살펴봐야 한다고 설명했다. (A) 테일러 준칙은 인플레이션의 실제와 목표치의 격차에 따라 연방기금 금리의 목표를 설정해야 한다는 법칙이다. … (중략) … 테일러 교수는 "현재 (B) 연준은 통화정책의 준칙에서 벗어나고 있다."며, "시장은 이런 괴리가 계속되리라는 예상에 근거해 미래 금리를 추정하고 있다."고 진단했다.
> ○○뉴스, 2021. 8. 31.

① (A)의 입장에서는 준칙에 입각한 통화정책을 중시한다.
② 통화주의학파는 (A)와 같은 정책을 실시하는 것이 바람직하다고 주장했다.
③ (B)에서 언급된 연준(Fed)의 정책은 재량에 입각한 통화정책이다.
④ 케인스학파는 연준이 (B)보다는 (A)에 입각한 통화정책을 하는 것이 바람직하다고 주장할 것이다.
⑤ 존 테일러 교수는 (A)의 입장에 따르면 현재 Fed의 기준금리도 매우 낮은 수준이다.

80. 아래 신문기사를 읽고, 관련한 학생들의 대화 중 옳지 <u>않은</u> 것은?

> 조선 후기 흥선대원군은 아들인 고종이 즉위하자 왕권 강화를 위한 조치를 시행했습니다. 대표적으로 임진왜란 때 타버린 경복궁을 중건하는 것이었습니다. 이를 위해 돈이 필요했습니다. 그래서 생각해낸 것이 '당백전'이라는 화폐의 발행이었습니다. 흥선대원군은 기존에 유통되던 '상평통보'에 더해 당백전을 함께 발행했습니다. 당백전은 이름대로 명목가치는 상평통보의 100배였지만, 실제 가치는 5~6배에 불과했습니다. … (중략) … 당백전은 처음 6개월 동안 1,600만 냥이 풀렸습니다. 백성들은 당백전을 신뢰하지 않았습니다. 백성들은 가치가 높아진 상평통보를 소유하거나 거래를 상평통보만 받았습니다. 그래서 당백전의 가치는 더욱 하락했고, 물가가 올라 백성들의 생활은 더욱 어려워졌죠.
> ○○경제신문, 2022. 4. 25.

① 가영: 조선의 백성들은 당백전의 실제 가치가 상평통보의 100배까지는 되지 않는다고 생각했어.
② 나영: 당백전의 발행으로 조선은 높은 인플레이션을 경험했을 거야.
③ 다영: 조선의 당백전 사례는 16세기 영국의 토머스 그레셤이 언급한 그레셤의 법칙으로 설명할 수 있어.
④ 라영: 우리나라에서 현재 사용되는 화폐에서도 그레셤의 법칙이 발생해.
⑤ 마영: 조선의 사례에서 보듯, 금속화폐 시절에는 정부가 수입을 얻기 위한 목적으로 새로운 화폐를 발행하기도 했지.

국가공인 1호 경제이해력 검증시험
제74회 TESAT 문제지

* 모바일로 정답입력 후
  등급예측 및 성적분석

성 명　　　　　　　　　수험번호

국가공인 1호 경제이해력검증시험
제74회 TESAT 문제지

- 문제지 표지에 성명과 수험번호를 적었는지 확인하십시오.
- 경제이론과 시사경제·경영은 문항당 3점, 4점이고 상황추론·판단은 문항당 5점입니다.
- 시험시간은 100분입니다.

〈 경제이론 〉

1. 시장과 관련된 설명으로 가장 거리가 먼 것은?
   ① 시장은 자본주의 이전부터 존재해왔다.
   ② 시장은 사회적 분업을 더욱 촉진시켰다.
   ③ 기계의 등장으로 시장은 더욱 발전하게 되었다.
   ④ 산업혁명 이후로 시장은 더욱 폭발적으로 증가하게 되었다.
   ⑤ 시장은 빈부격차를 해소하여 공평한 소득분배를 가능하게 한다.

2. 경제성장이 둔화할 수 있는 요인으로 알맞은 것을 〈보기〉에서 고르면?

   〈보기〉
   ㄱ. 인구 고령화가 급속히 진행된다.
   ㄴ. 외국으로부터의 기술 도입이 활발해졌다.
   ㄷ. 경쟁국과 관세 부과 등 무역 분쟁이 진행 중이다.
   ㄹ. 기업의 R&D(연구개발)와 관련한 세액공제가 줄어들었다.
   ㅁ. 정부가 신(新)산업에 관한 규제를 완화하였다.

   ① ㄱ, ㄴ, ㄷ
   ② ㄱ, ㄷ, ㄹ
   ③ ㄴ, ㄷ, ㄹ
   ④ ㄴ, ㄷ, ㅁ
   ⑤ ㄷ, ㄹ, ㅁ

3. 정부 실패란 시장 실패를 교정하기 위한 정부의 개입이 오히려 바람직하지 못한 결과를 초래하는 현상이다. 다음 중 정부 실패의 원인으로 옳지 <u>않은</u> 것은?
   ① 정보의 부족
   ② 관료제도의 비효율성
   ③ 정부정책 시차의 가변성
   ④ 한계생산물체감의 법칙
   ⑤ 정부정책을 예견한 민간부문 반응의 변화

4. 수요곡선에 미치는 영향이 <u>다른</u> 하나는? (재화는 정상재라고 가정한다.)
   ① 소비자의 소득 증가
   ② 보완재 생산기술 발전
   ③ 대체재 공급 증가
   ④ 미래 가격 상승 예상
   ⑤ 재화에 대한 소비자의 선호도 증가

5. 밑줄 친 ㉠, ㉡에 대한 설명 중 옳은 것은?

   인플레이션 유형에는 ㉠총수요의 변동으로 나타나는 인플레이션과 ㉡총공급의 변동으로 나타나는 인플레이션이 있다.

   ① ㉠은 비용인상 인플레이션이다.
   ② ㉠의 원인 중 민간 소비 지출 감소가 있다.
   ③ ㉠에 대한 대책으로 정부지출 확대를 들 수 있다.
   ④ ㉡의 원인으로 국제 원자재 가격 상승을 들 수 있다.
   ⑤ ㉡은 ㉠과 달리 실질 국내총생산(GDP)의 증가를 수반한다.

6. 어떤 재화의 수요의 가격탄력성이 완전탄력적이라고 하자. 이에 대한 설명 중 옳은 것은?

   ① 수요곡선은 수직선의 모양을 가진다.
   ② 공급이 증가하더라도 가격은 변함이 없다.
   ③ 공급이 감소해도 재화의 거래량은 감소하지 않는다.
   ④ 이 재화의 공급자에게 세금을 부과하면 수요자가 세금을 모두 부담한다.
   ⑤ 이 재화의 수요자에게 세금을 부과하면 세금의 일부가 재화의 공급자에게 전가된다.

7. 기회비용의 사례로 적절하지 않은 것은?

   ① 입장료가 아까워서 재미없는 영화를 계속 보았다.
   ② 여행을 가는 바람에 집 청소를 하지 못했다.
   ③ 올해는 배추를 심어서 고추를 심을 수 없게 되었다.
   ④ 오늘 축구경기를 시청해서 수학 공부를 하지 못했다.
   ⑤ 피자를 사 먹는 바람에 교통비가 부족해서 집까지 걸어가야 했다.

8. 어떤 국가의 올해 지니계수가 작년보다 낮아졌다고 한다. 이를 가장 잘 설명한 것은?

   ① 로렌츠곡선이 45°선에 가까워졌다.
   ② 올해 10분위분배율이 작년보다 작아졌다.
   ③ 올해 국민소득이 작년보다 훨씬 작아졌다.
   ④ 올해 노동소득분배율이 점점 불평등해졌다.
   ⑤ 생산가능곡선이 왼쪽으로(안쪽으로) 이동했다.

9. 경기침체를 극복하기 위한 재정정책과 금융정책에 대한 설명 중 옳은 것은?

   ① 금융정책은 재정정책보다 직접적이고 확실한 효과가 있다.
   ② 국채 발행을 통해 정부가 자금을 조달할 경우 시중 이자율은 하락한다.
   ③ 재정정책을 중시하는 입장에서는 구축효과보다는 승수효과를 더 크게 본다.
   ④ 중앙은행의 대표적인 금융정책으로는 추가경정예산편성이 있다.
   ⑤ 통화를 아무리 많이 공급해도 투자와 소비가 늘지 않는다면 파레토 개선에 빠졌다고 할 수 있다.

10. 아래 지문을 읽고, 장기적으로 어떤 상황에 도달할지에 대한 설명 중 옳은 것은?

    > 중앙은행의 정책 목표가 실업률을 자연실업률 수준으로 유지하는 것이라고 하자. 자연실업률은 실제로 5%이지만 중앙은행은 4%라고 믿고 있다.

    ① 실제 실업률이 항상 5%로 유지된다.
    ② 인플레이션율이 하락한다.
    ③ 자연실업률이 4%로 하락한다.
    ④ 인플레이션율이 상승한다.
    ⑤ 실제 실업률이 장기적으로 4%로 하락한다.

11. 가격 하한제를 실시하여 시장가격에 변동이 생기는 상황에 대한 설명 중 옳지 않은 것은?

    ① 시장에서 공급자를 보호하기 위한 제도이다.
    ② 기존의 시장 균형가격보다 낮은 수준에서 가격이 설정된다.
    ③ 농산물시장에서 가격지지 제도가 대표적인 사례이다.
    ④ 상품시장에서 가격 하한제를 실시하면 소비자잉여는 감소한다.
    ⑤ 노동시장에서 가격 하한제를 실시하면 비자발적 실업이 발생한다.

12. (가)~(라)는 재화의 유형을 경합성과 배제성의 유무로 분류한 것이다. 이에 대한 설명이 옳지 <u>않은</u> 것은?

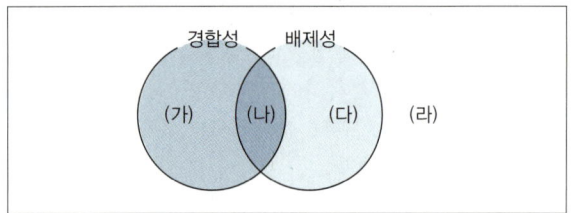

① '공유지의 비극'은 (가)보다 (다)에서 나타난다.
② 시장에서 거래되는 사적재는 (나)에 해당한다.
③ 한산한 유료 고속도로는 (다)에 해당한다.
④ 국가가 제공하는 치안과 국방은 (라)에 해당한다.
⑤ (라)와 같은 재화는 시장에서 충분히 공급되지 않는 시장 실패가 발생한다.

13. 아래 표는 금융상품 A, B의 일반적인 특징을 비교한 것이다. 이와 관련한 설명 중 옳은 것을 고르면? (단, A, B는 각각 주식 또는 채권 중 하나이다.)

질문	A	B
기업이 회사 소유권의 일부를 투자자에게 부여하는 증표인가?	예	아니요
(가)	아니요	예
(나)	예	예

① A를 보유한 사람은 확정 이자를 기대할 수 있다.
② B를 발행하면 기업 입장에서는 자기자본에 해당한다.
③ (가)에는 '이사회에 참석할 수 있는 권리가 주어지는가?'가 들어갈 수 있다.
④ (나)에는 '배당 수익을 기대할 수 있는가?'가 들어갈 수 있다.
⑤ A, B 모두 시세 차익을 기대할 수 있다.

14. 총수요에 대한 설명 중 옳은 것은?
① 이자율과 투자는 정(+)의 관계이다.
② 총수요는 이자율의 영향을 받지 않는다.
③ 총수요에서 변동성을 크게 하는 요인은 소비보다는 투자이다.
④ 화폐의 중립성이 성립한다면 화폐량의 증가가 총수요의 증가를 가져온다.
⑤ 개방경제일 때, 한 국가에서 생산한 상품의 총수요는 소비, 투자, 정부지출, 수출로 구성되어 있다.

15. 한국의 수출액은 2,000억 달러이고 수입액은 1,500억 달러라고 하자. 한국인은 해외 자산을 600억 달러 매입하였고, 외국인은 국내 자산을 500억 달러 매입하였다. 이때 한국의 외환보유액은 어떻게 변하는가?
① 500억 달러 감소
② 500억 달러 증가
③ 400억 달러 감소
④ 400억 달러 증가
⑤ 100억 달러 증가

16. 아래 실업 유형에 대한 설명으로 옳지 <u>않은</u> 것은?

> 근로자들이 이직하는 과정에서 발생하는 실업

① 완전고용상태에서도 이러한 실업은 존재한다.
② 이러한 실업은 경제의 윤활유 같은 역할을 한다.
③ 구직과 관련한 정보망 확충으로 이러한 실업을 줄일 수 있다.
④ 최저임금제, 노동조합의 강화로 이러한 실업이 늘어난다.
⑤ 일반적으로 실업보험급여 지급 확대는 해당 유형의 실업을 늘리는 요인이다.

17. 외부효과와 관련한 설명 중 옳지 않은 것은?
   ① 과수원 근처에 양봉업자가 이주해옴으로써 사과 수확량이 증가했다.
   ② 강 상류에서 돼지 사육으로 발생한 축산 폐수를 방류한 결과 하류의 어획량이 감소했다.
   ③ 코즈의 정리에 따르면 재산권이 누구에게 있는지에 따라 외부불경제를 감소시키는 정도가 다를 수 있다.
   ④ 긍정적 외부효과가 존재한다는 것은 사회적 편익이 사적 편익보다 크다는 것을 의미한다.
   ⑤ 사회적 비용이 사적 비용보다 크면, 이 기업의 균형생산량은 최적생산량보다 많은 상태이다.

18. 도덕적 해이를 설명하는 예로 옳지 않은 것은?
   ① 정해진 급여를 지급한 후, 일부 직원들의 근무태도가 불성실하다.
   ② 팀 발표 준비 과정에서 구성원 중 일부가 발표준비를 소홀히 한다.
   ③ 에어백을 설치한 자동차의 운전자는 설치 이전보다 부주의하게 운전한다.
   ④ 화재보험에 가입한 보험 가입자는 가입 이전보다 화재방지 노력을 덜 한다.
   ⑤ 보험시장에서 평균 보험료를 제시하면 사고를 낼 확률이 높은 사람이 가입한다.

19. 기업의 생산기술이 규모에 대한 수익 체증이라고 하자. 이에 대한 설명으로 옳은 것을 고르면?
   ① 이 기업의 생산기술은 쿠즈네츠 순환이 작용한다.
   ② 모든 생산요소의 투입을 두 배 늘려도 산출량은 변하지 않는다.
   ③ 고정요소의 투입을 두 배 늘리면 산출량이 두 배 늘어난다.
   ④ 모든 생산요소의 투입을 두 배 늘리면 산출량이 두 배를 초과하여 늘어난다.
   ⑤ 고정요소의 투입을 두 배 늘리면 산출량이 두 배 미만으로 늘어난다.

20. 아래 그림은 민간 경제의 흐름을 나타낸다. 이에 대한 〈보기〉의 설명 중 옳은 것을 고르면?

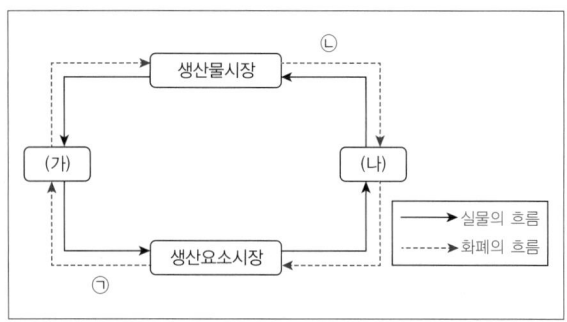

〈보기〉
ㄱ. (가)는 소비활동의 주체이다.
ㄴ. (나)는 이윤극대화를 위해 경제활동을 한다.
ㄷ. ㉠은 (가)의 판매수입에 해당한다.
ㄹ. ㉡은 (나)의 소비활동의 원천이 된다.

① ㄱ, ㄴ
② ㄱ, ㄷ
③ ㄴ, ㄷ
④ ㄴ, ㄹ
⑤ ㄷ, ㄹ

21. 절약의 역설에 대한 설명 중 옳지 않은 것은?
    ① 영국의 경제학자인 케인스가 언급하였다.
    ② 경제의 장기 현상에 대한 설명이다.
    ③ 국내총생산의 결정에 있어 총수요의 중요성을 강조한다.
    ④ 경기불황에는 오히려 소비를 늘리는 것이 도움이 된다.
    ⑤ 개개인에게 도움이 되는 행동이 경제 전체로는 해가 될 수 있다.

22. 아래 지문은 화폐의 기능 중 어떤 것에 대한 설명인가?

    예를 들면 물물교환 경제에서는 쌀을 가진 사람이 옷을 구하고자 할 때, 자신이 가진 쌀로 얼마만큼의 옷을 살 수 있는지를 알기 위해서는 다른 상품 간의 교환비율까지 모두 알아야 한다. 그러나 화폐 경제에서는 모든 물건의 가치가 같은 화폐 단위로 표시되므로 모든 상품 간의 교환비율을 즉시 알 수 있다.

    ① 교환매개
    ② 가치저장
    ③ 지급수단
    ④ 재산증식
    ⑤ 가치척도

23. 아래 지문을 읽고, 빈칸 (A) ~ (E)에 들어갈 내용을 알맞게 짝지으면?

    어떤 수입기업이 불완전경쟁을 하고 있다고 가정하자. 만약 소규모 국가인 해당 국가가 수입할당제를 시행한다면 국내 물가는 (A)하고, 생산자잉여는 (B)하고, 소비자잉여는 (C)하고, 정부의 관세수입은 (D)하고, 해당 국가의 후생수준은 전반적으로 (E)할 것이다.

	(A)	(B)	(C)	(D)	(E)
①	상승	불변	감소	증가	감소
②	상승	증가	감소	불변	감소
③	감소	감소	증가	감소	불변
④	감소	증가	감소	증가	감소
⑤	불변	불변	감소	증가	감소

24. 국내총생산(GDP)과 관련한 설명으로 옳은 것은?
    ① 수입이 증가하면 GDP는 감소한다.
    ② 전업주부의 가사노동은 GDP에 포함된다.
    ③ 기준연도에서 실질GDP와 명목GDP는 일치하지 않는다.
    ④ 국내에서 근무하는 외국인 근로자가 생산한 가치는 GDP에 포함되지 않는다.
    ⑤ A년도에 생산한 제품이 다음 연도인 B년도에 판매되면 이는 B년도 GDP에 포함된다.

25. 무차별곡선의 특징 중 볼록성(Convexity)은 어떤 의미를 가지는가?
    ① 재화 및 서비스의 양이 많을수록 선호한다.
    ② 재화 및 서비스의 선호는 갑자기 변할 수 없다.
    ③ 재화 및 서비스가 골고루 섞여있는 소비묶음을 선호한다.
    ④ 두 개의 재화 중 일방적으로 하나의 재화만을 매우 선호한다.
    ⑤ 소비묶음 A보다 B를 선호하고, B보다 C를 선호하면 A보다 C를 선호한다.

26. 그림은 시장의 유형을 분류한 것이다. (가) ~ (라)에 대한 〈보기〉의 설명 중 옳은 것을 모두 고르면?

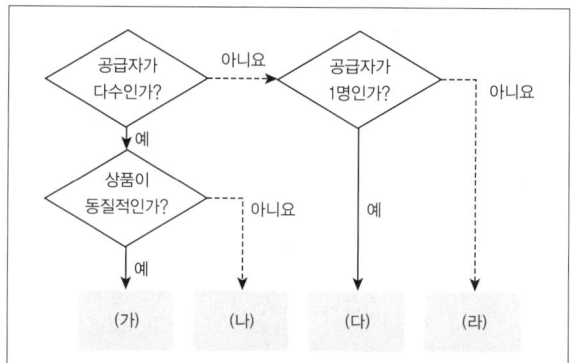

〈보기〉
ㄱ. (가)에서는 자원 배분이 효율적으로 이뤄진다.
ㄴ. (나)시장에서는 기업 간 담합과 리니언시에 관한 논쟁이 나타날 수 있다.
ㄷ. (다)는 다른 기업의 진입이 불가능한 진입장벽이 존재한다.
ㄹ. (라)는 기업의 경쟁이 심해 상호 의존성이 낮다.

① ㄱ, ㄴ
② ㄱ, ㄷ
③ ㄴ, ㄹ
④ ㄱ, ㄴ, ㄷ
⑤ ㄴ, ㄷ, ㄹ

27. 인플레이션의 비용과 관련한 설명 중 옳지 않은 것은?
① 기업은 메뉴비용이 발생한다.
② 미래소득의 측정을 어렵게 한다.
③ 현금보다는 금을 보유하는 것이 유리하다.
④ 재화와 서비스의 상대가격 변화로 자원의 효율적 배분을 저해한다.
⑤ 예상된 인플레이션은 채무자와 채권자 사이에 부를 재분배시킨다.

28. 국제무역을 증가시키는 요인이 아닌 것은?
① 핀테크 기술의 발달
② 관세와 수입쿼터 철폐
③ 국제가치사슬 강화
④ 유가의 하락 안정
⑤ 무역 상대국 인플레이션의 높은 변동성

29. 국가 대외신인도가 하락하는 부정적 징후로 평가되는 것을 〈보기〉에서 모두 고르면?

〈보기〉
ㄱ. 외국환평형기금채권의 가산금리가 상승했다.
ㄴ. 신용부도스와프(CDS) 프리미엄이 하락했다.
ㄷ. 무디스, 피치, S&P(스탠더드앤드푸어스)가 평가한 국가신용등급이 하락했다.

① ㄱ
② ㄱ, ㄴ
③ ㄱ, ㄷ
④ ㄴ, ㄷ
⑤ ㄱ, ㄴ, ㄷ

30. 1급 가격차별이 시행되는 독점시장에 대한 설명 중 옳지 않은 것은?
① 소비자잉여는 양(+)의 값을 가진다.
② 한계수입곡선은 시장 수요곡선과 동일하다.
③ 모든 소비자는 각각 다른 가격을 지불한다.
④ 일반 독점시장에 비해 사회적 후생이 더 크다.
⑤ 완전경쟁시장과 동일한 수량이 시장에 공급된다.

〈 시사경제 · 경영 〉

31. 유니콘과 데카콘은 각각 기업가치 몇 억 달러가 기준이 되는가?

① 10 - 50
② 10 - 100
③ 50 - 10
④ 50 - 100
⑤ 100 - 200

32. 이 용어는 10루타를 의미하는 것으로, 실제 야구 경기에서 쓰이는 용어가 아니라 투자자들이 원하는 10배 이상의 수익률을 안겨준 주식 종목을 의미한다. 1977년부터 1990년까지 13년간 마젤란 펀드를 운영하면서 누적수익률 2,703%를 기록한 피터 린치가 이 용어를 사용했다. 이 용어는 무엇인가?

① 로스컷
② 바이백
③ 텐 배거
④ 오버행
⑤ 텟 포켓

33. 손질을 마친 식재료와 적절한 양의 양념, 부재료 등을 한 세트로 구성해 간단하게 조리해 먹을 수 있도록 한 상품은 무엇인가?

① PB
② OEM
③ 밀키트
④ 니오븀
⑤ 레토르트

34. 지문을 읽고, 빈칸 (A)에 들어갈 용어로 옳은 것은?

> 강력한 경쟁자가 나타났을 때 기존 기업의 경쟁력이 오히려 높아지는 현상을 (A)효과라고 한다.

① 메기
② 우산
③ 참새
④ 코끼리
⑤ 네트워크

35. 아래 그림은 미국 노동부가 발표하는 소비자 물가지수 상승률 추이이다. 이러한 추세가 지속되고 다른 변수가 영향을 미치지 않는다고 가정할 때, 함께 상승하는 경제지표나 지수 등을 〈보기〉에서 고르면?

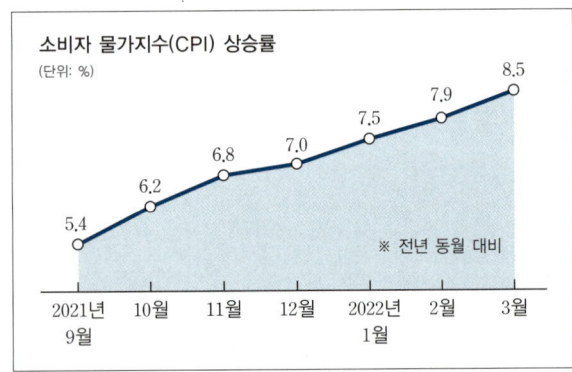

〈보기〉
ㄱ. PMI지수　　ㄴ. 엥겔지수
ㄷ. 소비자 심리지수　　ㄹ. 장바구니 물가

① ㄱ, ㄴ
② ㄱ, ㄷ
③ ㄴ, ㄷ
④ ㄴ, ㄹ
⑤ ㄷ, ㄹ

36. 전력 부족으로 광범위한 지역의 전기가 일시에 모두 끊겨버리는 사태를 일컫는 용어는 무엇인가?
   ① 베일아웃
   ② 바이아웃
   ③ 블랙아웃
   ④ 워크아웃
   ⑤ 노크아웃

37. 정부가 국채 발행을 확대하며 씀씀이를 늘리면 시장금리도 올라가고, 민간의 소비·투자 활동을 위축시키는 이른바 '이것' 우려가 커진다. '이것'은 무엇인가?
   ① 구축효과
   ② 전시효과
   ③ 분수효과
   ④ 핀볼효과
   ⑤ 피셔효과

38. 아래 나열한 기업들이 공통적으로 생산하는 주력 제품은 무엇인가?

• 삼성SDI   • LG에너지솔루션   • SK온

   ① 전기차 배터리
   ② 플라잉 카
   ③ 태양광 패널
   ④ 메모리 반도체
   ⑤ 자율주행 자동차

39. 신문기사를 읽고, 이와 관련한 설명 중 옳지 <u>않은</u> 것은?

   > 일론 머스크 테슬라 최고경영자가 트위터에 ㉠적대적 인수합병(M&A)을 시도하자 트위터 이사회가 ㉡포이즌 필을 전격 도입했다. … (중략) … 트위터는 누구든 이사회 승인 없이 지분율 15% 이상을 인수하면 포이즌 필을 발동한다고 밝혔다. 포이즌 필은 내년 4월 14일까지 적용된다. 현재 머스크는 트위터 지분 9.1%를 보유하고 있다. … (중략) … 그는 트위터 경영진에 주당 54.20달러(약 6만 6,638원), 총 430억 달러(약 53조 원)에 트위터 지분 전체를 매수하는 방안을 제안했다.
   >
   > ○○경제신문, 2022. 4. 18.

   ① 일반적으로 ㉠을 시도하더라도 백기사와 같은 우호세력이 있다면, ㉠이 쉽지 않다.
   ② 머스크가 한 ㉠은 공개매수가 대표적이다.
   ③ 이사회 입장에서는 ㉡은 경영권 방어 수단으로, 기존주주들에게 시가보다 싼 값에 트위터 주식을 살 수 있는 권리를 주는 것이다.
   ④ ㉡과 같은 목적을 가진 제도로 황금낙하산도 있다.
   ⑤ 한국에서도 ㉡이 제도로 채택되어 운영되고 있다.

40. 새로 임명된 경영자가 전임 경영자의 재직기간에 쌓인 손실과 잠재적 부실 요소를 회계장부에 한꺼번에 반영하여 털어버리는 행위를 뜻하는 용어는 무엇인가?
   ① 뱅크런
   ② 빅배스
   ③ 홀딩스
   ④ 숏커버링
   ⑤ 윈도드레싱

41. '이것'은 국민이 느끼는 경제적 생활의 고통을 계량화하여 수치로 나타낸 것이다. '이것'은 물가상승률과 실업률의 합하여 계산한다. '이것'은 무엇인가?
   ① 경제자유지수
   ② 경제압박지수
   ③ 경제투자지수
   ④ 경제고통지수
   ⑤ 경제신뢰지수

42. 신문기사에서 나타난 미국 정부의 우려는 어떤 논란과 관련한 것인가?

> 미국 정부가 넷플릭스, 유튜브 등 콘텐츠 사업자(CP)에게 망 사용료를 부과하려는 한국 내 입법움직임에 대해 공개적으로 우려를 나타냈다.
> ○○경제신문, 2022. 4. 4.

① 페그제
② 로그롤링
③ 미란다 원칙
④ 스놉효과
⑤ 망 중립성

43. 신문기사를 읽고, ㉠ ~ ㉣에 관한 설명 중 옳지 않은 것은?

> ㉠ 메타가 디지털코인 '주크벅스(Zuck Bucks)'를 개발하고 있는 것으로 알려졌다. 메타는 과거에도 암호화폐 프로젝트를 추진하다가 접은 적이 있다. … (중략) … ㉡ 마크 저커버그 메타 최고경영자는 최근 "오는 5월 내로 인스타그램에 ㉢ 대체불가능토큰(NFT)을 도입하겠다."고 밝히기도 했다. … (중략) … 메타의 가상자산업계 진출 시도는 이번이 처음이 아니다. 2018년에는 '㉣ 리브라(이후 디엠)'라는 암호화폐 프로젝트를 출범시켰다.
> ○○경제신문, 2022. 4. 8.

① ㉠은 페이스북에서 명칭을 변경하였다.
② ㉡은 ㉠의 창업자이다.
③ 최근 ㉢ 기술은 디지털화된 예술품 경매시장에서 활발히 사용되고 있다.
④ ㉣은 현재도 활발히 거래되고 있다.
⑤ ㉠은 회사 이름을 변경하기 전에 FAANG에 속한 기업 중 하나이다.

44. 회사가 영업을 중단하고 보유자산을 모두 처분한다고 가정할 때 채권자, 주주 등에게 돌려줄 수 있는 돈을 계산한 것을 무엇이라고 하는가?

① 청산가치
② 수익가치
③ 존속가치
④ 본질가치
⑤ 부가가치

45. 공항, 철도 등의 사례에서 자주 나타나는 지역이기주의의 일종이다. 수익성 있는 사업을 무조건 자기 지방에 유치하려 하는 현상을 일컫는 용어는?

① 핌피현상
② 넛지효과
③ 베이크 아웃
④ 바나나현상
⑤ 지렛대효과

46. 이 용어는 어린이들이 안전하게 놀 수 있는 모래놀이터에서 착안한 용어이다. 규제를 바로 풀어주지는 못하더라도 안전한 환경에서 실제로 신사업을 운영해볼 수 있도록 일정 기간 규제를 유예 또는 면제해주는 제도이다. 이 용어는 무엇인가?

① 규제 기요틴
② 규제 실명제
③ 규제 일몰제
④ 규제 샌드박스
⑤ 규제 총량제

47. 고위공직자가 직무 수행 도중 사익을 취하지 못하도록 재산을 대리인에게 맡기도록 한 제도를 무엇이라고 하는가?

① 공증
② 백지신탁
③ 수의계약
④ 유상증자
⑤ 스톡옵션

48. 신문기사를 읽고, 밑줄 친 (A), (B)에 해당하는 정책이나 의견을 잘못 짝지은 것은?

> 이창용 한국은행 총재 후보자는 "데이터 변화에 따라 (A) 비둘기파도 (B) 매파도 될 수 있다."며, 경제·금융 상황에 맞춰 유연하게 통화정책을 운용하겠다는 뜻을 밝혔다.
> ○○경제신문, 2022. 4. 2.

ㄱ. 국공채 매입	ㄴ. 지급준비율 인하
ㄷ. 재할인율 인상	ㄹ. 인플레이션 안정
ㅁ. 경제성장 중시	ㅂ. 기준금리 인상

① (A) - ㄱ
② (A) - ㄷ
③ (B) - ㄹ
④ (B) - ㅂ
⑤ (A) - ㅁ

49. 우크라이나의 '이것' 가입 갈등이 러시아가 침공하게 된 이유 중 하나로 꼽힌다. '이것'은 미국과 소련(현재의 러시아)의 냉전 시대에 소련이 유럽으로의 진출을 억제하기 위해 미국, 캐나다, 유럽 10개국 등 12개국이 참가해 발족시킨 집단방위기구이다. 북대서양조약 기구라고도 하는 '이것'의 영어 약자는 무엇인가?

① NAFTA
② UNCTAD
③ NATO
④ WFP
⑤ CPTPP

50. 중소기업은행, 산업은행, 수출입은행의 공통점은 무엇인가?

① 국책은행
② 저축은행
③ 예금은행
④ 중앙은행
⑤ 인터넷전문은행

51. 아래의 그림 (A), (B)가 각각 나타내는 경제상황을 순서대로 알맞게 짝지으면?

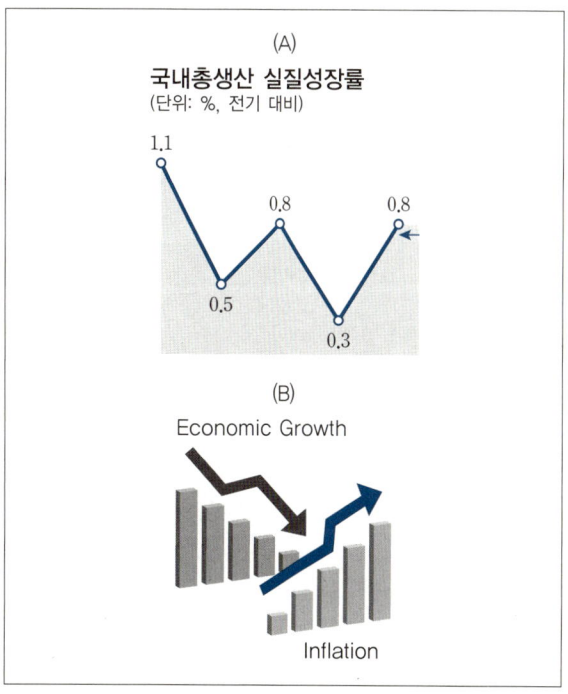

① 더블딥-그린슈트
② 스태그플레이션-스우시
③ 디커플링-디플레이션
④ 러프패치-소프트패치
⑤ 더블딥-스태그플레이션

52. 신문기사를 읽고, ㉠~㉢에 들어갈 내용을 알맞게 짝지으면?

> 한국은행 (㉠)이(가) 14일 기준금리를 연(㉡)%에서 연 (㉢)%로, 0.25%포인트 인상했다. 사상 초유의 총재 공석 상황에서도 10년 만의 4%대 물가에 대응하기 위해 금리를 올린 것이다. 하지만 올해 경제성장률에 대해선 지난 2월 전망한 3.0%보다 낮은 2%대 중·후반이 될 것이라고 밝혔다.
> ○○경제신문, 2022. 4. 15.

	㉠	㉡	㉢
①	공개시장위원회	1.00	1.25
②	공개시장위원회	1.25	1.5
③	금융통화위원회	1.00	1.25
④	금융통화위원회	1.25	1.5
⑤	금융안정위원회	1.25	1.5

53. 시장 지수보다 높은 수익률을 목표로 펀드매니저들이 자산 비중을 적극적으로 조정하는 펀드를 무엇이라고 하는가?

① 인컴펀드
② 매칭펀드
③ 액티브펀드
④ 인덱스펀드
⑤ 스포트펀드

54. 아래 나열한 내용을 지칭하는 날을 무엇이라고 하는가?

- 1987년 10월 19일
- 미국 뉴욕 다우존스지수가 전일 대비 22.6% 대폭락한 날을 가리키는 말

① 박싱데이
② 블랙먼데이
③ 트레이딩데이
④ 프리미엄프라이데이
⑤ 트리플위칭데이

55. 러시아가 우크라이나와의 전쟁으로 국제사회의 제재를 받게 되자 러시아는 국가신용등급이 강등되고, 투자자들에게 달러화 채권 이자를 제때 지급하지 못하면서 '이것' 위험에 빠지게 되었다. '이것'은 국가가 외채 이자나 원리금을 만기에 갚지 못할 경우 발생한다. '이것'은 무엇인가?

① 컨센서스
② 모멘텀
③ 밸류에이션
④ 펀더멘털
⑤ 디폴트

56. (A), (B)가 설명하는 용어의 영어 약자를 알맞게 짝지으면?

(A) 일정한 조건에 따라 주식으로 전환할 수 있는 권리가 붙은 사채를 말한다. 전환청구기간 내에 전환권을 행사함으로써 미리 정해진 가격으로 신주를 인수할 수 있다.
(B) 미리 정해진 가격으로 일정액의 주식을 인수할 수 있는 권리가 붙은 사채이지만, (A)와 다른 점은 인수권의 행사에 의해 인수권 부분만 소멸될 뿐 사채부분은 계속 효력을 갖는다는 점이다.

	(A)	(B)
①	CB	ELW
②	BW	ELS
③	CB	BW
④	ETF	CB
⑤	ELS	ELW

57. 나열한 설명에서 (가), (나)에 들어갈 알맞은 용어를 고르면?

- K뷰티 열풍에 힘입어 화장품업체 A사의 주가가 사상 처음 주당 100만 원을 돌파하며 (가)에 등극했다.
- 연말 배당철을 앞둔 주식시장에서 (나)가 강세를 보이고 있다. 의결권이 없는 대신 보통주보다 높은 배당을 받을 수 있다는 장점이 주목받으면서이다.

	(가)	(나)
①	황금주	우선주
②	황제주	우선주
③	황금주	자사주
④	황제주	자사주
⑤	테마주	우선주

58. 신문기사의 (A)에 대한 설명으로 옳지 않은 것은?

> 한국은행에 따르면 국내 외부감사 의무기업 2만 2,688개 중 약 15%(3,465개·2020년 기준)는 이익으로 이자를 못 갚는 상태가 3년 이상 지속된 (A)(으)로 추정된다. 한은은 코로나19가 지속되면서 이런 (A)이(가) 20%까지 늘어날 수 있다고 경고해 왔다.

① 좀비기업이라고도 한다.
② (A)의 증가는 BSI 측면에서 부정적이다.
③ 성장 잠재력이 있는 기업에 가야 할 사회적 자원이 (A)의 지원에 사용되면서 국가 전체의 경쟁력에 부정적인 요인이 된다.
④ (A)에 대한 구조조정은 단기적으로 고용지표의 악화를 초래할 것이다.
⑤ (A)를 판단하는 기준은 이자보상배율이 3년 연속 2 미만일 때이다.

59. 신문기사를 읽고, 미국 중앙은행(Fed)의 금리인상 기조를 무엇이라고 하는가?

> 미국 중앙은행(Fed)은 다음달 3~4일 연방공개시장위원회(FOMC) 회의를 연다. 월스트리트저널(WSJ)은 "Fed가 다음달 회의에서 금리를 0.25%포인트가 아닌 한 번에 0.5%포인트 인상할 것"이라며 "우크라이나 사태로 에너지 가격 급등과 공급망 문제 등으로 최악의 인플레이션에 직면해 있다."고 했다.
> ○○경제신문, 2022. 4. 13.

① 빅샷
② 빅맥
③ 빅쿼리
④ 빅스텝
⑤ 빅브라더

60. 안전자산과 가장 거리가 먼 자산을 고르면?
① 금
② 달러화
③ 스위스 프랑
④ 은
⑤ 루블화

〈 상황추론·판단 〉

61. 김장을 앞두고 냉해를 입은 배추의 가격이 작년보다 크게 올랐다. 이 소식을 들은 세 명의 주부 갑, 을, 병의 반응은 다음과 같다. 배추에 대한 수요의 가격탄력성(절댓값)이 큰 사람부터 순서대로 나열한 것은?

> • 갑: 올해 월급이 동결되었으니, 우리 집은 올해 김장 배추 구입비를 작년과 같게 유지할 거야.
> • 을: 배춧값이 올랐다고 김장을 덜 할 수는 없잖아. 작년과 같이 20포기를 해야지.
> • 병: 배춧값이 너무 비싸져 어쩔 수 없어. 배추 구입비를 줄일래.

① 갑, 을, 병
② 을, 갑, 병
③ 을, 병, 갑
④ 병, 갑, 을
⑤ 병, 을, 갑

62. 다음은 학생의 보고서 내용이다. ㉠과 ㉡에 들어갈 내용을 알맞게 짝지으면?

> 〈식물성 대체육시장 조사 보고서〉
> • 수요
> – 환경 및 동물복지에 대한 인식으로 식물성 대체육을 찾는 사람들이 많아짐
> • 공급
> – 식물성 대체육 생산기술 향상으로 저렴한 비용으로 생산이 가능해짐
> • 식물성 대체육시장 전망
> – 균형가격: (㉠), 균형거래량: (㉡)

	㉠	㉡
①	상승	증가
②	상승	감소
③	하락	알 수 없음
④	알 수 없음	감소
⑤	알 수 없음	증가

63. 아래 자료에 나타난 갑국의 경제상황을 개선할 수 있는 가장 알맞은 재정정책과 통화정책의 조합을 고르면?

〈갑국의 경제상황〉
• 취업률 급락 : 전년 대비 4.9%p 하락
• 명목금리는 전년과 동일하지만 실질금리는 5%p 상승
• 기업 고충의 심화 : 명목 부채의 실질 상환 부담 증가로 어려움을 호소하는 기업의 급격한 증가

① 정부지출 증가 – 기준금리 인상
② 소득세율 인상 – 국공채 매각
③ 법인세 인하 – 국공채 매입
④ 공공사업의 확대 – 지급준비율 인상
⑤ 소비세율 인상 – 지급준비율 인하

64. 아래 신문기사를 읽고, 이와 관련한 설명 중 옳지 않은 것은?

국내 인터넷 콘텐츠 이용료가 잇따라 인상되고 있다. 앱 장터를 운영하는 구글이 외부 결제 링크를 막고, 앱 내 제3자 결제 수수료를 높게 책정한 결과이다. 앱 내 결제를 강제하지 못하게 한 이른바 '구글 갑질 방지법'이 무용지물이 됐다는 평가가 나온다. … (중략) … 구글은 지난달 앱 개발사에 앱 내 외부 결제 링크를 삭제하라고 공지했다. 오는 6월 1일까지 링크를 빼지 않으면 구글 앱 마켓인 플레이스토어에서 퇴출당할 수 있다고 밝혔다.
○○경제신문, 2022. 4. 8.

① 구글이 앱 내 결제를 유도하는 것은 일종의 진입장벽이 될 수 있다.
② 구글의 이러한 행위는 시장지배적 사업자의 진입제한행위로 볼 수 있다.
③ 구글이 외부 결제 링크를 막는 요인에는 구글플레이가 한국의 앱 마켓에서 점유율이 70%가까이 차지하고 있기 때문이다.
④ 구글이 앱 마켓 시장에서 시장 점유율을 늘리고, 결제 정책을 정할 수 있는 것은 베블런효과가 하나의 요인이다.
⑤ 구글 갑질 방지법이 오히려 제3자 결제 수수료를 높게 책정하여 소비자의 후생을 악화시킨 규제의 역설이 나타났다.

65. 아래 사례와 관련한 경제개념을 〈보기〉에서 모두 고르면?

A국의 무료 공용 자전거가 퇴출 위기에 몰렸다. 주인이 없는 자원을 함부로 쓰는 이용자들의 이기적 행태에다 효율적이지 못한 관리체계 등의 문제가 겹치면서 운영사의 적자가 눈덩이처럼 불어서이다.

〈보기〉
ㄱ. 경합성   ㄴ. 비배제성
ㄷ. 공유자원의 비극 ㄹ. 과점 출현
ㅁ. 왈라스 법칙

① ㄱ, ㄴ, ㄷ
② ㄱ, ㄷ, ㅁ
③ ㄴ, ㄷ, ㄹ
④ ㄴ, ㄹ, ㅁ
⑤ ㄷ, ㄹ, ㅁ

66. 아래 그림의 추세가 지속된다고 할 때, 이와 관련한 설명 중 옳지 않은 것은?

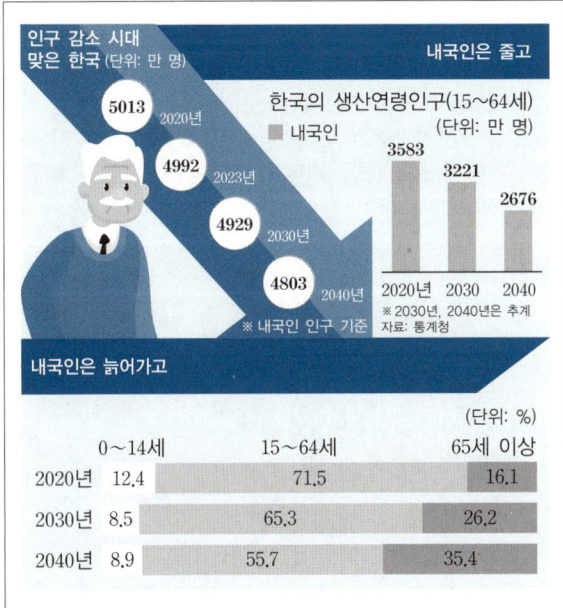

① 생산연령인구가 감소하는 것은 인구의 고령화 수준이 높아지고, 합계 출산율이 낮아지고 있기 때문이다.
② 한국은 이미 2020년에 초고령사회에 진입했다.
③ 국내 생산연령인구의 감소에 대응하기 위해 외국인을 국내의 인구로 받아들이는 사회적 논의가 심화될 가능성이 높다.
④ 제조업은 생산 설비의 자동화와 스마트 팩토리로의 전환을 서두를 것이다.
⑤ 내국인의 0~14세 인구 비율은 2030년까지 줄어들다가 2040년에는 소폭 증가할 것으로 예상된다.

67. 다음 대화를 통해 추론할 수 있는 내용으로 가장 적절한 것은? (단, 다른 조건의 변화는 없다.)

① 실업률이 감소할 것이다.
② 민간투자가 늘어날 것이다.
③ 국내총생산이 증가할 것이다.
④ 총공급의 감소로 인한 물가 상승의 우려가 있다.
⑤ 총수요 증가로 인한 인플레이션이 발생할 가능성이 크다.

68. 최근 금융환경은 아래와 같이 요약할 수 있다. 이와 관련하여 경제에 미치는 영향과 추론에 대한 학생들의 설명 중 옳지 않은 것은?

- 한국은행은 기준금리를 인상하기 시작했다.
- 부동산 등 자산시장은 이례적으로 팽창해 있다.
- 가계부채는 1,800조 원을 넘으면서 그 증가 속도가 가파르다.
- 미국의 기준금리 인상이 시작되면서, 전 세계적으로 인플레이션 압력을 줄이기 위한 각국 중앙은행의 긴축 통화정책은 기정사실이 되었다.

① 가영: 미국과 금리 격차가 커지면 자본유출이 예상되므로 이를 방지하기 위해 한국은행은 기준금리를 인상할 필요성도 있어.
② 나영: 인플레이션 압력으로 기준금리를 인상해야 하지만, 가계와 기업의 이자 부담이 늘어나 경기를 침체로 이끌 수 있기에 한국은행은 딜레마에 빠졌어.
③ 다영: 기준금리를 현 상태로 유지할 경우 시중은행의 민간 대출이 지속적으로 이루어지므로 자산시장의 팽창을 멈출 수 없을 거야.
④ 라영: 부동산시장이 팽창한 것은 경제주체가 자산효과를 기대했다고 볼 수 있지.
⑤ 마영: 각국의 중앙은행이 기준금리를 인상하는 긴축 통화정책의 시행은 일반적으로 채권 가격의 상승 요인이야.

69. 밑줄 친 ㉠의 시장구조와 관련한 내용을 <보기>에서 고르면?

> 한진, 롯데글로벌로지스(롯데택배)에 이어 택배업계 1위 CJ대한통운이 다음달부터 택배 단가를 인상한다. 이로써 ㉠ 국내 택배시장 점유율이 77%에 달하는 '빅3' 택배사가 모두 택배 단가를 인상했다.

─〈보기〉─
ㄱ. 완전경쟁시장 ㄴ. 과점시장
ㄷ. 리니언시   ㄹ. 가격수용자

① ㄱ, ㄴ
② ㄱ, ㄷ
③ ㄴ, ㄷ
④ ㄴ, ㄹ
⑤ ㄷ, ㄹ

70. 그림은 생애주기에 따른 소비와 소득곡선을 나타낸다. 이에 대한 <보기>의 설명 중 옳은 것을 고르면? (단, 소득은 소비와 저축의 합이다.)

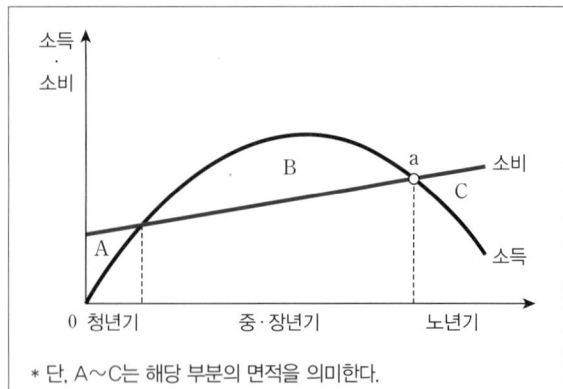

* 단, A~C는 해당 부분의 면적을 의미한다.

─〈보기〉─
ㄱ. a점에서 소비 누적액이 가장 높다.
ㄴ. B는 저축에 해당한다.
ㄷ. A + C < B라면 안정적인 노후생활을 보낼 수 있다.
ㄹ. 소비와 달리 소득은 지속적으로 감소한다.

① ㄱ, ㄴ
② ㄱ, ㄷ
③ ㄴ, ㄷ
④ ㄴ, ㄹ
⑤ ㄷ, ㄹ

71. 기자가 취재한 후, 아래의 글을 작성하고 기사의 제목으로 속담을 활용한다고 하자. 이때 알맞은 속담을 고르면?

> 정부가 건강보험 보장성 강화 대책의 부작용을 인정하고 건보의 보장성을 축소하기로 했다. 지난해 뇌 자기공명영상(MRI) 검사비에 대한 건보지원을 확대한 이후 이용자가 폭증하자 혜택을 줄이기로 한 것이다. 늦게나마 문제를 인식한 것은 다행이지만 이미 건보 재정 악화가 상당 부분 진행돼 부작용이 드러나자 뒤늦게 대처하는 것 아니냐는 지적이 나온다.

① 도랑 치고 가재 잡는다.
② 소 잃고 외양간 고친다.
③ 바늘 가는 데 실 간다.
④ 흉년의 떡도 많이 나면 싸다.
⑤ 맛있는 음식도 늘 먹으면 싫다.

72. 아래 글은 줄리언 L.사이먼의 『근본자원』의 내용 중 일부이다. 이를 읽고, 저자가 가장 동의할 수 <u>없는</u> 추론을 고르면?

> 인구 증가와 토지 부족 때문에 장기적으로는 식량 부족에 직면하게 된다는 맬서스적 개념은 틀린 개념이다. 단위 면적당 식량 생산량은 놀랍게도 매우 빠르게 증가한다. 인구가 몇 배 증가하면 현재의 선진국형 토지농사까지 극복하고자 하는 인센티브가 충분히 생길 것이다. 사람들에게는 의심의 그림자가 드리워져 있지만 어두운 그늘의 저편에는 지금보다 훨씬 작은 농지에서 현재 지구 인구의 몇 배가 되는 인구를 부양할 수 있는 영농지식이라는 밝은 곳이 이미 존재하고 있다. 지식의 증가 덕분에 생계 수준을 넘어서 생활 수준의 여러 측면을 개선할 수 있는 능력이 더 빨리 지수적으로 증가하고 있다. 결국 세월이 갈수록 식량은 점점 싸진다.

① 식량은 산술급수적으로 늘지만, 인구는 기하급수적으로 늘어난다.
② 인간의 지식이 어떤 자연자원보다 근본적인 자원이라 할 수 있다.
③ 한국이 자연자원은 빈국이지만 인적자원은 부국일수도 있다.
④ 인구 증가보다 농업 생산성 향상이 빨랐기에 식량난을 겪지 않았다.
⑤ 저자의 주장에 따르면 밀 가격은 장기적으로 하락할 것으로 전망하고 있다.

73. 아래 표는 일본 엔화 환율과 유가에 따른 경상수지 전망을 나타낸 것이다. 이와 관련한 설명 중 옳은 것은?

일본 경상수지 전망 (단위: 조 엔)

※ 환율은 달러당, 유가는 WTI 배럴당

엔화 환율	유가		
	90달러	110달러	130달러
110엔	-5.0	-11.1	-17.1
120엔	-3.3	-9.6	-16.4
130엔	-1.6	-8.6	-15.6

자료: 니혼게이자이신문

① 엔화 환율 110엔과 유가 130달러일 때 경상수지 적자 수준이 가장 약하다.
② 엔화 환율이 일정할 때, 유가의 상승은 경상수지 적자를 완화한다.
③ 표에 따르면 엔화 환율이 낮을수록, 유가가 높을수록 경상수지는 개선된다.
④ 유가 상승보다는 엔화 환율의 상승이 경상수지에 미치는 부정적 영향의 크기가 더 크다.
⑤ 유가가 일정할 때, 엔화 환율이 상승할수록 경상수지 적자가 개선된다.

74. 아래 지문에서 ㉠~㉢에 들어갈 용어를 순서대로 알맞게 나열한 것을 고르면?

> (㉠)은 인간의 심리적 특성을 경제학 이론에 적용시키는 학문으로, 인간의 합리성을 전제로 하는 주류경제학과 달리 인간이 완전히 합리적일 수 없다는 관점에서 경제주체의 의사결정을 분석한다. (㉠)과 관련된 용어로는 경제적 이익과 손실의 절대적 크기가 동일하다고 할지라도 손실에서 오는 비효용이 이득으로 인한 효용보다 큰 현상을 가리키는 (㉡)이(가) 있는데, 이 현상은 특정 대상이 자신의 소유가 되고 나면 객관적인 가치보다 더 높은 가치를 매기거나 좀처럼 팔지 않으려는 현상인 (㉢)을(를) 설명해주는 근거가 될 수 있다.

	㉠	㉡	㉢
①	행동경제학	손실 회피성	보유효과
②	행동경제학	자기과신	손실 회피성
③	행동경제학	보유효과	손실 회피성
④	사회경제학	손실 회피성	행동재무학
⑤	사회경제학	행동재무학	보유효과

75. 아래 사설을 읽고, 밑줄 친 ㉠, ㉡에 관한 설명 중 옳지 <u>않은</u> 것은?

> 한국은행 총재 후보자가 '㉠ 부가가치세 인상'이라는 화두를 꺼내 들었다. 국회 청문회 위원들의 질의에 대한 서면 답변에서 "㉡ 국가부채를 지속 가능한 수준으로 관리하기 위해서는 증세 등 세수 확충 노력이 필요하다."며, 부가가치세 인상을 하나의 대안으로 제시했다.
> ○○경제신문, 2022. 4. 20.

① ㉠은 간접세에 속하며, 한국의 세율은 10%이다.
② ㉠의 인상으로 국민의 조세부담률이 증가할 수 있다.
③ ㉡의 관리를 위해서는 정부는 의무지출을 더 늘려야 한다.
④ ㉡은 국가가 실제로 진 빚인 국가채무에 미래에 지출하기 위해 현재 충당해야 하는 연금충당부채까지 합한 것을 말한다.
⑤ ㉠의 인상이 경기를 침체시켜 오히려 정부 세수를 줄이게 되면, ㉡ 문제가 완화되는 것은 아니므로 항상 논란이 있는 주제이다.

76. 아래 신문칼럼을 읽고, 규제를 개혁할 때 이를 막는 역사적 사례나 이론을 〈보기〉에서 고르면?

> 이런 상태를 타파하는 것은 진정 쉽지 않다. 강고한 기득권에 기반해 관료제가 저항하고 있고 또 규제개혁의 요구를 어떻게 회피할지 노하우도 오랜 세월 축적했기 때문이다. 다른 말로 하면 관료제의 연기력도 뛰어나고, 개혁압력에 대한 내성의 수준도 매우 높다. 게다가 규제개혁은 현대적인 이슈에도 취약한 면이 있다. 불확실성과 안전이 그것이다. 불확실한 상황에서 국가와 정치인들이 안전과 위안을 줄 것이라는 믿음이 엄연히 존재하고 규제가 완화되면 국민들의 안전이 위협받으리라는 두려움도 높다. 심각하게 오도되고 설불리 믿어지는 스토리지만 그 또한 국민의 염려인 것은 사실이다.
> ○○경제신문, 2022. 4. 5.

〈보기〉
ㄱ. 철의 삼각
ㄴ. 붉은 깃발법
ㄷ. 콩도르세의 역설
ㄹ. 인클로저 운동

① ㄱ, ㄴ
② ㄱ, ㄷ
③ ㄴ, ㄷ
④ ㄴ, ㄹ
⑤ ㄷ, ㄹ

77. 아래 그래프는 어떤 시기의 6개월간 달러화 대비 원화 환율의 추이를 보여주고 있다. 이 중 동그라미로 표시한 구간의 달러화 대비 원화 환율의 추이가 지속될 것으로 가정할 때, 예상되는 경제현상에 대한 설명 중 옳지 <u>않은</u> 것은?

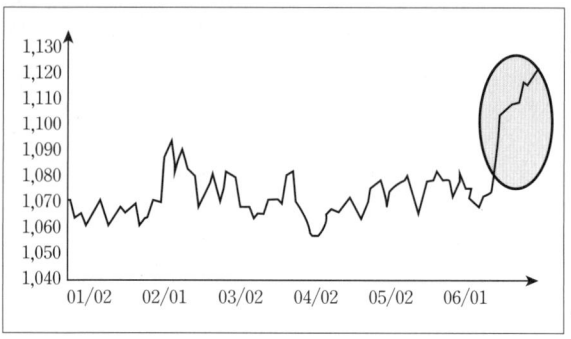

① 미국 여행 시기를 앞당기는 것이 유리하다.
② 달러화 표시 외채의 채무부담이 증가할 것이다.
③ 달러화에 대한 원화의 가치가 하락할 것이다.
④ 국내 기업이 미국으로 수출하는 제품의 가격경쟁력이 강화될 것이다.
⑤ 미국산 농산물을 우리나라에 수입할 때의 수입가격이 하락할 것이다.

78. 지문의 (가) ~ (다)에 들어갈 내용을 알맞게 짝지은 것은?

> P국은 신용등급 전망을 부여하기 시작한 1991년 이후 처음으로 P국 국채의 신용등급 전망을 '안정적'에서 '(가)'으로 낮췄다. 국제 신용평가회사인 스탠더드앤드푸어스(S&P)는 성명을 통해 "P국이 같은 AAA 등급을 받고 있는 국가들과 비교할 때 막대한 정부의 (나)와 국가부채 급증에 대처하는 과정에서 예상되는 불확실성 등으로 장기 전망을 '안정적'에서 '(가)'으로 낮췄다."고 밝혔다. … (중략) … P국 신용전망 소식이 전해지면서 이날 개장한 P국 증시는 급락하고, P국 국채 수익률은 소폭 (다)하는 등 부정적 영향을 받고 있다.

	(가)	(나)	(다)
①	중립적	영업적자	하락
②	중립적	재정적자	상승
③	부정적	영업적자	하락
④	부정적	재정적자	상승
⑤	불안정	무역적자	하락

79. 아래 신문기사와 그림과 관련한 설명 중 옳지 않은 것은?

> 시장금리도 고공행진 중이다. 한국은행이 기준금리를 올해 연 2.25%까지 올릴 수 있다는 관측이 나오면서 회사채 투자적격 최하단인 BBB- 등급 3년물 금리는 지난 11일 연 9.638%로 2012년 5월 10일(연 9.66%) 후 가장 높았다. 1년 전보다는 1.219%포인트 올랐다. 한은에 따르면 지난 2월 예금은행의 기업 대출금리 평균(신규취급액 기준)은 전달보다 0.14%포인트 상승한 연 3.44%로, 2019년 7월 (연 3.52%) 후 최고치를 기록했다.
> ○○경제신문, 2022. 4. 14.

① 기업의 투자활동이 위축될 가능성이 높다.
② 2018년에서 2022년까지 기업의 이자비용은 지속적으로 증가했다.
③ 4월 11일 기준 BBB- 등급 회사채는 1년 전보다 가격이 하락했을 것이다.
④ 예금은행의 기업 대출금리 상승은 은행의 영업이익 증가에 긍정적인 요인으로 작용할 수도 있다.
⑤ 채권금리와 대출금리가 기준금리보다 높은 것은 가산금리가 존재하기 때문이다.

80. 아래 글은 19세기 프랑스 지식인 프레데릭 바스티아가 쓴 『법』의 일부이다. 필자의 의도와 가장 거리가 먼 설명은 무엇인가?

> **고결하신 국회의원님들께**
>
> 저희는 저희에 비해 지나치게 월등한 조건에서 빛을 생산해내는 외부 경쟁자 때문에 극심한 고난을 겪고 있습니다. 그는 이미 믿기지 않을 정도의 저가와 고품질로 국내 시장을 석권하고 있습니다. 그 경쟁자는 바로 태양입니다. 의원님들이 이 불평등을 시정할 법을 통과시켜 주셨으면 하고 저희는 탄원하는 바입니다. 낮에는 국민들의 모든 창문과 지붕창, 채광창, 곁문, 커튼, 블라인드 등을 닫도록 하는 법안입니다. … (중략) … 선택을 하되 논리적으로 하십시오. 국내 산업을 보호한다면서 값싼 외국산 철강, 곡물, 직물 등의 수입을 막는데, 공짜나 다름없는 태양광을 막지 않는다면 얼마나 비논리적인 처사입니까!

① 필자는 보호무역주의를 우회적으로 비판하고 있다.
② 필자는 중상주의의 필요성을 강력히 주장하고 있다.
③ 필자는 양초와 태양의 비유를 통해 규제기관의 어리석음을 강하게 지적하고 있다.
④ 필자는 국회의원들이 양초업자들의 압력에 규제를 만들려는 상황을 풍자하고 있다.
⑤ 필자의 견해를 현대 경제학적 의미에서 보면 지나친 수입규제가 경제발전을 해친다는 의미로 해석할 수 있다.

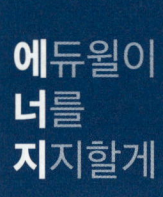

내가 꿈을 이루면
나는 누군가의 꿈이 된다.

– 이도준

국가공인 1호 경제이해력 검증시험
에듀윌 TESAT 기출문제

국가공인 1호 경제이해력 검증시험
에듀윌 TESAT 기출문제

국가공인 1호 경제이해력 검증시험
에듀윌 TESAT 기출문제

국가공인 1호 경제이해력 검증시험

에듀윌 TESAT 기출문제

TESAT
TEST OF ECONOMIC SENSE AND THINKING

성명 / 외국인 영어로
한글
한자

수험번호

주민등록번호

성명
* 왼쪽부터 차례로 마킹합니다.
* 이름이 다섯 자 이상인 경우 앞의 네 자만 기재합니다.
* 외국인은 입력하지 않아도 됩니다.

직업
○ 대학(원)생
○ 회사원
○ 취업준비생
○ 자영업
○ 군인
○ 기타
○ 고등학생(고등학생의 경우 전공 학력 표시 안 함)

전공
○ 경상계열
○ 인문·사회계열
○ 자연계열
○ 공학계열
○ 예체능계열
○ 기타

학력
○ 대학재학(1, 2학년)
○ 대학재학(3, 4학년)
○ 대학졸업
○ 대학원졸업
○ 대학원졸업
○ 고등학교졸업
○ 기타

감독관 확인

〈유의사항 및 부정행위 처리규정〉
- 답안은 반드시 컴퓨터용 사인펜을 사용하여 " ● "와 같이 까맣게 표기해야 합니다.
- 시험시간 관리의 책임은 전적으로 응시자 본인에게 있으며, 제한시간을 준수하지 않은 경우 부정행위로 처리됩니다.
- 휴대폰 등 통신 장비를 소지할 경우 부정행위로 간주합니다.
- 부정행위 적발 시, 당해 시험은 지필 무효 처리되며 2년간 시험에 응시할 수 없습니다.

* 서약내용을 반드시 확인하고 서명하십시오.

본인은 유의사항 및 부정행위 처리규정을 확인하였으며, 이를 어겼을 경우 어떠한 불이익도 감수할 것을 서약합니다.

20 ___ 년 ___ 월 ___ 일   응시자: _____ (서명)

서약

국가공인 1호 경제이해력 검증시험
에듀윌 TESAT 기출문제

국가공인 1호 경제이해력 검증시험
에듀윌 TESAT 기출문제

국가공인 1호 경제이해력 검증시험
에듀윌 TESAT 기출문제

성명	한글	
	한자	외국인은 영어로

TESAT
TEST OF ECONOMIC SENSE AND THINKING

감독관 확인

수 험 번 호

⓪	⓪	⓪	–	⓪	⓪	⓪	⓪
①	①	①		①	①	①	①
②	②	②		②	②	②	②
③	③	③		③	③	③	③
④	④	④		④	④	④	④
⑤	⑤	⑤		⑤	⑤	⑤	⑤
⑥	⑥	⑥		⑥	⑥	⑥	⑥
⑦	⑦	⑦		⑦	⑦	⑦	⑦
⑧	⑧	⑧		⑧	⑧	⑧	⑧
⑨	⑨	⑨		⑨	⑨	⑨	⑨

주 민 등 록 번 호

⓪	⓪	⓪	⓪	⓪	⓪	–	⓪	⓪	⓪	⓪	⓪	⓪	⓪
①	①	①	①	①	①		①	①	①	①	①	①	①
②	②		②	②	②		②	②	②	②	②	②	②
③	③		③	③	③		③	③	③	③	③	③	③
④	④		④		④		④	④	④	④	④	④	④
⑤	⑤		⑤		⑤		⑤	⑤	⑤	⑤	⑤	⑤	⑤
⑥	⑥		⑥		⑥		⑥	⑥	⑥	⑥	⑥	⑥	⑥
⑦	⑦		⑦		⑦		⑦	⑦	⑦	⑦	⑦	⑦	⑦
⑧	⑧		⑧		⑧		⑧	⑧	⑧	⑧	⑧	⑧	⑧
⑨	⑨		⑨		⑨		⑨	⑨	⑨	⑨	⑨	⑨	⑨

성 명

* 왼쪽부터 차례로 마킹합니다.
* 이름이 다섯 자 이상인 경우 앞의 네 자만 기재합니다.
* 외국인은 입력하지 않아도 됩니다.

ㄱ	ㅏ	ㄱ	ㄱ	ㅏ	ㄱ	ㄱ	ㅏ	ㄱ	ㄱ	ㅏ	ㄱ
ㄴ	ㅑ	ㄴ	ㄴ	ㅑ	ㄴ	ㄴ	ㅑ	ㄴ	ㄴ	ㅑ	ㄴ
ㄷ	ㅓ	ㄷ	ㄷ	ㅓ	ㄷ	ㄷ	ㅓ	ㄷ	ㄷ	ㅓ	ㄷ
ㄹ	ㅕ	ㄹ	ㄹ	ㅕ	ㄹ	ㄹ	ㅕ	ㄹ	ㄹ	ㅕ	ㄹ
ㅁ	ㅗ	ㅁ	ㅁ	ㅗ	ㅁ	ㅁ	ㅗ	ㅁ	ㅁ	ㅗ	ㅁ
ㅂ	ㅛ	ㅂ	ㅂ	ㅛ	ㅂ	ㅂ	ㅛ	ㅂ	ㅂ	ㅛ	ㅂ
ㅅ	ㅜ	ㅅ	ㅅ	ㅜ	ㅅ	ㅅ	ㅜ	ㅅ	ㅅ	ㅜ	ㅅ
ㅇ	ㅠ	ㅇ	ㅇ	ㅠ	ㅇ	ㅇ	ㅠ	ㅇ	ㅇ	ㅠ	ㅇ
ㅈ	ㅡ	ㅈ	ㅈ	ㅡ	ㅈ	ㅈ	ㅡ	ㅈ	ㅈ	ㅡ	ㅈ
ㅊ	ㅣ	ㅊ	ㅊ	ㅣ	ㅊ	ㅊ	ㅣ	ㅊ	ㅊ	ㅣ	ㅊ
ㅋ	ㅐ	ㅋ	ㅋ	ㅐ	ㅋ	ㅋ	ㅐ	ㅋ	ㅋ	ㅐ	ㅋ
ㅌ	ㅒ	ㅌ	ㅌ	ㅒ	ㅌ	ㅌ	ㅒ	ㅌ	ㅌ	ㅒ	ㅌ
ㅍ	ㅔ	ㅍ	ㅍ	ㅔ	ㅍ	ㅍ	ㅔ	ㅍ	ㅍ	ㅔ	ㅍ
ㅎ	ㅖ	ㅎ	ㅎ	ㅖ	ㅎ	ㅎ	ㅖ	ㅎ	ㅎ	ㅖ	ㅎ
	ㅘ		ㄲ	ㅘ		ㄲ	ㅘ		ㄲ	ㅘ	
	ㅚ		ㄸ	ㅚ		ㄸ	ㅚ		ㄸ	ㅚ	
	ㅝ		ㅃ	ㅝ		ㅃ	ㅝ		ㅃ	ㅝ	
	ㅟ		ㅆ	ㅟ		ㅆ	ㅟ		ㅆ	ㅟ	
	ㅢ		ㅉ	ㅢ		ㅉ	ㅢ		ㅉ	ㅢ	
	ㅙ			ㅙ			ㅙ			ㅙ	
	ㅞ			ㅞ			ㅞ			ㅞ	

〈유의사항 및 부정행위 처리규정〉

- 정답은 반드시 컴퓨터용 사인펜을 사용하여 "●"와 같이 까맣게 표기해야 합니다.
- 시험시간 관리의 책임은 전적으로 응시자 본인에게 있으며, 제한시간을 준수하지 않을 경우 부정행위로 처리됩니다.
- 휴대폰 등 통신 촬영 장비를 소지할 경우 부정행위로 간주합니다.
- 부정행위 적발 시, 당해 시험은 정지 및 무효 처리되며 2년간 시험에 응시할 수 없습니다.

직 업	전 공	학 력
○ 대학(원)생	○ 경상계열	○ 대학재학(1, 2학년)
○ 회사원	○ 인문 · 사회계열	○ 대학재학(3, 4학년)
○ 취업준비생	○ 자연계열	○ 대학졸업
○ 자영업	○ 공학계열	○ 대학원졸업
○ 군인	○ 예체능계열	○ 고등학교졸업
○ 기타	○ 기타	○ 기타
○ 고등학생(고등학생의 경우 전공 학력 표시 안 함)		

* 서약내용을 반드시 확인하고 서명하십시오.

서 약	본인은 유의사항 및 부정행위 처리규정을 확인하였으며, 이를 어겼을 경우 어떠한 불이익도 감수할 것을 서약합니다. 20___ 년 ___월 ___일 응시자: ________________(서명)

✂ 절취선

국가공인 1호 경제이해력 검증시험
에듀윌 TESAT 기출문제

2025 에듀윌 TESAT 회차별 기출문제집

발 행 일	2025년 5월 20일 초판
편 저 자	조시현, 고병규, 손기준, 김상헌
펴 낸 이	양형남
개 발	정상욱, 조희진
펴 낸 곳	(주)에듀윌
등록번호	제25100-2002-000052호
주 소	08378 서울특별시 구로구 디지털로34길 55 코오롱싸이언스밸리 2차 3층
I S B N	979-11-360-3789-3

* 이 책의 무단 인용·전재·복제를 금합니다.

www.eduwill.net
대표전화 1600-6700

여러분의 작은 소리
에듀윌은 크게 듣겠습니다.

본 교재에 대한 여러분의 목소리를 들려주세요.
공부하시면서 어려웠던 점, 궁금한 점,
칭찬하고 싶은 점, 개선할 점, 어떤 것이라도 좋습니다.
에듀윌은 여러분께서 나누어 주신 의견을
통해 끊임없이 발전하고 있습니다.

에듀윌 도서몰 book.eduwill.net
- 부가학습자료 및 정오표: 에듀윌 도서몰 → 도서자료실
- 교재 문의: 에듀윌 도서몰 → 문의하기 → 교재(내용, 출간) / 주문 및 배송

88개월, 795회
베스트셀러 1위 달성

합격생이 말하는 단기 고득점의 1등 공신!
제대로 만든 교재라면 합격이 빨라집니다

에듀윌 TESAT 한권끝장

에듀윌 TESAT 영역별 600제
(기출문제 208제 포함)

에듀윌 TESAT
회차별 기출문제집

* YES24 수험서 자격증 TESAT 경제이해력검증시험 월별 베스트셀러 83회/주별 베스트셀러 352회, 알라딘 수험서/자격증 TESAT 월간 베스트셀러 65회/주간 베스트셀러 295회 합산 기준
  (2017년 1월 1일~2025년 3월 31일, 매월 1위 교재는 다름)
* YES24 국내도서 해당 분야 월별, 주별 베스트셀러 기준

2025 최신판

에듀윌 TESAT
회차별 기출문제집
+무료특강

정답 및 해설

eduwill

2025 최신판

에듀윌 TESAT
회차별 기출문제집
+무료특강

2025 최신판

에듀윌 TESAT
회차별 기출문제집
+무료특강

정답 및 해설

제87회 TESAT 문제지 정답 및 해설

경제이론

1	④	2	⑤	3	③	4	②	5	①
6	③	7	④	8	①	9	⑤	10	③
11	④	12	①	13	③	14	②	15	①
16	④	17	①	18	②	19	④	20	①
21	①	22	②	23	①	24	④	25	①
26	②	27	②	28	⑤	29	⑤	30	②

시사경제·경영

31	⑤	32	①	33	④	34	③	35	⑤
36	④	37	⑤	38	③	39	④	40	②
41	①	42	②	43	④	44	②	45	①
46	②	47	①	48	②	49	②	50	①
51	③	52	①	53	②	54	①	55	①
56	④	57	①	58	③	59	②	60	⑤

상황추론·판단

61	①	62	②	63	④	64	②	65	③
66	②	67	④	68	⑤	69	⑤	70	①
71	①	72	②	73	①	74	②	75	①
76	③	77	②	78	③	79	①	80	⑤

경제이론

1. 정답 ④

| 해설 | 애덤 스미스는 『국부론』에서 자유로운 경제 체계의 필요성을 주장하였다. 그는 정부 개입의 최소화를 주장하면서 경제적 자유와 시장의 자율성을 강조하였다.
④ 정부의 무상 복지와 공평한 소득분배는 애덤 스미스가 주장한 자유로운 경제 체계의 특징이 아니다.

| 오답피하기 | ① 애덤 스미스는 경쟁이 시장에서 혁신과 경제성장을 촉진한다고 보았다.
② 시장 경제에서는 개인의 경제적 자유가 보장되며, 재산권과 계약의 자유를 기반으로 거래가 이루어진다.
③ 시장 경제에서 가격은 시장의 수요와 공급에 의해 결정된다.
⑤ 애덤 스미스는 기업이 소비자의 수요에 맞춰 제품을 제공하면서 이윤을 추구한다고 보았다.

2. 정답 ⑤

| 해설 | 물가안정목표제는 한국은행이 채택하고 있는 통화정책 운영체제로, 통화량 등의 중간목표를 두지 않고 정책의 최종 목표인 물가상승률 자체를 목표로 설정하고 중기적 시계(3년)에서 이를 달성하려는 통화정책 운영방식이다.
⑤ 한국은행은 「한국은행법」 제6조 제1항에 의거하여 정부와 협의하여 물가안정목표를 설정하고 있다.

| 오답피하기 | ① 물가안정목표제는 인플레이션의 변동성을 완화하고 예측 가능성을 높이는 것이 목적이다. 이를 통해 경제의 안정성과 신뢰도를 확보할 수 있다.
② 한국은행은 기준금리를 조정함으로써 통화량과 금리를 조절하여 물가안정목표를 달성하고자 하며, 이를 결정하는 기구가 금융통화위원회이다.
③ 한국은행은 소비자물가상승률을 연평균 2% 수준으로 유지하는 것을 목표로 하고 있다.
④ 물가안정목표는 중기적 목표(3년)를 지향한다.

3. 정답 ③

| 해설 | 제시된 그림에서 소유권이 없는 상황은 배제성이 없는 재화의 특성을 나타낸다.
③ 공유지의 비극은 경합성이 있으나 배제성이 없는 재화가 과도한 낭비로 인해 고갈되는 현상을 말한다.

| 오답피하기 | ① 기펜의 역설: 가격이 상승할 때 오히려 수요가 증가하는 재화인 기펜재의 특성을 설명하는 개념이다.
② 가치의 역설: 스미스의 역설, 다이아몬드의 역설이라고도 한다. 시장에서의 교환가치가 재화 또는 서비스의 사용가치와 일치하지 않는 것을 말한다.
④ 마천루의 저주: 세계 최고층 건물의 기록이 경신되면 경제 위기가 찾아온다는 속설로, 경기성장세가 둔화되고 경제가 불황으로 돌아서는 시점에 마천루 건축 투자는 정점을 기록한다는 사실에 근거한다.
⑤ 살로메의 비극: 욕망을 이루려다가 스스로 파멸에 이르는 현상을 말한다.

4. 정답 ②

| 해설 | ② 지하경제는 정확한 정보를 획득할 수 없어 국민소득에 포함되지 않는 경제적 활동을 말한다. 따라서 지하경제의 거래 금액은 GDP에 포함되지 않는다.

| 오답피하기 | ① 올해 생산된 자동차가 팔리지 않고 재고로 남아 있더라도 이는 기업의 투자로 올해 GDP에 포함된다.
③ 고용된 가사 도우미의 임금은 서비스업 경제활동으로 간주되어 GDP에 포함된다.
④ 기업이 국내에서 창출한 영업이익은 생산활동의 결과이므로 GDP에 포함된다.
⑤ 국내 공장에서 근무하는 외국인 근로자가 받은 임금은 GDP에 포함된다.

5. 정답 ①

| 해설 | ① 소득세 및 법인세율의 조정은 정부가 시행하는 재정정책이다.

| 오답피하기 | ② 중앙은행은 기준금리를 인하하여 시중 금리를 하락시킴으로써 소비와 투자를 촉진하여 경제를 활성화한다.
③ 중앙은행이 공개시장에서 채권을 매입하면 시중에 통화량이 증가하여 금리가 하락하고 경제활동이 촉진된다.
④ 중앙은행이 재할인율을 낮추면 시중은행이 더 낮은 금리로 자금을 조달할 수 있어 대출이 증가하고 통화 공급이 확대된다.
⑤ 중앙은행이 지급준비율을 낮추면 은행이 대출할 수 있는 자금이 늘어나 시중에 돈이 더 많이 풀려 경기 부양 효과가 있다.

6. 정답 ③

| 해설 | ③ 불황형 흑자는 경기 불황기에 수출보다 수입이 더 크게 감소하여 무역수지 흑자가 발생하거나 무역수지 흑자 규모가 커지는 현상을 말한다.

| 오답피하기 | ① 피구효과: 물가가 하락하면 화폐의 구매력이 증가하여 실질 부(real wealth)가 증가하는 효과를 말한다.
② 레온티에프 역설: 자본이 풍부한 나라가 오히려 자본집약적인 상품을 덜 수출하고, 노동집약적인 상품을 더 많이 수출하는 현상을 설명하는 이론이다. 이는 레온티에프의 무역이론과 반대되는 결과이다.
④ 트리핀 딜레마: 기축통화 발행국 입장에서 발생하는 딜레마를 말한다. 기축통화 발행국은 기축통화의 유동성을 유지하기 위해 경상수지 적자를 지속해야 하는데, 이는 기축통화에 대한 신뢰도 하락을 가져와 딜레마가 발생한다.
⑤ 쌍둥이 적자: 재정적자와 경상수지 적자가 동시에 발생하는 현상을 말한다.

7. 정답 ④

| 해설 | ④ 상품의 수출이 증가하면 수출 상품의 국내 공급이 감소하므로 가격이 상승한다.

| 오답피하기 | ① 수요가 증가하면 수요곡선이 우측으로 이동하여 가격이 상승한다.
② 공급량이 수요량보다 많으면 판매자들은 가격을 낮춰 소비를 촉진하려고 하므로 가격이 하락한다.
③ 공급이 감소하면 공급곡선이 좌측으로 이동하여 거래량이 감소하고, 가격이 상승한다.
⑤ 정상재는 소득이 증가할 때 소비가 늘어나는 재화이다. 소득 증가는 수요 증가요인이다. 수요가 증가하면 가격이 상승한다.

8. 정답 ①

| 해설 | ① 중앙은행이 공개시장에서 국채를 매각하면 시중의 돈이 중앙은행으로 흡수되어 통화량이 감소한다.

| 오답피하기 | ② 중앙은행이 시중은행에 대출을 확대하면 은행이 더 많은 돈을 대출할 수 있어 시중에 통화량이 증가한다.
③ 재할인율이 낮아지면 시중은행이 중앙은행에서 더 저렴한 비용으로 자금을 조달할 수 있어 대출이 늘어나고 통화량이 증가한다.
④ 중앙은행이 달러화를 매입하면 원화가 시중에 공급되므로 원화의 통화량이 증가한다.
⑤ 중앙은행이 지급준비율을 낮추면 통화승수가 증가하여 통화량이 증가한다.

관련 개념 짚어보기

통화정책의 수단

긴축	확장
기준금리 ↑	기준금리 ↓
지급준비율 ↑	지급준비율 ↓
재할인율 ↑	재할인율 ↓
통화안정 증권 매각	통화안정 증권 매입

9. 정답 ⑤

| 해설 | ⑤ 콩도르세의 역설(투표의 역설)은 개인들의 선호가 모두 이행성을 충족하더라도 사회 전체로는 이행성이 충족되지 않는 다수결 투표의 맹점을 표현한 것으로, 투표의 역설이라고도 한다.

| 오답피하기 | ① 만장일치: 모든 사람이 동일한 의견을 가질 때 의사결정이 이루어지는 방식이다.
② 섀도 보팅: 정족수 미달로 인한 주주총회 무산을 방지하기 위해 불참하는 주주들의 의결권을 대리행사할 수 있는 제도를 말한다. 이는 다른 주주들의 찬반 비율을 그대로 따라 투표하는 방식으로 이루어지는데, 본래 취지와 달리 지배주주의 경영권을 강화하는 결과를 낳았다. 이에 우리나라에서는 2017년 12월 31일자로 폐지되었다.
③ 패스트트랙: 국내에서는 주로 '의회에서 결정된 안건을 절차의 간소화를 통해 신속하게 처리하는 정치 제도'의 의미로 사용된다.
④ 승자의 저주: 경쟁에서는 이겼으나 이기기 위해 과도한 비용을 지불하여 오히려 위험에 빠지거나 커다란 후유증을 겪는 상황을 말한다. 일반적으로 M&A 경쟁 입찰에서 인수 대상 기업의 예상 가치를 초과한 금액을 지불한 경우 또는 인수 후 모기업의 재무 상태가 악화되는 경우가 승자의 저주에 빠진 사례이다.

10. 정답 ③

| 해설 | 자연실업률(완전고용실업률)은 1968년 프리드먼(M. Friedman)이 처음 제시한 개념으로, 경제의 균형상태에서 노동시장의 구조적·마찰적 요인에 의해 결정되는 실업률을 말한다. 즉, 자연실업률은 마찰적 실업과 구조적 실업만이 존재할 경우의 실업률을 의미한다.
③ 자연실업률 수준에서도 마찰적 실업은 존재한다.

| 오답피하기 | ① 탐색적 실업은 새로운 일자리를 탐색하거나 이직을 하는 과정에서 일시적으로 발생하는 실업이다.
② 구직자가 더 나은 조건을 찾기 위해 자발적으로 실업 상태를 유지하는 것이므로 자발적 실업이다.
④ 실업급여 지급 기준이 완화되면 구직자가 급여를 받으며 더 오래 일자리를 탐색할 수 있으므로 마찰적 실업이 증가할 수 있다.
⑤ 구직자가 빠르게 일자리를 찾을 수 있도록 채용 정보망이 확충되면 마찰적 실업이 줄어든다.

11. 정답 ④

| 해설 | ④ 밴드왜건효과는 자신의 주관 없이 대중적인 유행에 따라 이루어지는 소비 현상을 말한다.

| 오답피하기 | ① 톱니효과: 소비수준이 한번 높아지면 다시 낮아지기 힘들어지는 현상을 설명하는 용어로, 소비의 비가역성이라고도 한다.

② 낙수효과: 많은 부를 가진 사람들이 더 많은 부를 얻고 더 많은 소비를 행할 때 가난한 사람들도 긍정적인 효과를 경험하는 현상을 말한다.
③ 피터팬 증후군: 육체적으로는 이미 성숙하여 어른이 되었지만 여전히 어린이로 남아 있기를 바라는 심리를 말한다. 경제학에서는 중소기업이 성장하여 중견기업이 될 경우, 기존에 받던 정부 지원이나 혜택을 잃게 될 것을 우려하여 기업 규모를 키우는 것을 주저하는 현상을 가리킨다.
⑤ 스톡홀름 증후군: 인질이 인질범에게 동화되어 사랑 또는 연민을 느끼게 되는 비이성적 현상을 말한다.

12. 정답 ①

| 해설 | ① 경상수지 흑자가 발생하면 외환보유액이 증가할 가능성이 크지만, 자본유출입, 외환시장 개입, 외채 상환 등 다양한 요인이 작용하기 때문에 경상수지 흑자 규모와 외환보유액 증가규모가 반드시 일치하는 것은 아니다.

| 오답피하기 | ② 불황형 흑자와 같이 수출이 감소하더라도 수입이 더 큰 폭으로 감소하면 경상수지는 흑자를 기록할 수 있다.
③ 달러화 대비 원화 환율이 상승하면(원화 약세) 수출 경쟁력이 높아져 경상수지 흑자가 늘어날 가능성이 있다. 달러화 대비 원화 환율이 하락하면(원화 강세) 수출이 둔화될 수 있다.
④ 국제 원자재 가격이 상승하면 수입 비용이 증가하여 경상수지에 악영향을 미칠 수 있다.
⑤ 경상수지는 상품수지, 서비스수지, 본원소득수지, 이전소득수지의 합으로 구성된다.

13. 정답 ③

| 해설 | ③ 이해관계자가 많아지면 거래비용이 증가하고, 합의를 도출하기가 더 어려워진다.

| 오답피하기 | ① 코즈의 정리(Coase's Theorem)는 거래비용과 재산권의 개념으로 정부의 개입 없이 외부효과를 해결할 수 있음을 밝혀낸 이론이다. 이는 긍정적 외부 효과뿐만 아니라 부정적 외부 효과에도 적용된다.
② 코즈의 정리는 거래비용이 낮은 상태에서 적절한 재산권만 부여되어 있다면 시장 거래에 의해 외부성의 문제가 해결될 수 있다고 본다.
④ 코즈의 정리는 낮은 거래비용을 전제로 한다.
⑤ 코즈의 정리는 초기 소유권(법적 권리)과 상관없이 거래비용이 낮다면 당사자 간 협상을 통해 효율적인 해결이 가능하다고 본다.

14. 정답 ②

| 해설 | ② 가격차별은 동일한 재화에 다른 가격을 매기는 것이다. 이는 기업이 소비자의 수요 탄력성을 고려하여 수익을 극대화하기 위해 사용하는 전략이다. 영화사가 요일, 시간대별로 가격을 달리하는 것은 수요 탄력성에 따라 가격을 조정하는 가격차별의 한 형태이다.

| 오답피하기 | ① 순차게임: 게임이론에서 한 플레이어가 먼저 행동하고, 이를 보고 다른 플레이어가 대응하는 전략적 의사결정 과정을 말한다.
③ 롱테일 법칙: 소수의 인기 제품보다 다양한 비주류 제품의 총합이 더 큰 가치를 창출할 수 있다는 개념이다. 판매량이 적은 상품(하위 80%)이 판매량이 많은 상품(상위 20%)보다 더 뛰어난 가치를 창출한다는 법칙을 말한다.
④ 파레토 효율: 어떤 분배 상태에서 다른 분배 상태로 이동할 때 파레토 개선이 불가능한 상태를 말한다.
⑤ 네트워크효과: 독립적인 개인의 재화나 서비스에 대한 수요가 그 재화나 서비스를 사용하는 사람의 수에 영향을 받는 것을 말한다. 소비자의 수가 증가할수록 재화나 서비스의 수요가 증가하였다면 양(+)의 네트워크효과가 있다고 한다.

15. 정답 ①

| 해설 | ① 경제문제의 원인은 희소성에 있다. 인간의 욕구는 무한하지만, 이를 충족할 수 있는 자원은 한정되어 있으므로 어떤 재화나 서비스를 생산하고 어떻게 분배할지를 결정해야 하는 문제가 발생한다.

16. 정답 ④

| 해설 | ④ 정기예금은 예금자보호제도의 보호 대상이지만, CD, RP, 금융투자상품(펀드, 주식, 채권), 보험 일부 상품, 실적 배당형 연금은 예금자보호 대상이 아니다.

| 오답피하기 | ① 예금자보호제도는 소액 예금자의 예금을 보호하여 금융 불안을 방지하고, 금융시스템의 신뢰를 유지하는 것이 목적이다.
② 예금자보호법에 따라 예금보험공사가 제도를 운영하고, 금융기관이 파산할 경우 일정 금액을 보상한다.
③ 보호 장치가 없다면, 금융 불안이 발생할 때 예금자들이 대규모로 예금을 인출하는 뱅크런 현상이 발생할 수 있다. 이는 금융기관의 지급 불능 사태를 초래하고 전체 금융시스템을 불안정하게 만들 수 있으므로 예금자보호제도는 금융 시장의 신뢰를 유지하는 데 중요한 역할을 한다.
⑤ 예금자보호제도에 따라 1인당 금융기관별로 원금과 이자를 포함하여 최대 5,000만 원까지 보호된다.

17. 정답 ①

| 해설 | 피셔효과에 따르면 '명목이자율 = 인플레이션율 + 실질이자율'이다. 채권자의 이익에 영향을 주는 것은 실질이자율이다. 각 경우의 이자율을 나타내면 다음과 같다.

(단위: %)

구분	명목이자율 (A)	실제 인플레이션율 (B)	실질이자율 (A-B)	예상 인플레이션율 (C)	처음 계약 이자율 (A-C)
①	5	2	3	5	0
②	6	5	1	2	4
③	7	4	3	6	1
④	8	6	2	4	4
⑤	9	9	0	9	0

실질이자율은 ①과 ③이 동일하지만, 처음 계약에 비해 채권자가 가장 큰 이익을 보는 경우는 처음 계약 이자율과 실질이자율의 차이가 가장 큰 ①이다.

18. 정답 ②

| 해설 | ② 가격상한이 없을 때 소비자잉여는 A+B+E, 생산자잉여는 C+D+F이다. 가격상한이 P_0로 설정되면 소비자잉여는 A+B+C, 생산자잉여는 D가 된다. 따라서 사회적 후생손실, 즉 자중손실은 E+F이다.

19. 정답 ④

| 해설 | X재의 가격 상승이 Y재의 수요 감소로 이어졌으므로 X재와 Y재는 보완관계에 있다.
④ Y재의 수요 감소로 Y재의 수요곡선이 좌측 이동하므로 균형가격이 하락하고 균형거래량이 감소한다. 따라서 Y재 생산기업의 매출은 감소한다.

| 오답피하기 | ① X재의 가격 상승으로 Y재의 수요가 감소하였으므로 X재와 Y재는 보완관계이다.
② Y재의 수요가 감소하면 Y재의 거래량은 감소한다.
③ Y재의 수요가 감소하면 Y재의 가격이 하락하고 거래량이 감소하므로 Y재 공급자의 잉여는 감소한다.
⑤ Y재의 수요가 감소하면 Y재의 가격이 하락하고 거래량이 감소하므로 소비자잉여와 생산자잉여는 모두 감소한다. 따라서 Y재의 소비자잉여와 생산자잉여의 합은 감소한다.

관련 개념 짚어보기

수요곡선의 좌측 이동

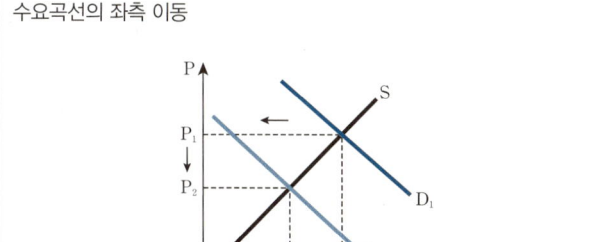

20. 정답 ③

| 해설 | ③ 인플레이션이 심할수록 화폐의 실질가치가 감소하므로 사람들은 현금을 보유하는 대신 금, 부동산 등 실물자산을 선호한다. 따라서 화폐 보유에 대한 기회비용은 증가한다.

| 오답피하기 | ① 인플레이션이 발생하면 명목소득이 증가하여 초과누진세하에서 소득세율이 높아지는 문제가 발생할 수 있다.
② 인플레이션이 발생하면 화폐의 실질가치가 하락하므로 채권자가 불리해지고 채무자는 유리해진다.
④ 인플레이션이 빈번하게 발생하면 기업이 가격을 자주 변경해야 하며, 이를 조정하는 데 드는 메뉴비용이 발생한다.
⑤ 인플레이션이 발생하면 현금의 실질가치가 하락하므로 현금을 많이 보유한 기업은 인플레이션으로 손해를 볼 가능성이 크다.

21. 정답 ①

| 해설 | ① 순수출의 감소는 총수요 감소요인이다.

| 오답피하기 | ②③④⑤ 기업의 투자 증가, 정부의 재정지출 증가, 가계의 소비지출 증가, 중앙은행의 기준금리 인하는 총수요 증가요인이다.

22. 정답 ⑤

| 해설 | (가)는 독점시장, (나)는 과점시장, (다)는 독점적 경쟁시장, (라)는 완전경쟁시장이다.
⑤ 완전경쟁시장에서는 모든 기업이 대체 가능한 동질의 상품을 판매하므로 광고나 디자인과 같은 비가격경쟁이 의미가 없다. 완전경쟁시장에서 기업들은 가격수용자로 시장 가격에 따라 공급을 조정할 뿐 차별화를 할 수 없다.

| 오답피하기 | ① 독점시장은 정부의 허가권이나 규모의 경제, 특허 등으로 인해 진입 장벽이 존재한다.
② 독점시장과 과점시장은 기업이 가격을 직접 설정할 수 있는 시장 지배력을 가진다.
③ 과점시장은 소수의 기업이 존재하므로 한 기업의 행동이 다른 기업에 영향을 미친다. 따라서 기업들은 상대 기업의 반응을 고려하여 전략적으로 행동하며, 이러한 상황은 게임이론으로 분석할 수 있다.
④ 독점적 경쟁시장은 기업들이 차별적인 상품을 판매하여 어느 정도 시장 지배력을 갖는다. 반면, 완전경쟁시장은 기업이 가격수용자로서 가격을 조정할 능력이 없다.

23. 정답 ③

| 해설 | ③ 일반적으로 단기에 자본(K)이나 노동(L)과 같은 생산요소의 투입을 늘리더라도 추가로 생산되는 생산물의 수량은 감소하는데, 이를 한계생산체감의 법칙이라고 한다.

| 오답피하기 | ① 풍선효과: 풍선의 한 부분을 누르면 다른 부분이 부풀어 오르는 것처럼 특정 분야에 대한 정책 또는 규제가 다른 분야의 문제를 불러오는 현상을 말한다.
② 확증편향: 자신이 기존에 가지고 있던 신념을 강화하는 정보만 받아들이는 경향이다.
④ 현시선호이론: 소비자이론 중 하나로, 기존의 소비자이론이 실제로 관찰 불가능한 선호, 효용 등의 개념을 바탕으로 소비자를 설명한 반면, 사무엘슨은 시장에서 관찰 가능한 소비자 행위만을 가지고 소비자이론을 정립하였다.
⑤ 범위의 경제: 다양한 품목을 생산했을 때 생산의 시너지가 나는 현상을 말한다.

24. 정답 ④

| 해설 | ④ 수요의 가격탄력성이 완전탄력적인 경우 공급자에게 세금을 부과하면 세금의 전부를 공급자가 부담하며, 수요자에게 세금을 부과하면 세금의 전부가 공급자에게 전가된다.

| 오답피하기 | ① 수요의 가격탄력성이 완전탄력적인 경우 수요곡선은 수평선의 모양을 가진다.
② 수요의 가격탄력성이 완전탄력적인 경우 수요곡선이 수평선이므로 공급곡선이 이동하더라도 균형에서의 가격은 변함이 없다.
③ 수요의 가격탄력성이 완전탄력적인 경우 공급이 감소하면 재화의 거래량은 감소한다.
⑤ 수요의 가격탄력성이 완전탄력적인 경우 가격 상승 시 가격상승률보다 수요량감소율이 더 크다.

관련 개념 짚어보기

수요의 가격탄력성이 완전탄력적인 경우

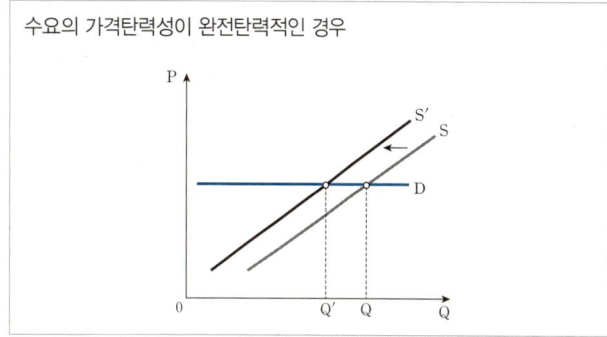

25. 정답 ⑤

| 해설 | ⑤ 무차별곡선은 원점에 대해 볼록한 형태를 띤다. 아래 그림에서 점 C와 점 B를 비교했을 때 점 C는 (X재 10개, Y재 2개)로 12개, 점 B는 (X재 4개, Y재 5개)로 9개의 재화로 구성되어 있다. 점 B와 점 C의 총효용 수준은 같은데, 점 B가 더 적은 재화의 수로 구성되어 있으므로 극단적 상품조합보다 골고루 들어간 상품조합을 더 선호함을 알 수 있다.

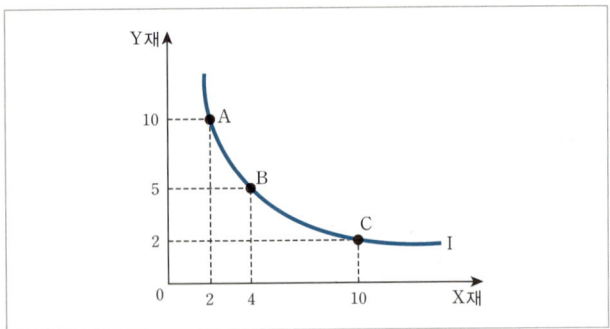

26. 정답 ②

| 해설 | ② 그림은 콩코드 효과 혹은 콩코드 오류에 관한 내용이다. 콩코드 효과 혹은 콩코드 오류는 영국과 프랑스가 합작하여 1969부터 개발한 항공기의 이름에서 유래한다. 빠른 속도 대신에 높은 가격과 낮은 연비로 완성 단계부터 경제성이 없다는 평가를 받았으나, 매몰비용을 고려하여 완성하였다가 결국 2003년에 운항을 중단하였다. 매몰비용은 이미 지출이 이루어져 다시 회수가 불가능한 비용으로, 프랑스 담당자가 언급한 '그동안 투자한 돈'은 매몰비용으로 이는 의사결정 시 고려하면 안 된다.

| 오답피하기 | ① 가변비용: 생산량에 따라 변하는 비용이다.
③ 고정비용: 생산량과 관계없이 일정하게 발생하는 비용이다.
④ 메뉴비용: 가격을 변경하는 데 드는 비용이다.
⑤ 구두창비용: 인플레이션으로 인해 현금 보유를 줄이기 위해 발생하는 비용이다.

27. 정답 ②

| 해설 | ② 제시된 주장은 비교우위가 없는 산업을 보호하기 위해 외국산 제품의 수입을 제한해야 한다는 내용이다. 이는 보호무역을 지지하는 입장이다. 보호무역 정책의 대표적인 수단으로 정부가 수입품에 세금을 부과하는 것을 관세라고 한다.

| 오답피하기 | ①⑤ WTO: 세계 무역 분쟁 조정, 관세 인하 요구, 반덤핑 규제 등 자유무역과 관련하여 법적 권한과 구속력을 행사하는 국제기구이다.
③ FTA: 협정을 체결한 국가 간에 상품이나 서비스 교역에 대한 관세 및 무역장벽을 철폐함으로써 무역특혜를 부여하는 협정을 말한다.
④ 수출보조금: 정부가 국내 기업이나 산업체에게 수출 활동을 지원하기 위해 지급하는 금전적 지원이나 혜택을 말한다. 수출보조금을 통해 국내 기업의 수출을 촉진하고 보호한다.

28. 정답 ⑤

| 해설 | ⑤ 두 국가의 생산점이 모두 생산가능곡선상에 있어도 비교우위에 따른 무역이 가능하다.

| 오답피하기 | ①④ D점은 현재 달성이 불가능한 영역인 생산가능곡선 바깥쪽에 위치한 점이다. A점에서 D점으로 이동하려면 기술 발전, 노동력 증가, 자본 축적 등이 필요하다.
② A점과 B점은 생산가능곡선상에 위치하므로 주어진 자원을 모두 활용하여 생산할 수 있는 최대 조합이다.
③ C점은 생산가능곡선 안쪽에 위치한 점으로, 비효율적인 상태이다. 이는 노동력, 자본 등의 자원이 완전히 활용되지 않는 상태를 말한다.

29. 정답 ⑤

| 해설 | ⑤ 디플레이션은 특정 품목의 가격이 아니라 전반적인 물가 수준이 하락하는 현상을 말한다.

| 오답피하기 | ① 피셔효과에 따르면 '실질이자율 = 명목이자율 − 인플레이션율'이다. 디플레이션(− 인플레이션)이 발생하면 실질이자율은 상승한다.
② 디플레이션의 발생으로 경기침체가 나타날 수 있으므로 중앙은행은 확장적 통화정책을 통해 경기를 부양해야 한다.
③ 디플레이션이 발생하면 화폐의 실질가치가 상승하므로 실질적인 채무 부담이 증가한다.
④ 디플레이션이 예상되면 가계는 소비를 줄인다.

30. 정답 ②

| 해설 | ② 제시된 사건으로 원자재 및 물류비용이 상승할 것이다. 이와 같은 공급충격으로 비용인상 인플레이션이 발생한다. 기업의 총생산비용이 증가하여 생산비 부담이 커지면서 기업들은 생산량을 줄이거나 공장 가동을 축소하게 된다. 이는 노동수요 감소로 이어져 실업률이 증가한다. 따라서 필립스곡선 자체가 우측으로 이동한다.

관련 개념 짚어보기

필립스곡선

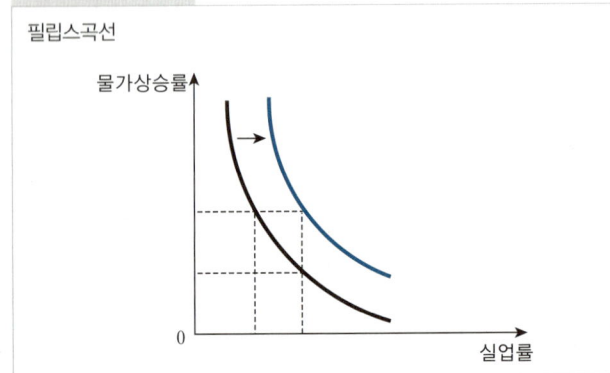

시사경제 · 경영

31. 정답 ⑤

| 해설 | ⑤ 근린궁핍화정책은 한 국가가 다른 국가의 경제문제를 악화시키는 경향이 있는 방법으로 경제문제를 해결하려고 시도하는 경제정책을 말한다.

| 오답피하기 | ① 콜드게임: 스포츠 경기에서 기상 악화, 점수 차이 등의 이유로 조기 종료되는 경기를 말한다.
② 트리플 약세: 한 국가의 경제에 동시에 발생하는 세 가지 부정적 요인을 말하는 것으로 주가, 원화가치, 채권가격의 하락을 의미한다. 주로 외국인의 국내시장 자금이 해외로 유출되면서 나타난다.
③ 스트레스 테스트: 금융시스템의 안정성을 평가하기 위해 예외적이지만 발생 가능성이 있는 상황을 가정하고, 이에 따른 금융시스템의 잠재적 취약성을 분석하는 방법을 말한다. 생산, 환율 등 주요 거시경제 변수가 급격하게 변동하는 상황을 설정한 후, 금융시스템이 이러한 충격을 얼마나 견딜 수 있는지를 측정하여 금융 안정성을 평가한다.
④ 2080 법칙: 파레토 법칙이라고도 하며, 상위 20%가 전체 부의 80%를 차지하는 것을 말한다.

32. 정답 ①

| 해설 | ① 피벗은 축을 중심으로 방향을 바꾸는 것을 말하며, 경제·경영 분야에서는 전략적 방향 변경을 의미한다. 중앙은행이 긴축정책에서 완화정책으로 전환하는 경우나 스타트업이 기존 사업모델이 실패하자 새로운 방향으로 변경하는 경우를 들 수 있다.

| 오답피하기 | ② 인소싱: 외부에서 하던 업무를 내부에서 수행하는 전략을 말한다.
③ 풀체인지: 주로 자동차 산업에서 완전히 새로운 모델로 전환하는 것을 말한다.
④ 챗봇: 음성 명령이나 문자 채팅을 통해 사람의 대화를 구현하는 컴퓨터 응용 프로그램으로, 대화 애플리케이션을 탑재한 인공지능기술의 발달로 핀테크 부문에서 활용되고 있다.
⑤ 스위프트: 국제금융결제시스템을 말하며, 주로 은행 간 국제 송금에서 사용된다.

33. 정답 ④

| 해설 | ④ 우선주는 보통주에 비해 이익의 배당이나 잔여 자산 분배에 우선권이 있는 주식을 말한다. 보통주와 달리 의결권이 없는 것이 특징이다.

| 오답피하기 | ① 황제주: 보통 1주당 100만 원이 넘는 주식을 말한다.
② 실권주: 회사가 신주를 발행할 때 기존 주주가 청약을 하지 않거나 주금을 납입하지 않아 신주 인수권을 상실한 주식을 말한다.
③ 가치주: 기업의 실적이나 자산 가치에 비해 가격이 저평가되어 있는 주식을 말한다.
⑤ 테마주: 회사의 영업 실적과는 무관하게 특정 이슈나 루머에 의해 가격이 급등하는 주식을 말한다.

34. 정답 ③

| 해설 | ③ 엥겔지수는 가계의 총지출액에서 식료품비가 차지하는 비율을 말한다. 가계의 소득과 상관없이 반드시 일정 금액을 식료품비로 지출해야 하므로 저소득 가구일수록 엥겔지수는 상승하는 경향을 보인다.

| 오답피하기 | ① 빅맥지수: 영국 경제지인 이코노미스트에서 1986년부터 매해 1월과 7월에 발표하는 지수이다. 맥도날드의 주력 제품인 빅맥은 나라를 불문하고 쉽게 구매할 수 있으므로 각 국가별 빅맥 가격을 활용하여 물가 및 환율을 쉽게 비교할 수 있다. 구매력평가설과 일물일가 법칙에 기반을 두고 있다.
② 하상계수: 하천의 유량 변동을 나타내는 지표로, 최대유량과 최소유량의 비이다.
④ 슈바베계수: 총소비지출 중 주거비가 차지하는 비율을 나타내는 지표이다.
⑤ 엣킨슨지수: 소득불평등 정도를 측정하는 지표이다.

35. 정답 ⑤

| 해설 | ⑤ 온디바이스 AI는 스마트폰이나 전자기기에 내장된 AI가 자체적으로 데이터를 처리하여 사용자 맞춤형 서비스를 제공하는 기술이다. 인터넷에 연결하지 않고도 실시간 번역, 음성 인식, 이미지 분석 등 AI 기능을 수행할 수 있다.

| 오답피하기 | ① 디파이: 중앙기관 없이 블록체인 기술을 활용하여 금융 서비스를 제공하는 개념이다.
② 블록체인: 분산 컴퓨터 기술을 기반으로 거래정보를 암호화, 저장하여 데이터 위변조를 방지하는 것을 말한다.
③ 로보어드바이저: 사전에 프로그램된 알고리즘을 통해 투자와 매매 및 자산배분 서비스를 제공하는 행위 또는 프로그램을 말한다.
④ 빅블러: 산업 간 경계가 애매해지는 현상을 말한다.

36. 정답 ④

| 해설 | • BSI(Business Survey Index, 기업경기실사지수)는 기업가들의 경기전망을 살펴볼 수 있는 척도이다. OECD의 공식 기준으로 부정/보통/긍정의 답변을 조사하고, 이 비중을 바탕으로 지수를 도출한다. 0부터 200까지의 값을 갖는데, 100보다 높으면 기업가들은 경기를 긍정적으로 전망하고 있음을 의미한다.
• CSI(Consumer Survey Index, 소비자심리지수)는 소비자들의 경기전망을 살펴볼 수 있는 지표로, 소비자동향조사에서 도출한 지수를 활용하여 계산한다. 0부터 200까지의 값을 갖는데, 100보다 높으면 소비자들은 경기를 긍정적으로 전망하고 있음을 의미한다.

37. 정답 ⑤

| 해설 | ⑤ 텐 배거는 10루타를 의미하는 용어로, 10배 이상의 수익률을 가져다준 주식 종목을 말한다. 피터린치라는 유명한 주식투자자가 처음 사용한 용어이다.

38. 정답 ③

| 해설 | ③ CBDC는 중앙은행이 발행하는 전자 형태의 화폐로, 법정화폐와 동일한 기능을 수행하는 디지털 화폐이다.

| 오답피하기 | ① LBO: 특정 기업을 인수하기에는 자금이 부족한 기업이 매수대상인 기업의 자산을 담보로 금융기관으로부터 자금을 차입하여 기업을 인수하는 M&A 전략을 말한다. 적은 자기자본으로 기업을 인수할 수 있다는 장점이 있지만, 사모펀드 등의 고위험 투기 전략으로 활용될 수 있다.
② MMF: 고객의 일시적인 여유 자금을 국공채, 어음 등에 운용하고 동 운용에서 발생하는 수익을 배당하는 대표적인 단기금융상품이다.

④ APEC: 환태평양 지역의 국가들이 모여 1989년 결성된 국제기구로, 자유무역 달성을 목표로 한다.
⑤ NAFTA: 1992년 미국, 캐나다, 멕시코 간에 체결된 자유무역협정으로 1994년 1월 발효되었다. 협정국 간에 무관세 또는 낮은 관세를 적용함으로써 경제적 협력관계를 구축한다.

39. 정답 ④

| 해설 | ④ 자사주는 주식을 발행한 회사가 보유하는 자기 회사의 주식으로, 의결권이 없다. 기업이 자사주를 소각하면 유통 주식 수가 줄어들어 주당 가치가 상승하는 효과가 있다. 정부가 주주 가치 제고를 위해 자사주 소각에 대한 세제 혜택을 제공하는 것은 기업이 주주들에게 더 많은 이익을 환원하도록 유도하는 정책이다.

| 오답피하기 | ① 황금주: 단 한 주만 가지고 있더라도 주주총회 결의사항에 대해 거부권을 행사할 수 있는 권리가 부여된 특별주식을 말한다. 차등의결권과 함께 대표적인 경영권 방어수단에 해당한다.
② 주도주: 주식시장에서 전체 시장을 이끄는 주요 기업의 주식을 말한다.
③ 방어주: 경기변동에 영향을 적게 받는 안정적인 주식을 말한다.
⑤ 배당주: 일반적으로 배당을 꾸준히 주는 주식을 말한다.

40. 정답 ②

| 해설 | ② 블루오리진은 제프 베이조스가 설립한 민간 우주 탐사 기업이고, 팰컨9은 일론 머스크의 스페이스X(SpaceX)에서 개발한 재사용 가능한 로켓이며, 스타링크는 스페이스X가 운영하는 인공위성 기반 인터넷 서비스이다. 따라서 공통으로 해당하는 산업은 '우주'이다.

41. 정답 ①

| 해설 | ① 통화정책의 측면에서 매파는 인플레이션율을 높이지 않기 위해 금리 인상을 주장하며, 비둘기파는 실업률 감소와 경제성장률 상승을 위해 금리 인하를 주장한다.

| 오답피하기 | • 왝더독: '꼬리가 몸통을 흔든다.'는 뜻으로 주객이 전도되었음을 의미한다. 선물시장(꼬리)이 현물주식시장(몸통)을 뒤흔드는 현상을 말한다.
• 황소파: 시장 낙관론자로, 경제성장과 주가 상승을 예상한다. 주식, 부동산 등 자산 가격 상승을 기대하며 공격적인 투자를 선호한다.

42. 정답 ①

| 해설 | ① 루시드, 리비안, 테슬라, 니콜라는 전기차를 생산하는 미국의 기업이다.
• 루시드: 고급 전기차 브랜드로, 대표 모델은 Lucid Air이다.
• 리비안: 전기 픽업트럭과 SUV 전문 기업이다.
• 테슬라: 세계 최대 전기차 기업이다.
• 니콜라: 수소 및 전기 트럭 제조사이다.

43. 정답 ④

| 해설 | ④ 미국의 3대 주가지수는 다우존스 지수, 나스닥 지수, S&P500 지수이다.

| 오답피하기 | ㄱ. 닥스 지수는 독일의 주가지수이다.
ㄷ. 코넥스는 한국의 주가지수이다.

44. 정답 ④

| 해설 | 포트폴리오는 위험을 줄이기 위해 자산을 분산하여 투자하는 전략이다.
④ '계란을 한 바구니에 담지 말라.'는 포트폴리오 이론의 핵심 원칙으로, 위험을 분산하기 위해 자산을 다양하게 투자하라는 의미이다.

| 오답피하기 | ① '소문에 사서 뉴스에 팔라.'는 투자 격언 중 하나로, 소문이 돌 때 미리 매수하고 뉴스로 공개되었을 때 매도하라는 의미이다.
② '무릎에서 사고 어깨에서 팔아라.'는 주가가 바닥을 지나 상승하는 초기에 매수하고, 꼭지에 도달하기 전에 매도하라는 의미이다.
③ '밀물이 들어오면 모든 배가 뜬다.'는 시장 전체가 상승하면 대부분의 자산 가격이 함께 상승한다는 의미이다.
⑤ '하락하는 시세는 염라대왕도 못 막는다.'는 시장이 강한 하락세를 보일 때, 어떤 힘으로도 이를 되돌릴 수 없다는 의미이다.

45. 정답 ①

| 해설 | ① 가산금리는 기준금리와 실제 거래에서 적용한 금리 간의 차이를 말하며, 스프레드(spread)라고도 한다. 대출에 있어 금리를 정할 때 상대의 신용도 등을 고려하여 기준금리에 덧붙이는 금리이다.

| 오답피하기 | ② 콜리리: 금융기관 간 영업활동 과정에서 남거나 부족한 자금을 30일 이내의 초단기로 빌려주고 받는 것을 '콜'이라고 부르며, 이때 은행·보험·증권업자 간에 이루어지는 초단기 대차(貸借)에 적용되는 금리를 일컫는다.
③ 리보금리: 국제 금융시장인 런던에서 우량 은행 간 단기 자금 거래에 적용되는 금리로, 국제 기준금리 역할을 하며 외화 차입 시 기준이 된다. 특히 유로달러 시장과 연계되어 세계 금융시장의 금리 결정에 중요한 영향을 미친다.
④ 금리캡: 변동금리 대출에서 금리 상승 폭을 제한하는 제도를 말한다.
⑤ 디폴트: 자금이 없어 돈을 갚지 못하겠다고 선언하는 것으로, 모라토리움과 달리 미래 상환 의사가 존재하지 않는 경우를 말한다.

46. 정답 ②

| 해설 | ② 어닝쇼크는 시장에서 예상한 것보다 기업이 저조한 실적을 발표하여 주가에 영향을 미치는 현상을 일컫는 용어이다. 시장의 예상치보다 영업실적이 저조한 경우 주가 하락으로 이어지는 경우가 일반적이다.

| 오답피하기 | ① 데스밸리: 벤처기업이 창업 후 초기 단계에서 어려움을 겪는 기간을 표현한 용어이다. 창업 후 새로운 제품이나 서비스가 수익을 창출하기까지의 사업화 과정에서 벤처기업은 수익은 없어, 많은 비용을 지출해야 한다. 결국 비용 지출은 초기 투자금에 의존할 수밖에 없어, 많은 벤처기업들이 이 기간을 넘기지 못하고 자금이 마른다. 과거 미 서부개척시대에 많은 개척민들이 데스밸리를 넘지 못하고 죽은 것에서 유래한 용어이다.
③ 티핑 포인트: '갑자기 뒤집히는 점'이란 뜻으로, 토머스 셸링의 '티핑이론'과 맬컴 글래드웰의 저서 『티핑 포인트』에서 소개된 용어이다. 때로는 엄청난 변화가 작은 일들에서 시작될 수 있고 대단히 급속하게 발생할 수 있는데, 그 엄청난 변화가 급속하게 발생하기 시작하는 지점을 말한다.
④ 턴어라운드: 전환점을 의미하며, 국가가 경기침체 국면에서 경기호황 국면으로 전환되는 시점을 말한다.
⑤ 베어마켓 랠리: 약세장(베어마켓) 속에서 일시적으로 주가가 반등하는 현상을 말한다.

47. 정답 ①

| 해설 | ① 포워드 가이던스는 중앙은행이나 정책 기관이 향후 통화정책이나 경제정책 방향에 대한 정보를 시장 참여자들에게 제공하는 것을 말한다.

| 오답피하기 | ② 베이시스: 파생상품 시장에서 주식, 원자재, 화폐 등의 기초자산에 대한 선물 시장가격과 현물 시장가격 간의 차이를 말한다.
③ 프레너미: 친구(friend)와 적(enemy)의 합성어로, 협력관계와 경쟁관계 모두에 있는 사람을 말한다.
④ 린치핀: 무언가를 단단히 고정시키는 중요한 부분이나 인물을 가리키는 말로, 조직에서 핵심적인 역할을 수행하는 사람을 말한다.
⑤ 오퍼레이션 트위스트: 장기 금리의 하락을 유도하는 중앙은행의 공개시장조작 정책으로, 장기 국채를 매수하고 단기 국채를 파는 방식으로 이루어진다.

48. 정답 ②

| 해설 | ② 회사의 보통주는 1주당 하나의 의결권을 갖는 것이 일반적이지만, 차등의결권제도는 기업의 정관에 따라 주식마다 의결권을 차등적으로 부여하는 제도를 말한다. 이러한 경우 특정 주주의 지배권이 과도하게 강화될 수 있어 대한민국의 현행 회사법은 이를 인정하지 않는다.

| 오답피하기 | ① 황금낙하산: 적대적 M&A(합병)의 대표적인 방어수단으로, 최고경영자가 사임하면 거액의 퇴직금이나 주식매수권을 부여하는 제도이다.
③ 섀도보팅: 정족수 미달로 인한 주주총회 무산을 방지하기 위해 불참하는 주주들의 의결권을 대리행사할 수 있는 제도를 말한다. 이는 다른 주주들의 찬반 비율을 그대로 따라 투표하는 방식으로 이루어지는데, 본래 취지와 달리 지배주주의 경영권을 강화하는 결과를 낳았다. 이에 우리나라에서는 2017년 12월 31일자로 폐지되었다.
④ 포이즌필: 적대적 M&A 위기에 놓인 기업이 대규모 유상증자, 임금 인상, 황금낙하산 등을 통해 기업매수자에게 엄청난 비용이 들게 하여 인수 포기를 유도하는 적대적 M&A 방어 전략이다. 독약을 삼킨다는 의미에서 포이즌필이라는 이름이 붙었다. 기업매수자가 일정량 이상의 지분을 확보하면 기존주주에게 할인된 가격으로 대규모 신주를 발행하도록 정관에 정해두어 M&A 기업이 확보한 지분을 희석시키는 방법이 주로 사용된다.
⑤ 의결권 승수: 소유권과 의결권의 괴리를 보여 주는 지표로, 그룹 총수가 실제 소유하고 있는 지분 대비 계열사에 영향력을 행사할 수 있는 의결권이 얼마인지 계산한 수치이다.

49. 정답 ②

| 해설 | ② 서학개미는 유럽, 미국 등 해외 주식에 직접 투자하는 개인 투자자를 이르는 말이다.

| 오답피하기 | ① 핫머니: 국제금융시장을 이동하는 단기적인 투기자금을 말한다. 자금 이동이 일시에 대량으로 이루어진다.
③ 옴니버스: 여러 개의 개별 요소를 하나로 묶어 처리하는 방식을 말한다. 금융에서는 여러 투자자의 자금을 하나의 계좌로 통합 관리하는 방식으로 사용된다.
④ 테마섹: 싱가포르의 국부펀드이다.
⑤ 대주거래: 증권사에 주식을 빌려 공매도하는 방식이다.

50. 정답 ⑤

| 해설 | ⑤ 특허괴물은 특허를 직접 활용하지 않고, 특허를 매입한 뒤 기업을 상대로 소송을 제기하여 수익을 얻는 업체를 지칭하는 용어이다. 특허권을 무기로 소송을 남발하여 기업에 부담을 주는 행태로 비판받는다.

| 오답피하기 | ① 특허맵: 특허 정보를 분석하여 특정 기술 분야의 특허 출원 동향을 시각적으로 정리한 지도를 말한다.
② BM특허: 사업 모델(Business Model)을 보호하는 특허로, 주로 금융·IT 산업에서 사용된다.
③ 특허박스: 기업이 특허 관련 수익을 낼 경우 세금 혜택을 주는 제도를 말한다.
④ 삼극특허: 미국, 유럽, 일본의 3대 특허청에 모두 등록된 특허를 말한다.

51. 정답 ③

| 해설 | ③ 일본은 장기간 초저금리(마이너스 금리) 정책을 유지하였으나, 엔저와 인플레이션 우려로 2024년 3월, 일본은행(BOJ)은 17년 만에 기준금리를 인상하였다. 일본은 2016년부터 시행해온 마이너스 금리 정책을 공식적으로 폐기하였다. 엔 캐리 트레이드는 일본의 초저금리 환경에서 투자자들이 엔화를 빌려 상대적으로 금리가 높은 국가의 자산에 투자하는 전략을 말한다.

52. 정답 ③

| 해설 | ③ 그래놀라즈는 유럽 증시를 이끄는 11개 대형주 그룹을 지칭하는 용어로, 대표 기업에는 노보 노디스크(비만 치료제), 루이비통모에헤네시(LVMH), ASML(반도체 장비), 네슬레(식품), 산토리, 로슈(제약) 등이 있다.

| 오답피하기 | ① 그린백: 미국의 달러를 부르는 말이다.
② 파네토네: 이탈리아의 전통 크리스마스 빵이다.
④ 퍼네이션(Funation): 재미(fun)와 기부(donation)의 합성어로, 기부를 함과 동시에 재미를 느낄 수 있는 기부 방식을 의미한다. '아이스 버킷 챌린지'가 대표적인 예이다.
⑤ 캐시그랜트: 정부나 기관이 지원하는 현금 보조금을 말한다.

53. 정답 ⑤

| 해설 | ⑤ 그린래시(Greenlash)는 Green(친환경)+Backlash(반발)의 합성어로, 친환경 정책에 대한 경제적 부담이 커지면서 발생하는 반발과 정책 조정 움직임을 의미한다. 유럽에서 급격한 탈탄소 정책으로 인해 전기료 상승, 산업 경쟁력 약화 등의 문제가 발생하면서 일부 국가들이 환경 규제를 완화하거나 속도를 조절하려는 흐름을 보이는 것을 가리킨다. 영국의 가스 화력발전소 신규 건립 지원 계획은 그린래시의 일환으로 볼 수 있다.

| 오답피하기 | ① 스우시: 나이키(Nike)의 로고에서 유래한 경제 용어로, 경기 회복이 'V자'나 'U자'가 아닌, 점진적으로 상승하는 곡선 형태를 띠는 것을 말한다.
② 노랜딩: 경제가 경기 침체 없이 지속적으로 성장하는 상황을 말한다.
③ 디버전스: 한 지역이나 산업이 경제 흐름에서 벗어나 다른 방향으로 움직이는 현상을 말한다.
④ 리걸테크: 법(legal)과 기술(technology)의 합성어로, 소프트웨어를 활용하여 법률 분야를 지원하는 서비스를 말한다.

54. 정답 ③

| 해설 | ③ 2023년 1월 경상수지는 42억 달러 적자, 2024년 1월 경상수지는 30.5억 달러 흑자이다. 따라서 2024년 1월의 경상수지는 전년도 1월에 비해 72.5억 달러 증가하였다.

55. 정답 ①

| 해설 | ① 파운드리(Foundry)는 반도체의 생산과정에서 제조에 초점을 맞춘 회사를 일컫는 용어로, 대만의 TSMC가 대표적이다. 팹리스(Fabless)는 반도체를 생산하는 공장(fab) 없이 반도체 설계 및 기술 개발에 초점을 맞춘 회사를 일컫는 용어로, 퀄컴, 브로드컴, 애플 등이 대표적이다.

| 오답피하기 |
- 다운사이징: 기업이나 조직이 비용 절감과 효율성을 높이기 위해 규모를 축소하는 전략을 말한다. 인력 감축, 사업 부문 정리 등이 포함되며, 자동차 산업에서는 엔진 배기량을 줄이면서 성능을 유지하는 기술을 뜻하기도 한다.
- 터보차저: 내연기관에서 배기가스를 활용하여 터빈을 가동시켜 엔진 출력을 증대시키는 기술을 말한다.
- 패키징: 반도체 제조 과정에서 여러 개의 반도체를 하나로 묶어 효율을 높이는 작업을 말한다.
- 레이블링: 반도체 제조 과정에서 칩이나 웨이퍼에 식별 정보를 부여하는 과정을 말한다.

56. 정답 ④

| 해설 | ④ 김치 프리미엄은 한국 암호화폐 시장에서 가상화폐 가격이 해외보다 높은 현상을 말한다. 해외보다 한국에서 더 높은 가격에 거래되는 이유는 국내 투자자들의 높은 수요와 자본 이동 제한 때문이다.

| 오답피하기 | ① CDS(Credit Default Swap, 신용부도스와프 또는 신용파산스와프)는 채무불이행에 대한 보험 역할을 하는 파생상품이다. 채무자로부터 채권을 구입한 채권자는 채무자의 채무불이행이라는 위험을 부담한다. 채권자는 이 위험을 회피하기 위해 CDS 판매자(주로 대형 금융기관)로부터 CDS 프리미엄을 주고 CDS를 구매한다. 채무자가 채무불이행을 하는 경우 CDS 구매자(=채권자)는 CDS 판매자로부터 원금을 보장받을 수 있고, 채무가 잘 이행되는 경우에는 CDS 판매자가 CDS 프리미엄만큼의 이익을 얻는 구조이다. 채무자의 채무불이행 확률이 높을수록 CDS 프리미엄은 상승한다.
② 패스트 프리미엄: 패스트푸드(fast food)와 프리미엄(premium)의 합성어로, 분식, 버거, 도시락, 배달 음식 등 빠르게 먹을 수 있는 메뉴에 높은 품질과 가치를 더하는 소비 트렌드를 의미한다.
③ B+ 프리미엄: 평균 이상의(B급) 상품이나 서비스에 프리미엄 요소를 추가하여 가성비를 높이는 소비 트렌드를 말한다. 합리적인 가격대에서 고급스러운 경험을 제공하는 전략으로 외식, 패션, 가전 등 다양한 산업에서 활용된다.
⑤ 마켓 프리미엄: 기업의 시가총액에서 총자산을 뺀 금액을 말하며, 이는 시장에서 기업이 보유한 자산 이상의 가치를 평가받고 있음을 나타낸다. 브랜드 가치, 성장 기대, 무형자산 등이 반영된 프리미엄 요소가 포함된다.

57. 정답 ②

| 해설 | ② ESG는 환경(Environment), 사회(Social), 지배구조(Governance)의 앞글자를 딴 용어로, ESG 경영은 지속가능성의 관점에서 친환경, 사회적 책임, 지배구조의 투명성을 추구하는 경영을 말한다.

58. 정답 ③

| 해설 | ③ 프로틴플레이션: 단백질 식품(육류, 계란, 유제품 등)의 가격이 상승하는 현상이다.

| 오답피하기 | ① 피시플레이션: 수산물의 가격이 급등하는 현상이다.
② 프루트플레이션: 과일 가격이 급등하는 현상이다.
④ 슈거플레이션: 설탕 가격이 급등하는 현상이다.
⑤ 칩플레이션: 반도체(chip) 가격 상승으로 인해 관련 품목의 가격이 함께 상승하는 현상이다.

59. 정답 ②

| 해설 | ② 휴머노이드는 인간과 유사한 외형과 동작을 갖춘 로봇을 말한다. 피규어AI와 오픈AI가 협력하여 개발한 '피규어01'도 휴머노이드 로봇이다. 이는 AI와 결합하여 사람과 소통하고, 물건을 집어주는 등의 동작이 가능하다.

| 오답피하기 | ① 피짓토이: 손으로 만지면서 스트레스를 해소하는 작은 장난감을 말한다.
③ 슈퍼차저: 전기차(EV) 충전기 또는 엔진 출력 강화를 위한 장치를 말한다.
④ 스피너: 손으로 돌리는 장난감(피짓토이)이나 터빈을 말한다.
⑤ 자이로스코프: 회전 운동을 이용하여 방향을 측정하는 센서 장치로, 스마트폰이나 로봇의 균형을 잡는 데 사용된다.

60. 정답 ⑤

| 해설 | ⑤ 메기효과란 막강한 경쟁자의 존재가 다른 경쟁자들의 잠재력을 끌어올리는 효과를 말한다. 미꾸라지를 장거리 운송할 때 수조에 메기를 한 마리 넣으면 미꾸라지들이 메기를 피해 다니느라 활발히 움직여 미꾸라지가 상하지 않는다는 것에서 유래되었다. 인터넷은행이 혁신을 주도하며 대형 은행들이 경쟁적으로 변화하도록 유도하는 현상은 메기효과로 설명할 수 있다.

| 오답피하기 | ① 하인리히 법칙: 미국 보험사 직원이었던 하인리히가 주장한 것으로 '1:29:300 법칙'이라고도 한다. 큰 사건, 사고가 발생하기 이전에는 경미하지만 비슷한 종류의 사고들이 발생한다는 것이다.
② 치킨게임: 게임이론에서 나오는 두 플레이어의 극단적 갈등 모델로, 한쪽이 포기하면 다른 쪽이 이득을 보지만, 포기하는 겁쟁이(chicken)가 나오지 않을 경우 양쪽 모두 파멸적인 결과를 맞게 된다.
③ 대마불사: 규모가 큰 기업이나 기관은 쉽게 망하지 않는다는 의미이다. 규모가 큰 기업이나 기관은 정부의 지원이나 시장 장악력으로 인해 위기에 처해도 생존 가능성이 높다.
④ 죄수의 딜레마: 자신의 사리사욕을 가지고 행동하는 두 개인이 최적의 결과를 내지 못하는 역설적인 결정 상황을 말한다. 전형적인 죄수의 딜레마는 양측이 다른 참가자의 희생을 감수하고 스스로를 보호하기로 선택하는 방식으로 설정된다.

상황추론·판단

61. 정답 ①

| 해설 | ① 냉해와 우박으로 인해 착과수 생산량이 감소하면 사과시장에서 공급이 감소한다. 공급이 감소하면 가격이 상승하고 거래량이 감소한다.

62. 정답 ②

| 해설 | ⊙은 직접세, ⓒ은 간접세이다.
② 직접세는 소득이나 재산이 많을수록 세부담이 커지며, 조세 저항과 탈세 유인이 높다. 반면, 간접세는 납세자가 직접 신고하는 것이 아니라 상품 구매 시 자동으로 부과되므로 탈세가 어렵다.

| 오답피하기 | ① 직접세는 소득세, 재산세, 취득세 등과 같이 납세자가 직접 부담하는 세금을 말한다.
③ 간접세는 부가가치세, 개별소비세 등 소비 행위에 따라 부과되는 세금을 말한다. 간접세의 납세의무자는 사업자이고, 조세부담자는 소비자이다.
④ 대부분의 직접세는 누진세 구조를 가지므로 과세대상이 커질수록 높은 세율이 적용된다.
⑤ 조세 역진성이란 소득이 낮을수록 세부담이 더 커지는 현상을 말한다. 간접세는 소득과 무관하게 세율이 일정하여 상대적으로 저소득층에 불리하므로 역진성이 높다.

63. 정답 ④

| 해설 | ④ 물가안정 목표제는 한국은행이 채택하고 있는 통화정책 운영체제로, 통화량 등의 중간목표를 두지 않고 정책의 최종 목표인 물가상승률 자체를 목표로 설정하고 중기적 시계(3년)에서 이를 달성하려 하는 통화정책 운영방식이다. 한국은행은 「한국은행법」 제6조 제1항에 의거 정부와 협의하여 물가안정(A) 목표를 설정하고 있다. 공개시장 조작은 한국은행이 금융시장에서 금융기관을 상대로 국채 등 증권을 사고팔아 시중에 유통되는 화폐의 양이나 금리 수준에 영향을 미치려는 가장 대표적인 통화정책 수단으로, 채권(B)을 매도(C)하면 통화량이 감소하고 이자율이 상승한다.

64. 정답 ②

| 해설 | A에 해당하는 개념은 기업이 인수를 통해 얻을 수 있는 경제적 이점이다. 엑슨모빌은 파이어니어를 인수하면서 생산량 증가, 비용 절감, 효율성 향상 등의 효과를 기대하고 있다.
ㄱ. 장기평균비용곡선 하락은 대규모 생산을 통해 평균 비용이 줄어드는 현상을 의미한다. 엑슨모빌은 광구 확보와 생산 통합을 통해 비용 절감 효과를 얻을 수 있다.
ㄷ. 규모에 대한 수익 체증은 생산 규모가 커질수록 추가적인 생산량 증가 효과가 발생하는 현상을 말한다. 엑슨모빌은 인수합병을 통해 대규모 생산이 가능해지므로 이를 기대할 수 있다.

| 오답피하기 | ㄴ. 차액지대설은 토지 비옥도의 차이에 따라 지대가 결정된다는 경제 이론이다.
ㄹ. 한계대체율은 생산 요소(노동, 자본 등) 간의 대체 가능성을 나타내는 개념이다.

65. 정답 ③

| 해설 | ③ 전년보다 달러화 대비 원화 환율이 하락하였다는 것은 원화 가치가 상승했음을 의미한다. 따라서 같은 원화 금액을 달러화로 환산할 때 달러화 금액이 증가하므로 환율이 하락하면 1인당 명목 GNI는 상승한다.

66. 정답 ②

| 해설 | (가)는 긍정적 외부성, (나)는 부정적 외부성의 사례이다.
② 긍정적 외부효과가 나타나면 시장의 균형거래량은 사회적 최적 수준보다 적다.

| 오답피하기 | ① 사과 과수원 근처의 양봉업자가 사과 수확량 증가에 도움을 주는 것은 긍정적 외부효과에 해당한다.
③ 긍정적 외부효과가 나타나면 보조금 지급 등을 통해 사회적 최적 수준을 달성할 수 있다.
④ 부정적 외부효과가 나타나면 사회적 비용이 사적 비용보다 크다.
⑤ 부정적 외부효과가 나타나면 세금 부과, 벌금 부과 등을 통해 사회적 최적 수준을 달성할 수 있다.

67. 정답 ④

| 해설 | ④ 수요의 가격탄력성이 단위탄력적인 경우 가격을 조정하더라도 총매출에는 변화가 없다. 웬디스는 점심·저녁 시간대에 가격을 올리면서 매출을 증가시키려는 전략을 취하고 있으므로 수요의 가격탄력성이 비탄력적이라고 판단했을 가능성이 크다.

| 오답피하기 | ① 3급 가격차별은 소비자 그룹에 따라 다른 가격을 부과하는 방식이다. 웬디스는 시간대별로 가격을 달리 적용하는데, 이는 수요자의 특성을 기준으로 한 가격 차별이므로 3급 가격차별에 해당한다.
② 기사는 소비자들이 음식값 변동에 민감하게 반응한다고 보고 있다. 따라서 웬디스가 햄버거 가격을 올렸을 때 햄버거 가격 상승분보다 수요량 감소폭이 더 클 가능성이 있다.
③ 호텔이 성수기와 비수기에 따라 가격을 달리하는 것은 소비자의 가격탄력성의 차이를 이용한 3급 가격차별의 예이다.
⑤ 수요자 입장에서는 웬디스의 가격 차별에 맞서 대체재를 찾으려 할 것이다.

68. 정답 ⑤

| 해설 | ⑤ 경제활동참가율은 {(2,400만 명 + 600만 명)/(2,400만 명 + 600만 명 + 1,000만 명)}×100으로 75%이다. 실업률은 {600만 명/(2,400만 명 + 600만 명)}×100으로 20%이다.

관련 개념 짚어보기

- 실업률(%) = $\dfrac{\text{실업자 수}}{\text{경제활동인구}} \times 100$

- 고용률(%) = $\dfrac{\text{취업자 수}}{\text{생산가능인구}} \times 100$

- 경제활동참가율(%) = $\dfrac{\text{경제활동인구}}{\text{생산가능인구}} \times 100$
  = $\dfrac{\text{취업자 수} + \text{실업자 수}}{\text{생산가능인구}} \times 100$

69. 정답 ⑤

| 해설 | ⑤ 전년 대비 합계출산율 감소폭은 2022년이 0.03이며, 2023년이 0.06으로 2023년이 2022년보다 전년 대비 합계출산율 감소폭이 더 크다.

70. 정답 ①

| 해설 | ① A국과 B국의 통화가 달러화에 비해 절상되었으므로 미국으로 수출하는 상품의 달러화 표시 가격은 상승하였다. 따라서 A국과 B국은 미국으로 수출하는 상품에 대한 가격경쟁력이 낮아졌을 것이다.

| 오답피하기 | ② A국의 통화가 달러화에 비해 절상되었으므로 A국에서 부품을 수입하는 미국 기업의 생산비는 증가했을 것이다.
③ B국의 통화가 달러화에 비해 절상되었고, C국의 통화가 달러화에 비해 절하되었으므로 C국 사람의 B국 여행 경비 부담은 커졌을 것이다.
④ C국의 통화는 달러화에 비해 절하되었으므로 달러화 표시 외채 상환 부담은 C국이 가장 커졌을 것이다.
⑤ A국과 B국의 통화가 달러화에 비해 절상되었고, C국의 통화가 달러화에 비해 절하되었으므로 C국으로 출장가는 A국과 B국 국민의 경제적 부담은 감소했을 것이다.

71. 정답 ③

| 해설 | ③ 외국인 투자자가 국내 주식을 매도하여 달러화로 바꿔 해외로 송금할 경우 달러화의 수요가 증가하므로 환율은 상승한다.

| 오답피하기 | ① 원화가 달러화에 비해 절상되었으므로 달러화로 갚아야 하는 한국 정부의 채무 부담은 감소한다.
② 원화가 달러화에 비해 절상되었으므로 한국 여행을 계획 중인 미국인의 비용 부담은 증가한다.
④ 원화가 달러화에 비해 절상되었으므로 원자재 등을 수입하는 기업의 비용 부담은 감소한다.
⑤ 원화가 달러화에 비해 절상되었으므로 미국으로 자녀를 유학 보낸 학부모의 학비 송금 부담은 감소한다.

72. 정답 ④

| 해설 | ④ 지니계수는 사회의 소득불평등 정도를 나타내는 지표로, 로렌츠곡선에서 45° 대각선 아래의 삼각형 대비 대각선과 로렌츠곡선 사이의 면적이 차지하는 비율을 나타낸다. A국의 지니계수는 0에 가깝고, B국의 지니계수는 0.5이다.

| 오답피하기 | ①② 로렌츠곡선은 모집단 내 소득 또는 부의 분포를 그래프로 나타낸 것으로, 45° 대각선에서 멀어질수록 불평등함을 의미하고, 45° 대각선과 가까울수록 균등한 소득분배를 의미한다.
⑤ B국의 소득불평등 정도가 A국의 불평등 정도보다 높으므로 B국은 A국보다 상대적으로 사회불안의 정도가 높을 것이다.

73. 정답 ①

| 해설 | ELS는 개별주식 또는 지수에 연동된 유가증권으로, 주로 기초자산이 만기까지 정해진 박스권 내에 머무르면 일정 수익률을 보장하는 상품이다.
ㄱ. 도덕적 해이란 정보 비대칭 상황에서 정보를 적게 가진 자가 행동을 감추고 이기적인 행위를 하는 현상을 말한다. 손실은 금융사가 책임지고, 이익은 투자자가 가져가는 구조가 되면, 투자자가 위험한 투자에도 무책임하게 행동할 가능성이 커진다. 기사에서는 투자자가 스스로 선택한 고위험 상품에서 손실이 발생했음에도 금융사가 배상해 주는 것이 타당한지 의문을 제기하고 있다. 이는 도덕적 해이의 사례이다.
ㄴ. 하이리스크, 하이리턴은 높은 수익을 추구하는 행위에는 높은 위험이 따른다는 것을 말한다. 기사에서는 ELS와 같은 고위험 상품이 높은 수익을 제공할 가능성이 있지만, 그만큼 손실 위험도 크다는 점을 강조한다. 따라서 투자자가 위험을 감수해야 하며, 손실 발생 시 금융사가 대신 책임지는 것은 시장 원리에 맞지 않다고 주장한다.

| 오답피하기 | ㄷ. 피치마켓은 레몬마켓의 반대말이다. 레몬마켓은 정보의 비대칭성으로 인해 소비자가 제품의 품질을 정확히 알기 어려워 결국 저품질의 재화만이 공급되는 시장을 말한다. 따라서 피치마켓은 양질의 재화가 공급되는 시장이다.
ㄹ. 일물일가의 법칙은 완전경쟁시장에서는 동일한 상품이 어느 시장에서든 같은 가격에 거래된다는 원칙을 말한다. 이는 시장 간 차익거래의 기회가 존재할 경우 가격이 조정되어 결국 균일한 가격으로 수렴하게 됨을 설명한다.

74. 정답 ④

| 해설 | ④ 경제가 회복국면에 들어섰다는 것은 경기 둔화보다는 인플레이션 압력이 주요 이슈라는 것이고, 팬데믹 이후 억눌린 수요가 분출되면서 인플레이션 압력이 발생했다는 점에서 금융 안정은 인플레이션을 억제하기 위한 금리인상을 의미한다.

| 오답피하기 | ① 양적완화는 확장적 통화정책이다.
② 재할인율 인하는 확장적 통화정책이다.
③ 공개시장에서 국공채를 매입하면 시중의 통화량이 증가한다.
⑤ 중소기업에 대한 직접 대출 요건을 완화하면 대출이 늘어 통화량이 증가한다.

관련 개념 짚어보기

통화정책의 수단

긴축	확장
기준금리 ↑	기준금리 ↓
지급준비율 ↑	지급준비율 ↓
재할인율 ↑	재할인율 ↓
통화안정 증권 매각	통화안정 증권 매입

75. 정답 ⑤

| 해설 | ⑤ 세부담을 고려한 A의 실질근로소득은 2010년이 3,650달러, 2020년이 3,850달러이다. 만약 실질소득을 구하기 전 세금을 먼저 차감한다면 A의 실질근로소득은 2010년이 3,650달러, 2022년이 4,281.25달러이다. 따라서 둘 중 어느 경우에도 2010년 대비 2020년 A의 실질근로소득은 증가하였다.

| 오답피하기 | ① 2010년 A의 연간 근로소득 중 1,000달러의 세율은 5%이고, 3,000달러의 세율은 10%이다.
② 10년간 A의 소득은 2배 오른 반면, 소득세 부담액은 2배 이상 증가하였다.
③ A의 2020년 연간 근로소득은 8,000달러로 5%, 10%, 20% 총 3개의 기본세율 구간이 적용된다.
④ 2010년의 실질소득이 4,000달러일 때 물가지수를 고려하면 2020년의 실질소득은 8,000/(160/100)으로 5,000달러이다. 따라서 A의 10년간 실질근로소득 상승률은 25%이다.

76. 정답 ③

| 해설 | A국 정부가 시행한 정책은 최고가격제이다.
③ 최고가격제의 도입으로 거래량이 감소하므로 X재에 대한 정부 세금수입은 감소할 가능성이 크다.

| 오답피하기 | ① 최고가격제의 가격은 시장 균형가격보다 낮다.
② 최고가격제의 시행으로 초과수요가 발생한다.
④ 최고가격제의 시행으로 생산자잉여는 감소한다.
⑤ 최고가격제의 시행으로 소비지출액은 감소한다.

관련 개념 짚어보기

최고가격제

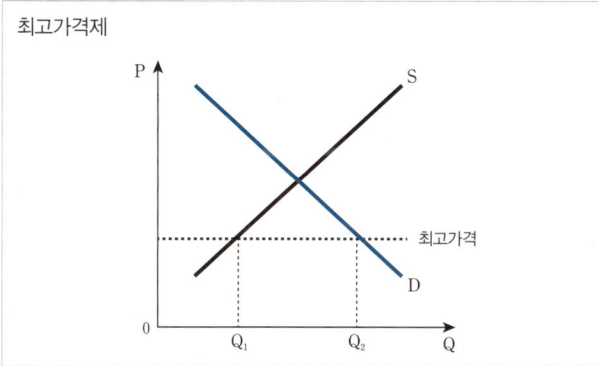

77. 정답 ②

| 해설 | ㄱ. 무인 택시에 의해 택시 운전사들이 일자리를 잃을 수 있다는 우려가 있다. 따라서 무인 택시와 택시 운전사는 대체재이다.
ㄷ. 러다이트 운동은 19세기 영국에서 산업혁명에 반대하여 일어난 기계파괴운동으로, 기계가 노동자의 일자리를 빼앗는다고 생각하여 새로운 기계를 반대한 운동이다. 최근에는 네오 러다이트라는 용어가 등장하였으며, 이는 첨단기술의 발전으로 인해 일자리가 감소할 것을 우려하며 신기술 도입에 반대하는 현상을 말한다.

| 오답피하기 | ㄹ. 옥스퍼드 운동은 19세기 영국 성공회에서 일어난 종교개혁 운동이다.

78. 정답 ③

| 해설 | ③ 2018년에 온라인 시장의 매출 규모는 113조 원이고, 다른 3개 시장 매출 규모의 합은 105조 원(=47조 원+34조 원+24조 원)이다. 따라서 2018년에 온라인 시장의 매출 규모가 다른 3개 시장 매출 규모의 합보다 크다.

79. 정답 ①

| 해설 | ㄱ. A국이 수입품 B에 대해 관세를 부과하면 단기적으로 관세로 인해 정부 수입이 증가할 것이다.
ㄴ. 관세 부과로 인해 수입품 가격이 상승하면, 국내 생산자들은 상대적으로 가격경쟁력이 높아져 국내 생산자들은 더 높은 가격에 판매할 기회를 가질 수 있다.

| 오답피하기 | ㄷ. 관세 부과로 인해 수입품 가격이 상승하면, 수입물량은 감소할 것이다.
ㄹ. 관세 부과로 인해 수입품 가격이 상승하면, 소비자들은 더 높은 가격에 물건을 사야 하므로 불리하다.

관련 개념 짚어보기

관세의 효과

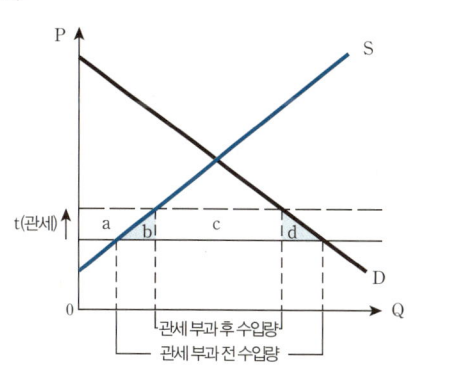

· 소비자잉여 감소분: a+b+c+d
· 생산자잉여 증가분: a
· 정부 재정 수입분: c
· 자중손실: b+d

80. 정답 ⑤

| 해설 | ⑤ 필자는 경제성장이 사회적·도덕적 발전을 촉진한다고 주장하고 있다. 따라서 필자의 주장은 분배를 강조하는 내용과 일치하지 않는다.

제86회 TESAT 문제지
정답 및 해설

경제이론

1	④	2	③	3	⑤	4	①	5	③
6	⑤	7	③	8	①	9	①	10	④
11	②	12	⑤	13	④	14	④	15	①
16	④	17	②	18	②	19	③	20	④
21	③	22	①	23	⑤	24	①	25	⑤
26	⑤	27	①	28	②	29	②	30	③

시사경제·경영

31	⑤	32	⑤	33	②	34	⑤	35	②
36	④	37	⑤	38	②	39	⑤	40	①
41	①	42	③	43	⑤	44	③	45	②
46	④	47	⑤	48	①	49	②	50	①
51	①	52	③	53	②	54	①	55	②
56	②	57	③	58	②	59	①	60	⑤

상황추론·판단

61	①	62	①	63	①	64	③	65	④
66	②	67	①	68	③	69	③	70	⑤
71	③	72	①	73	③	74	④	75	②
76	②	77	①	78	⑤	79	②	80	④

경제이론

1. 정답 ④

| 해설 | ④ 자원의 희소성은 인간의 욕구에 의해 상대적으로 결정된다.

| 오답피하기 | ① 자원의 희소성은 시대에 따라 변할 수 있다.
② 희소성은 자원의 절대적인 크기에 따라 결정되는 것이 아니다.
③ 자원의 양이 많더라도 해당 자원에 대한 인간의 욕구가 더 크다면 그 자원은 희소성을 가질 수 있다.
⑤ 정부의 개입으로 인해 희소성이 사라지지는 않는다.

2. 정답 ③

| 해설 | ③ 국내 기업의 미국산 제품 수입 증가는 달러화 수요 증가요인이다. 달러화 수요가 증가하면 원/달러 환율은 상승한다.

| 오답피하기 | ① 미국인의 국내 부동산 매입은 달러화 공급 증가요인이다.
② 미국 기업의 국내투자 확대는 달러화 공급 증가요인이다.
④ 국내에서 생산한 반도체의 미국으로의 수출 증가는 달러화 공급 증가요인이다.
⑤ 미국에서 받은 배당금의 국내 송금은 달러화 공급 증가요인이다.

관련 개념 짚어보기

외화 공급 증가

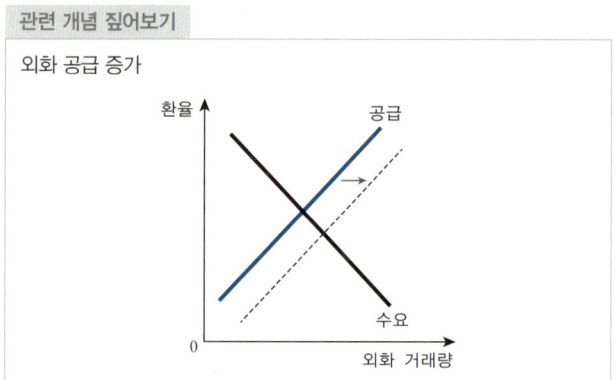

3. 정답 ⑤

| 해설 | ⑤ 자본시장의 발달로 안정된 이자율은 채권 가격의 변동성을 줄였으나 주식의 가격은 파생상품의 발달, 자본시장의 고도화로 인해 변동성이 줄었다고 단정할 수 없다.

| 오답피하기 | ① 금융시장은 경제주체 간 자금을 중개해 준다.
② 은행들의 경우 BIS 자기자본비율을 준수할 것을 권고받는다.
③ 금융은 저축과 투자를 중개하여 유동성을 공급한다.
④ 자본시장의 발달은 기업들이 IPO나 유상증자를 통해 자금을 수월하게 확보할 수 있게 하여 은행 차입 의존도를 낮춘다.

4. 정답 ①

| 해설 | ① 쌀 매입 지원정책은 쌀 시장에 대한 정부의 개입으로 자원의 효율적 배분을 저해하여 1인당 노동 산출량의 감소를 가져온다.

| 오답피하기 | ② 납세자로부터 마련된 정부 재원이 농민들에게 배분되므로 납세자로부터 농민으로 소득 재분배가 이루어진다.
③ 쌀 매입 지원정책으로 쌀을 보관하기 위한 예산이 증대된다.
④ 쌀 매입 지원정책은 가격하한 역할을 하여 초과공급을 초래한다.
⑤ 높은 가격으로 쌀을 팔 수 있어 다른 농산물 생산의 유인이 줄어든다.

5. 정답 ③

| 해설 | ③ 케인스는 통화정책보다 재정정책의 효율성이 높음을 주장하였다.

관련 개념 짚어보기

- 정부개입 옹호: 케인스, 장하준
- 자유시장 옹호: 애덤 스미스, 하이에크, 미제스, 프리드먼, 대처, 레이건, 슘페터

6. 정답 ⑤

| 해설 | 제시된 자료는 닉슨 대통령이 선거를 이유로 통화정책에 영향을 미침으로써 정치적 경기순환이론과 중앙은행의 독립성 침해가 있었음을 보여 준다.
ㄷ. 중앙은행의 정치적 독립성이 지켜지지 않는다면 정치적 이해관계에 의해 경제 상황과 상충된 통화정책이 수립되어 혼란을 야기할 수 있다.
ㄹ. 정치적 경기순환이론은 정치인들이 선거를 앞두고 유권자들의 지지를 얻기 위해 경제정책을 조정하고, 그 결과 경제가 주기적으로 변동하는 현상을 설명하는 이론이다.

| 오답피하기 | ㄱ. 콩도르세의 역설(투표의 역설)은 개인들의 선호는 모두 이행성을 충족하더라도 사회 전체로는 이행성이 충족되지 않는 다수결 투표의 맹점을 표현한 것이다.
ㄴ. 미국 중앙은행(Fed)은 통화정책을 통해 고용안정을 추구해야 할 책무가 있지만, 제시된 자료에서는 유추할 수 없는 내용이다.

7. 정답 ③

| 해설 | ③ 통화량의 지속적인 증가는 인플레이션을 유발하므로 통화량 증가가 반드시 경제성장을 가져다주는 요인이라고 볼 수 없다.

| 오답피하기 | ① 생산성의 향상은 실질적인 경제성장을 가져다준다.
② 교육에 대한 지출은 인적 자원 확보에 도움이 되므로 경제성장의 밑바탕이 된다.
④ 지식재산권의 보호는 새로운 지식 발명에 대한 경제적 유인으로 기술개발의 활성화를 가져다준다.
⑤ R&D 비용 세액공제는 R&D 투자를 증가시켜 생산성 향상에 기여한다.

관련 개념 짚어보기

장기적 경제성장

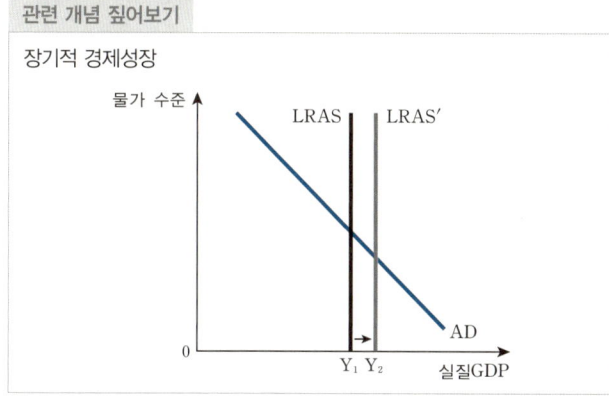

8. 정답 ①

| 해설 | 기준금리가 0%에 가까운 상황에서 중앙은행의 통화량 증가 정책이 효과가 떨어지는 현상을 유동성 함정이라고 한다.
① 유동성 함정 상황에서 경제주체들은 화폐를 쓰기보다는 보유하려고 한다. 이로 인해 통화승수는 낮아지고 통화정책의 효과가 떨어진다.

| 오답피하기 | ② 시중 통화량이 증가하지 않고, 시장 이자율은 0%에 가깝다.
③ 재정정책의 승수가 감소하면 재정정책의 효과가 감소한다.
④ 통화승수가 줄어 화폐유통속도가 감소한다.
⑤ 중앙은행은 유동성 증가를 위해 공개시장 매각과 지급준비율 인하를 시행한다.

관련 개념 짚어보기

유동성 함정

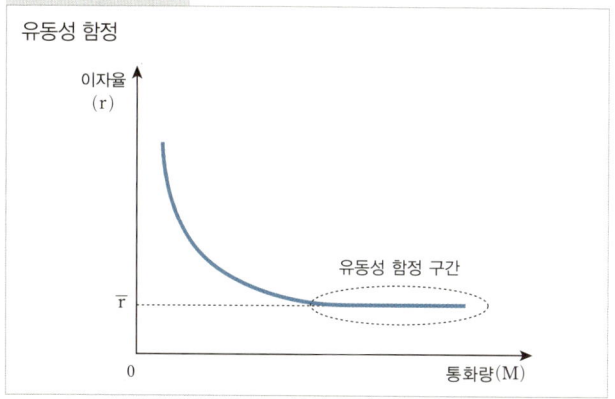

9. 정답 ①

| 해설 | 완전가격차별이 시행되는 독점시장에서는 독점기업이 각 소비자에게 최대한의 가격을 책정한다.
① 완전가격차별이 시행되는 독점시장에서 생산자는 각 소비자가 지불할 의향이 있는 최고 가격을 파악하여 소비자마다 다른 가격을 부과한다. 따라서 소비자잉여는 0이 된다.

| 오답피하기 | ② 한계수입곡선은 소비자의 지불용의 가격을 따라가므로 시장수요곡선과 동일하다.
③ 소비자잉여는 모두 생산자잉여에 귀속된다.
④ 수요 공급곡선은 바뀌지 않으므로 공급량은 완전경쟁시장과 동일하다.
⑤ 독점기업이 모든 소비자의 지불용의가격을 알고 있어 각 소비자에게 최대한의 가격을 책정한다.

10. 정답 ④

| 해설 | 수요곡선상의 이동, 즉 수요량 변화는 가격 변동이 요인이다. 수요곡선 자체의 이동은 보완재의 가격 변화, 대체재의 가격 변화, 임금의 변화 등의 요인에 의해 이루어진다.
④ 보완재의 가격 상승은 수요 감소 요인이고, 가격 상승은 수요량 감소 요인이다.

11. 정답 ②

| 해설 | ② 오버슈팅은 재화 또는 금융자산의 가격이 급격히 폭등 또는 폭락하였다가 다시 균형가격으로 되돌아가는 현상을 말한다.

| 오답피하기 | ① 턴어라운드: 전환점을 의미하며, 국가가 경기침체 국면에서 경기호황 국면으로 전환되는 시점을 말한다.
③ 레온티에프 역설: 자본이 풍부한 나라가 자본집약적인 상품을 덜 수출하고, 노동집약적인 상품을 더 많이 수출하는 현상을 설명하는 이론이다. 이는 레온티에프의 무역이론과 반대되는 결과이다.
④ 트리핀 딜레마: 기축통화 발행국은 기축통화의 국제 유동성을 유지하기 위해 국제수지(경상수지) 적자를 지속해야 하는데, 이는 기축통화에 대한 신뢰도 하락으로 연결될 수밖에 없다는 상충관계를 말한다.
⑤ 랜덤워크: 자산 가격이나 경제 변수의 변동이 예측할 수 없는 무작위적인 과정이라는 이론이다. 즉, 과거의 가격 변동이 미래의 가격 변동을 예측하지 못한다는 것을 말한다.

12. 정답 ⑤

| 해설 | ⑤ 시장경제 체제에서 사회적 분업은 시장에서 형성된 가격 신호에 따라 이루어진다. 애덤 스미스는 이를 '보이지 않는 손'이라 하며, 시장의 효율성을 역설하였다.

13. 정답 ④

| 해설 | ④ 효율적 시장 가설은 모든 공개된 정보가 즉시 반영되어 자산 가격이 항상 적정 가격을 유지한다고 주장하는 이론이다. 즉, 시장에서 주식이나 자산의 가격은 언제나 합리적이고 예측 불가능하다는 개념이다.

14. 정답 ④

| 해설 | 외부효과는 경제 활동이 제3자에게 의도하지 않게 미치는 긍정적 또는 부정적 영향을 말한다. 외부효과의 내부화는 시장 실패인 외부효과를 거래 당사자들이 경제적으로 고려하도록 유도하여 다시 시장에서 해결하려는 방식이다.
④ 원유가격이 오르자 휘발유 가격이 상승하는 것은 외부효과가 아닌 시장의 기능에 의한 사례이다.

| 오답피하기 | ① 탄소 배출권 거래제는 부정적 외부효과를 경제적으로 고려하도록 한 외부효과의 내부화의 예이다.
② 담배 구매자에게 건강세를 부과한 것은 부정적 외부효과에 교정적 조세를 부과한 예이다.
③ 독감 예방주사 보조금의 경우 긍정적 외부효과를 내부화한 예로 볼 수 있다.
⑤ 환경정화부담금은 교정적 조세를 통해 부정적 외부효과를 줄이려는 시도이다.

15. 정답 ①

| 해설 | ① 소득수준이 낮을 때에는 중고차를 사용하다가 소득수준이 높아지자 신차를 구입한 사례는 소득탄력성으로 인해 재화의 수요가 달라지는 상황으로, 이는 정상재-열등재의 예에 해당한다.

| 오답피하기 | ④ 자산효과는 자산 가치의 변동이 소비자들의 소비 행동에 영향을 미치는 현상이다. 예를 들어, 주식이나 집값이 오르면 사람들은 자신이 더 부유하다고 느껴 소비를 늘리고, 반대로 자산 가치가 떨어지면 소비를 줄이는 경향이 있다. 기저효과는 비교 기준이 되는 이전 기간의 값이 매우 낮거나 높을 경우, 현재 값의 변화가 과도하게 크게 보이는 현상이다.
⑤ 피구효과는 물가상승으로 인해 실질 화폐 가치가 감소하면서 사람들의 소비가 줄어들고, 결과적으로 경제활동이 위축되는 현상을 말한다. 피셔효과는 명목이자율이 실질이자율과 기대인플레이션율을 합한 값으로 결정된다는 것으로, 이에 따르면 인플레이션 기대가 높아지면 명목이자율도 상승하게 된다.

16. 정답 ④

| 해설 | 필립스곡선은 물가와 실업률의 상충관계를 그래프로 표현한 것이다. 물가와 실업률은 부(-)의 상관관계를 가진다.
④ 스태그플레이션은 물가상승과 경기침체가 동시에 발생하는 현상으로 필립스곡선의 우측 이동으로 나타낼 수 있다.

| 오답피하기 | ② 기대인플레이션율이 낮아지면 단기적인 실업이 감소하여 단기 필립스곡선은 좌측으로 이동한다.
③ 자연실업율 가설에 따르면 장기적으로는 필립스곡선이 수직인 형태이므로 물가 조정으로 실업률을 통제할 수 없다.
⑤ 예상하지 못한 통화팽창은 물가를 상승시켜 실업률을 감소시킨다.

관련 개념 짚어보기

필립스곡선

필립스곡선은 물가상승률과 실업률 간의 상충관계를 나타낸다.

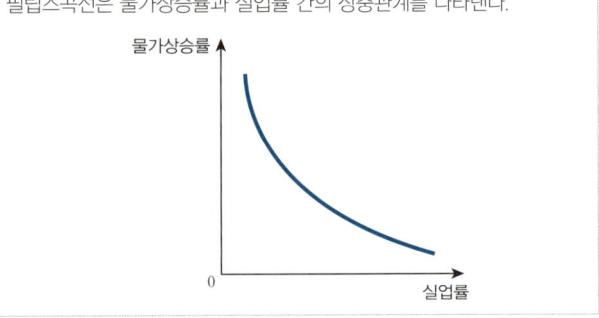

17. 정답 ②

| 해설 | ② 목도리에 들어간 비용 3만 원은 매몰 비용이므로 고려해서는 안 된다. 목도리를 지금 처분하면 1만 원의 수익을 얻을 수 있으므로 5만 원을 투자하여 목도리를 최신 디자인으로 바꿔 1만 원 이상의 수익을 얻으려면 최소 6만 원 이상에 판매해야 한다.

18. 정답 ②

| 해설 | 총수요와 총공급 측면에서 물가상승과 산출량 감소가 동시에 일어나려면 총공급이 감소하는 스태그플레이션이 나타나야 한다.
② 국제 원자재가격의 상승은 총공급 감소요인이다.

관련 개념 짚어보기

공급충격

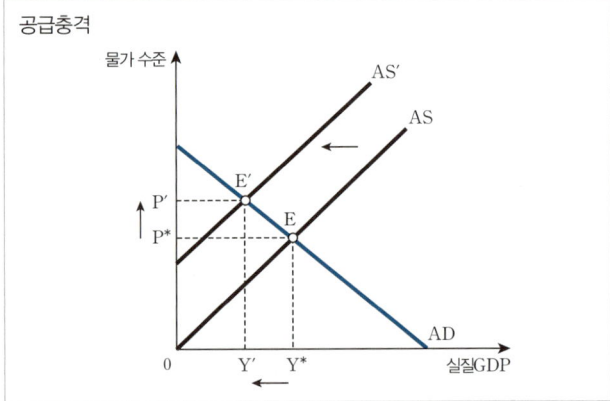

19. 정답 ③

| 해설 | ③ 중고차 판매 기업이 무상수리 서비스를 지원한다고 발표하는 것은 신호 발송의 사례이다.

| 오답피하기 | ① 근로자의 근무태만, 즉 도덕적 해이를 줄이기 위해 인센티브 제도를 도입할 수 있다.
② 도덕적 해이는 사용자가 대리인의 행동을 완벽하게 감시할 수 없을 때 대리인의 일탈로 인해 발생한다.
④ 정보의 비대칭은 정부의 정보 공개 의무화 정책 등을 통한 개입으로 해결이 가능하다. 정보 공개 의무화 정책에는 유통기한 및 재료성분 표시 등이 있다.
⑤ 보험 가입자도 사건 발생 후 비용을 부담하게 하므로 도덕적 해이를 방지할 수 있다.

20. 정답 ④

| 해설 | ④ 비순수공공재는 비경합성과 배제성을 가지거나, 경합성과 비배제성을 가진 경우를 말한다.

| 오답피하기 | ① 무임승차는 비배제성으로 인해 발생한다.
② 지진이나 해일의 발생 경보는 공공재로, 비경합성과 비배제성을 가진다.
③ 공공재는 소비자가 특정 자원을 사용할 때 추가 비용을 지불하지 않아도 되며, 한 사람의 소비가 다른 사람의 사용을 막지 않으므로 시장을 통해 충분히 공급되지 못한다.
⑤ 공공재의 특징 중 하나인 비배제성은 어떤 사람이 대가를 지불하지 않더라도 소비를 막을 수 없음을 뜻하며, 이로 인해 무임승차가 발생한다.

21. 정답 ③

| 해설 | 노동시장이 경쟁시장일 경우 단기적인 임금 하락은 노동공급의 증가나 노동수요의 감소로 인해 발생한다.
③ 외국인 노동자의 유입은 노동공급을 증가시켜 단기적 임금 하락을 가져온다.

| 오답피하기 | ① 제품가격의 상승은 노동수요를 증가시킨다.
② 노동생산성의 향상은 임금 상승요인이다.
④ 기업투자에 따른 인력 필요 확대는 노동수요 증가요인이다.
⑤ 노동과 자본이 대체 가능할 때 자본 가격의 상승은 노동수요 증가요인이다.

22. 정답 ①

| 해설 | ㄱ. 지니계수는 소득이나 재산 분포의 불평등 정도를 나타내는 지표로, 0에서 1 사이의 값을 가진다.
ㄴ. 로렌츠곡선은 소득이나 재산 분포의 불평등 정도를 시각적으로 나타내는 그래프이다.

| 오답피하기 | ㄷ. VIX지수는 주식시장의 변동성을 나타내는 지표로, S&P500지수 옵션의 가격 변동성을 기반으로 계산된다. 일반적으로 '공포지수'라고도 하며, VIX지수가 높을수록 시장의 불확실성과 변동성이 크다는 것을 의미한다.
ㄹ. RBC비율은 보험회사의 자본 건전성을 측정하는 지표로, 보험회사가 보유해야 할 최소자본 수준을 결정하는 데 사용된다. 이는 보험사의 위험을 감당할 수 있는 자본의 양을 나타내며, 비율이 높을수록 재정적으로 더 안정적임을 의미한다.

관련 개념 짚어보기

- 로렌츠곡선: 모집단 내 소득 또는 부의 분포를 그래프로 나타낸 것으로, 45° 대각선에서 멀어질수록 불평등함을 의미한다.
- 지니계수: 사회의 소득불평등 정도를 나타내는 지표로, 로렌츠곡선에서 45° 대각선 아래의 삼각형 대비 대각선과 로렌츠곡선 사이의 면적이 차지하는 비율을 나타낸다.

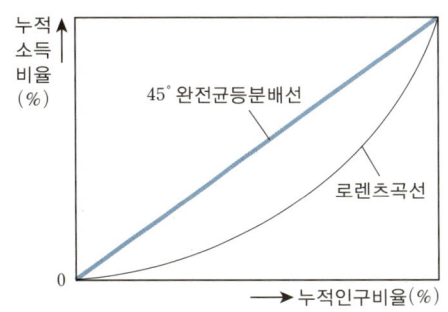

23. 정답 ⑤

| 해설 | 공장의 이윤극대화는 MR=MC, 즉 한계수입과 한계비용이 일치할 때 달성된다.
⑤ 고용 근로자 수가 6명일 때 한계비용(1,000원)과 한계수입(100원×10)이 일치한다.

24. 정답 ②

| 해설 | ② 실업자가 구직활동을 포기하면 실망노동자가 되어 실업자와 경제활동인구 모두에서 제외되므로 실업률이 낮아진다.

| 오답피하기 | ① 자연실업률은 물가상승속도를 가속화시키지 않고 현재 수준에서 안정시킬 수 있는 실업률 수준이다.
③ 경제활동참가율은 '15세 이상의 생산가능 인구 중 경제활동인구가 차지하는 비율'로 노동공급을 나타내는 지표이다.
④ 로스쿨 진학을 준비하는 대학생은 비경제활동인구에 해당한다.
⑤ 일반적으로 경기침체가 발생할 때, 기업은 근로자의 근로시간을 먼저 단축해보고 그 후 해고를 한다.

관련 개념 짚어보기

- 실업률(%) = $\dfrac{\text{실업자 수}}{\text{경제활동인구}} \times 100$
- 고용률(%) = $\dfrac{\text{취업자 수}}{\text{생산가능인구}} \times 100$
- 경제활동참가율(%) = $\dfrac{\text{경제활동인구}}{\text{생산가능인구}} \times 100$
  = $\dfrac{\text{취업자 수} + \text{실업자 수}}{\text{생산가능인구}} \times 100$

25. 정답 ⑤

| 해설 | ⑤ 수요의 가격탄력성이 1보다 크면 가격이 상승할 때 수요량이 더 많이 감소하여 해당 재화의 지출액이 감소한다.

26. 정답 ⑤

| 해설 | 중앙은행이 국채를 매입하고 지급준비율을 내리는 것은 확장적 통화정책으로, 이는 경기 부양 시 실시하는 정책이다. 정부가 기업과 가계에 대한 세율 인하는 확장적 재정정책이다.
⑤ 경기 부양책을 실시할 경우 기업의 투자심리는 상승한다.

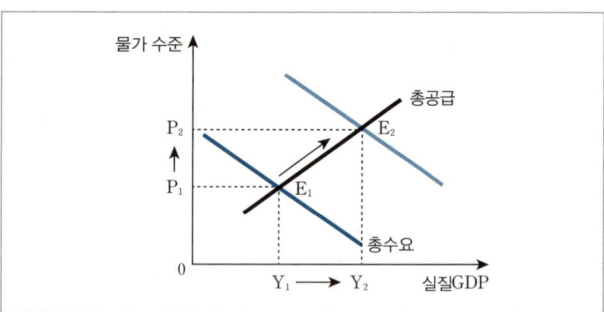

27. 정답 ①

| 해설 | ① 잠재GDP는 노동이나 자본 등의 자원을 최대로 활용하였을 때 달성할 수 있는 GDP를 말한다. 즉, 완전 고용 상태에서 인플레이션을 유발하지 않고 달성 가능한 생산 수준이다.

| 오답피하기 | ② 명목GRDP: 특정 기간 동안 한 지역에서 생산된 모든 재화와 서비스의 가치를 현재 가격으로 계산한 총합이다.
③ 실질GNP: 물가 변동을 고려하여 일정한 기준 연도의 가격으로 계산된 총생산액으로, 경제성장률을 측정하는 데 사용된다.
④ 명목PPI: 생산자물가지수(PPI)를 현재 가격으로 측정한 것으로, 생산자가 생산한 상품과 서비스의 가격 변동을 나타낸다.
⑤ 1인당 GNI: 한 국가의 총국민소득(GNI)을 해당 국가의 총인구로 나눈 값으로, 국민 평균 소득수준을 나타낸다.

28. 정답 ②

| 해설 | ② 맬서스(Malthus)는 인구가 기하급수적으로 증가하는 반면, 식량 생산은 산술급수적으로 증가한다고 주장하였는데, 그가 간과한 것은 기술 발전으로 인한 생산성 향상이다. 그는 인구가 계속해서 증가하면 결국 식량이 부족해져 대규모 기근이 발생할 것이라고 예측하였지만, 실제로는 농업 기술의 발전과 생산성 향상 덕분에 식량 생산이 증가하여 그의 예측은 빗나갔다.

| 오답피하기 | ① 빅맥지수: 영국 경제지인 이코노미스트에서 1986년부터 매해 1월과 7월에 발표하는 지수이다. 맥도날드의 주력 제품인 빅맥은 나라를 불문하고 쉽게 구매할 수 있으므로 각 국가별 빅맥 가격을 활용하여 물가 및 환율을 쉽게 비교할 수 있다. 이는 구매력평가설과 일물일가 법칙에 기반을 두고 있다.
③ 중상주의: 15세기부터 18세기 후반 산업혁명에 의해 근대자본주의가 성립하기 전까지 서유럽 국가들에서 채택된 경제정책을 말한다. 정부의 지원으로 국내시장을 보호(수입 억제)하고 국외 시장의 개척을 촉진(수출 장려)하는 보호무역정책이 중상주의 정책의 핵심 내용이다.
④ 절대우위의 원리: 한 나라가 다른 나라보다 특정 재화나 서비스를 더 효율적으로 생산할 수 있을 때, 그 재화나 서비스를 생산하는 데 있어 절대적인 우위를 가진다는 이론이다. 즉, 각 나라가 자신이 가장 잘 생산할 수 있는 것에 집중하고, 무역을 통해 이익을 얻을 수 있다는 개념이다.
⑤ 파레토 법칙: 전체 결과의 80%가 20%의 원인에서 발생한다는 원칙이다. 80/20 법칙이라고도 하며, 자원이나 결과가 불균형적으로 분포된 현상을 설명한다.

29. 정답 ②

| 해설 | ② 예상된 인플레이션에도 자원 배분의 왜곡이나 메뉴비용과 같은 적응비용, 소득불평등 등의 문제가 발생하므로 사회적 비용이 발생한다.

| 오답피하기 | ① 누진적인 소득세의 경우 인플레이션이 발생하면 더 높은 세율을 적용받게 되어 자원배분을 왜곡시킨다.
③ 인플레이션율이 높아지면 화폐의 가치가 떨어지고 물건의 가격이 상승하므로 화폐보유에 대한 기회비용이 증가한다.
④ 고전적 중립성에 따르면 통화량 증가로 발생한 인플레이션은 생산량에 영향을 미치는 실질적 요인이 아니므로 실물변수에 영향을 미칠 수 없다.
⑤ 인플레이션에 따른 가격조정이 모든 기업에게 동일할 수 없으므로 자원배분의 비효율성이 발생할 수 있다.

30. 정답 ③

| 해설 | 제시된 자료는 케인스 방정식의 각각의 변수들과 GDP와의 상관계수에 관한 정보를 보여 준다.
ㄱ. 소비(c)와 투자(i)의 상관계수는 양수이므로 소비와 투자는 경기순응적이다.
ㄴ. 투자의 표준편차(4.07)가 소비의 표준편차(1.51)에 비해 크므로 투자의 변동성이 소비보다 더 크다.

| 오답피하기 | ㄷ. 수출 X는 GDP와의 상관계수가 음수(-0.25)이므로 경기 동행적이지 않다.

시사경제 · 경영

31. 정답 ⑤

| 해설 | ⑤ 리튬은 전기차 배터리의 핵심 원료로, 가볍고 전기전도성이 뛰어나 배터리의 충·방전 과정에서 에너지를 저장하고 전달하는 중요한 역할을 한다. 특히, 배터리의 양극재에 사용되어 리튬이온의 이동을 통해 전기를 생성하며, 배터리의 성능과 수명, 충전 속도에 큰 영향을 미친다. 전기차 배터리 원가의 약 10~15%를 차지하며, 리튬 확보는 전기차 산업에서 중요한 요소로 부각되고 있다.

32. 정답 ⑤

| 해설 | ⑤ 치킨게임은 두 주체가 서로 양보하지 않고 극한의 경쟁을 벌이며, 먼저 포기하는 쪽이 패배하는 상황을 말한다. 상대가 굴복할 때까지 경쟁이 이어지며, 끝까지 버티면 서로에게 큰 피해가 발생할 위험이 크다.

| 오답피하기 | ① 콜드게임: 경기 중 점수 차이가 크게 벌어졌을 때 규정에 따라 경기를 조기 종료하는 것을 말한다.
② 스윙전략: 시장의 단기 변동을 활용하여 며칠에서 몇 주 동안 보유하며 수익을 추구하는 투자 전략이다.
③ 퍼펙트게임: 야구에서 투수가 상대 팀에게 출루를 한 번도 허용하지 않고 끝내는 경기를 말한다.
④ 집중화 전략: 특정 시장이나 고객 집단에 자원을 집중하여 차별화된 제품이나 서비스를 제공하는 경영전략이다.

33. 정답 ②

| 해설 | ② 비트코인은 2009년에 등장한 최초의 분산형 디지털 화폐로, 중앙은행이나 정부의 통제를 받지 않는다. 비트코인은 블록체인 기술을 기반으로 하여 거래가 암호화되어 안전하게 이루어지며 거래 기록이 모두 공개된 분산된 장부에 저장된다. 이를 통해 사용자들은 중개 기관 없이 직접 거래를 할 수 있다.

| 오답피하기 | ① 포크배럴: 암호화폐의 블록체인 네트워크에서 기존의 프로토콜을 변경하거나 업데이트하는 과정에서 발생하는 분기점을 말한다. 이는 새로운 버전의 블록체인과 이전 버전의 블록체인이 서로 호환되지 않아 두 개의 독립적인 체인이 나누어지는 현상이다.
③ 알트코인: 비트코인을 제외한 모든 암호화폐를 의미한다. 비트코인 이후에 등장한 다양한 암호화폐들이며, 각기 다른 목적과 기능을 가지고 있다.
④ 하드포크: 블록체인 프로토콜의 근본적인 변경으로, 이전 버전과 호환되지 않는 새로운 버전의 체인이 만들어지는 상황을 말한다. 이로 인해 네트워크가 두 개의 분리된 체인으로 나누어질 수 있다.

34. 정답 ⑤

| 해설 | ㄷ. CPI는 특정 기간 동안 가계가 소비하는 상품과 서비스의 가격 변동을 측정하는 경제 지표이다.
ㄹ. PPI는 생산자가 판매하는 제품의 가격 수준을 측정하는 물가지수이다. 국내에서 생산되어 국내에 출하되는 모든 재화의 서비스 요금의 변화를 측정한다.
ㅁ. GDP디플레이터는 국내총생산(GDP)에서 측정된 모든 상품과 서비스의 가격 변동을 반영하는 지표로, 경제 전반의 물가 상승률을 나타낸다.

| 오답피하기 | ㄱ. NIM은 은행이 대출과 예금 등의 금융 자산에서 발생한 이자수익과 이자비용의 차이를 자산 규모로 나눈 비율이다. 이는 은행의 수익성을 나타내는 중요한 지표로, 높은 NIM은 은행이 효율적으로 수익을 창출하고 있음을 의미한다.
ㄴ. PMI지수는 제조업 및 서비스업의 경기를 측정하는 지표로, 구매관리자들의 경제활동을 기반으로 한 설문조사를 통해 계산된다. 50을 기준으로, 50 이상은 경기 확장, 50 이하는 경기 축소를 의미한다.
ㅂ. CES는 미국소비자기술협회(CTA)가 주관하여 매년 열리는 세계 최대 규모의 가전제품 박람회이다.

35. 정답 ②

| 해설 | ② 매그니피센트 7은 7개의 대형 미국 기술기업을 일컫는 용어로, 애플, 마이크로소프트, 알파벳(구글), 아마존, 메타, 엔비디아, 테슬라를 포함한다. 이 기업들은 주식시장에 큰 영향력을 미치며, 기술 산업의 선두 주자로 평가받고 있다.

36. 정답 ④

| 해설 | ④ 스톡옵션(Stock Option)은 기업이 임직원에게 일정 기간 내에 미리 정해진 가격으로 자사 주식을 매입할 수 있는 권리를 부여하는 제도이다. 이를 통해 임직원은 주식 가격이 오를 경우 이익을 얻을 수 있다.

| 오답피하기 | ① 서머타임: 여름철에 일조시간을 효율적으로 활용하기 위해 시계를 한 시간 앞당기는 제도이다. 이를 통해 낮 시간을 길게 사용하고 에너지 소비를 절약하는 효과를 기대할 수 있다.
② 워크아웃: 기업이 재정적 어려움을 겪을 때 채권자와 협상을 통해 부채 구조를 조정하거나, 기업 회생을 위한 자구 노력을 하는 과정을 말한다. 주로 자산 매각, 채무 탕감 등을 포함한다.
③ 디폴트: 자금이 없어 돈을 갚지 못하겠다고 선언하는 것으로, 모라토리움과 달리 미래 상환 의사가 존재하지 않는 경우를 말한다.
⑤ 패스트트랙: 중요한 법안이나 정치적 사안을 신속하게 처리하기 위해 정해진 절차를 우선적으로 진행하는 제도이다. 일정 기간 내에 상임위원회의 심사를 거치지 않고 본회의에서 바로 표결을 할 수 있게 하는 방식으로, 주로 논란이 되는 법안을 빠르게 통과시키기 위해 사용된다.

37. 정답 ④

| 해설 | ④ 칩플레이션은 반도체 칩의 수급 부족과 가격상승으로 인해 발생하는 경제적 현상이다. 이는 반도체의 수요 증가와 공급망 차질로 인해 다양한 산업에서 생산비용이 상승하고, 결과적으로 제품가격이 오르는 현상을 일컫는다.

| 오답피하기 | ① 그리드플레이션: 전력망의 부족이나 에너지 공급 문제로 인해 발생하는 인플레이션 현상이다. 에너지 공급자나 대기업들이 높은 가격을 책정하거나 에너지 자원을 과도하게 소비할 때, 그들의 이익을 극대화하려는 탐욕적인 행동이 물가상승을 더욱 심화시킬 수 있다.
② 에코플레이션: 환경·생태(Ecology)와 물가 상승(Inflation)의 합성어로, 기후변화 등으로 인한 환경규제 강화 또는 자연재해로 인해 발생하는 인플레이션을 말한다.
③ 베지플레이션: 채소(Vegetable)와 인플레이션(Inflation)의 합성어로, 채소류 가격 급등에 따른 물가 상승 현상을 말한다.
⑤ 슈링크플레이션: 제품의 크기나 양이 줄어들면서 가격은 그대로 유지되거나 상승하는 현상을 말한다. 이는 명시적인 가격 인상을 피하는 기업의 전략으로 발생한다.

38. 정답 ②

| 해설 | '이것'은 디플레이션이다.
② 디플레이션이 발생하면 물가가 하락함에 따라 명목이자율이 일정하더라도 실질이자율이 높아진다. 피셔 방정식에 의하면 '명목이자율 = 실질이자율 + 물가상승률'이므로 명목이자율이 유지된 상태에서 물가상승률이 하락하면 실질이자율은 상승한다.

| 오답피하기 | ① 디플레이션을 일반적으로 'D의 공포'라고 불린다.
③ 유동성 함정이 발생하면 경기 부양을 위해 금리를 낮추더라도 소비가 활성화되지 않아 디플레이션이 심화될 수 있다.
④ 중앙은행은 디플레이션을 대응하기 위해 경기 부양책인 국공채 매입을 시행할 수 있다.
⑤ 일본은 1990년대부터 장기불황이 시작되었다.

39. 정답 ⑤

| 해설 | ⑤ 넛 크래커는 마치 호두가 강한 압력에 의해 깨지는 것처럼, B 기업이 A 기업과 C 기업 사이에서 압박을 받아 힘들어하는 상황을 비유적으로 표현한 것이다.

| 오답피하기 | ① 왝더독: '꼬리가 몸통을 흔든다.'는 뜻으로 주객이 전도되었음을 의미한다. 선물시장(꼬리)이 현물주식시장(몸통)을 뒤흔드는 현상을 말한다. 이는 주로 정치나 경제에서 작은 세력이나 사건이 큰 결정이나 흐름에 영향을 미칠 때 쓰인다.
② 불스프레드: 옵션이나 선물 시장에서 사용하는 전략으로, 미래의 가격 상승을 예상할 때 수익을 얻기 위해 활용한다. 낮은 가격의 옵션을 매수하고 더 높은 가격의 옵션을 매도하여 초기 비용을 줄이면서 상승 폭에 따라 제한된 이익을 추구하는 방식이다.

③ 캐시카우: BCG 매트릭스에서 사용되는 용어로, 안정적인 현금흐름을 창출해내는 사업부문을 말한다.
④ 숏커버링: 공매도(short)한 주식을 되갚기 위해(covering) 시장에서 주식을 매입하는 것을 말한다.

40. 정답 ①

| 해설 | 기업이 금융기관을 통하지 않고 주식이나 채권의 발행을 통해 자금을 조달하는 방식을 직접금융이라고 한다. 간접금융은 기업이 은행이나 금융기관을 통해 대출을 받는 형식이다.
① 은행대출은 대표적인 간접금융 방식이다.

| 오답피하기 | ② 유상증자: 주주로부터 새로운 자금을 납입받아 신주를 발행하는 방식이다.
③ 기업공개(IPO): 비상장회사가 상장절차 등을 밟아 주식을 외부 투자자들에게 공매하는 행위를 말한다.
④ 전환사채 발행: 전환사채(CB)는 사채의 형태로 발행되었지만 후에 회사의 주식으로 교환할 수 있는 권리가 부여된 채권이다. 투자자는 이자를 수취하다가 주가 상승 시 주식으로 전환하여 시세 차익을 얻을 수 있으며, 기업은 낮은 이율로 자금을 조달할 수 있다.
⑤ 신주인수권부사채 발행: 신주인수권부 사채(BW)는 사채의 형태로 발행되었지만 후에 미리 정한 가격에 회사의 신주를 매입할 수 있는 권리가 부여된 채권이다.

41. 정답 ①

| 해설 | ① 경제고통지수는 국민이 느끼는 경제적 어려움을 수치화한 지표로, 물가상승률과 실업률을 더해 계산한다. 주로 경제 상황을 평가하는 데 사용하며, 수치가 높을수록 경제적 고통이 크다는 것을 의미한다.

42. 정답 ③

| 해설 | 제시된 자료에서 미국은 낮은 물가상승률과 높은 경제성장을 동시에 보이고 있다.
③ 골디락스는 물가 상승 압력이 없는 상태에서 경제가 지속적으로 성장하는 상태를 말한다. 거시경제학의 목표인 성장과 안정을 동시에 누리는 상태로, 영국의 동화 골디락스와 곰 세 마리에서 유래되었다.

| 오답피하기 | ① 리플레이션은 경제 침체 후 경제성장을 촉진하기 위해 정부나 중앙은행이 통화 공급을 늘리거나 금리를 인하하여 경기를 부양하는 과정을 말한다. 이는 경기 회복을 도모하지만, 과도한 물가상승을 유발할 수 있다.
② 어닝쇼크는 시장에서 예상한 것보다 기업이 저조한 실적을 발표하여 주가에 영향을 미치는 현상을 말한다.
④ 블랙스완은 발생할 가능성이 거의 없어 무시하고 있던 일이 실제로 생기는 사건을 말한다. 이러한 사건은 발생 전에는 거의 인지되지 않지만, 발생 후에는 큰 충격을 주며, 다양한 분야에서 나타날 수 있다.
⑤ 물가와 경제성장 리파이낸싱은 경제 상황에 맞춰 기존의 금융 조건을 조정하는 과정이다. 이 경우 경제성장률과 물가상승률을 고려하여 기업이나 정부가 자금을 재조정하거나 새로운 조건의 대출을 받아 경기를 부양하거나 안정시킨다.

43. 정답 ③

| 해설 | ③ 파운드리 산업에서 큰 두각을 나타내고 있는 TSMC는 대만에 기반을 둔 회사이다.

44. 정답 ③

| 해설 | ③ 제2차 세계대전 이후 1944년 미국은 달러화를 기축통화로 하고 금 1온스당 35달러로 환율을 고정하는 고정환율제를 통화체제로 택하였다. 이것이 바로 금태환을 기본으로 하는 브레턴우즈 체제이다. 그러나 1971년 미국은 달러화의 금태환을 포기하고 고정환율제에서 변동환율제로의 전환을 통해 스미소니언 체제를 출범시켰다. 이후 1976년 자메이카 킹스턴에서 국제통화기금(IMF)는 기존 금본위제에 의존하지 않는 새로운 체제를 구축하였다. 이 협정에서 금은 공식 국제 결제 수단으로 사용하지 않기로 합의하였으며 국제통화기금이 SDR(특별인출권)을 발행하여 유동성을 증원하도록 하였다.

45. 정답 ④

| 해설 | ④ 충당금은 미래에 발생할 수 있는 손실이나 비용에 대비하여 미리 설정해 놓은 회계상의 금액으로 부채의 일종이다. 충당금은 예상되는 손실에 대비하여 미리 쌓아 놓아 발생할 수 있는 비용이나 손실을 수월하게 감당할 수 있게 만든다. 예상 밖의 손실은 충당금을 미리 쌓아 놓지 못하였으므로 자본으로 보전할 수 있어야 한다.

46. 정답 ④

| 해설 | ④ 카니발리제이션은 자사의 기존 제품이 있는 시장에 새로운 제품을 내놓을 경우 새로운 제품이 기존 제품의 시장 점유율을 잠식하는 현상으로, 자기시장 잠식이라고도 한다. 제로콜라가 코카콜라의 시장 점유율을 빼앗을 것이라고 우려하였지만 오히려 시장 규모가 커졌다.

| 오답피하기 | ① 리스트럭처링: 기업의 효율성을 높이기 위해 기업이 운영방식, 재무구조, 조직구조, 지배구조 등을 조정하는 행동을 말한다.
② 로그롤링: 국회의원들이 자기의 이익이 걸린 법안을 통과시키기 위해 투표를 거래하는 행위를 말한다.
③ 넛지마케팅: 넛지(Nudge)는 '팔꿈치로 살짝 찌르다.'라는 뜻으로 어떤 일을 강요하기보다는 스스로 자연스럽게 행동을 변화하도록 하는 유연한 개입을 말한다. 넛지마케팅이란 소비자가 특정 행동을 선택하도록 유도하는 전략으로, 강제적인 방법이 아닌 부드럽고 간접적인 방식으로 이끌어내는 마케팅 기법이다.
⑤ 니치효과: 시장에서 소수의 특정 소비자층을 타겟으로 한 제품이나 서비스가 큰 성공을 거두는 현상을 말한다.

47. 정답 ⑤

| 해설 | ⑤ 홍해는 수에즈 운하의 길목에 있는 바다이다.

48. 정답 ③

| 해설 | ③ 세이프가드는 특정 국가가 자국의 산업을 보호하기 위해 일시적으로 수입품에 대해 제한을 두거나 추가적인 세금을 부과하는 보호무역 조치이다. 주로 수입 급증으로 인해 자국의 산업에 심각한 피해가 우려될 때 적용되며, 이를 통해 자국의 산업을 보호하고 경쟁력을 유지하려는 목적을 가진다. 세이프가드는 국제무역규범 내에서 일정한 조건을 충족해야 하며, 세계무역기구(WTO) 등의 규제에 따라 시행된다.

| 오답피하기 | ① 사이드카: 주가의 등락 폭이 갑자기 커질 경우 시장에 미치는 영향을 완화하기 위해 주식 매매를 일시정지시키는 제도를 말한다. 코스피200 선물 가격이 전일 종가 대비 5% 이상 상승 또는 하락한 상태가 1분 이상 지속될 경우 발동되며, 사이드카가 발동되면 5분간 매매가 중지된다.

② 북클로징: 기업이 회계기간이 끝날 때 해당 기간의 재무기록을 마감하고 정리하는 과정을 말한다. 이 과정에서 기업은 모든 거래를 반영하여 재무제표를 작성하고, 다음 회계기간을 준비하기 위해 장부를 정리한다. 북클로징은 기업의 재무상태를 정확하게 파악하고, 세금신고나 회계감사 등을 위한 기초자료를 제공하는 중요한 절차이다.
④ 크롤링: 웹 페이지의 정보를 자동으로 수집하는 과정을 말한다. 주로 검색 엔진이나 데이터 수집 도구가 웹사이트를 탐색하여 페이지의 콘텐츠를 가져오고, 이를 데이터베이스에 저장하는 방식으로 이루어진다. 크롤링은 웹상의 다양한 정보를 빠르게 수집하고 분석하는 데 사용된다.
⑤ 윈도드레싱: 기관투자가들이 분기별 또는 연말 성과평가를 앞두고 자신의 포트폴리오에 포함된 주식 종목의 주가를 인위적으로 끌어올리는 행위를 말한다.

49. 정답 ②

| 해설 | • 주식회사가 발행한 보통주는 1주당 1의결권을 가지는 것을 원칙으로 하지만, 차등의결권제도는 기업의 정관에 따라 의결권을 0.5에서 1,000 의결권에 이르기까지 차등 부여하는 제도를 말한다. 차등의결권주식을 발행할 경우 지배주주나 경영진은 적은 지분율을 가지고도 회사 지배구조에 막강한 영향력을 행사할 수 있다. 우리나라 상법은 주주평등의 원칙에 어긋나는 주식 발행을 금지하고 있다.
• 포이즌필은 적대적 M&A 위기에 놓인 기업이 대규모 유상증자, 임금 인상, 황금낙하산 등을 통해 기업매수자에게 엄청난 비용이 들게 하여 인수 포기를 유도하는 적대적 M&A 방어 전략이다. 독약을 삼킨다는 의미에서 포이즌필이라는 이름이 붙었다. 기업매수자가 일정량 이상의 지분을 확보하면 기존주주에게 할인된 가격으로 대규모 신주를 발행하도록 정관에 정해두어 M&A 기업이 확보한 지분을 희석시키는 방법이 주로 사용되고 있다.
• 황금주는 한 주만 가지고 있더라도 주주총회 결의사항에 대해 거부권을 행사할 수 있는 권리가 부여된 특별주식을 말한다. 차등의결권과 함께 대표적인 경영권 방어수단으로 꼽힌다.
② 차등의결권과 황금주는 모두 주주평등의 원칙에 위배된다.

| 오답피하기 | ⑤ 황금 낙하산: 적대적 M&A(합병)의 대표적인 방어수단으로, 최고경영자가 사임하면 거액의 퇴직금이나 주식매수권을 부여하는 제도이다.

50. 정답 ①

| 해설 | ① HMM은 한국의 주요 해운기업으로, 글로벌 물류와 해상 운송 서비스를 제공한다.

| 오답피하기 | ② MSC: 세계적인 해운 및 물류 기업으로, 스위스에 본사를 두고 있다.
③ 하파그로이드: 독일에 본사를 둔 세계적인 해운기업으로, 주로 컨테이너 해상 운송을 전문으로 한다.
④ 머스크: 덴마크에 본사를 두고 있는 세계적인 해운 및 물류 기업이다.
⑤ 에버그린: 대만에 본사를 두고 있는 세계적인 해운기업이다.

51. 정답 ①

| 해설 | ① NATO는 1949년에 설립된 군사 동맹으로, 북미와 유럽의 국가들이 주축을 이루며, 집단 방위와 평화유지, 민주주의와 안정적인 국제 질서를 확립하는 데 목적이 있다. NATO 회원국 간에는 한 국가가 공격을 받으면 다른 회원국들이 이를 방어하는 집단 방위 원칙에 따라 행동한다.

| 오답피하기 | ② NAFTA는 1992년 미국, 캐나다, 멕시코 간에 체결된 자유무역협정으로, 1994년 1월 발효되었다. 협정국 간에 무관세 또는 낮은 관세를 적용함으로써 경제적 협력 관계를 구축한다.
③ IPEF는 미국의 조 바이든 대통령이 2021년에 처음 제안한 경제협력체로, 표면적으로는 단순한 경제동맹처럼 보이지만 미국의 대중국 견제를 위한 주요 전략의 일환으로 분석된다.
④ AUKUS는 호주(A), 영국(UK), 미국(US) 세 국가가 2021년 9월 15일 공식 출범한 군사적 삼각동맹을 말한다.
⑤ APEC은 환태평양 지역의 국가들이 모여 1989년 결성된 국제기구로, 자유무역 달성을 목표로 한다.

52. 정답 ④

| 해설 | ④ 합종연횡은 정치적, 외교적 상황에서 국가들이 세력 균형을 맞추기 위해 동맹을 맺거나 대립하는 다양한 전략을 사용하는 것을 말한다.

| 오답피하기 | ① 견원지간: 서로 매우 사이가 나쁜 관계를 말한다.
② 유비무환: 미리 준비가 되어 있으면 걱정할 것이 없음을 이르는 말이다.
③ 독야청청: 혼자서도 고요하고 깨끗함을 유지함을 의미한다.
⑤ 암구명촉: 어두운 곳에서 아홉 개의 촛불을 밝힌다는 뜻으로, 매우 어려운 일을 해내거나 문제를 해결하는 상황을 말한다.

53. 정답 ②

| 해설 | ② 핌피(PIMFY) 현상은 'Please In My Front Yard.'의 약자로, 지역 주민들이 선호하는 시설을 지역에 유치하려는 현상을 말한다. 님비(NIMBY) 현상과는 반대 개념으로, 지역 이기주의의 일종이다.

| 오답피하기 | ① 욜로(YOLO): 'You Only Live Once.'의 줄임말로, 미래보다는 현재의 행복을 즐기라는 말로 21세기 초 유행한 삶의 방식이다.
③ 노마드(NOMAD): 유목민을 뜻하는 말로, 특정 가치나 삶의 방식에 얽매이지 않고 끊임없이 이동하며 살아가는 사람들을 의미한다.
④ 니트(NEET): 'Not in Education, Employment, or Training'의 약어로, 취직도 하지 않으면서 직업훈련도 받지 않고 진학도 하지 않는 젊은 층을 칭하는 말이다.
⑤ 딩크(DINK): 'Double Income, No Kids.'의 약자로, 결혼은 하지만 자녀를 가지지 않는 맞벌이 부부를 말한다.

54. 정답 ①

| 해설 | ① 시가총액은 기업의 전체 가치를 시장에서 평가한 금액으로, 현재 주가에 발행된 주식 수를 곱하여 계산된다. 시가총액은 기업의 규모를 나타내는 중요한 지표로 활용되며, 투자자들이 기업의 가치를 평가하고 투자 결정을 내리는 데 도움을 준다.

55. 정답 ④

| 해설 | ④ 그린워싱은 기업 경영에 있어 친환경을 표방하지만 실제로는 그렇지 않은 현상을 말한다.

| 오답피하기 | ① 그린카운티: 친환경적인 요소들을 갖춘 주거 단지를 말한다.
② 그린벨트: 도시 주변의 개발을 제한하고 자연환경을 보호하기 위해 지정된 녹지지역이다. 주로 주거지나 상업지구의 확장을 막고, 환경 보호와 도시의 균형 있는 발전을 도모하는 역할을 한다.

③ 그린북: 표지가 녹색이라서 붙여진 이름으로, 미국의 연방준비제도가 발표하는 베이지북과 유사한 역할을 맡는다. 국내외 최근 경기흐름을 조사하여 기획재정부에서 발표한다.
⑤ 그린론: 환경 보호 및 지속 가능한 발전을 위한 프로젝트에 자금을 지원하는 대출을 말한다.

56. 정답 ②

| 해설 | ② 신용거래융자는 금융기관이 고객에게 신용을 바탕으로 자금을 대출하는 거래 형태를 말한다. 신용거래융자의 상승은 부채가 오히려 증가하고 있음을 의미한다.

| 오답피하기 | ① 테이퍼링: 중앙은행이 경제 과열을 방지하기 위해 자산 매입 규모를 서서히 축소하는 정책을 말한다. 주로 양적완화 정책을 종료하거나 완화시키는 과정에서 사용된다.
③ 디레버리징: 기업이나 개인이 부채를 줄이는 과정을 말한다. 이는 재정적 위험을 낮추고, 재무 건전성을 회복하기 위한 전략으로, 자산 매각이나 부채 상환 등을 통해 이루어진다.
④ 기준금리 인상: 긴축적 통화정책으로 이자율을 상승시켜 부채를 축소하는 데 기여한다.
⑤ DSR: 개인이나 가계의 연간 총부채 상환액이 연간 소득에서 차지하는 비율을 말한다.

57. 정답 ③

| 해설 | ③ CVC는 대기업이 자사의 전략적 이익을 위해 스타트업이나 혁신적인 기업에 투자하는 방식이다. CVC는 자금 지원뿐만 아니라 기업의 기술 혁신, 시장 진입 등을 도와주는 역할을 한다.

| 오답피하기 | ② MMF는 고객의 일시적인 여유 자금을 국공채, 어음 등에 운용하고 동 운용에서 발생하는 수익을 배당하는 대표적인 단기금융상품이다.
④ MBA는 경영 및 비즈니스 분야의 전문 지식과 기술을 배우는 석사 과정이다. 기업 경영, 마케팅, 재무, 인사 관리 등 다양한 분야를 학습하며, 경영자로서의 능력을 키우는 교육 프로그램이다.
⑤ CTO는 기업의 최고 기술 책임자로, 회사의 기술 전략을 수립하고 기술 관련 업무를 총괄하는 직위이다. 기술 혁신, 연구 개발, IT 인프라 관리 등을 담당한다.

58. 정답 ③

| 해설 | ③ 파생결합증권은 주식, 채권 등 기초자산과 파생상품을 결합한 금융상품으로, 기초자산의 가격 변동에 따라 수익을 얻을 수 있는 투자 상품이다. 주로 높은 수익을 추구하지만, 위험이 크므로 '하이리스크, 하이리턴' 상품에 해당한다.

| 오답피하기 | ④ 저축연금은 일정 기간 동안 정기적으로 금액을 납입하고, 나중에 연금 형태로 지급받는 금융상품이다.
⑤ CMA는 단기금융상품으로 자금을 국공채나 어음 등에 투자하여 수익을 고객에게 나누어준다.

59. 정답 ①

| 해설 | • 'cool head but warm heart'는 영국의 경제학자 알프레드 마셜(Alfred Marshall)이 남긴 말이다. 알프레드 마셜은 케임브리지 대학교 경제학과 교수로 취임하면서 '머리는 차갑지만 가슴은 뜨거운 졸업생을 많이 배출하고 싶다.'라는 포부를 밝혔다. '차가운 머리'는 경제학자로서 사회 현상을 냉철하게 바라보고 분석할 것을, '뜨거운 가슴'은 분석한 결과물을 언제나 실생활에 도움이 되고 빈민들을 구제하기 위해 사용하라는 의미를 담고 있다.
• 'Inflation is always and everywhere a monetary phenomenon.'은 미국의 경제학자 밀턴 프리드먼(Milton Friedman)이 남긴 말이다. 밀턴 프리드먼은 20세기 후반 가장 영향력 있는 경제학자 중 한 명으로, 자유주의 경제학의 거두이다. 그는 '통화주의'를 주장하며 인플레이션은 화폐적 현상이라고 강조하였고, 정부의 시장 개입을 최소화하고 자유로운 시장 경쟁을 통해 경제 효율성을 높여야 한다고 주장하였다. 그의 사상은 현대 경제학에 큰 영향을 미쳤으며, 각국 중앙은행의 통화정책 수립에 중요한 기반이 되었다.

60. 정답 ⑤

| 해설 | ⑤ 전년 동기 대비 기준으로 증감을 표시하므로 ㉠에 들어갈 숫자는 18.0이고, ㉡에 들어갈 숫자는 −7.80이다. 절댓값을 기준으로 ㉠이 ㉡보다 더 크다.

| 오답피하기 | ① 2023년 1월에 무역수지는 −12,658백만 달러로 적자이다.
② 2023년 전체 기간 무역수지는 −10,209백만 달러로 적자이다.
③ 2024년 1월 잠정치 수출 실적은 54,689백만 달러로 2023년 1월 수출 실적인 46,343백만 달러보다 높다.
④ ㉠에 들어갈 숫자는 18로 10보다 크다.

상황추론·판단

61. 정답 ①

| 해설 | ① 소상공인을 위한 가맹점 수수료율 인하 정책이 소비자 혜택이 좋은 카드들을 단종시키는 결과를 불러일으켰다. 이는 모든 선택에는 대가가 따른다는 '세상에 공짜 점심은 없다.'와 관련있다.

| 오답피하기 | ② '계약은 언제나 불완전하다.'는 계약이 미래의 모든 상황을 완벽하게 예측하고 반영할 수 없으므로 어떤 계약도 완전할 수 없음을 의미한다.
③ '달걀을 한 바구니에 담지 마라.'는 위험을 분산하라는 의미의 투자 격언이다.
④ '부의 집중은 권력의 집중을 낳는다'는 경제적 부(재산)가 특정 개인이나 집단에 집중되면 그들이 정치·사회적 영향력(권력)까지 가지게 된다는 의미를 담고 있다.
⑤ '장기적으로 보면 우리는 모두 죽는다.'는 존 메이너드 케인스(John Maynard Keynes)가 한 말로, 경제학에서 단기 정책의 중요성을 강조한 표현이다.

62. 정답 ①

| 해설 | ① CRB지수는 국제원자재가격의 변동을 종합적으로 나타내는 지수로, 원유, 금, 농산물 등 주요 원자재 19종의 가격을 기준으로 산출된다. 이는 글로벌 인플레이션, 경기 동향, 원자재 시장의 흐름을 파악하는 데 활용된다. 제시된 신문기사는 아덴만에서의 군사적 충돌로 인해 공급망이 타격을 받으면서 원자재가격이 상승하고 있음을 보여 준다. 이를 통해 현재 CRB지수가 상승하고 있음을 파악할 수 있다.

| 오답피하기 | ② 원자재공급에 차질이 생겼으므로 총공급곡선이 좌측으로 이동하는 충격이다.
③ 원자재가격 상승으로 인해 기업의 생산비용은 증가하며, 기업이 체감하는 경기 상황을 조사하여 지수화한 BSI는 하락한다.
④ 운임의 상승으로 단기 실적 개선을 기대할 수 있으므로 주가는 상승할 것이다.
⑤ 인력난이 아닌 경로의 병목 현상이 나타난 것이다.

63. 정답 ⑤

| 해설 | ⑤ 중앙은행이 채권 발행을 늘리면 유동성이 흡수되어 통화량이 줄어든다. 이는 총수요를 감소시켜 총수요곡선을 좌측으로 이동시키며, 이자율의 상승과 함께 소비 및 투자가 감소할 수 있다.

관련 개념 짚어보기

통화정책의 수단

긴축	확장
기준금리 ↑	기준금리 ↓
지급준비율 ↑	지급준비율 ↓
재할인율 ↑	재할인율 ↓
통화안정 증권 매각	통화안정 증권 매입

64. 정답 ③

| 해설 | ③ 제시문은 엔비디아가 압도적인 성능을 가진 GPU를 개발하면서 AI 산업에서 독보적인 위치에 올랐음을 보여 준다. 이는 엔비디아가 경쟁력 있는 제품의 제조를 통해 이루어낸 성과로 볼 수 있다.

65. 정답 ④

| 해설 | ④ 이자 수익을 기대할 수 있는 금융 자산은 예금과 채권이다. 2023년에 예금과 채권의 비중은 68%로, 70% 미만이다.

| 오답피하기 | ① 예금과 주식의 비중 합계는 2023년 72%, 2024년 65%이므로 2024년이 2023년보다 더 작다.
② 주식은 채권과 달리 배당 수익을 기대할 수 있다.
③ 채권은 만기가 있다.
⑤ 시세 차익을 기대할 수 있는 금융 자산은 주식과 채권이다. 주식과 채권의 비중은 2023년 60%에서 2024년 70%로 증가하였다.

66. 정답 ②

| 해설 | ② 현재 풀빌라의 가격은 1박에 100달러이고 6개월 후 투숙 시 결제를 하면 1박에 120달러를 지불해야 한다. 현재 환율이 달러당 1,000원이고 투숙 시 환율이 10% 하락하여 달러당 900원이 된다면 지금 결제 얼리버드 특가 가격은 100,000원이고, 투숙 시 결제 가격은 108,000원이다.

| 오답피하기 | ① 원화 가치가 크게 상승하면, ⊙의 원화 표시 숙박비가 더 비쌀 수 있다.
③ 투숙 시에 미국 기준금리가 크게 상승한다면, 환율이 상승하므로 ⓒ이 더 불리해질 수 있다.
④ 투숙 시에 달러화 대비 원화 가치가 하락하면, 환율이 상승하므로 ⓒ이 더 불리해질 수 있다.
⑤ 달러화 수요가 계속 늘어나면 달러화 가치의 상승으로 환율이 상승하므로 ⓒ이 더 불리해질 수 있다.

67. 정답 ①

| 해설 | ① 사과 가격을 400원으로 고정시키면, 실제 거래량은 공급량인 9개이다.

| 오답피하기 | ② 사과시장의 균형가격은 800원, 균형거래량은 11개이다.
③ 사과 가격을 1,000원으로 설정하면 실제 거래량은 10개이다.
④ 생산자잉여를 가장 크게 하려면 사과가 균형가격인 800원에 거래되어야 한다.
⑤ 소비자잉여를 가장 크게 하려면 사과의 가격이 균형가격인 800원이 되어야 한다.

68. 정답 ⑤

| 해설 | ⑤ 경제성장률이 4%이고 물가 상승률이 6%이며 실업률이 감소하고 있으므로 현재 갑국은 경제 팽창 국면에 있음을 알 수 있다. 따라서 지급준비율 인하나 국공채 매입과 같은 경기부양책을 시행하는 것은 적절하지 않다.

| 오답피하기 | ① 2022년에 갑국의 실질GDP는 5,000억 달러이고 2023년에 경제성장률이 4%이므로 2023년에 갑국의 실질GDP는 5,200억 달러이다.
② 2023년에 실업률은 (25만 명/1,000만 명)×100 = 2.5%이고, 이는 2022년 대비 3.5%p 감소한 것이므로 2022년에 실업률은 6%이다.
③ 경제활동인구에 변화가 없다면, 2022년에 취업자는 940만 명이고, 실업자는 60만 명이다.
④ 2023년에 경제성장률은 4%, 명목임금은 상승하였지만 실질임금은 하락하였으므로 보아 물가는 6% 상승하였다(명목임금 상승률 = 실질임금 상승률 + 물가상승률). 따라서 예금하는 사람들이 손해 보지 않기 위해서는 예금금리가 물가상승률보다 큰 6% 이상이 되어야 한다.

69. 정답 ③

| 해설 | 제시된 신문기사는 자연재해로 인해 사과의 생산량이 감소한 상황을 보여 준다. 사과의 공급 감소는 사과 가격의 상승과 거래량의 감소로 이어진다.

관련 개념 짚어보기

공급 감소로 인한 거래량과 가격의 변화

70. 정답 ⑤

| 해설 | ⑤ 택시 면허는 택시 사업에 있어 일종의 진입장벽 역할을 해 왔다. 그러나 코액터스의 등장으로 인해 새로운 운송 수단이 등장하게 되면 이는 택시의 대체재로서 경쟁을 부추길 것이다. 선택지의 증가로 소비자잉여는 증가할 수 있지만 기존 택시 기사의 잉여는 대체재의 등장으로 감소할 가능성이 크다.

| 오답피하기 | ① 택시업계의 반발로 코액터스의 사업 시도가 좌절되는 지대추구 행위가 나타났다.
② 포획이론은 규제기관이 공익보다 특정 산업이나 기업의 이익을 대변하게 되는 현상을 설명하는 이론이다. 규제 대상인 기업이 로비나 영향력을 통해 규제기관을 사실상 장악하면서, 본래 목적과 달리 기업의 이익을 보호하는 방향으로 규제가 작동하게 된다. 국토부의 결정 과정은 택시업계의 이익 보호에 기반하였다.
③ 택시업계 입장에서 코액터스는 택시의 새로운 대체재로 택시 면허 가격을 하락시키는 요인으로 작용한다.
④ 적기 조례법은 1865년 영국에서 시행된 법으로, 자동차의 속도를 제한하고 안전을 위해 차량 앞에서 붉은 깃발을 든 사람이 보행하도록 한 규제법이다. 적기 조례법은 마차 산업을 보호하기 위해 자동차의 발전을 억제한 사례로, 지대추구 행위와 포획이론을 보여 준다. 마차 산업 종사자들이 자신의 이익을 지키기 위해 정부에 로비를 하였고, 이는 규제기관이 공익보다 특정 집단의 이익을 대변하게 되는 포획이론의 사례가 된다. 이처럼 기득권이 규제를 통해 경쟁을 막고 자신의 이익을 유지하려는 행동이 지대추구 행위에 해당한다.

71. 정답 ③

| 해설 | 「유통산업발전법」으로 인해 대형마트 및 기업형 슈퍼마켓의 영업시간이 제한되었다. 이는 전통시장을 살리기 위한 노력으로 소비자들을 대형마트와 전통시장에 고루 분산시키기 위한 정책이었다. 그러나 결과적으로 대형마트와 전통시장 모두 소비 증가율이 감소하였다. 이는 규제 및 경쟁의 제한이 오히려 소비자 및 생산자잉여를 감소시킴을 보여 주는 사례이다.
③ 전통 상업 보존 구역은 전통시장 간의 경쟁을 약화시켜 전통시장의 성장을 방해할 수 있다.

| 오답피하기 | ① 추가된 규제는 경쟁의 감소로 이어져 소비자잉여를 감소시킨다.
② 신규 출점 제한은 계약의 자유를 침해하는 행위이다.
④ 전통 상업 보존 구역의 설정은 전통시장 1km 이내에 타 상점의 출점을 제한하여 다른 경쟁자의 시장 진입을 막는다.
⑤ 「유통산업발전법」으로 인해 대형마트와 전통시장의 소비 증가율은 모두 음수가 되어 매출은 줄었다.

72. 정답 ④

| 해설 | 그림은 모딜리아니의 생애소득가설이다. 모딜리아니는 사람이 평생 소득을 기준으로 소비를 계획해야 하며 중년 시기 저축을 통해 소득이 줄어든 노년을 슬기롭게 보내야 한다고 주장하였다.
④ C 연령에서는 소득이 줄고 있을 뿐 소득이 0이 된 것은 아니다.

| 오답피하기 | ① 모딜리아니가 고안한 생애소득가설에서는 연령에 따른 소득과 지출을 그래프로 표시한다.
③ 소득에서 지출을 뺀 B의 간격은 저축을 의미한다. B의 간격이 클수록 노년기인 이후의 생활 수준이 달라진다.
⑤ 모딜리아니는 생애소득의 증감을 고려하여 소비와 저축을 시행해야 한다고 역설하였다.

관련 개념 짚어보기

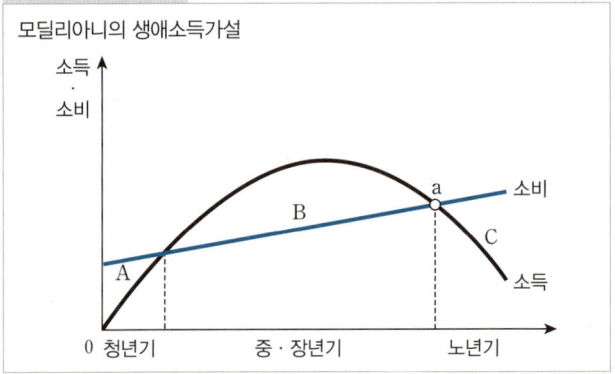

모딜리아니의 생애소득가설

73. 정답 ③

| 해설 | ③ 독감예방주사는 대표적인 긍정적 외부효과의 예이다. 독감예방주사는 다른 사람들에게도 효용을 주는데도 이것이 가격 결정에 반영되지 않으므로 사회적 최적 수요보다 사적 수요가 작다. 따라서 독감 예방주사를 접종한 사람의 수는 사회적 최적의 수보다 A(적을) 것이며, 이는 예방주사의 모든 B(편익)이 구매자에게만 귀속되지 않기 때문이다.

74. 정답 ④

| 해설 | ④ 소득세는 개인의 소득에 부과하는 세금으로 직접세이며 일반적으로 누진세의 형태를 가진다. 법인세는 기업의 이익에 부과하는 세금으로 직접세이며 누진세 구조를 가진다. 부가가치세는 소비에 부과하는 간접세 성격을 띠고 있으며 우리나라의 경우 10%로 세율이 고정되어 있다. 상속증여세는 상속 혹은 증여 시 부과하는 세금으로 직접세로, 일반적으로 누진세의 구조를 가지고 있다. 따라서 부가가치세는 간접세이고, 소득세, 법인세, 상속증여세는 직접세이다.

75. 정답 ②

| 해설 | ② 「상법」 제462조의3 제1항에 따라 연 1회의 결산기를 정한 회사는 영업연도 중 1회에 한하여 이사회의 결의로 일정한 날을 정하여 그 날의 주주에 대하여 이익을 배당(이하 "중간배당"이라 함)할 수 있음을 정관으로 정할 수 있다. 따라서 중간배당(㉠)은 주총결의가 아니라 이사회의 결의사항이다.

| 오답피하기 | ① 2024년 1월~2월 14일 기준 회사채 발행액은 4,700억으로 작년 같은 기간에 비해 2배 이상 증가하였다.
③ 기업공개를 통해 해당 기업의 주식을 상장하면 자본 잉여금이 증가하여 자본금(㉡)이 증가한다.
④ 구축효과(㉢)는 정부가 국채를 발행하여 자금을 조달할 때 민간 기업의 채권 발행이 위축되는 현상이다. 정부가 대규모로 국채를 발행하면 시장에서 자금을 많이 흡수하여 자금 수요 증가로 금리 상승을 유발한다. 이로 인해 기업이 채권을 발행하여 자금을 조달하려는 비용이 커져 민간 투자가 줄어들게 된다. 결국 정부의 재정지출확대가 민간 경제 활동을 밀어내는 효과를 일으키는 것이 구축효과의 핵심이다.

76. 정답 ②

| 해설 | ㄱ. 소상공인들을 위해 대출 연체 기록을 삭제하는 신용사면은 대중의 지지를 얻기 위해 현실적 기반이나 장기적 계획 없이 대중의 요구를 반영한 정책이나 주장을 내세우는 정치 행태인 포퓰리즘의 일종이다.
ㄷ. 소상공인들을 위해 대출 연체 기록을 삭제하는 신용사면 이후 소상공인들이 신용사면을 기대하여 계약이나 제도가 마련된 후 당사자가 위험 부담을 상대방에게 전가하며 부주의하거나 비도덕적인 행동을 하는 정보 비대칭 현상인 도덕적 해이가 나타나 빚을 갚지 않는 행위로 이어질 수 있다.

| 오답피하기 | ㄴ. 매너리즘은 특정 행동이나 작업이 반복되어 창의성이나 혁신이 부족해지는 상태를 말한다.
ㄹ. 스미스의 역설은 가치의 역설, 다이아몬드의 역설이라고도 한다. 인간의 생존에 더 필수적인 재화는 다이아몬드보다 물이지만 실제 가격은 다이아몬드가 훨씬 비싸다. 이처럼 시장에서의 교환가치는 재화 또는 서비스의 사용가치와 일치하지 않는데, 이를 스미스의 역설이라고 한다.

77. 정답 ①

| 해설 | 사진은 대치동의 학원가에서 나타나는 학원들의 경쟁을 보여 준다. 대치동 학원가의 경쟁은 독점적 경쟁시장과 관련있다. 독점적 경쟁시장은 다수의 기업이 경쟁하면서도 차별화된 제품을 제공하는 시장을 의미한다. 각 기업은 유사하지만 고유한 특성을 가진 제품을 판매한다.
ㄱㄴ. 대치동 학원들은 비가격경쟁을 하며 제품차별화를 통해 경쟁력 확보에 힘쓴다.

| 오답피하기 | ㄷ. 가격수용자는 시장에서 주어진 가격을 그대로 받아들이고 그 가격에 맞춰 제품을 판매하는 기업이나 개인을 말한다. 이는 완전경쟁시장에서 나타나며, 개별 기업은 시장 가격을 결정할 수 없고, 시장 가격을 받아들여야 한다.
ㄹ. 범위의 경제는 다종의 제품을 동시에 생산할 때 생산비용이 감소하는 현상을 말한다.

78. 정답 ⑤

| 해설 | 베로 교수는 현재 중앙은행의 고금리 정책에 의해 대출 연체가 증가하고 있음을 지적하고 있다. 존 테일러 교수는 테일러 준칙에 근거하여 통화정책이 경기변동에 기민하게 대응하지 못했음을 역설하고 있다. 로고프 교수는 코로나 시절의 양적 완화 정책이 높은 인플레이션을 가져와 2022년에 중앙은행이 고금리 정책을 시행해야 하는 이유가 되었음을 주장하고 있다. 이들의 주장을 통해 2022년에 높은 인플레이션을 해소하기 위해 기준금리를 높였으나 2023년에 물가가 점점 안정되면서 기준금리를 낮춰야 하는 상황에서 기준금리 인하 시점이 미뤄져 오피스 대출 연체율의 상승이 일어났음을 추론할 수 있다.
⑤ 테일러 준칙에 따라 계산한 미국의 적정 금리는 2022년보다 2023년에 하락했을 것이다.

| 오답피하기 | ① 베로 교수는 높은 연체율로 인한 금융기관들의 위기를 걱정하고 있다.
② 테일러 준칙은 통화정책을 설정하는 기준으로, 중앙은행이 기준금리를 결정할 때 인플레이션과 경제성장률을 반영하는 규칙이다. 이 준칙은 인플레이션 목표와 GDP 격차를 고려하여 금리를 조정하자는 제안으로, 경제의 안정적 성장을 돕기 위한 이론적 근거로 사용된다.
③ 로고프 교수가 언급한 경기부양책에 따른 인플레이션은 수요견인 인플레이션이다.
④ 과도한 인플레이션을 해결하기 위한 긴축정책이 결국 대출 연체율 상승으로 이어졌다.

79. 정답 ②

| 해설 | 제시된 신문기사는 국가부채의 구분에 관한 내용이다. 정부가 진 빚은 D1부터 D4로 나뉘는데, D1인 국가채무와 D2인 일반정부부채를 가장 많이 사용한다. D2의 경우 D1에 비영리 공공기관의 빚을 합쳐 구한다.
② 기축통화국(㉠)은 세계 경제에서 주요 통화가 사용되는 나라를 의미한다. 이러한 나라의 통화는 국제 거래에서 널리 사용되며, 다른 국가들이 신뢰성 있는 외환으로 보유하거나 국제적인 결제 수단으로 사용하는 경우가 많다. 기축통화국의 경우 부채가 많아도 해당 국가의 통화에 대한 신뢰로 인해 국채금리와 CDS 프리미엄이 낮다. CDS 프리미엄은 신용부도 스와프(Credit Default Swap) 계약에서, 채무 불이행 위험을 보장받기 위해 지불하는 보험료이다. 즉, 투자자가 특정 채권이나 기업의 채무 불이행에 대비해 매년 지불하는 금액으로, 신용위험이 클수록 프리미엄이 높아진다.

| 오답피하기 | ① 한국의 국가부채는 2,326.2조 원으로 국가채무의 2배 이상이다.
③ 기축통화국(㉠)보다 비기축통화국(㉡)이 일반적으로 일반정부 부채 비율이 낮다.
④ 한국은 싱가포르와 이스라엘에 이어 세 번째로 GDP 대비 일반정부 부채 비율이 높은 국가이다.
⑤ 한국의 GDP 대비 일반정부 부채 비율 전망치는 2022년 53.5%에서 2024년 55.6%로 2.1%p 상승하였다.

80. 정답 ④

| 해설 | ④ 박제가는 유통망이 발전하지 않아 상공업이 후퇴하고 있음을 주장하였다. 스무트-홀리 관세법은 1930년 미국에서 제정된 법으로, 수입품에 높은 관세를 부과한 법이다. 이 법은 미국 경제를 보호하려는 목적에서 시행되었지만, 세계 경제에 부정적인 영향을 미쳤다. 미국이 수입품에 높은 세금을 부과하자 다른 국가들도 보복성 관세를 부과하였으며, 그 결과 국제무역이 크게 축소되고, 대공황을 더욱 악화시켰다는 비판을 받았다. 스무트-홀리 관세법은 보호무역하에 나온 정책으로 박제가의 상공업 진흥에 관한 주장과는 반대 입장이다.

제85회 TESAT 문제지 정답 및 해설

경제이론

1	①	2	②	3	④	4	⑤	5	③
6	②	7	②	8	①	9	③	10	①
11	①	12	②	13	②	14	④	15	④
16	④	17	②	18	④	19	⑤	20	②
21	⑤	22	②	23	③	24	③	25	④
26	③	27	②	28	⑤	29	②	30	①

시사경제·경영

31	④	32	⑤	33	②	34	②	35	⑤
36	①	37	③	38	①	39	④	40	③
41	⑤	42	③	43	①	44	③	45	③
46	②	47	③	48	③	49	③	50	③
51	②	52	①	53	①	54	②	55	②
56	⑤	57	⑤	58	③	59	③	60	④

상황추론·판단

61	③	62	②	63	④	64	②	65	⑤
66	⑤	67	③	68	③	69	①	70	⑤
71	④	72	③	73	②	74	④	75	③
76	④	77	⑤	78	②	79	②	80	①

경제이론

1. 정답 ①

| 해설 | ① 매몰비용은 이미 지출이 이루어져 다시 회수가 불가능한 비용을 말한다. 콩코드 효과(콩코드 오류)는 영국과 프랑스가 합작하여 1969년부터 개발한 항공기의 이름에서 유래한다. 빠른 속도 대신에 높은 가격과 낮은 연비를 가졌기 때문에 완성 단계부터 경제성이 없다는 평가를 받았으나 매몰비용을 고려하여 완성·운항하였다가 결국 2003년 운항을 중단하게 되었다.

| 오답피하기 | ② 한계효용: 재화나 서비스를 한 단위 더 소비하였을 때 증가하는 효용의 크기를 말한다.
③ 피셔효과: 명목금리가 실질금리와 기대인플레이션율의 합계와 같다는 미국의 경제학자 어빙 피셔가 발표한 이론이다.
④ 스놉효과: 어떤 제품이 대중화되면 남들과 다르다는 것을 증명하기 위해 해당 제품을 더 이상 구매하지 않는 소비 현상을 일컫는 말이다.
⑤ 일물일가의 법칙: 완전경쟁이 이루어질 때 동일한 상품은 어느 시장에서든지 가격이 같아지게 된다는 법칙이다.

2. 정답 ②

| 해설 | ② 일반적으로 경기침체 시 소비보다 투자의 변동성이 더 크다.

| 오답피하기 | ① 경기가 침체하면 경기적 실업이 발생하므로 자연실업률 이상의 실업이 발생한다.
③ 중앙은행의 긴축적 통화정책은 총수요곡선을 좌측으로 이동시키므로 경기침체가 발생할 수 있다.
④ 스태그플레이션은 물가상승과 경기침체가 동시에 오는 현상으로 주로 비용인상 인플레이션이 원인이 되어 발생한다. 일반적인 경기침체는 물가가 하락한다.
⑤ 가격과 임금이 신축적으로 작동하는 경제라면 수요 부족으로 일시적 불황이 나타나도 장기적으로 시장을 통해 해결할 수 있다.

3. 정답 ④

| 해설 | ④ 자동차 기업에서 올해 제조한 자동차의 재고가 증가하면 I(투자) 항목에서 재고자산의 증가로 올해 GDP에 포함된다.

| 오답피하기 | ①③ GDP는 생산단계별로 발생한 부가가치를 모두 합산하여 계산하며, 이는 최종 생산물의 가치와 일치한다.
② 외국인이 소유한 서울의 빌딩에서 나오는 임대 소득은 국내소득이므로 한국의 GDP에 포함된다.
⑤ 개인이 자가소비를 할 목적으로 만든 가구는 GDP에 포함되지 않는다.

4. 정답 ⑤

| 해설 | ⑤ 공유지는 집단 전체에게 이익을 주지만, 각 개인이 자신의 이익을 과도하게 추구할 경우 고갈되는 자원이다. 공유지는 공급이 무제한이 아니기 때문에 보충할 수 있는 양보다 많이 사용되면 부족해지거나 더 나아가 사용 자체가 불가능해질 수 있다. 이러한 현상을 공유지의 비극이라고 한다. 공유지의 비극은 코즈의 정리를 따른 재산권을 부여하는 방식 등으로 해결할 수 있다.

| 오답피하기 | ① 레몬마켓: 정보의 비대칭성 속에서 거래가 이루어져 질 좋은 제품이 공급되지 않고 불량품만 공급되는 시장을 일컫는 말이다.
② 파레토 효율: 다른 경제주체의 후생을 감소시키지 않고는 어떤 경제주체의 후생을 증대시킬 수 없는 자원 배분 상태를 말한다.
③ 레온티에프 역설: 자본이 풍부한 나라가 자본집약적인 상품을 덜 수출하고, 노동집약적인 상품을 더 많이 수출하는 현상을 설명하는 이론이다. 이는 레온티에프의 무역이론과 반대되는 결과이다.
④ 디드로 효과: 하나의 물건을 사고 나서 그 물건에 어울릴 만한 물건을 계속 구매하며 또 다른 소비로 이어지는 현상을 말한다.

5. 정답 ③

| 해설 | ③ 기준금리가 0%에 가까운 상황에서 중앙은행의 통화량 증가 정책이 효과가 떨어지는 현상을 유동성 함정이라고 한다. 이러한 상황에서 경제주체들은 화폐를 쓰기보다는 보유하려고 한다. 이로 인해 통화승수는 낮아지고 통화정책의 효과는 떨어진다.

관련 개념 짚어보기

유동성 함정

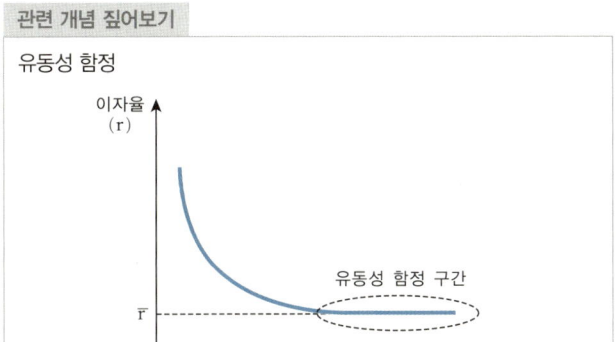

6. 정답 ②

| 해설 | ② 완전경쟁시장 내의 모든 기업은 동질적인 재화를 생산한다.

| 오답피하기 | ① 생산자가 제품의 가격을 결정할 수 있는 시장은 독점시장이다.
③ 시장 내에 소수의 생산자 및 다수의 소비자가 존재하는 시장은 과점시장이다.
④ 진입 장벽이 있는 시장은 독과점시장이다.
⑤ 한 기업의 생산량 변화가 다른 경쟁 기업의 경영전략에 영향을 미치는 시장은 과점시장이다.

7. 정답 ②

| 해설 | ② 정부가 확장적 재정정책을 위해 국채 발행을 늘려 국가 채무가 증가하면 정부저축은 감소한다.

| 오답피하기 | ① 국가 채무가 늘었으므로 이자 지급 부담은 증가할 것이다.
③ 국가의 신용도가 하락할 위험이 있으므로 변동성 지수는 상승할 것이다.
④ 국간 신용등급은 하락할 가능성이 높다.
⑤ 국채 발행의 증가로 인해 국채 가격이 하락하면 이자율은 상승한다. 이자율이 상승하면 정부지출이 민간소비나 투자를 위축시키는 구축효과가 발생할 가능성이 높다.

관련 개념 짚어보기

변동성 지수(VIX: Volatility Index)
S&P500지수(SPX)의 단기 가격 변동에 대한 시장의 상대적 강세에 대한 기대감을 나타내는 실시간 지수이다. 변동성, 즉 가격이 얼마나 빠르게 변하는지는 종종 시장 심리를 가늠할 수 있는 한 방법으로, 특히 시장 참여자들의 두려움의 정도를 가늠할 수 있는 수단이다.

8. 정답 ①

| 해설 | ① 모든 생산요소의 투입을 3배 늘렸을 때 산출량이 3배 늘어나는 것은 규모에 대한 수익 불변이다.

| 오답피하기 | ② 모든 생산요소의 투입을 3배 늘렸을 때 산출량이 변하지 않으면 규모에 대한 수확체감이다.
③④ 모든 생산요소의 투입을 2배 늘렸을 때 산출량이 2배를 초과하여 늘어야 규모에 대한 수익 체증이다. 고정요소의 투입 증가만으로는 그 효과를 판단할 수 없다.

⑤ 규모의 경제가 작용하면 모든 생산요소의 투입을 3배 늘렸을 때 산출량이 3배를 초과하여 늘어난다. 범위의 경제 여부는 알 수 없다.

관련 개념 짚어보기

규모의 경제를 표현하는 방식
- 장기 총평균비용곡선(LRATC)이 우하향한다.
- 초기 고정비용이 높고, 한계비용은 일정하다.
- 노동(L)과 자본(K)이 각각 2배씩 증가할 때 산출량이 2배를 초과하여 증가한다.

9. 정답 ③

| 해설 | ③ 대체재 관계에 있는 상품이 공급 증가로 인해 가격이 하락하면 다른 상품의 수요곡선은 좌측으로 이동한다.

수요곡선의 좌측 이동

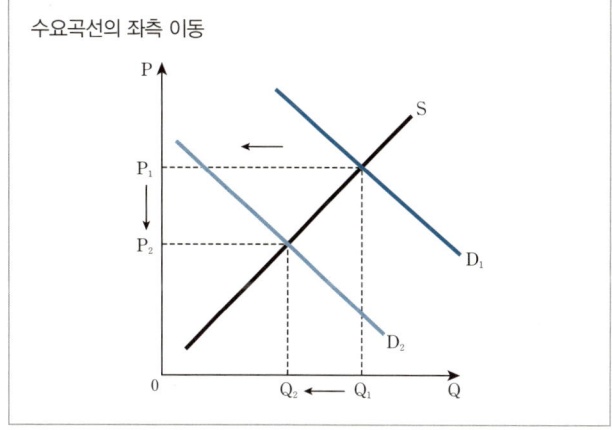

| 오답피하기 | ① 소득의 증가는 수요곡선을 우측으로 이동시킨다.
② 소비자 수 증가는 수요곡선을 우측으로 이동시킨다.
④ 보완재 관계에 있는 상품의 가격 하락은 수요곡선을 우측으로 이동시킨다.
⑤ 재화에 대한 소비자 선호의 증가는 수요곡선을 우측으로 이동시킨다.

10. 정답 ①

| 해설 | ① 중앙은행이 시장에서 대규모로 국채를 매입하는 것은 확장적 통화정책이다. 확장적 통화정책으로 총수요곡선이 우측으로 이동하여 물가는 상승한다.

| 오답피하기 | ② 총수요곡선의 우측 이동으로 투자가 증가한다.
③ 국채 매입으로 시중에 통화량이 증가한다.
④ 총수요곡선의 우측 이동으로 국민소득은 증가한다.
⑤ 시중의 통화량이 증가하므로 시중 이자율은 하락한다.

관련 개념 짚어보기

통화정책의 수단

긴축	확장
기준금리 ↑	기준금리 ↓
지급준비율 ↑	지급준비율 ↓
재할인율 ↑	재할인율 ↓
통화안정 증권 매각	통화안정 증권 매입

11. 정답 ①

| 해설 | ① 완전고용상태에서의 실업률은 마찰적 실업+구조적 실업이므로 0이 될 수 없다.

| 오답피하기 | ② 마찰적 실업은 자발적 실업이다.
③ 효율성 임금 이론으로 임금 시장의 경직성을 설명할 수 있다.
④ 실업보험과 같은 제도는 자발적 실업에 영향을 주기 때문에 자연실업률에 영향을 준다.
⑤ 경제활동 능력을 갖추고 있으나 일할 의사가 없는 실망 노동자는 비경제활동인구로 분류된다.

관련 개념 짚어보기

효율성 임금 이론
근로자가 높은 임금을 받을수록 일하려는 동기를 더 느끼기 때문에 임금 인상이 노동 생산성 증가로 이어질 수 있다는 이론이다. 대기업에서 우수한 인재를 채용하기 위해 임금 수준을 높게 유지하는 것을 예로 들 수 있다.

12. 정답 ②

| 해설 | ② 구성의 오류는 부분이 지니고 있는 속성이 전체에는 나타나지 않는 경우를 말한다. 사례 A는 저축의 역설(절약의 역설)로 '구성의 오류(fallacy of composition)' 또는 '합성의 오류'의 대표적인 예이다. 사례 C의 경우 날씨가 더워지면 에어컨 판매가 늘어나는 것이 옳으므로 인과관계를 잘못 판단한 오류이다.

| 오답피하기 | 사례 B는 스놉효과의 예이다. 스놉효과는 어떤 제품이 대중화되면 남들과 다르다는 것을 증명하기 위해 해당 제품을 더 이상 구매하지 않는 소비현상을 일컫는 말이다. 잘난 체하는 속물을 의미하는 '스놉(snob)'에서 유래되었다. 까마귀가 몰리면 백로가 까마귀 떼를 멀리하는 것 같다고 해서 스놉효과를 '백로효과'라고도 한다.

13. 정답 ②

| 해설 | ② 잠재성장률은 노동이나 자본 등의 자원을 최대로 활용하였을 때 유지되는 실질GDP의 증가율로, 한 나라 경제의 최대성장능력을 의미한다.

| 오답피하기 | ① 경제고통지수: 국민들이 피부로 느끼는 경제적 삶의 어려움을 계량화해서 수치로 나타낸 것이다.
③ 빅맥지수: 영국 경제지인 이코노미스트에서 1986년부터 매해 1월과 7월에 발표하는 지수이다. 맥도날드의 주력 제품인 빅맥은 나라를 불문하고 쉽게 구매할 수 있으므로 각 국가별 빅맥 가격을 활용하여 물가 및 환율을 쉽게 비교할 수 있다. 구매력평가설과 일물일가 법칙에 기반을 두고 있다.

14. 정답 ④

| 해설 | ㄴ. CDS 프리미엄의 상승은 채무자의 채무불이행 확률이 높아진 것을 의미하므로 국가 신인도 하락의 징후가 된다.
ㄷ. 국제 신용평가사에 의한 국가신용등급의 강등은 국가 신인도 하락을 의미한다.

| 오답피하기 | ㄱ. 외국환평형기금채권은 외국환평형기금의 자금 조달을 위해 정부에서 발행하는 채권으로, 외평채라고도 한다. 정부는 자국 통화의 안정성을 유지하고 투기를 방지하기 위해 외환시장에 개입하여 환율에 영향을 미친다. 이때 개입을 위해 마련하는 자금을 외국환평형기금이라고 한다. 외국환평형기금채권의 가산금리 하락은 국가 신인도의 상승을 의미한다.

관련 개념 짚어보기

CDS(Credit Default Swap, 신용부도스왑 또는 신용파산스왑)
채무불이행에 대한 보험 역할을 하는 파생상품이다. 채무자로부터 채권을 구입한 채권자는 채무자의 채무불이행이라는 위험을 부담한다. 채권자는 이 위험을 회피하기 위해 CDS 판매자(주로 대형 금융기관)로부터 CDS 프리미엄을 주고 CDS를 구매한다. 채무자가 채무불이행을 하는 경우 CDS 구매자(=채권자)는 CDS 판매자로부터 원금을 보장받을 수 있고, 채무가 잘 이행되는 경우에는 CDS 판매자가 CDS 프리미엄만큼의 이익을 얻는 구조이다. 채무자의 채무불이행 확률이 높을수록 CDS 프리미엄은 상승한다.

15. 정답 ④

| 해설 | 경제학에서 지대(Rent)란 특정 요소의 공급이 비탄력적이거나 제한적이므로 요소의 공급자가 얻게 되는 소득 부분을 의미한다. 지대추구행위는 경제주체가 경제적 지대를 얻기 위해 정치적 로비 등의 수단을 통해 공급을 제한하는 행위이다. 이는 새로운 부를 창출하지 않으면서 다른 사회 구성원의 부를 이전시키는 행위라는 점에서 일반적인 이윤추구행위와 다르며, 사회 전체 후생을 감소시킬 수 있다. 이에 따라 지대추구행위는 소비자잉여를 감소시키고 생산자잉여를 증가시킨다.
④ 정부 규모가 커지고 규제가 많아질수록 지대추구행위가 늘어날 가능성이 있다.

16. 정답 ④

| 해설 | 무차별곡선은 임의의 두 재화가 존재할 때 이를 소비하여 동일한 효용을 얻는 재화의 조합을 나타낸 그래프이다.
④ 소비가 늘어날수록 한계효용이 체감하는 재화이므로 정상재이다. 정상재의 무차별곡선은 일반적으로 원점에 볼록하다.

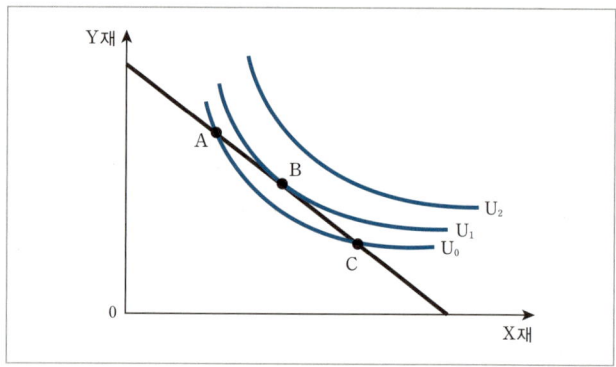

17. 정답 ⑤

| 해설 | ⑤ 중앙은행이 시중은행에 대한 재할인율을 인상하는 정책을 발표하는 이유는 경기 과열에 대한 우려 때문이다. 재할인율 인상 정책은 긴축적 금융정책이다.

| 오답피하기 | ① 기업경기실사지수가 낮아진 것은 경기를 비관적으로 보고 있음을 의미한다.
② 선행종합지수의 하락은 경기를 비관적으로 보고 있음을 의미한다.
③ 소비자동향지수의 하락은 경기를 비관적으로 보고 있음을 의미한다.
④ 낮은 경제성장률의 예고는 경기를 비관적으로 보고 있음을 의미한다.

> **관련 개념 짚어보기**
>
> - **BSI**(Business Survey Index, 기업경기실사지수): 기업가들의 경기전망을 살펴볼 수 있는 척도이다. OECD의 공식 기준을 바탕으로 부정/보통/긍정의 답변을 조사하고, 이 비중을 기준으로 지수를 도출한다. 100보다 높으면 기업가들은 경기를 긍정적으로 전망하고 있음을 의미한다.
>
> $$BSI = \frac{긍정적\ 응답업체\ 수 - 부정적\ 응답업체\ 수}{전체\ 응답업체\ 수} \times 100 + 100$$
>
> - **CSI**(Consumer Survey Index, 소비자동향지수): 소비자들의 경기전망을 살펴볼 수 있는 지표로, 소비자동향조사에서 도출한 지수를 활용하여 계산한다. 100보다 높으면 소비자들은 경기를 긍정적으로 전망하고 있음을 의미한다.

18. 정답 ④

| 해설 | ④ '사회후생을 증가시키려면 이자율을 인상하는 것이 바람직하다.'라는 설명은 참과 거짓을 판별하기 어렵다. 즉, 이는 가치판단이 개입되어 있으므로 실증경제학이 아니라 규범경제학의 범주에 속한다.

19. 정답 ⑤

| 해설 | 공급곡선이 조세 부과분만큼 위쪽으로 이동하여 해당 기업은 생산을 줄이고(①), 판매가격은 높아지고 거래량은 감소한다(②). 세금 납부 이후 기업의 총판매수입은 감소한다(②). 이때 조세 부담의 비율과 후생 손실의 크기는 탄력성에 따라 달라진다. 공급과 수요의 탄력성이 작을수록 사회적 후생 손실은 작다(⑤). 생산자와 소비자 중 탄력성이 큰 경제주체의 조세 부담 비율이 낮으며, 공급의 가격탄력성이 클수록 공급자는 세금 부담이 줄어든다(④).

> **관련 개념 짚어보기**
>
> 조세 부과의 효과
>
>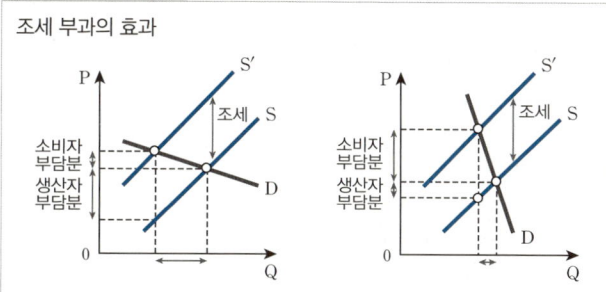

20. 정답 ①

| 해설 | ① 한계소비성향이 높으면 재정승수가 높아져 재정정책의 효과가 커진다.

| 오답피하기 | ② 구축효과가 크면 정부지출의 효과가 상쇄되어 재정정책의 효과가 작아진다.
③ $Y=C+I+G+X-M$에서 수입상품에 대한 선호도가 높을수록 재정정책의 효과는 작아진다.
④ 정부지출의 증가로 물가변동이 클수록 시장이 인플레이션에 의해 교란되어 재정정책의 효과가 작아진다.
⑤ 정부부채의 증가가 이자율 상승을 초래하여 구축효과의 우려가 커지면 재정정책의 효과가 작아진다.

21. 정답 ⑤

| 해설 | WTO는 세계 무역 분쟁 조정, 관세 인하 요구, 반덤핑규제 등 자유무역과 관련하여 법적 권한과 구속력을 행사하는 국제기구이다.
⑤ 무역의 한 당사국이 기본 원칙을 어기면 제소할 수 있다.

22. 정답 ⑤

| 해설 | ⑤ 가영이 선택한 금융상품은 정기예금이고, 나영이 선택한 금융상품은 주식이다. 일반적으로 주식은 예금보다 고위험, 고수익 금융상품이다.

23. 정답 ③

| 해설 | ③ 우체국, 농협 지역조합, 새마을금고는 예금자보호법의 대상이 아니다. 단, 농협중앙회는 예금자 보호 대상이다. 시중은행과 저축은행은 예금자보호법의 대상이다.

| 오답피하기 | ① 예금자보호법에 따라 예금보험공사가 제도를 운영하고, 금융기관이 파산할 경우 일정 금액을 보상한다.
② 예금자보호제도는 소액 예금자의 예금을 보호하여 금융 불안을 방지하고, 금융 시스템의 신뢰를 유지하는 것이 목적이다.
④⑤ 뱅크런(Bank run)은 은행의 대규모 예금인출사태를 가리키는 말이다. 금융시장 상황이 불안하거나 은행의 경영 및 건전성 등에 문제가 발생하면 예금자들은 은행에 맡긴 돈을 보장받을 수 없을 것이라는 불안감에 저축한 돈을 인출하게 되고 은행은 지급할 수 있는 자금이 부족하게 되어 패닉 상태에 빠질 수 있다. 예금보험공사는 뱅크런과 이로 인한 금융 불안정을 방지하기 위해 예금자보호법에 의해 5,000만 원까지의 예금을 보호해주고 있다.

24. 정답 ③

| 해설 | ③ 독감에 걸린 사람이 주변 사람들에게 독감을 옮기는 것은 부정적 외부성이 나타나는 상황이다. 화학 공장이 배출한 오염물질로 강이 오염된 경우는 이의 사례에 해당한다.

25. 정답 ④

| 해설 | ④ 비교우위는 데이비드 리카도가 주장한 자유무역의 논거로, 재화 생산의 기회비용을 고려한 비교우위 개념을 제시함으로써 자유무역론을 효과적으로 옹호하였다.

| 오답피하기 | ① 승수효과: 정부지출 등 정부정책변수의 변화율에 비해 국민소득의 변화율이 크게 나타나는 현상을 말한다.
② 우월전략: 게임이론에서 타인의 전략과 상관없이 최선의 전략이 존재하는 것을 말한다.

③ 오쿤의 법칙: 미국의 경제학자 오쿤이 경제성장률의 변화와 실업률의 변화 사이에는 부(−)의 상관관계가 있음을 밝힌 법칙을 말한다.
⑤ 그레샴의 법칙: '악화가 양화를 구축한다.'라는 말로, 가치가 낮은 것이 가치가 높은 것을 몰아냄을 말한다. 예를 들어 귀금속으로서는 가치가 다른 금화와 은화가 동일한 화폐 가치로 통용되면, 사람들은 가치가 낮은 은화(악화)만 사용하고, 가치가 높은 금화(양화)는 소장해두기 때문에 금화는 유통되지 않고 사라진다(구축).

26. 정답 ③

| 해설 | ③ A재와 B재가 대체관계인 경우 A재의 공급이 증가하면 A재의 가격이 하락하여 B재의 수요가 감소하므로 B재의 거래량은 감소한다.

27. 정답 ③

| 해설 | ③ 생산성이 동일할 때, 노동시장이 경쟁적일수록 임금 차별은 감소한다.

| 오답피하기 | ① 노동의 공급자는 가계이며, 수요자는 기업이다.
② 노동의 공급이 독점적이라면 노동자에게 지급하는 임금은 상승한다.
④ 노동에 의해 생산되는 재화의 가격이 상승하면 노동의 한계생산 가치(MRP)는 증가한다.
⑤ 보상적 임금 격차는 직무의 호불호 등 직무 간 비금전적 차이를 보상하기 위해 발생하는 임금 격차이다. 주로 3D 직종(Dangerous, Dirty, Difficult) 등에서 나타난다.

28. 정답 ⑤

| 해설 | ⑤ 가격상한이 없을 때 소비자잉여는 A+B+E, 생산자잉여는 C+D+F이므로 총잉여는 A+B+E+C+D+F이다. 가격상한제가 설정되면 총잉여는 A+B+C+D이다. 따라서 E+F는 자중손실이 된다.

29. 정답 ②

| 해설 | ㄱ. 자본투자(K)의 감소는 총공급곡선을 왼쪽으로 이동시킨다.
ㄷ. 정부의 추가경정예산 집행은 확장적 재정정책으로 정부지출을 늘려 총수요곡선을 우측으로 이동시킨다.

| 오답피하기 | ㄴ. 국제 원자재 가격의 상승은 총공급곡선을 좌측으로 이동시킨다.
ㄹ. 가계의 대출 이자 부담 감소는 총수요곡선을 우측으로 이동시킨다.

관련 개념 짚어보기

총공급의 감소와 총수요의 증가

30. 정답 ①

| 해설 | ① 수출기업의 대외 경쟁력 악화를 통해 원화가치의 상승(㉠)을 예측할 수 있으며, 이때 한국은행은 낮아진 환율을 올리기 위해 달러화를 매입(㉡)한다. 이에 따라 한국은행의 대외지급준비자산은 증가(㉢)하고, 시중의 통화량은 달러화를 매입하기 위해 원화를 사용하였으므로 증가(㉣)할 것이다.

시사경제 · 경영

31. 정답 ④

| 해설 | ④ OPEC는 석유수출국기구로, 사우디아라비아를 주축으로 60년대 이후 석유시장을 카르텔로 지배해 왔다.

| 오답피하기 | ① APEC: 환태평양 지역의 국가들이 모여 1989년 결성된 국제기구로, 자유무역 달성을 목표로 한다.
② IAEA: 국제 원자력 기구를 말한다.
③ SPAC: 비상장기업을 인수합병할 목적으로 설립된 페이퍼컴퍼니. 공모를 통해 자금을 모아 비상장기업을 인수합병한 후 기업공개(IPO)를 통해 자금을 회수한다.
⑤ BRICS: 21세기에 신흥 경제국으로 떠오른 브라질(Brazil), 러시아(Russia), 인도(India), 중국(China), 남아프리카 공화국(South Africa) 5개국의 앞글자를 따서 만들어진 명칭이다.

32. 정답 ⑤

| 해설 | ⑤ 디플레이션은 인플레이션의 반대말로, 물가가 지속적으로 하락하는 현상이다.

| 오답피하기 | ① 잠금효과: 기술 자체는 비효율적일지라도 전환비용이 커서 계속해서 사용되는 현상을 말한다. 가입한 은행을 쉽게 바꾸지 않는 현상이 대표적인 예이다.
② 테이퍼링(양적 긴축): 긴축적 통화정책을 사용하여 통화량을 줄여 물가 안정을 추구하는 정책이다.
③ 셧다운: 가전제품의 전원을 끄는 말에서 유래하여 조업중단이나 운영중지까지 이르는 말이다.
④ 리오프닝: 경제활동이나 사회적 활동의 제한을 완화하거나 해제하여 정상적인 상태로 다시 전환하는 것을 말한다.

33. 정답 ②

| 해설 | ② 게임체인저는 운동경기에서 승부를 바꿀만한 선수를 일컫는 말이었으나 요즈음은 산업에 큰 영향을 줄 수 있는 혁신을 가진 기업가나 회사를 말한다.

| 오답피하기 | ① 슈퍼사이클: 반도체 슈퍼사이클과 같이 특정 산업이 초호황기에 있음을 표현한 말이다.
③ 레드오션: 이미 잘 알려져 있어서 경쟁이 매우 치열한 특정 산업 내의 기존 시장을 말한다.
④ 패스트 팔로어: 혁신가를 빠르게 모방해서 성장하는 전략을 가진 개인이나 집단을 말한다.
⑤ 카피캣: 다른 사람의 행동, 옷차림, 생각을 모방하는 사람 또는 외부의 아이디어를 모방하는 기업, 제품을 말한다.

34. 정답 ②

| 해설 | ② 백기사는 적대적 M&A가 진행될 경우 기존 경영진에 대해 우호적인 주주를 말한다. 이러한 주주의 지분을 높임으로써 경영권을 효과적으로 방어할 수 있다.

| 오답피하기 | ① 팩맨 디펜스: 적대적 M&A 위기에 놓인 기업이 인수를 시도한 기업을 인수하려고 시도하는 적대적 M&A 방어전략을 말한다. 비디오 게임 팩맨에서 유령에 쫓기던 플레이어가 파워 펠릿을 먹은 후 돌아서서 유령을 잡아먹는 모습에서 유래한 용어이다.
③ 스윙보터: 선거에서 특정 정당이나 후보를 지지하지 않고 상황에 따라 투표 성향을 바꾸는 유권자를 말한다.
④ 언더독: 경쟁에서 상대적으로 약자이거나 승리 가능성이 낮은 사람이나 팀을 의미한다. 투견 싸움에서 밑에 깔린 개에서 유래하였다.
⑤ 황금낙하산: 적대적 M&A(합병)의 대표적인 방어수단으로, 최고경영자가 사임하면 거액의 퇴직금이나 주식매수권을 부여하는 제도이다.

관련 개념 짚어보기

M&A 전략

공격 전략	방어 전략
• 곰의 포옹 • 공개매수 • 그린메일 • 토요일 밤의 기습 • LBO	• 경영진 매수 • 백기사, 백지주 • 포이즌필(독약조항) • 크라운주얼 처분 • 팩맨 디펜스 • 황금낙하산 • 황금주

35. 정답 ⑤

| 해설 | ⑤ 디지털트윈은 컴퓨터과 가상현실을 사용하여 실물과 동일한 제품을 가상으로 만들어 테스트하는 실험이다.

| 오답피하기 | ① 로블록스(Roblx): 사용자가 직접 게임을 프로그래밍할 수 있으며 다른 사용자가 제작한 게임을 즐길 수 있는 온라인 게임 플랫폼이자 게임의 제작 프로그램이다.
② 메타버스: 가상현실 또는 증강현실을 포함하는 상위 개념으로, 현실 세계가 아닌 가상공간에서 현실과 같이 사회, 경제활동을 할 수 있는 세계를 말한다.

36. 정답 ①

| 해설 | ① '장기적으로 보면 우리는 모두 죽는다.'는 존 메이너드 케인스(John Maynard Keynes)가 한 말로, 경제학에서 시장의 장기적인 자동조정보다 단기 정책의 중요성을 강조한 표현이다.

| 오답피하기 | ② 로버트 트리핀(Robert Triffin): 트리핀의 딜레마를 주장한 경제학자이다.
③ 알프레드 마샬(Alfred Marshall): 영국의 경제학자로, 케임브리지 대학교 경제학과 교수로 취임하면서 '머리는 차갑지만 가슴은 뜨거운 졸업생을 많이 배출하고 싶다.'라는 포부를 밝혔다. '차가운 머리'는 경제학자로서 사회 현상을 냉철하게 바라보고 분석할 것을, '뜨거운 가슴'은 분석한 결과물을 언제나 실생활에 도움이 되고 빈민들을 구제하기 위해 사용하라는 의미를 담고 있다.
④ 래퍼(Arthur Betz Laffer): 세율과 조세수입 간의 관계를 나타낸 곡선인 래퍼 곡선을 주장한 경제학자이다.
⑤ 데이비드 리카도(David Ricardo): 자유무역론을 창시한 고전학파의 학자로, 재화 생산의 기회비용을 고려한 비교우위 개념을 제시함으로써 자유무역론을 효과적으로 옹호하였다.

37. 정답 ①

| 해설 | ① 알트코인은 비트코인을 제외한 모든 암호화폐를 말한다. 비트코인 이후에 등장한 다양한 암호화폐들로, 각기 다른 목적과 기능을 가지고 있다.

| 오답피하기 | ② 스테이킹: 보유한 암호화폐를 블록체인 네트워크에 예치하여 거래 검증에 참여하고 그 보상으로 추가 암호화폐를 받는 과정이다.
③ 에어드랍: 블록체인 기반 프로젝트에서 특정한 코인을 보유하고 있거나 자격을 갖춘 사용자에게 암호화폐나 토큰을 무료로 배포하는 것을 말한다.
⑤ 스테이블코인: 코인의 가치가 법정 화폐의 가치에 대응하도록 설정되어 가격 변동성이 덜한 암호화폐를 말한다.

38. 정답 ①

| 해설 | ① 빅배스(Big bath)는 회사의 경영진이 일부러 큰 손실을 당기에 반영하여 실적을 더 나쁘게 보이도록 하는 행위를 뜻하는 회계용어이다.

| 오답피하기 | ② 홀딩스: 지주회사를 뜻하는 용어로, 특정 기업 그룹(우리, 하나 등)에 속하는 여러 기업의 지분을 보유한 회사를 말한다. 지주회사를 통해 모든 기업의 지분을 100% 소유하지 않아도 기업을 지배 및 관리할 수 있다.
③ 서킷브레이커: 주식시장의 급격한 하락을 막기 위한 장치로 종합주가지수가 전일 대비 10% 하락한 상황이 1분 이상 이어지면 발동한다. 발동 시 모든 주식거래가 20분간 중단되고 10분 동안 접수한 호가를 단일가로 처리한 뒤 매매가 재개된다.
④ 숏커버링: 공매도(short)한 주식을 되갚기 위해(covering) 시장에서 주식을 매입하는 것을 말한다. 이는 주가를 급격히 상승시키는 요인이 될 수 있다.
⑤ 랩어카운트: 자산운용 관련 여러 서비스를 묶어 고객의 성향에 맞게 제공하고, 고객이 맡긴 재산에 대해 구성·운용·투자자문까지 통합적으로 관리해주는 서비스이다. 즉, 증권사에서 운용하는 종합자산관리 방식의 상품이다.

39. 정답 ④

| 해설 | ④ 칩플레이션(Chipflation)은 반도체 가격 상승으로 인해 관련 품목의 가격이 함께 상승하는 현상이다. 그린플레이션(Greenflation)은 환경 보호와 지속 가능한 경제를 위해 필요한 친환경 정책이나 기술이 원자재 가격 상승을 일으켜 물가상승을 초래하는 현상을 말한다.

40. 정답 ③

| 해설 | ③ 맬서스는 대표 저서인 『인구론』에서 인구의 자연적인 증가속도는 기하급수적인데, 식량의 공급량 증가는 산술급수적이므로 인구의 자연적 증가를 억제해야 함을 주장하였다.

| 오답피하기 | ① '보이지 않는 손'의 창시자인 애덤 스미스는 그의 대표 저서인 『국부론』에서 자유로운 경제 체계의 필요성을 주장하였다.

② 존 포브스 내쉬는 게임이론의 창시자이다.
④ 밀턴 프리드먼을 비롯한 통화주의자는 화폐의 발행이 증가하여 인플레이션이 일어나고 명목 임금이 증가했을 때, 인플레이션은 고려하지 않고 임금의 상승만을 만끽하는 현상 등을 '화폐환상'이라고 정의하였다.
⑤ 로버트 루카스는 경제주체들이 현재 이용 가능한 모든 정보를 사용하여 통계적으로 정확한 방식으로 미래에 대한 기대를 형성한다고 하는 합리적 기대이론을 주장하였다.

41. 정답 ⑤

| 해설 | ⑤ 임금피크제는 고용을 유지하기 위해 근로자의 나이가 일정 수준에 도달하면 임금을 낮추어 재계약하는 것을 말한다. 주로 정년퇴직을 연기하거나 고령 근로자의 퇴직 이연을 위한 제도이다.

| 오답피하기 | ① 재택근무제: 집에서 근무할 수 있는 제도이다.
② 워크셰어링: 노동자의 업무를 나누어 새로운 고용기회를 창출하는 제도이다.
③ 타임오프제: 노조 활동을 전담하는 근로자에게 임금을 지급하고 업무시간을 면제해주는 제도이다.
④ 탄력근로제: 근로시간을 탄력적으로 적용하는 제도이다.

42. 정답 ④

| 해설 | ④ 국부펀드는 주로 투자수익을 목적으로 다양한 종류의 국내외 자산에 투자·운용하는 국가보유투자기금을 말한다. 한국의 국민연금, 사우디의 사우디 아람코가 대표적이다.

| 오답피하기 | ① 사모펀드: 비공개적으로 선별된 소수의 투자자로부터 자금을 모집하여 주식, 부동산 등의 자산에 투자하여 운용되는 펀드로, 투자위험도가 높은 대신 기대수익률이 높다.
② 매칭펀드: 일반적으로 사적 투자자가 특정 벤처·중소기업에 투자할 경우 정부와 같은 공공성 목적을 가진 기관에서 소정의 심사를 거쳐 그 투자와 동일한 조건으로 공동투자를 하는 펀드이다. 매칭펀드는 투자자의 위험을 감소시킴과 동시에 자금공급을 통해 기업의 생존율을 제고하는 역할을 하며, 벤처기업에 대한 투자를 장려하기 위한 목적이 강하다.
③ 퀀트펀드: 계량 분석을 기반으로 기계적 학습 및 코딩을 통해 프로그램 매매를 하는 펀드를 말한다.
⑤ 벤처펀드: 여러 투자자로부터 자금을 모아 벤처기업에 투자하는 펀드를 말한다.

43. 정답 ①

| 해설 | ① 행동주의 펀드는 기업의 경영에 적극적으로 개입하여 가치를 극대화하려는 목표를 가진 투자 펀드이다. 이 펀드는 주주로서 기업 가치를 높이기 위한 기업의 구조 개선, 전략 변화, 경영진 교체 등을 요구한다.

44. 정답 ③

| 해설 | ③ DSR(총부채원리금상환비율)은 대출을 받으려는 사람의 소득 대비 전체 금융부채의 원리금 상환액 비율을 말한다. DTI는 원리금상환액 중 주택담보대출 원리금상환액만 포함하는 반면, DSR은 주택담보대출을 포함한 모든 대출의 원리금상환액을 포함한다는 점에서 차이가 있다. DSR을 기준으로 대출심사를 하면 연소득은 그대로인 상태에서 금융부채가 커지기 때문에 대출 한도가 대폭 축소된다.

$$DSR(\%) = \frac{모든\ 대출의\ 연간\ 원리금\ 상환액}{연소득} \times 100$$

| 오답피하기 | ① LTV(주택담보대출비율): 주택담보비율로, 주택가격을 담보가치로 가정하였을 때 이에 대한 대출 비율을 말한다.
② ESG: 환경, 사회, 지배구조의 앞글자를 딴 단어로, ESG 경영은 지속가능성의 관점에서 친환경, 사회적 책임, 지배구조의 투명성을 추구하는 방식을 말한다.
④ 기업공개(IPO): Initial Public Offering의 약자로, 비상장회사가 상장절차를 밟아 주식을 외부 투자자들에게 최초 공개하는 행위를 말한다.
⑤ NCR(영업용순자본비율): 증권사의 영업용순자본을 총위험액으로 나누어 얻어진 비율로, 증권사의 재무건전성을 보여 주는 지표이다.

45. 정답 ③

| 해설 | ③ 스트림플레이션은 스트림과 인플레이션의 합성어로, OTT서비스 구독료의 인상을 말한다.

| 오답피하기 | ① 디마케팅: 고의로 고객의 수요를 줄이는 마케팅 기법을 말한다. 담배갑의 포장이나 광고에 경고 문구를 삽입하거나, 금융기관에서 휴면계좌를 정리하고 채무 규모가 적정 수준을 넘은 고객의 거래 및 대출한도 등을 제한하는 것이 예이다.
② 크리슈머: '크리에이터(creator)'와 '컨슈머(consumer)'의 합성어로, 소비자가 단순히 제품이나 서비스를 사용하는 것을 넘어 자신이 직접 콘텐츠를 창작하고 공유하는 소비자를 말한다.
④ 코드커팅: 케이블 TV나 위성 방송을 해지하고, 대신 인터넷 스트리밍 서비스나 다른 디지털 플랫폼을 통해 콘텐츠를 소비하는 현상을 말한다.
⑤ 휘슬블로어: 공익제보자를 일컫는 말이다.

46. 정답 ②

| 해설 | ② 워크아웃은 기업이 재정적 어려움을 겪을 때 채권자와 협상을 통해 부채 구조를 조정하거나, 기업 회생을 위한 자구 노력을 하는 과정을 말한다. 주로 자산 매각, 채무 탕감 등을 포함한다.

| 오답피하기 | ③ 사이드카: 주가의 등락 폭이 갑자기 커질 경우 시장에 미치는 영향을 완화하기 위해 주식 매매를 일시정지시키는 제도를 말한다. 코스피200 선물 가격이 전일 종가 대비 5% 이상 상승 또는 하락한 상태가 1분 이상 지속될 경우 발동되며, 사이드카가 발동되면 5분간 매매가 중지된다.
④ 패스트트랙: 목표 달성을 위한 가장 빠르고 직접적인 경로. 국내에서는 주로 '의회에서 결정된 안건을 절차의 간소화를 통해 신속하게 처리하는 정치 제도'의 의미로 사용된다. 2019년 4월 29일 4개의 법안이 패스트트랙을 통해 지정되었다.
⑤ 필리버스터: 의회에서 다수당이 수적 우세를 이용하여 법안이나 정책을 통과시키는 상황을 막기 위해 소수당이 법률이 정한 범위 내에서 의사(議事)의 진행을 방해하는 행위를 말한다.

47. 정답 ②

| 해설 | ② 스우시는 나이키(Nike)의 로고에서 유래한 경제 용어로, 경기 회복이 'V자'나 'U자'가 아닌, 점진적으로 상승하는 곡선 형태를 띠는 것을 말한다.

| 오답피하기 | ① 룰루 레몬: 캐나다 국적의 스포츠 의류 브랜드로, 주로 요가복을 생산한다.
③ 소프트 패치: 경기 회복 국면에서 일시적으로 회복이 정체되어 있는 시기를 말한다.

48. 정답 ②

| 해설 | 글로벌 최저한세(Global Minimum Tax)는 다국적 기업들이 본사를 세율이 낮은 국가로 이전하여 조세를 회피하는 행위를 방지하기 위해 국제적으로 법인에 대한 최소 세율을 설정하는 제도이다.
② 글로벌 최저한세의 세율은 15%이다.

49. 정답 ③

| 해설 | ③ 딩크족은 1980년대 미국에서 첫 등장한 용어로, 결혼은 하지만 자녀를 가지지 않는 맞벌이 부부를 말한다.

| 오답피하기 | ① 니트족: 직업이 없는 청년 중 일할 의지조차 없는 이들을 말한다.
② 프리터족: 일본에서 생겨난 신조어로, 정규직이 아닌 아르바이트 등의 활동으로 생계를 유지하는 이들을 말한다.
④ 여피족(Yuppie): '젊은 도시 전문 직장인(Young Urban Professional)'의 줄임말로, 주로 도시에서 고학력과 높은 소득을 자랑하는 젊은 직장인을 말한다. 이들은 대개 직장에서 성공을 추구하고, 소비 성향이 높으며, 최신 유행에 민감한 특성을 가진다.
⑤ 캥거루족: 자립하지 않고 부모와 함께 사는 성인 자녀를 의미하는 용어이다. 주로 경제적 이유나 취업 문제 등으로 독립하지 않고 부모와 함께 거주하는 경우를 일컫는다.

50. 정답 ④

| 해설 | ④ 전략적 투자자는 기업이 M&A 또는 대형 건설·개발 사업으로 대규모의 자금이 필요할 때 경영권 확보를 목적으로 자금을 지원하는 투자자를 의미한다. 이 과정에서 전략적 투자자는 공동경영자로 참여하게 된다. 재무적 투자자는 사업의 운영에는 참여하지 않고 수익만을 목적으로 투자 자금을 조달해주는 투자자로, 이에는 시중은행, 보험사, 증권사, 펀드 또는 국민연금과 같은 공적 기관들이 포함된다.

51. 정답 ⑤

| 해설 | ⑤ 일본은 오랫동안 마이너스 금리를 유지하다가 2025년 1월에 기준금리를 인상하여 현재 일본의 기준금리는 0.5% 수준이다.

52. 정답 ①

| 해설 | ① 생활인구란 2018년 서울시가 KT와 합동으로 인구 추계를 하며 만든 새로운 인구 모델. 주민등록인구 및 외국인등록인구 외에 특정 지역에 거주하거나 체류하면서 생활을 영위하는 인구이다.

53. 정답 ①

| 해설 | ① 제시된 기기의 명칭은 영어 단어 wearable에서 유래하였다. 착용할 수 있는 IT기기를 표현할 때 사용되며, 웨어러블 컴퓨터, 스마트 링 등이 있다.

| 오답피하기 | ② 클라우드: 인터넷상의 장소에 개인 파일, 이미지, 영상 등을 저장할 수 있는 기술이다.
④ 블록체인: 비트코인이나 다른 암호화폐로부터 발생한 거래 기록이 P2P 네트워크에 연결된 여러 컴퓨터에 분산되어 저장 및 유지되는 시스템이다.

54. 정답 ④

| 해설 | ④ 승자의 저주는 경쟁에서는 이겼으나 이기기 위해 과도한 비용을 지불하여 오히려 위험에 빠지거나 커다란 후유증을 겪는 상황을 말한다. 일반적으로 M&A 경쟁 입찰에서 인수 대상 기업의 예상 가치를 초과한 금액을 지불한 경우 또는 인수 후 모기업의 재무 상태가 악화되는 경우가 승자의 저주에 빠진 예이다.

| 오답피하기 | ① 기저효과: 경제지표 증가율을 해석할 때 기준시점과 비교시점의 상대적인 위치에 따라 경제상황에 대한 평가가 실제보다 위축되거나 부풀려지는 등의 왜곡이 일어나는 것을 말한다.
② 중진국 함정: 세계은행이 『2006 아시아경제발전보고서』에서 사용한 용어로, 저소득국가가 중간소득국가에 올라서는 단계에서 성장 동력을 상실하여 다음 단계로 도약하지 못하고 있는 현상을 말한다. 중진국 덫이라고도 한다.
③ 버스트 오류: 데이터 전송 시 한 무리의 데이터에 집단적으로 오류가 발생하는 것을 말한다.
⑤ 스미스의 역설: 가치의 역설, 물과 다이아몬드의 역설이라고도 한다. 인간의 생존에 더 필수적인 재화는 다이아몬드보다 물이지만 실제 가격은 다이아몬드가 훨씬 비싸다. 이처럼 시장에서의 교환가치는 재화 또는 서비스의 사용가치와 일치하지 않는데, 이를 스미스의 역설이라고 한다.

55. 정답 ②

| 해설 | ② 스타트업은 많지만 페이스북처럼 성공하는 스타트업은 머리에 뿔이 달린 상상 속의 동물인 유니콘 만큼이나 찾아보기 어렵다는 것에서 나온 말이다. 일반적으로 기업 가치가 10억 달러를 넘어가는 스타트업을 유니콘이라고 한다. 기업 가치가 100억 달러 이상인 스타트업은 10을 뜻하는 접두사 데카(deca)를 붙여 데카콘이라고 한다. 유니콘의 100배인 1,000억 달러 이상인 스타트업은 100을 의미하는 접두사 '헥토(hecto)'를 붙여 헥토콘이라고 한다.

| 오답피하기 | • 프리퀄(prequel)은 영화의 앞선 이야기를 다루는 작품을 말한다. 에일리언 시리즈가 흥행한 후, 프리퀄로 프로메테우스가 제작된 것을 예로 들 수 있다.
• 스핀오프는 시리즈에서 파생된 이야기를 다루는 작품을 말한다. CSI마이애미, CSI라스베거스, CSI뉴욕은 스핀오프 시리즈이다.

56. 정답 ⑤

| 해설 | A는 인공지능에 대해 경계하는 입장이고, B는 인공지능에 대해 낙관적인 입장이다.
⑤ 영화 아이언맨에 등장하는 자비스는 주인공을 도와주는 역할로 B, 터미네이터에 등장하는 스카이넷은 인류를 제거하려는 A에 속하는 인공지능이다.

57. 정답 ⑤

| 해설 | ⑤ 페스트균에 의해 발생하는 급성 열성 전염병은 흑사병이다.

58. 정답 ③

| 해설 | ③ 반도체 장비 기업인 ASML은 네덜란드의 기업이다. 1907년 고종이 특사를 파견한 헤이그는 네덜란드의 도시이다. 튤립은 네덜란드의 국화로, 경제사에서 유명한 튤립 버블의 배경은 네덜란드이다.

59. 정답 ③

| 해설 | ③ 스태그플레이션은 물가 상승과 경기침체가 동시에 오는 현상으로, 주로 비용인상 인플레이션이 원인이 되어 발생한다. 디커플링은 국가 간 경기나 주가가 상관관계를 가진 움직임에서 벗어나는 현상을 말한다.

| 오답피하기 | • 블랙스완: 발생할 가능성이 현저히 적은 일이 발생하는 현상을 말한다. 월가 투자전문가인 나심 니콜라스 탈레브가 그의 저서 'The black swan'을 통해 서브프라임 모기지 사태를 예언하면서 두루 쓰이게 됐다.
• 리쇼어링: 인건비, 생산비 절감 등을 이유로 해외로 생산시설을 옮긴 기업들이 다시 자국으로 돌아오는 현상을 말한다.

60. 정답 ④

| 해설 | ④ 신문기사에서 아르헨티나는 급속히 통화량을 늘려 통화가치가 하락하는 하이퍼 인플레이션을 겪고 있다. 이는 세상의 모든 일에는 대가가 따른다는 '세상에 공짜 점심은 없다.'라는 말에 부합한다.

| 오답피하기 | ① 유동성 함정의 여부는 파악할 수 없다.
② 피터팬 증후군은 육체적으로는 이미 성숙해 어른이 됐지만 여전히 어린이로 남아 있기를 바라는 심리로, 계속해서 어린이로 대우받고 보호받기를 원한다. 경제학에서는 중소기업이 중견기업으로 성장할 때 중소기업으로서 받았던 여러 가지 정부의 지원이나 혜택을 받지 못하게 될까봐 중견기업으로 탈바꿈하는 것을 꺼리는 현상을 말한다.
③ 게리맨더링은 자기 정당에 유리하도록 선거구를 구획하는 것을 말한다. 1812년 미국의 매사추세츠 주지사 게리(E. Gerry)가 자기 정당에 유리하게 만든 선거구의 모양이 전설상의 괴물 샐러맨더와 비슷한 것을 반대파가 풍자한 데에서 유래되었다.
⑤ '보이지 않는 손'은 시장의 자유방임에 맡기라는 의미이다. 확장적 통화정책으로 물가가 상승한 것은 중앙은행의 정책의 결과이므로 시장에 맡긴 것이 아니다.

상황추론 · 판단

61. 정답 ③

| 해설 | ③ 단기 총공급곡선이 왼쪽으로 이동하는 공급충격에 대해 한국은행이 (A) 물가안정을 달성하려면 통화량을 줄이는 긴축적 통화정책을 펴야 하므로 GDP는 더 감소할 것이다.

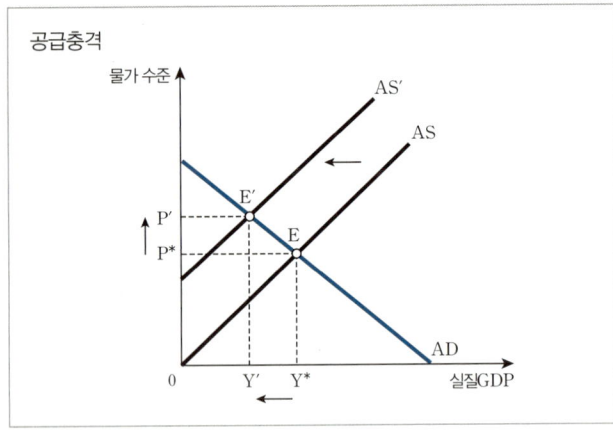

| 오답피하기 | ① 물가안정을 달성하려면 통화량을 줄이는 긴축적 통화정책을 펴야 한다.
② 경제성장을 달성하려면 통화량을 늘이는 확장적 통화정책을 펴야 한다.
④ 한국은행이 경제성장을 달성한다면 확장적 통화정책에 의해 물가는 더 상승할 것이다.
⑤ 한국은행은 단기에 물가안정과 경제성장을 동시에 달성할 수 없다.

62. 정답 ①

| 해설 | ㄱ. 커피 원재료인 원두의 가격이 상승하면 커피의 공급곡선이 좌측으로 이동하므로 균형점은 A로 이동한다.
ㄴ. 커피의 보완재인 비스킷의 가격이 하락하면 수요곡선이 우측으로 이동하므로 균형점은 B로 이동한다.

| 오답피하기 | ㄷ. 커피의 대체재인 홍차 가격이 상승하면 커피의 수요곡선이 우측으로 이동하므로 균형점은 B로 이동한다.
ㄹ. 원두 가격의 상승과 홍차 가격의 상승이 동시에 발생하면 수요곡선은 우측으로, 공급곡선은 좌측으로 이동하므로 균형거래량은 불분명하다.

63. 정답 ④

| 해설 | ㄴ. 환율이 하락하면 달러화로 표시된 한국제품의 가격이 상승하므로 한국 수출기업의 가격 경쟁력은 약화된다.
ㄹ. 환율이 하락하면 달러화를 매입하는 데 더 적은 원화를 사용해도 되므로 달러화 표시 외채의 상환 부담이 감소한다.

| 오답피하기 | ㄱ. 환율이 하락하면 수입품의 원화 표시 가격은 하락한다.
ㄷ. 환율이 하락하면 달러화를 매입하는 데 더 적은 원화를 사용해도 되므로 미국에 유학 중인 자녀에게 송금할 학비의 부담은 감소한다.

64. 정답 ②

| 해설 | (가)는 보험시장의 도덕적 해이, (나)는 중고차 시장의 역선택에 대한 내용이다.
ㄱ. 보험시장의 도덕적 해이를 줄이기 위한 방법으로 사고 발생 시 자기 부담금을 높이는 방법을 실시할 수 있다.
ㄷ. 도덕적 해이는 거래 후, 역선택은 거래 전 정보 비대칭 상황이다.

| 오답피하기 | ㄴ. (나)의 현상은 레몬마켓으로 표현한다.
ㄹ. 소비자의 도덕적 해이가 발생한 시장인 (가)의 소비자잉여가 역선택이 발생한 시장인 (나)보다 클 것이다.

관련 개념 짚어보기

정보 비대칭

역선택	도덕적 해이
• 감추어진 특성 • 예시: 레몬시장 • 해결방안: 선별, 신호발송	• 감추어진 행동 • 예시: 주인-대리인 문제 • 해결방안: 감시, 인센티브

65. 정답 ⑤

| 해설 | ⑤ 중앙은행이 공개시장조작을 통해 국공채를 매각하는 것은 양적 긴축의 대표적인 정책이다. 양적 긴축(테이퍼링)은 물가 안정과 경기 과열을 막는 데 목표가 있으며 총수요곡선을 왼쪽으로 이동시켜 균형국민소득을 감소시키고 물가수준을 하락시킨다. 국제 원자재 가격의 하락은 총공급곡선을 우측으로 이동시킨다. 총공급곡선의 우측이동과 총수요곡선의 좌측이동이 동시에 일어나므로 균형물가수준은 하락하고 균형국민소득의 크기는 알 수 없다.

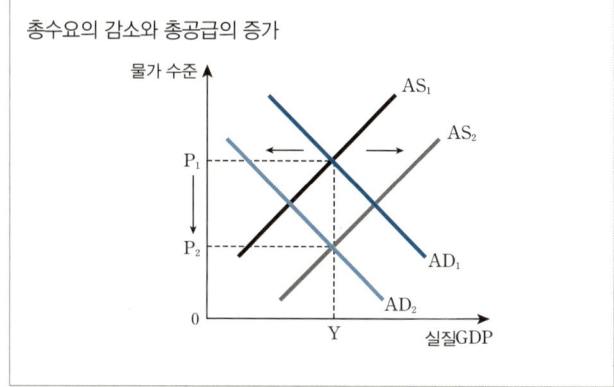

총수요의 감소와 총공급의 증가

66. 정답 ⑤

| 해설 | ⑤ 현금화가 가장 쉬운 자산은 예금이다. 현금화가 가장 쉬운 자산이 총자산에서 차지하는 비중은 (가)가 5%로 (나)의 40%보다 낮다.

| 오답피하기 | ① 원금을 보장하는 자산은 정기예금과 요구불예금이다. 원금을 보장하는 자산의 비중은 (가)가 5%로 (나)의 40%보다 낮다.
② 예금자보호법의 적용을 받는 자산은 정기예금과 요구불예금이다. 예금자보호법 적용을 받는 자산의 비중은 (가)가 5%, (나)가 40%이므로 (가)가 (나)보다 더 낮다.
③ (나)에서 새롭게 추가된 두 자산은 요구불예금과 채권이다. 일반적으로 주식의 수익성이 요구불예금과 채권의 수익성보다 높다.
④ (나)에서 새롭게 추가된 유가증권은 채권이다. 일반적으로 채권의 가격은 금리와 역의 관계를 가지므로 금리가 내리면 채권의 가격은 상승한다.

67. 정답 ①

| 해설 | A는 시장실패이다.
ㄱ, ㄴ. 시장실패에는 독과점, 정보비대칭, 공공재, 외부성 등이 있다.

| 오답피하기 | ㄷ. 관료제는 시장실패와 관련이 없다.
ㄹ. 규제의 포획이론은 정부실패에 해당한다.

68. 정답 ③

| 해설 | ③ 소득분배가 평등할수록 로렌츠곡선은 대각선에 가까워진다. B국가의 지니계수가 A보다 높으므로 이를 로렌츠곡선으로 표시하면 45° 대각선에서 멀어지고 있을 것이다.

| 오답피하기 | ① A국의 지니계수는 작아지고 있다. 지니계수가 작아지는 것은 소득불평등도가 개선되고 있는 것이다.
② 2022년에 A국의 지니계수는 0.43, B국의 지니계수는 0.40이고, 2024년에 A국의 지니계수는 0.38, B국의 지니계수는 0.36이므로 2022년과 2024년 모두 A국의 소득 불평등 수준이 B국보다 높다.
④ 2022년에 B국의 지니계수는 0.40, 2023년에 B국의 지니계수는 0.43, 2024년에 B국의 지니계수는 0.36으로 소득 불평등 수준은 악화되었다가 개선되었다.
⑤ 2024년에 A국과 B국의 지니계수가 가장 낮다.

관련 개념 짚어보기

- **로렌츠곡선**: 모집단 내 소득 또는 부의 분포를 그래프로 나타낸 것으로, 45° 대각선에서 멀어질수록 불평등함을 의미한다.
- **지니계수**: 사회의 소득불평등 정도를 나타내는 지표로, 로렌츠곡선에서 45° 대각선 아래의 삼각형 대비 대각선과 로렌츠곡선 사이의 면적이 차지하는 비율을 나타낸다. 지니계수는 0에서 1 사이의 값을 갖는다.

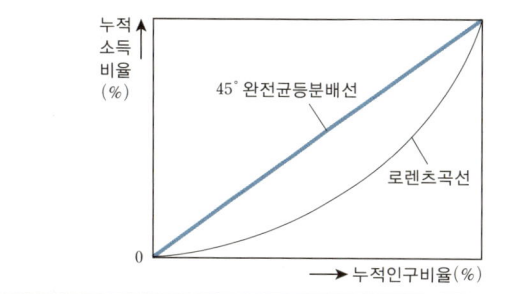

69. 정답 ①

| 해설 | ① 한국전력이 자회사의 배당을 받으면 채권발행에 유리하지만, 무리한 배당 압력은 오히려 한전 자회사의 경영에 부담이 될 수 있다는 점에서 '아랫돌 빼서 윗돌 괸다.'와 관련있다.

70. 정답 ⑤

| 해설 | ⑤ DLS는 원리는 ELS와 유사하나 그 기초자산이 이자율, 환율, 실물자산 등인 상품을 말하며, 파생상품의 일종으로 위험도가 높다. A는 low risk, low return으로, 예금자 보호가 적용되는 예금이나 적금이 이에 해당한다고 볼 수 있다.

| 오답피하기 | ① 기대수익을 올리려면 위험을 감수해야 하므로 위험과 수익은 양(+)의 상관관계를 보인다.

② 같은 직선 위의 상품이라면 위험에 상응하는 수익의 정도가 비례적으로 같으므로 우열을 가릴 수 없다.
③ 수익성이 같다면 낮은 위험을 선택해야 한다. 이를 지배원리라고 한다.
④ 투자위험과 기대수익 간의 관계는 low risk low return, high risk high return을 반영하고 있다.

71. 정답 ④

| 해설 | ④ 매파는 통화정책에 있어 인플레이션율을 높이지 않기 위해 금리 인상을 주장하며, 비둘기파는 실업률 감소와 경제성장률 상승을 위해 금리 인하를 주장한다. 금리 인상은 긴축적 통화정책이며 단기적으로 총생산과 고용을 감소시킨다.

72. 정답 ③

| 해설 | ③ 농산물 가격지지제도는 가격 하한제의 일종이다.

| 오답피하기 | ① 일반적으로 농산물은 필수재로 인식되므로 수요가 가격에 대해 비탄력적이다.
② 농산물의 공급곡선은 공급량의 변화에 제한이 있으므로 비탄력적이다.
④ 농업기술의 발달은 공급곡선을 우측으로 이동시켜 풍년과 비슷한 결과를 발생시킨다.
⑤ 수요와 공급이 가격에 대해 비탄력적이므로 A>B이다.

73. 정답 ②

| 해설 | ② 한국은행의 기준금리 인상은 긴축적 통화정책이다. 한국은행이 기준금리를 인상하면 COFIX 금리는 상승할 것이다.

| 오답피하기 | ① 경기가 위축되어 가계의 가처분소득은 감소할 것이다.
③ 시중 이자율의 인상으로 가계의 이자 부담은 증가할 것이다.
④ 경기를 위축시키므로 소비자 심리지수에 부정적인 영향을 미칠 것이다.
⑤ 가계신용이 증가하는 추세가 지속되므로 국민 한 사람당 빚은 점점 늘어날 가능성이 높다.

관련 개념 짚어보기

통화정책의 수단

긴축	확장
기준금리 ↑	기준금리 ↓
지급준비율 ↑	지급준비율 ↓
재할인율 ↑	재할인율 ↓
통화안정 증권 매각	통화안정 증권 매입

74. 정답 ④

| 해설 | ④ 1944년 체결된 브레턴우즈 체제의 특징은 금 1온스를 35달러로 고정한 고정환율제도이다. 변동환율제도는 1976년 킹스턴 체제가 성립되면서 나타났다.

75. 정답 ③

| 해설 | ㄴ,ㄷ. 국제 원자재 X재의 가격이 하락하므로 Y재 시장에서 공급곡선은 우측으로 이동할 것이다. 공급곡선이 우측으로 이동하면, 시장 거래량과 소비자잉여는 증가할 것이다.

| 오답피하기 | ㄱ. 시장 가격은 하락할 것이다.
ㄹ. Y재 수요의 가격탄력성이 탄력적이라면, 소비자 총지출액은 증가할 것이다.

관련 개념 짚어보기

공급곡선의 우측 이동

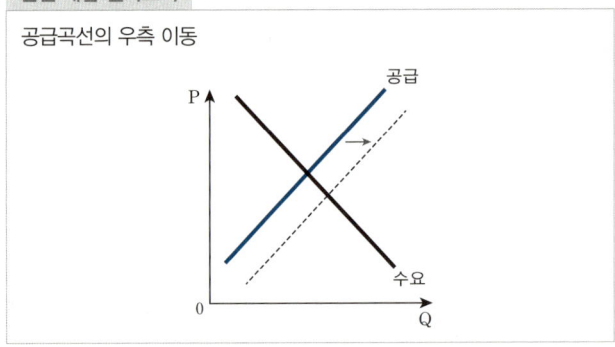

76. 정답 ④

| 해설 | ④ 특허권과 같은 기술은 정보의 형태를 취하므로 경합성이 없다.

77. 정답 ⑤

| 해설 | ⑤ 2040년 이후 총인구의 급격한 감소와 2042년 성장률의 마이너스 전환은 총인구와 성장률 사이에 유의미한 양(+)이 상관관계가 존재한다는 점을 알 수 있다.

78. 정답 ②

| 해설 | ② 기준금리가 인하되면 시중금리가 하락하여 한국자본시장의 수익성이 떨어지므로 외환의 공급이 줄어 환율이 상승한다. 일본의 엔화 가치 하락은 한국 상품의 가격경쟁력을 악화시킨다. 우리나라 주식시장에 외국인 투자 자금이 유입되면 외환의 공급이 늘어 환율은 하락하고 원화의 가치는 상승한다.

79. 정답 ②

| 해설 | A와 D는 세액이 과세대상소득에 비례하고 세율은 과세대상소득과 무관한 비례세 제도이다. B는 세액이 과세대상소득과 무관하게 일정한 정액세(Lump-sum taxes) 제도이다. C는 세율이 과세대상소득에 비례하는 누진세 제도이다.
② 일반적으로 소득 재분배 효과의 크기는 누진세 제도>비례세 제도>정액세 제도 순이다.

| 오답피하기 | ① 과세대상소득의 크기에 따라 옳은 설명일 수도 틀린 설명일 수도 있다. 과세대상소득이 높은 경우에는 비례세 제도가 조세 저항이 크겠지만 과세대상소득이 낮은 경우에는 정액세 제도가 조세 저항이 클 수 있다. 영국의 경우 1990년 대처 총리가 인두세 제도를 도입하였는데 거센 시위가 일어나 결국 총리 사퇴로 이어졌다. 정액세(인두세)도 그 세액이 지나치게 높으면 저소득층은 높은 세율을 적용받는 셈이므로 조세 저항이 매우 클 수 있다는 것이 역사의 교훈이다. 일반적으로 조세 저항은 누진세(C)>비례세(B)>정액세(A)의 순이다.
③ C는 소득에 따라 세율이 증가하는 누진세이다.
④ D는 세액이 과세대상소득에 비례하고 세율은 일정한 비례세 제도이다. 한국의 부가가치세율은 10%로 비례세의 대표적인 사례이다.
⑤ 누진세 제도는 경기 자동안정장치의 효과가 있다. 경기가 과열되면 조세

증가로 가계의 가처분소득이 감소하여 소비가 감소하고, 경기가 침체되면 조세 감소로 가계의 가처분소득이 증가하여 소비가 증가하는 효과가 있다. 비례세 제도 역시 경기 자동안정장치의 효과가 있으나 누진세 제도의 경기 자동안정장치 효과보다는 그 크기가 작다.

80. 정답 ①

| 해설 | ① 가영의 주장은 저축의 역설이다. 저축의 증가가 소비의 증가로 연결되고 저축이 노동 생산력을 증가시킨다는 『국부론』 제2장의 내용을 볼 때 저축의 역설에 해당하지 않는다.

제79회 TESAT 문제지
정답 및 해설

경제이론

1	④	2	①	3	④	4	④	5	⑤
6	①	7	②	8	③	9	④	10	⑤
11	②	12	③	13	①	14	①	15	③
16	②	17	⑤	18	①	19	⑤	20	⑤
21	④	22	②	23	④	24	②	25	③
26	④	27	⑤	28	①	29	②	30	③

시사경제·경영

31	①	32	④	33	④	34	①	35	②
36	②	37	②	38	①	39	⑤	40	③
41	⑤	42	②	43	②	44	②	45	⑤
46	⑤	47	②	48	⑤	49	③	50	①
51	②	52	②	53	②	54	②	55	②
56	④	57	④	58	①	59	④	60	①

상황추론·판단

61	③	62	①	63	②	64	⑤	65	①
66	③	67	①	68	⑤	69	⑤	70	③
71	④	72	①	73	⑤	74	②	75	④
76	②	77	④	78	②	79	④	80	②

경제이론

1. 정답 ④

| 해설 | 기회비용이란 어떤 선택을 함에 따라 포기해야 하는 여러 다른 대안 중 가장 가치가 큰 것을 말한다.

2. 정답 ①

| 해설 | 법정지급준비율을 올리면 통화승수가 감소하고 통화량이 감소한다.

| 오답피하기 | ②⑤ 부족한 지급준비금을 마련하기 위해 콜거래 시장에서 자금을 차입할 것이고 이 과정에서 콜금리는 상승 압력을 받는다.
③ 은행이 보유해야 하는 금액이 늘어나므로 신용창출 여력이 줄어든다.
④ 부족한 지급준비금을 채우기 위해 중앙은행으로부터 차입을 늘린다.

관련 개념 짚어보기

통화정책의 수단

긴축	확장
기준금리 ↑	기준금리 ↓
지급준비율 ↑	지급준비율 ↓
재할인율 ↑	재할인율 ↓
통화안정 증권 매각	통화안정 증권 매입

3. 정답 ④

| 해설 | 기업이 생산한 상품에 조세를 부과하면, 공급곡선이 조세 부과분만큼 왼쪽으로 이동하여 가격은 상승하고 거래량은 감소한다. 이때 조세 부담의 비율과 후생 손실의 크기는 탄력성에 따라 달라진다. 공급의 가격탄력성이 클수록 공급자의 세금 부담이 적고, 수요의 가격탄력성이 클수록 공급자는 세금을 더 많이 부담한다.

관련 개념 짚어보기

조세 부과의 효과

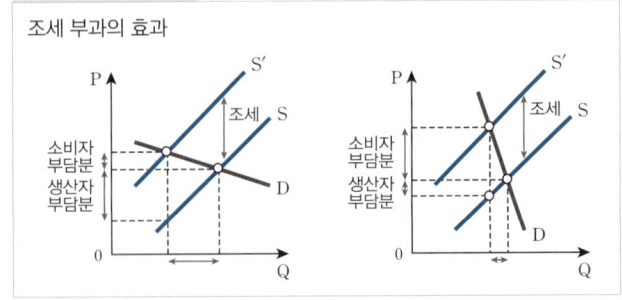

4. 정답 ④

| 해설 | 해외자본의 유입은 국내자본을 늘릴 수 있으므로 장기적 경제성장의 원인이 될 수 있다.

| 오답피하기 | ① 연구개발 활동의 장려는 기술을 발전시킨다.
② 재산권에 대한 위협요소를 낮추면 안정적인 경제활동이 따른다.
③ 교육은 인적자본을 늘리는 원인이 된다.
⑤ 국민건강증진은 노동의 질을 향상시켜 인적자본을 늘린다.

관련 개념 짚어보기

장기적 경제성장

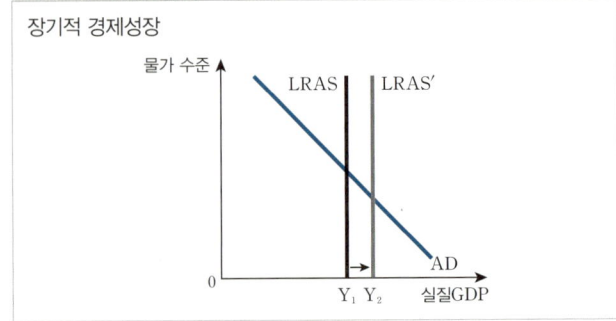

5. 정답 ⑤

| 해설 | 수요의 가격탄력성이 다른 자국과 외국에서 가격을 다르게 책정하고 있으므로 가격차별을 실시하고 있다.

| 오답피하기 | ① 락인(Lock-in)효과(잠금효과): 기술 자체는 비효율적일지라도 전환 비용이 커서 계속해서 사용되는 현상을 말한다.
② 네트워크효과: 독립적인 개인의 재화나 서비스에 대한 수요가 그 재화나 서비스를 사용하는 사람의 수에 영향을 받는 것을 말한다. 소비자의 수가 증가할수록 재화나 서비스의 수요가 증가하였다면 양(+)의 네트워크 효과가 있다고 말한다.
③ 범위의 경제: 다양한 품목을 생산했을 때 생산의 시너지가 나는 현상을 말한다.
④ 파레토 효율: 어떤 분배 상태에서 다른 분배 상태로 이동할 때 파레토 개선이 불가능할 상태를 말한다.

6. 정답 ①

| 해설 | ㄱ. 미국 기업이 한국에서 자동차를 생산했으므로 한국의 GDP에 포함된다.
ㄴ. 미국인이 한국에 체류하면서 근무했으므로 한국의 GDP에 포함된다.

| 오답피하기 | ㄷ. 한국 기업이 미국에서 반도체를 생산했으므로 미국의 GDP에 포함된다.
ㄹ. 한국인이 미국에 체류하면서 근무했으므로 미국의 GDP에 포함된다.

7. 정답 ②

| 해설 | 경기변동은 거시경제학의 연구 분야이다.

8. 정답 ③

| 해설 | 저축의 증가는 소비를 감소시켜 총수요곡선을 좌측으로 이동시킨다.

관련 개념 짚어보기

저축의 역설(절약의 역설)

구성의 오류(Fallacy of Composition) 또는 합성의 오류의 대표적 예이다. 구성의 오류는 부분이 지니고 있는 속성이 전체에는 나타나지 않는 경우를 말한다. 개개인에게 절약과 저축은 미덕이지만 모두가 저축을 할 경우 소비가 위축되어 경기가 침체되기 때문이다.

9. 정답 ④

| 해설 | 공공재는 비용을 지불하지 않아도 이용할 수 있기 때문에 시장에서 생산되지 않거나 과소공급된다.

| 오답피하기 | ① A는 C와 달리 배제성이 있으므로 가격을 지불해야 소비할 수 있다.
② B는 경합성은 없으나 배제성이 있는 재화로, 막히지 않는 유료도로, 케이블 TV 등이 이에 해당한다.
③ C는 배제성이 없으나 경합성이 있는 재화이다. 공공 목초지는 배제성이 없으나 경합성은 있어 고갈되기 쉽다. 이를 공유지의 비극이라고 한다.
⑤ D는 배제성이 없으므로 무임승차 문제가 발생할 수 있다.

관련 개념 짚어보기

재화의 구분

구분		경합성	
		있음	없음
배제성	있음	• 사적재 • 아이스크림 • 옷	• 클럽재 • 케이블 TV • 유료 고속도로
	없음	• 공유자원 • 환경 • 바닷속의 물고기 • 공유지의 비극	• 공공재 • 국방서비스

10. 정답 ⑤

| 해설 | 화폐의 중립성이 성립하면 명목변수의 변화가 소비자들의 구매 결정에 큰 영향을 미치지 않는다.

| 오답피하기 | ①②③④ 통화량의 변화가 소비자들의 구매 결정에 영향을 준 경우이다.

관련 개념 짚어보기

화폐의 중립성

장기에는 통화량이 증가하더라도 실질GDP, 실질이자율 등 실질변수에는 영향을 미치지 못한다는 고전학파의 주장을 말한다.

11. 정답 ②

| 해설 | 공유지의 비극은 부정적 외부성이 나타난 현상이다. 외부성을 내부화하는 방식에는 국유화, 공동관리, 소유권 부여 등이 있다. 이 중 시장경제 측면에서의 방식은 코즈의 정리에 따른 재산권을 부여하는 방식이다.

| 오답피하기 | ① 횡재세(Windfall Tax): 초과이윤세라고도 하며, 통상적인 기준 이상의 이익을 얻은 법인이나 자연인에 대하여 그 초과분에 보통소득세나 법인세 외에 추가적으로 징수하는 세금이다.
④ 리니언시(Leniency): 관용, 관대, 자비를 의미하는 영어단어로, 경제용어에서는 담합 행위를 한 기업들의 자백을 유도하여 자진 신고 시 과징금을 감면해주는 제도이다. 자진 신고자 감면제라고도 한다.

관련 개념 짚어보기

공유지의 비극

공유지는 집단 전체에게 이익을 주지만, 각 개인이 자신의 이익을 과도하게 추구할 경우 고갈되는 자원이다. 공유지는 공급이 무제한이 아니므로 보충할 수 있는 양보다 많이 사용되면 부족해지거나 사용 자체가 불가능해질 수 있다. 이를 공유지의 비극이라고 한다.

코즈의 정리(Coase's Theorem)

거래비용과 재산권(Property Right)의 개념으로 정부의 개입 없이 외부효과(Externality)를 해결할 수 있음을 밝혀낸 이론이다. Ronald H. Coase는 거래비용이 낮은 상태에서 적절한 재산권만 부여되어 있다면 시장 거래에 의해 외부성의 문제가 해결됨을 주장하였다. 탄소배출권 거래시장은 코즈의 정리가 국제적으로 사용되는 사례로 볼 수 있다.

12. 정답 ③

| 해설 | 가격수용자는 완전경쟁시장과 관련이 있다.

| 오답피하기 | ①②④⑤ 독점적 경쟁시장의 기업들은 상표, 품질, 디자인 등에서 차별화된 상품을 생산하므로 어느 정도의 시장 지배력을 가진다. 이들은 가급적 가격경쟁은 하지 않으며, 광고, 판매 조건 등의 비가격경쟁이 치열하게 나타난다. 진입과 퇴출이 자유로워 장기에 초과이윤은 발생하지 않는다.

13. 정답 ①

| 해설 | 물가안정목표제는 한국은행이 채택하고 있는 통화정책 운영체제로서 통화량 등의 중간목표를 두지 않고 정책의 최종 목표인 물가상승률 자체를 목표로 설정하고 중기적 시계(3년)에서 이를 달성하려는 통화정책 운영방식이다.

| 오답피하기 | ③ 운용목표변수는 콜금리이다.
④ 단기가 아니라 중기적 목표(3년)를 지향한다.
⑤ 한국은행은 한국은행법 제6조 제1항에 의거해 정부와 협의하여 물가안정목표를 설정하고 있다.

14. 정답 ①

| 해설 | • A: 경제구조의 변화로 인해 노동수요 구조가 변화함에 따라 발생하는 실업을 구조적 실업이라고 한다. 구조적 실업은 비자발적 실업에 해당한다.
• B: 노동시장에서 노동자와 일자리의 연결이 즉각적으로 이루어지지 못하기 때문에 발생하는 실업을 마찰적 실업이라고 한다. 마찰적 실업은 자발적 실업에 해당한다.

| 오답피하기 | ③ 경기변동 과정에서 발생하는 실업을 경기적 실업이라고 한다. 건설 경기에 따라 일용직 노동자의 고용이 변하는 현상을 예로 들 수 있다.

15. 정답 ③

| 해설 | 소비자잉여란 지불할 용의가 있는 최대 금액과 실제 지불한 금액의 차이를 말한다.
어떤 이의 지불용의와 소비자잉여를 나타내면 다음과 같다.

피자	1판	2판	3판	4판
지불용의	10,000원	7,000원	4,000원	2,000원
피자 가격	5,000원	5,000원	5,000원	5,000원
소비자잉여	5,000원	2,000원	소비하지 않음	소비하지 않음

이 사람의 총 소비자잉여는 7,000원(=5,000원+2,000원)이다.

16. 정답 ②

| 해설 | 피셔효과에 따르면 '명목이자율=인플레이션율+실질이자율'이다.

구분	명목이자율	인플레이션율	실질이자율
①	3	4	−1
②	1	0	1
③	2	5	−3
④	1	3	−2
⑤	0	2	−2

실물 투자에 영향을 주는 것은 실질이자율이다. 따라서 실질이자율이 가장 높은 ②번의 경우가 실물 투자에 가장 좋지 않은 조합이다.

17. 정답 ⑤

| 해설 | ㄷ. X재 1개와 Y재 2개를 구입할 때의 총만족감은 540으로 가장 크므로 이는 합리적 선택이다.
ㄹ. 갑의 용돈이 6달러로 감소한다면 X재 1개와 Y재 1개를 구입할 때의 총만족감은 380으로 가장 크므로 이는 합리적 선택이다.

| 오답피하기 | ㄱ. X재만 구입할 때의 총만족감은 450, Y재만을 구입할 때의 총만족감은 480이다.
ㄴ. X재 1개를 추가 소비함에 따라 얻는 만족감은 체감한다.

18. 정답 ①

| 해설 | 도덕적 해이란 정보 비대칭 상황에서 정보를 적게 가진 자가 행동을 감추고 이기적인 행위를 하는 현상을 말한다. 보험 가입 후 운전에 주의를 기울이지 않게 된 것을 예로 들 수 있다.

| 오답피하기 | ② 플라시보효과: 질병 자체에 영향이 없는 위약을 마치 유효한 성분이 있는 것처럼 위장하여 환자에게 투여하였을 때 병세가 호전되는 현상을 말한다.
③ 분수효과: 낙수효과에 대비되는 개념으로, 중산층 또는 저소득층의 세금을 줄여주거나 복지를 늘려주면 이들의 소비지출이 늘어나 경제가 활성화되고 궁극적으로는 고소득층의 소득 역시 늘어날 수 있다는 이론이다.
④ 테일러 준칙: 미국 경제학자인 존 테일러(John Taylor)가 제안한 금리준칙으로, 실제 물가상승률과 목표 물가상승률과의 차이인 인플레이션갭과 실제 경제성장률과 잠재 경제성장률의 차이인 GDP갭에 가중치를 부여해 적정 정책금리(준칙금리)를 산출하는 것을 말한다.
⑤ 피터팬 증후군: 육체적으로는 이미 성숙해 어른이 됐지만 여전히 어린이로 남아 있기를 바라는 심리를 말한다. 경제학에서는 중소기업이 중견기업으로 성장할 때 중소기업으로서 받았던 여러 가지 정부의 지원이나 혜택을 받지 못하게 될까 봐 중견기업으로 탈바꿈하는 것을 꺼리는 현상을 말한다.

19. 정답 ⑤

| 해설 | 기업이 재화 생산에 필요한 모든 시장거래를 기업 내에 내부화하는 것이 가장 효율적인 것은 아니다. 아웃소싱의 경우처럼 내부화하지 않는 것이 효율적인 경우가 존재한다.

20. 정답 ⑤

| 해설 | 필립스곡선이 (가)일 때 중앙은행이 통화량을 늘리면, 단기적으로 곡선은 왼쪽으로 이동한다.

> **관련 개념 짚어보기**
>
> 필립스곡선
> 필립스곡선은 물가상승률과 실업률 간의 상충관계를 나타낸다.
>
>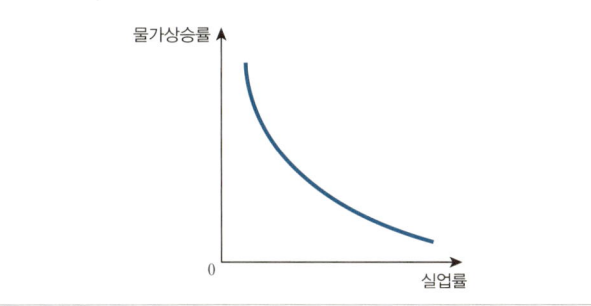

21. 정답 ④

| 해설 | 경제활동참가율은 생산가능인구 중 경제활동인구가 차지하는 비율이다. 즉, 경제활동참가율은 (경제활동인구/생산가능인구)×100으로 구할 수 있다.
따라서 A국의 경제활동참가율은 (3,000명/4,000명)×100 = 75%이다.

22. 정답 ②

| 해설 | 초과공급이 존재하면 가격이 하락하면서 시장이 균형상태에 수렴하게 된다.

23. 정답 ②

| 해설 | 솔로우 성장모형에서 GDP의 성장률은 자본과 노동, 기술을 고려하여 결정된다.
1인당 산출량과 1인당 자본의 성장률이 기술진보율과 같아지는 상태는 경제성장 과정이 아니라 균제 상태에서이다.

> **관련 개념 짚어보기**
>
> 솔로우(Solow) 성장모형
> 경제성장의 요인을 지속적인 기술진보로 설명하는 신고전학파의 대표적인 경제성장이론으로, 기술진보를 모형 내에서 설명하지 못하고 외부적으로 주어진 것으로 가정하였기 때문에 외생적 성장모형이라고도 한다.

24. 정답 ③

| 해설 | 가격상한이 없을 때의 소비자잉여는 A+B+E, 생산자잉여는 C+D+F이다. 가격상한제가 설정되면 소비자잉여는 A+B+C, 생산자잉여는 D가 된다. 따라서 E+F가 자중손실이 된다.

25. 정답 ③

| 해설 | 내국인의 해외여행 수요 증가는 달러화의 수요 증가 요인으로 환율 상승 요인이다.

| 오답피하기 | ① 한국은행의 기준금리 인상은 달러화의 공급 증가 요인이다.
④ 정부의 외환시장 개입으로 달러 매도는 달러화의 공급 증가 요인이다.
⑤ 외국인 주식투자 자금의 국내 유입 증가는 달러화의 공급 증가 요인이다.

26. 정답 ④

| 해설 | 경제문제가 발생하는 가장 근본적인 이유는 자원의 희소성 때문이다. 자원의 희소성은 인간의 무한한 욕망에 비해 자원은 유한하다는 것을 의미한다.

27. 정답 ⑤

| 해설 | 총공급이 총수요보다 많으므로 (라)에 해당하는 경제정책은 확장적 총수요 정책이다.
정부의 재정 흑자규모 확대는 긴축적 재정정책에 해당한다.

28. 정답 ①

| 해설 | 제시문은 비교우위를 통한 자유무역의 이익을 설명하고 있다.

| 오답피하기 | ② 매몰비용: 이미 지출이 이루어져 다시 회수가 불가능한 비용을 말한다.
③ 2080법칙: 파레토 법칙이라고도 하며, 상위 20%가 전체의 80%를 차지하는 것을 말한다.
④ 피셔효과: 명목금리가 실질금리와 기대인플레이션율의 합과 같다는 미국의 경제학자 어빙 피셔가 발표한 이론이다.
⑤ 코즈의 정리(Coase's Theorem): 거래비용과 재산권(Property Right)의 개념으로 정부의 개입 없이 외부효과(Externality)를 해결할 수 있음을 밝혀낸 이론이다. Coase는 거래비용이 낮은 상태에서 적절한 재산권만 부여되어 있다면 시장 거래에 의해 외부성의 문제가 해결됨을 주장하였다.

29. 정답 ②

| 해설 | Y=C+I+G+X−M에서 해외 직구 수입 증가는 M을 증가시키므로 이는 총수요 감소 요인이다.

| 오답피하기 | ① 기업의 투자 증가는 I를 증가시킨다.
③ 정부의 재정지출 증가는 G를 증가시킨다.
④ 가계의 소비지출 증가는 C를 증가시킨다.
⑤ 중앙은행의 기준금리 인하는 통화량을 증가시켜 총수요를 증가시키는 요인이 된다.

30. 정답 ③

| 해설 | (가) 구간에서 가격이 상승할 때 수요량이 증가하므로 절대값을 기준으로 소득효과가 대체효과보다 크다.

| 오답피하기 | ① (가) 구간에서는 가격이 상승할 때 수요량(Q)이 늘어나므로 수요의 법칙이 성립하지 않는다.
② (가) 구간에서 가격이 상승할 때 대체효과에 따른 수요량의 변화는 음수(−)이다.
④ (나) 구간에서 가격이 상승할 때 대체효과에 따른 수요량의 변화는 음수(−)이다.
⑤ (나) 구간에서 가격이 상승할 때 수요량이 감소하므로 절대값을 기준으로 대체효과가 소득효과보다 크다.

시사경제 · 경영

31. 정답 ①

| 해설 | 페트로 달러는 미국 달러화로 표시된 원유 수출 금액을 말한다. 석유는 오직 달러화로만 거래되기 때문에 이런 표현을 사용하게 되었다.

관련 개념 짚어보기

플라자 합의
1985년 9월 22일 미국, 영국, 프랑스, 서독, 일본의 5개국 재무장관, 중앙은행총재가 뉴욕 플라자호텔에 모여 미 달러를 일본 엔과 독일 마르크에 대해 절하하기로 한 합의이다. 레이건 행정부의 쌍둥이 적자(재정적자+경상수지 적자)가 합의의 배경이다.

32. 정답 ④

| 해설 | 랠리는 주가가 하강기에서 상승기로 접어드는 현상을 말하며, 산타랠리는 연말 소비가 증가하여 기업의 실적이 상승해 크리스마스 전후로 발생하는 랠리를 말한다. 어닝서프라이즈(Earning Surprise)는 어닝쇼크의 반대로, 시장의 예상보다 영업 실적이 높은 경우를 말한다.

33. 정답 ④

| 오답피하기 | ① 엥겔계수: 가계의 총지출액에서 식료품비가 차지하는 비율이다. 가계의 소득과 상관없이 반드시 일정 금액을 식료품비로 지출해야 하므로 저소득 가구일수록 엥겔지수는 상승하는 경향을 보인다.
② CDS(Credit Default Swap, 신용부도스왑 또는 신용파산스왑): 채무불이행에 대한 보험 역할을 하는 파생상품이다. 채무자로부터 채권을 구입한 채권자는 채무자의 채무불이행이라는 위험을 부담한다. 채권자는 이 위험을 회피하기 위해 CDS 판매자(주로 대형 금융기관)로부터 CDS 프리미엄을 주고 CDS를 구매한다. 채무자가 채무불이행을 하는 경우 CDS 구매자(채권자)는 CDS 판매자로부터 원금을 보장받을 수 있고, 채무가 잘 이행되는 경우에는 CDS 판매자가 CDS 프리미엄만큼의 이익을 얻는 구조이다. 채무자의 채무불이행 확률이 높을수록 CDS 프리미엄은 상승한다.
③ 국민부담률: 국가가 가입을 의무화하거나 재정에서 지급을 보장하는 각종 공적 사회보험에 대한 보험료 등을 조세수입에 더하여 경상GDP 대비 비율을 산출한 것이다.
⑤ 재할인율: 통화정책의 수단으로 중앙은행과 시중은행 사이의 이자율을 말한다.

34. 정답 ①

| 해설 | 황금주는 단 한 주만 가지고 있더라도 주주총회 결의사항에 대해 거부권을 행사할 수 있는 권리가 부여된 특별주식을 말한다. 차등의결권과 함께 대표적인 경영권 방어수단으로 꼽힌다. 1980년대 유럽 국가들이 전략적으로 중요한 공기업을 민영화하면서 외국자본으로부터 경영권을 보호하고 기업이 공익성을 유지할 수 있도록 하기 위해 도입한 제도이다.

| 오답피하기 | ② 자사주: 주식을 발행한 회사가 보유하는 자기 회사의 주식으로, 의결권이 없다.
③ 가치주: 기업의 실적이나 자산 가치에 비해 가격이 저평가되어 있는 주식을 말한다.
④ 테마주: 회사의 영업 실적과는 무관하게 특정 이슈나 루머에 의해 가격이 급등하는 주식을 말한다.
⑤ 우선주: 보통주에 비해 이익의 배당이나 잔여 자산 분배에 우선권이 있는 주식을 말한다. 보통주와 달리 의결권이 없는 것이 특징이다.

35. 정답 ②

| 해설 | CES(Consumer Electronics Show, 세계가전전시회)는 미국소비자기술협회(CTA)가 주관하여 매년 열리는 세계 최대 규모의 가전제품 박람회이다.

| 오답피하기 | ① IFA(Internationale Funkausstellung): 베를린에서 매년 열리는 세계 최대 전자 · 가전기기 박람회이다.
③ GMO(Genetically Modified Organism): 유전자변형생물을 의미한다.
④ FTA(Free Trade Agreement, 자유무역협정): 협정을 체결한 국가 간에 상품이나 서비스 교역에 대한 관세 및 무역장벽을 철폐함으로써 무역특혜를 부여하는 협정을 말한다.
⑤ MVC(Model-View-Controller): 주로 사용자 인터페이스를 구현하기 위한 소프트웨어 아키텍처 패턴을 말한다.

36. 정답 ②

| 해설 | 님비(NIMBY)는 'Not in My Backyard'의 줄임말로, 공공의 이익을 위해서는 필수적인 시설이지만 자신의 주거지에는 도움이 되지 않는, 또는 피해를 끼치는 폐기물처리장과 같은 시설이 자신의 지역에 들어서는 것을 반대하는 행동이다.

| 오답피하기 | ① 팡(FAANG): 미국의 빅테크 기업인 Facebook(현 META), APPLE, AMAZON, NETFLIX, GOOGLE의 앞글자를 따서 만든 용어이다.
③ 딩크(DINK): 'Double Income, No Kids'의 줄임말로, 결혼은 하지만 자녀를 가지지 않는 맞벌이 부부를 말한다.
④ 빅(BBIG): 2020년부터 주식 투자자의 주목을 받은 증시 테마로 배터리, 바이오, 인터넷, 게임 4가지 업종을 통칭하는 용어이다.
⑤ 욜로(YOLO): 'You Only Live Once'의 줄임말로, 미래보다는 현재의 행복을 즐기라는 21세기 초 유행한 삶의 방식이다.

37. 정답 ②

| 해설 | 서학개미는 유럽, 미국 등 해외 주식에 직접 투자하는 개인 투자자를 의미한다.

| 오답피하기 | ① 핫머니: 국제금융시장을 이동하는 단기적인 투기자금을 말한다. 자금 이동이 일시에 대량으로 이루어진다는 것이 특징이다.
③ MSCI(Morgan Stanley Capital International World Index): 모건 스탠리에서 23개의 선진국 증시의 1,646개 종목을 선택하여 산출한 지수이다.
④ 테마섹: 싱가포르의 국부펀드이다.
⑤ 대주거래: 증권사에 주식을 빌려 공매도하는 방식이다.

38. 정답 ①

| 해설 | 파킨슨 법칙은 공적 조직의 비효율성을 표현하는 법칙으로, 영국의 행정학자 파킨슨(Cyril Northcote Parkinson)이 1957년에 주창하였다. 공적 조직의 권한을 확대하기 위해 공무원의 수는 업무량과 관계없이 계속해서 늘어난다는 내용이다.

| 오답피하기 | ② 플래시백: 이야기의 진행 중에 과거의 회상 장면을 삽입하는 기법을 말한다.
③ 피터의 원리: 로렌스 피터 교수가 1969년 발표한 경영 이론이다. 조직에서 승진은 현재 직무 수행 능력에 근거하여 이루어지기 때문에 끝까지 승진했을 경우 자신 능력의 한계에 다다르게 되어 조직은 무능한 사람들로 가득 차게 된다는 이론이다.
④ 필리버스터: 다수당의 법안 처리를 막기 위해 장시간 의회에서 연설하는 행위를 말한다.
⑤ 파랑새 증후군: 가까운 현실에 만족하지 못하고 비현실적인 계획이나 이상에서 만족을 찾는 현상을 말한다.

39. 정답 ⑤

| 해설 | 시뇨리지는 화폐 발행 권한을 갖고 있는 중앙은행 또는 국가가 화폐를 발행함으로써 얻게 되는 주조차익을 말한다.

| 오답피하기 | ① 듀레이션: 채권의 가중 평균 회수기간을 말한다.
② 캐시카우: BCG 매트릭스에서 사용되는 용어로, 안정적인 현금 흐름을 창출해내는 사업 부문을 말한다.
③ 스프레드(Spread): 기준금리와 실제 거래에서 적용한 금리 간의 차이를 말하며, 가산금리라고도 한다. 신용도가 떨어지면 스프레드가 커지게 된다. 또한, 선물 시장에서 조건(보통 만기 조건)이 다른 선물가격 간의 차이를 스프레드라고 한다.

40. 정답 ③

| 해설 | 오커스, 쿼드, 칩4는 공통적으로 중국을 견제하기 위해 미국을 중심으로 뭉친 결사체이다.
- 오커스(AUKUS): Astralia United Kingdom United States의 약자로, 호주(A), 영국(UK), 미국(US) 세 국가가 2021년 9월 15일 공식 출범한 군사적 삼각 동맹을 말한다.
- 쿼드(Quad): 4자 안보 대화 또는 4개국 안보 회담(Quadrilateral Security Dialogue)으로, 미국, 인도, 일본, 호주 등 4개국이 참여하고 있는 비공식 안보회의체이다.
- 칩4(CHIP4, 칩포 동맹): 미국의 주도에 의해 결성을 추진 중인 미국, 대만, 한국, 일본 4개국의 반도체 동맹을 말한다.

41. 정답 ⑤

| 해설 | 카타르 월드컵의 우승팀이며 수도가 부에노스아이레스인 국가는 아르헨티나이다.

42. 정답 ⑤

| 해설 | 카니발리제이션(Cannibalization)은 자사의 기존 제품이 있는 시장에 새로운 제품을 내놓을 경우 새로운 제품이 기존 제품의 시장 점유율을 잠식하는 현상으로, 자기시장잠식이라고도 한다.

| 오답피하기 | ① 레드오션: 이미 잘 알려져 있어서 경쟁이 매우 치열한 특정 산업 내의 기존 시장을 말한다.
② 서비스사이언스: 서비스 분야의 발전을 위한 과학적 방법론과 기술에 대한 연구가 이루어지는 학문 분야를 말한다.
③ 리스트럭처링: 기업의 효율성을 높이기 위해 기업이 운영방식, 재무구조, 조직구조, 지배구조 등을 조정하는 행동을 말한다.
④ 넛지(Nudge): '팔꿈치로 살짝 찌르다.'라는 뜻으로 어떤 일을 강요하기보다는 스스로 자연스럽게 행동을 변화하도록 하는 유연한 개입을 말한다.

43. 정답 ②

| 해설 | 미국의 3대 주가지수는 다우존스, S&P500, 나스닥 지수이다.

| 오답피하기 | ㄴ. 항셍 지수는 홍콩의 주가지수이다.
ㅁ. 닛케이225 지수는 일본의 주가지수이다.
ㅂ. FTSE100은 영국의 주가지수이다.

44. 정답 ④

| 해설 | 예비타당성 조사와 비용·편익 분석을 하는 이유는 과도한 예산의 낭비를 막기 위함이다.

관련 개념 짚어보기

예비타당성 조사제도

대규모 개발 사업에 대해 우선순위, 적정 투자시기, 재원 조달방법 등 타당성을 검증함으로써 대형 신규 사업에 신중하게 착수하여 재정투자의 효율성을 높이기 위한 제도이다. 타당성 조사가 주로 기술적 타당성을 검토하는 반면, 예비타당성 조사는 경제적 타당성을 주된 조사대상으로 삼는다. 타당성 조사의 조사기관은 사업부처이지만, 예비타당성 조사의 조사기관은 기획재정부(국가연구개발사업은 과학기술정보통신부)이다. 예비타당성 조사제도는 1999년에 도입되었으며, 총사업비가 500억 원 이상이고 국가의 재정지원 규모가 300억 원 이상인 신규 사업으로 건설공사가 포함된 사업, 정보화 사업(국가정보화 기본법 제15조 제1항) 및 국가연구개발사업(과학기술기본법 제11조) 등 대규모사업에 대한 예산 편성 및 기금운용계획을 수립하기 위하여 실시한다.

45. 정답 ⑤

| 해설 | 요구불예금은 주식에 비해 안전성이 높다. 따라서 A는 주식, B는 요구불예금이다.
일반적으로 주식은 요구불예금보다 높은 수익률을 기대할 수 있다.

| 오답피하기 | ① 주식은 요구불예금에 비해 수익성이 높고, 유동성이 낮다. 따라서 (가)에는 수익성이 들어갈 수 있다.
② 주식은 예금자 보호의 대상이 아니다.
③ 요구불예금은 주식과 달리 배당금을 기대할 수 없다.
④ 위험을 선호하는 투자자는 요구불예금보다 주식을 선호한다.

46. 정답 ⑤

| 해설 | 리세션(Recession)의 첫 글자이다. 리세션은 경기후퇴. 경기후퇴는 일반적으로 지출이 광범위하게 감소할 때 발생한다. 이는 금융 위기, 대외 무역 충격, 부정적인 공급 충격, 버블 붕괴, 대규모 재해와 같은 다양한 사건에 의해 촉발된다.

47. 정답 ②

| 해설 | 기업사냥꾼들은 경영권을 위협할 만큼의 주식을 매집한 후 대주주에게 편지를 보내 주식을 매수하도록 유도하는데, 이때 보내는 편지를 그린메일이라고 한다. 초록색인 달러화를 요구하는 편지라는 것에서 그린메일이라는 이름이 붙여졌다.

| 오답피하기 | ① 그린워싱: 기업 경영에 있어 친환경을 표방하지만 실제로는 그렇지 않은 현상을 말한다.
③ 그린백: 미국의 달러를 부르는 말이다.
④ 그린북: 표지가 녹색이라서 붙여진 이름으로, 미국의 연방준비제도가 발표하는 베이지북과 유사한 역할을 맡는다. 국내외 최근 경기흐름을 조사하여 기획재정부에서 발표한다.
⑤ 그린택소노미: 환경을 뜻하는 녹색(Green)과 분류학을 의미하는 택소노미(Taxonomy)의 결합어로, 녹색산업 분류체계를 말한다. 2020년 EU가 정한 6가지 환경 목표는 기후변동 완화, 기후변동 적응, 물·해양자원 관리, 순환경제, 오염방지, 생태계 보전이다.

48. 정답 ⑤

| 해설 | 2023년의 시간당 최저임금은 9,620원이다. 2024년의 최저임금은 9,860원. 2025년의 최저임금은 10,030이다.

49. 정답 ③

| 해설 | 갈라파고스 증후군은 대륙에서 동떨어진 갈라파고스 제도처럼 세계적 흐름에서 벗어나 독자적인 표준만을 고집함으로써 경쟁에서 뒤처지는 현상을 말한다.

| 오답피하기 | ② 스톡홀름 증후군: 인질이 오히려 자신을 붙잡은 범죄자에게 사랑 또는 연민을 느끼게 되는 비합리적 현상을 말한다.
④ 스탕달 증후군: 훌륭한 예술작품을 보았을 때 나타나는 정신분열현상으로, 소설가 스탕달의 이름에서 유래하였다.
⑤ 아이젠멩거 증후군: 혈관 질환이 발병할 시 나타나는 증후군의 일종이다.

50. 정답 ①

| 해설 | 투자세액 공제율을 올리는 이유는 기업의 투자를 촉진하기 위해서이다.

51. 정답 ②

| 해설 | 탄소국경조정제도와 인플레이션 감축법은 무역에 있어 거래비용을 증가시켜 국가 간 자유무역을 저해시키는 무역 장벽으로 작동한다. 탄소국경조정제도는 타국에 대한 관세를, 인플레이션 감축법은 자국 에너지 기업에 대한 보조금을 내용으로 하고 있다.

- 탄소국경세: EU와 미국이 주도하여 추진하고 있는 관세 방안으로 자국보다 이산화탄소 배출량이 많은 국가로부터 재화를 수입할 경우 해당 재화에 부과한다.
- 인플레이션 감축법(Inflation Reduction Act): 2022년 8월 16일 제정된 법으로, 조 바이든 미국 대통령의 역점 사업인 '더 나은 재건', 이른바 BBB 법안을 축소·수정한 법안이다. 인플레이션 감축법안에는 재생에너지 설비 및 기술 투자비에 대해 일정 비율을 세액공제해 주는 투자세액공제(ITC, Investment Tax Credit) 혜택 기간을 10년 연장하고, 적용 세율을 30%로 상향하는 등의 내용이 담겨 있다.

52. 정답 ③

| 해설 | ISA(Individual Savings Account)는 개인종합자산관리계좌로, 예·적금, 펀드, 주식 등 다양한 금융상품에 투자하면 200만 원까지 비과세 혜택을 주는 상품이다.

| 오답피하기 | ① DLS(Derivative Linked Securities): 원리는 ELS와 유사하지만, 그 기초자산이 이자율, 환율, 실물자산 등인 상품을 말한다.
② ETF(Exchanged Traded Fund): 코스피200과 같은 특정 지수의 움직임을 추종하도록 만든 인덱스 펀드로, 주식시장에서 거래가 가능하다.
④ IRP(Individual Retirement Pension): 개인형 퇴직연금이라고 한다. 근로자가 직장을 옮기거나 퇴직하면서 받은 퇴직급여를 자신 명의의 계좌에 적립해 활용할 수 있게 한 퇴직연금 제도로, 2012년 근로자퇴직급여 보장법에 따라 도입되었다.
⑤ MMF(Money Market Fund): 고객의 일시적인 여유 자금을 국공채, 어음 등에 운용하고 동 운용에서 발생하는 수익을 배당하는 대표적인 단기금융상품이다.

53. 정답 ③

| 해설 | 금융허브란 다양한 금융기관과 제도적 지원을 바탕으로 세계 금융에서 중심 역할을 하는 지역이나 도시를 말한다.

| 오답피하기 | ① 레몬마켓: 정보의 비대칭성 속에서 거래가 이루어져 질 좋은 제품이 공급되지 않고 불량품만 공급되는 시장을 일컫는 말이다.
② 역외시장: 뉴욕, 런던, 도쿄, 홍콩, 싱가포르 등과 같이 해외에 위치하여 국내 시장과는 다른 규제를 받는 시장을 말한다. 일반적으로 국내보다 더 자유로운 자금의 운용이나 조달이 가능하다.
④ 라이베리아: 아프리카 중서부 대서양 연안에 있는 공화국으로, 조세피난처로 유명한 곳이다.
⑤ 월스트리트: 미국 금융 거래의 중심지이다.

54. 정답 ③

| 해설 | 리디노미네이션은 한 나라에서 통용되는 화폐에 대해 실질가치의 변화를 주지 않고 액면가를 동일한 비율로 낮추는 것을 말한다. 경제 발전에 따른 물가 상승에 따라 화폐로 표현하는 숫자가 커지게 되면서 생기는 불편함을 해소하기 위한 목적으로 시행한다. 시행 시 지하경제 양성화, 자국 통화 가치 상승, 내수경기 부양 효과를 기대할 수 있지만, 물가가 상승하고 화폐 교환에 따른 간접비용이 많아진다. 한국에서는 1953년 2월 6·25전쟁으로 물가가 가파르게 오르자 100원을 1환으로 바꾸는 제1차 리디노미네이션을 진행했고, 1962년 6월 지하경제 양성화를 목적으로 10환을 지금의 1원으로 낮추는 제2차 리디노미네이션을 진행한 적이 있다.

| 오답피하기 | ① 디커플링(Decoupling): 국가 간 경기나 주가가 상관관계를 가진 움직임에서 벗어나는 현상을 말한다.
② 뱅크런(Bank Run): 은행의 대규모 예금인출사태를 말한다. 금융시장 상황이 불안하거나 은행의 경영 및 건전성 등에 문제가 발생하면 예금자들은 은행에 맡긴 돈을 보장받을 수 없을 것이라는 불안감에 저축한 돈을 인출하게 되고 은행은 지급할 수 있는 자금이 부족하게 되어 패닉 상태에 빠질 수 있다. 예금보험공사는 뱅크런과 이로 인한 금융 불안정을 방지하기 위해 예금자보호법에 의해 5,000만 원까지의 예금을 보호해주고 있다.
⑤ 오퍼레이션 트위스트: 장기 금리의 하락을 유도하는 중앙은행의 공개시장조작 정책을 말한다. 장기 국채를 매수하고 단기 국채를 파는 방식으로 이루어진다.

55. 정답 ③

| 해설 | 공매도는 보유하고 있지 않은 주식을 매도하는 것을 말한다. 투자자가 주식을 보유하지 않은 상태에서 주가 하락을 예상하고 주식을 빌려 먼저 매도한 후, 주가가 하락하면 시장에서 주식을 매입하여 되갚은 후 차익을 얻는 투자를 말한다. 주가가 하락할 경우에는 수익을 얻지만, 예상과 달리 주가가 상승할 경우에는 손실을 보게 된다. 공매도는 주식을 사전에 차입하였는지 여부에 따라 무차입공매도(Naked Short Selling)와 차입공매도(Covered Short Selling)로 구분된다. 우리나라 주식시장에서 무차입 공매도는 허용되지 않지만 차입공매도는 가능하다.

| 오답피하기 | ① 추격매수: 주가가 상승하고 있는 종목을 따라 매수하는 것이다.
② 공매수: 공매도의 반대 개념으로, 주권 인수 의사 없이 행사하는 매수 주문을 의미한다. 현실에서는 주가 상승이 예상될 경우 가지고 있는 현금보다 더 많은 주식을 사려고 할 때 증권회사로부터 차입하거나 레버리지를 일으키는 방식으로 이루어진다.
④ 손절매(Loss Cut): 현재 주가가 본인의 매입 단가보다 낮지만 앞으로의 주가 하락을 예상하여 손실을 감수하고 매도하는 행위이다.

56. 정답 ④

| 해설 | (A)는 불황형 흑자이다. 불황형 흑자란 경기 불황기에 수출보다 수입이 더 크게 감소하여 무역수지 흑자가 발생하거나 무역수지 흑자 규모가 커지는 현상을 말한다.

57. 정답 ④

| 해설 | 프로크루스테스의 침대는 그리스 로마 신화의 인물인 프로크루스테스의 강도 일화에서 유래하였다. 프로크루스테스는 나그네를 유인하여 자신의 침대보다 키가 크면 자르고, 미치지 못하면 늘리는 방식으로 범죄를 저질렀는데, 이에 자신의 기준을 남에게 강요하는 상황을 부르는 말로 사용하게 되었다.

| 오답피하기 | ⑤ 제논의 역설: 시위를 떠난 화살은 과녁에 도달하지 못한다는 역설을 말한다.

58. 정답 ①

| 해설 | 노동자들에게 더 많은 것을 주면 경제 붕괴가 온다고 주장하는 부분에서 포퓰리즘을 경계하는 입장을 파악할 수 있다.

| 오답피하기 | ② 토빈의 q: 기대이윤을 설비자금 조달비용으로 나눈 값이다. q가 1보다 작으면 자산을 효율적으로 운용하지 못한 것이 되고(주식 가치는 저평가), 1보다 크면 자산을 효율적으로 운용한 것으로 (설비)투자 매력이 생긴다고 본다.
③ PAY-GO(페이고): 'Pay as you go'의 약어로, '번 만큼 쓴다.'는 뜻이다. 국가가 정부지출을 증가시키는 법안을 낼 때 재원 확보 방안을 함께 제출해야 하는 제도를 말한다.
④ 조세피난처: 기업의 발생소득에 대하여 조세를 부과하지 아니하거나 법인의 부담세액이 당해 실제 발생소득의 15% 이하인 국가 또는 지역을 말한다.

> **관련 개념 짚어보기**
>
> **토빈의 q**
>
> $$q = \frac{\text{기업의 시장가치(시가총액)}}{\text{기업 실물자본의 대체비용(순자산가치)}}$$
>
> q가 1보다 작으면 자산을 효율적으로 운용하지 못한 것이 되고(주식 가치는 저평가), q가 1보다 크면 자산을 효율적으로 운용한 것으로 (설비)투자 매력이 생긴다고 본다.

59. 정답 ④

| 해설 | 중진국 덫(Middle Income Trap) 또는 중진국 함정은 세계은행이 『2006 아시아경제발전보고서』에서 사용한 용어로, 저소득국가가 중간소득국가(Middle Income Country)에 올라서는 단계에서 성장 동력을 상실하여 다음 단계로 도약하지 못하고 있는 현상을 말한다.

60. 정답 ①

| 해설 | 일론 머스크는 테슬라의 최고경영자이며, 2022년에 트위터를 인수했다.

| 오답피하기 | ③④⑤ 마크 저커버그는 페이스북의 설립자이며, 2021년에 메타로 사명을 바꾸었다.

상황추론 · 판단

61. 정답 ③

| 해설 | 물가안정목표제는 한국은행이 채택하고 있는 통화정책 운영체제로서 통화량 등의 중간목표를 두지 않고 정책의 최종 목표인 물가상승률 자체를 목표로 설정하고 중기적 시계(3년)에서 이를 달성하려는 통화정책 운영방식이다. 한국은행은 한국은행법 제6조 제1항에 의거해 정부와 협의하여 물가안정목표를 설정하고 있다. 공개시장 조작은 한국은행이 금융시장에서 금융기관을 상대로 국채 등 증권을 사고팔아 시중에 유통되는 화폐의 양이나 금리 수준에 영향을 미치려는 가장 대표적인 통화정책 수단으로, 채권을 매입하면 통화량은 늘어나고 이자율은 하락하게 된다.

62. 정답 ①

| 해설 | 기업가 정신은 Risk Taking의 가치를 말하는 것으로 위험을 무릅쓰고 새로운 가치를 창출하려는 정신을 말한다.
ㄱㄴ. 기업가 정신 지수의 순위를 올리기 위한 정책으로 스타트업 지원 강화, 규모별 기업규제 완화 등을 통한 기업 활동의 장려가 적절하다.

| 오답피하기 | ㄷㄹ. 규제 일몰 연장, 수입품 보복관세 부과는 자유로운 기업 활동에 방해가 되는 정책들이다.

63. 정답 ②

| 해설 | • 가영: 외국인의 국내 주식시장에 대한 투자가 늘어나면 외환의 공급이 늘어난다.
• 나영: 외환의 공급곡선이 우측으로 이동하므로 환율은 하락 압력을 받는다.
• 라영: 환율이 지나치게 하락하는 것을 방지하기 위해 중앙은행은 외환시장에 개입하여 달러화를 매입하게 된다.

| 오답피하기 | • 다영: 환율이 하락하면 수입은 늘고 수출은 줄어 무역수지는 일반적으로 적자를 기록하게 된다.
• 마영: 중앙은행이 외환시장에서 달러화를 매입하면 시중 통화량은 늘어난다.

64. 정답 ⑤

| 해설 | 도덕적 해이의 해결방안에는 감시와 인센티브가 있다. 선별과 신호발송은 역선택의 해결방안이다.

| 오답피하기 | ① 이자보상비율이 3년 연속 1 미만인 기업을 좀비기업 또는 한계기업이라고 한다.
② 한계기업에 대한 지원이 늘어나면, 필요한 기업이 지원을 받지 못해 흑자 도산하는 경우가 나타날 수 있다.
③ 좀비기업의 파산이 늘어나면 기업활동이 위축되어 투자(I)에 부정적인 영향을 준다.
④ 좀비기업의 도덕적해이가 발생하면, 정부의 지원을 믿고 위험한 투자를 하는 등 방만한 경영을 할 수 있다.

> **관련 개념 짚어보기**
>
> **정보 비대칭**
>
> | 역선택 | • 감추어진 특성
• 예시: 레몬시장
• 해결방안: 선별, 신호발송 |
> | --- | --- |
> | 도덕적 해이 | • 감추어진 행동
• 예시: 주인 – 대리인 문제
• 해결방안: 감시, 인센티브 |
>
> **좀비기업(한계기업)**
>
> 이자보상비율이 3년 연속 1 미만인 기업을 말한다. 이자보상비율이 1 미만이면 영업에서 창출한 이익으로 이자비용도 지불할 수 없으므로 잠재적인 부실기업으로 보는 것이다.
>
> $$이자보상비율(배) = \frac{영업이익}{이자비용}$$

65. 정답 ①

| 해설 | 감자의 생산이 줄었으므로 공급곡선이 왼쪽으로 이동한다. 따라서 균형가격은 상승하고 균형거래량은 감소한다.

> **관련 개념 짚어보기**
>
> **공급곡선의 좌측 이동**
>
>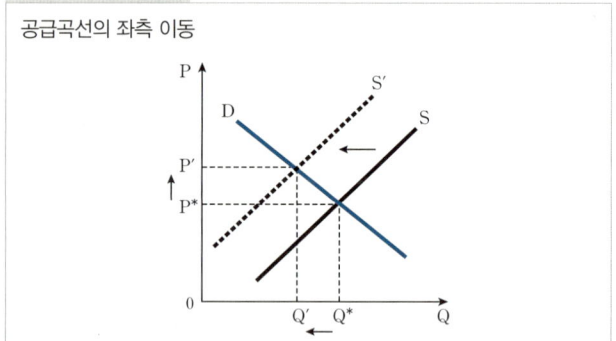

66. 정답 ③

| 해설 | 수지의 이윤극대화 생산량은 4개이다. 이때의 매출은 72,000원, 비용은 174,000원이므로 102,000원의 적자가 발생한다.

| 오답피하기 | ① 수지가 머그잔을 5개 생산할 경우 총가변비용은 75,000원이므로 평균가변비용은 15,000원이다.
② 수지는 한계수입이 한계비용을 초과하는 한 단기적으로 생산을 계속할 것이다.
④ 수지가 머그잔을 1개 생산할 경우 수지의 한계비용은 11,000원으로 총가변비용과 같다.
⑤ 머그잔 생산량이 늘어날수록 한계비용이 증가하므로 평균가변비용은 증가한다.

67. 정답 ①

| 해설 | 세계 전기차 시장의 선도기업이 신차의 가격을 인하하며 고가 전략을 포기하였으므로 치킨게임이 펼쳐지고 있다.

> **관련 개념 짚어보기**
>
> 치킨게임(Chicken Game)
> 게임이론에서 나오는 두 플레이어의 극단적 갈등 모델로, 한쪽이 포기하면 다른 쪽이 이득을 보지만, 포기하는 겁쟁이(chicken)가 나오지 않을 경우 양쪽 모두 파멸적인 결과를 맞게 된다.

68. 정답 ⑤

| 해설 | 2021년 이후 한국의 채무비율 증감 전망과 순위를 비교하여 봤을 때 미국과 영국에 비해 높은 것을 확인할 수 있다. 이를 통해 한국은 국가 재정 건전성이 잘 관리되어 있지 않을 것임을 파악할 수 있다.

69. 정답 ⑤

| 해설 | B국의 경우 2020년의 지니계수는 0.40, 2021년의 지니계수는 0.45로 불평등 수준이 악화되었다.

| 오답피하기 | ① 2020년에 A국의 지니계수는 0.48, B국의 지니계수는 0.40이므로 A국이 B국보다 소득불평등 수준이 높다.
② 소득분배가 평등할수록 로렌츠곡선은 대각선에 가까워진다. 2021년에 B국의 지니계수는 A국보다 높으므로 이를 로렌츠곡선으로 표시하면 45° 대각선에서 멀어진다.
③ 지니계수가 작아지는 것은 소득불평등도가 개선되고 있음을 의미한다.
④ A국의 지니계수는 작아지고 있다. 지니계수가 작아지는 것은 소득불평등도가 개선되고 있는 것이므로 이를 통해 A국이 소득불평등을 완화하기 위한 복지정책을 펼쳤을 것으로 보인다.

> **관련 개념 짚어보기**
>
> - 로렌츠곡선: 모집단 내 소득 또는 부의 분포를 그래프로 나타낸 것으로, 45° 대각선에서 멀어질수록 불평등함을 의미한다.
> - 지니계수: 사회의 소득불평등 정도를 나타내는 지표로, 로렌츠곡선에서 45° 대각선 아래의 삼각형 대비 대각선과 로렌츠곡선 사이의 면적이 차지하는 비율을 나타낸다. 지니계수는 0에서 1 사이의 값을 갖는다.

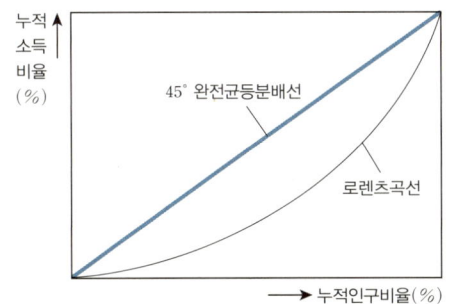

70. 정답 ③

| 해설 | 헝가리에 투자한 한국 기업은 글로벌 최저한세가 시행되면, 한국에 차액인 6%(= 15% − 9%)의 세금을 납부해야 한다.

71. 정답 ④

| 해설 | 2021년에 생산된 100대의 차는 재고(I)로 계상되어 GDP에 포함된다. 한 대당 2,000만 원의 가치가 있으므로 2021년의 GDP는 20억 원 증가한다. 2022년에 팔리면 소비(C)로 GDP에 포함되고 동시에 재고(I)의 감소로 계상된다. 따라서 2022년에 GDP에 계상되는 실제 금액은 0이므로 2022년의 GDP에 영향을 미치지 않는다.

72. 정답 ①

| 해설 | ㄱ. 공물은 국가에 납부하는 것이므로 지금의 국세에 해당한다.
ㄴ. 인증서를 발급받은 상인은 배타적 공급권을 확보한 공급자에 해당하므로 독과점 사례로 볼 수 있다.

| 오답피하기 | ㄷ. 소수의 상인은 일종의 독과점 공급자를 의미한다. 소수의 상인이 사라지면 경쟁을 통해 생산물 거래가격은 낮아질 것이다.
ㄹ. 인증서를 받은 상인은 독과점시장에서의 공급자의 모습으로 볼 수 있다.

73. 정답 ⑤

| 해설 | ㄷ. 원자재인 X재의 공급이 크게 줄었으므로 Y재 시장에서 공급곡선은 왼쪽으로 이동한다. 이에 따라 소비자잉여는 감소할 것이다.
ㄹ. Y재 수요의 가격탄력성이 탄력적이라면, 소비자 총지출액은 감소할 것이다.

| 오답피하기 | ㄱ. 가격은 상승할 것이다.
ㄴ. 거래량은 감소할 것이다.

74. 정답 ③

| 해설 | '추가자본이 있어야만 고용주는 더 좋은 기계를 제공하거나 노동자들을 좀 더 알맞게 배치할 수 있다.'라는 제시문의 내용을 통해 다영의 견해가 잘못되었음을 알 수 있다.

75. 정답 ④

| 해설 | A는 계획경제체제, B는 시장경제체제이다.
시장경제체제는 계획경제체제에 비해 시장에서의 경제적 유인을 강조한다.

| 오답피하기 | ① 시장경제체제에 대한 설명이다.
② 모든 경제체제에서는 희소성에 의한 경제문제가 발생한다.
③⑤ 계획경제체제에 대한 설명이다.

76. 정답 ②

| 해설 | 2022년에 65세 이상 인구 비율이 17.1%이므로 초고령 사회에 진입하지 않았다. 초고령 사회는 65세 이상 인구 비율이 20%가 넘어야 한다.

| 오답피하기 | ① 데드크로스는 주가를 예측하는 기술적 분석의 지표 중 하나로, 주가의 단기 이동평균선이 중장기 이동평균선을 위에서 아래로 뚫고 내려가는 상황을 말한다. 일반적으로 그래프에서 단기에 회복하지 못할 하락이 나오는 것을 지칭한다.
③ 1인 가구의 비중이 늘고 있으므로 편의점, E-커머스 시장 점유율은 더 커질 것이다.
④ 1인 가구의 비중이 늘고 있으므로 원룸과 같은 오피스텔 시장의 수요곡선은 우측으로 이동할 것이다.

77. 정답 ④

| 해설 | A는 Low Risk, Low Return이다. 예금자 보호가 적용되는 예금이나 적금이 이에 해당한다.

| 오답피하기 | ① 기대수익을 올리려면 위험을 감수해야 한다. 따라서 위험과 수익을 동시에 충족할 수 없으므로 상충관계가 있다고 볼 수 있다.
② 수익성이 같다면 낮은 위험을 선택해야 한다. 이를 지배원리라고 한다.
③ 투자위험과 기대수익 간의 관계는 Low Risk, Low Return과 High Risk, High Return을 반영하고 있다.
⑤ 같은 직선 위의 상품이라면 위험에 상응하는 수익의 정도가 비례적으로 같으므로 우열을 가릴 수 없다.

78. 정답 ②

| 해설 | 실제 실업률이 완전고용실업률(자연실업률)보다 낮아야 경기가 과열되어 있다고 볼 수 있다.

| 오답피하기 | ① 볼커는 물가안정을 위한 강력한 통화 긴축을 주장하였는데, 이를 '볼커 모멘텀'이라고 한다.
③ 물가안정에 목표를 두어 통화량을 줄이는 입장의 정책위원들은 매파라고 한다.
④ 중앙은행이 경기를 부양하려면 기준금리 인하, 국공채 매입 등의 확장적 통화정책을 실시한다.
⑤ 단기에 물가안정과 경기부양의 상충관계를 설명한 것이 필립스곡선이다.

관련 개념 짚어보기

자연실업률(완전고용실업률)

1968년 프리드먼(M. Friedman)이 처음 제시한 개념으로, 경제의 균형상태에서 노동시장의 구조적·마찰적 요인에 의해 결정되는 실업률을 말한다. 즉, 마찰적 실업과 구조적 실업만이 존재할 경우의 실업률을 뜻한다. 잠재GDP 수준에서의 실업률, 인플레이션이 안정적으로 유지될 수 있는 가장 낮은 수준의 실업률로 정의하기도 한다.

79. 정답 ④

| 해설 | 선행종합지수가 하락하고 있으므로 CSI, BSI는 하락하고, 총수요곡선은 왼쪽으로 이동할 것이다.

관련 개념 짚어보기

- **BSI(Business Survey Index, 기업경기실사지수)**: 기업가들의 경기전망을 살펴볼 수 있는 척도이다. OECD의 공식 기준을 바탕으로 부정/보통/긍정의 답변을 조사하고, 이 비중을 기준으로 지수를 도출한다. 100보다 높으면 기업가들은 경기를 긍정적으로 전망하고 있음을 의미한다.

$$BSI = \frac{긍정적\ 응답업체\ 수 - 부정적\ 응답업체\ 수}{전체\ 응답업체\ 수} \times 100 + 100$$

- **CSI(Consumer Survey Index, 소비자동향지수)**: 소비자들의 경기전망을 살펴볼 수 있는 지표로, 소비자동향조사에서 도출한 지수를 활용하여 계산한다. 100보다 높으면 소비자들은 경기를 긍정적으로 전망하고 있음을 의미한다.

80. 정답 ②

| 해설 | 한정된 국내 시장보다 세계를 겨냥해 수출주도형 중화학공업 육성 정책을 폈다는 내용을 통해 내수를 중심으로 한 경제모델을 선택하지 않았음을 알 수 있다.

제78회 TESAT 문제지
정답 및 해설

경제이론

1	②	2	①	3	②	4	②	5	⑤
6	④	7	③	8	③	9	②	10	⑤
11	①	12	③	13	③	14	④	15	⑤
16	③	17	④	18	③	19	①	20	④
21	③	22	④	23	③	24	⑤	25	②
26	⑤	27	④	28	①	29	①	30	⑤

시사경제·경영

31	①	32	②	33	②	34	③	35	⑤
36	①	37	⑤	38	④	39	④	40	⑤
41	③	42	③	43	④	44	①	45	⑤
46	①	47	①	48	⑤	49	②	50	⑤
51	③	52	①	53	③	54	③	55	⑤
56	②	57	④	58	④	59	④	60	③

상황추론·판단

61	①	62	②	63	①	64	③	65	①
66	⑤	67	④	68	①	69	②	70	⑤
71	②	72	③	73	①	74	④	75	⑤
76	③	77	②	78	③	79	⑤	80	③

경제이론

1. 정답 ②

| 해설 | 기회비용은 하나의 대안을 선택함으로써 포기하게 되는 대안들 중 가장 가치가 큰 것을 말한다.
입장료는 영화 관람을 중간에 중단해도 다시 되돌릴 수 없는 비용이므로 매몰비용이다.

2. 정답 ①

| 해설 | GDP는 소비, 투자, 정부지출, 순수출로 구성된다.
수출이 증가하면 순수출이 증가하므로 GDP는 증가한다.

| 오답피하기 | ② 전업주부의 가사노동은 시장 밖에서 이루어지는 노동이므로 GDP에 포함되지 않는다.
③ 기준연도에서는 실질GDP와 명목GDP가 일치한다.
④ GDP는 해당 국가의 영토 내에서 생산한 가치만을 측정하며, 해외에서 생산한 가치는 GDP에 포함하지 않는다.
⑤ 다음 연도에 판매된 재화는 소비(C)에 해당하지만 투자(I)에서 제외되므로 다음 연도의 GDP에 영향을 주지 않는다.

3. 정답 ②

| 해설 | 정부 실패란 시장에서 정부의 개입이 의도와 다르게 작용하거나 시장의 비효율성이 커지는 현상이다.
한계생산물체감의 법칙은 생산량이 증가할수록 생산요소의 투입에 따른 수확이 체감하는 법칙으로, 이는 정부 실패와 관련이 없다.

관련 개념 짚어보기

시장 실패와 정부 실패의 원인

시장 실패	정부 실패
• 불완전경쟁 • 정보 비대칭 • 공공재 • 외부성	• 정보의 부족 • 철의 삼각 • 지나친 규제

4. 정답 ②

| 해설 | 통화량이 증가하여 화폐 가치가 하락하는 인플레이션 상황에서는 현금의 가치가 떨어지므로 실물자산을 보유하는 것이 유리하다.

관련 개념 짚어보기

메뉴비용

인플레이션 발생 시 제품이나 서비스의 가격을 재조정해야 하는 데서 오는 불필요한 비용을 말한다.

5. 정답 ⑤

| 해설 | 도덕적 해이는 계약이 이루어진 후 정보의 비대칭이 존재하는 상황에서 정보를 가진 개인이 바람직하지 않은 행동을 하는 현상이다.
사고를 낼 확률이 높은 사람이 보험에 가입하는 사례는 정보의 비대칭이 존재하는 상황에서 정보를 가지지 못한 측이 바람직하지 못한 상대와 불리한 거래를 할 가능성이 높은 역선택의 사례이다.

관련 개념 짚어보기

정보 비대칭

역선택	• 감추어진 특성 • 예시: 레몬시장 • 해결방안: 선별, 신호발송
도덕적 해이	• 감추어진 행동 • 예시: 주인 – 대리인 문제 • 해결방안: 감시, 인센티브

6. 정답 ④

| 해설 | 공개시장운영(Open Market Operation)을 통해 국공채를 매입하면 통화량이 증가한다. 통화량이 증가하면 이자율이 낮아지므로 부채가 증가할 수 있다.

| 오답피하기 | ① 테이퍼링은 경기부양을 위해 실시했던 양적완화 정책을 점진적으로 축소해 나가는 정책으로, 양적완화 축소라고도 한다.
② 기준금리를 인상하면 통화량이 감소하고 이자율이 상승하여 부채를 줄이게 된다.

> **관련 개념 짚어보기**
> 디레버리징(Deleveraging)
> 부채를 축소하는 것을 말한다.

7. 정답 ③

| 해설 | 생산자에게 정부가 보조금을 지급하면 공급이 증가하므로 가격이 하락하고 거래량이 증가한다.

8. 정답 ③

| 해설 | 가격을 인상해도 수요량이 많이 감소하지 않아 음식점의 수입이 증가하였으므로 음식점에서 음식에 대한 수요의 가격탄력성이 비탄력적이다.

| 오답피하기 | ① 음식 맛이 좋아지면 음식의 수요곡선은 우측으로 이동한다.
② 소득의 증가는 수요 증가 요인이다.
④ 인구의 증가는 수요 증가 요인이다.
⑤ 주변에 있는 식당들의 음식 가격 인상은 대체재의 가격 인상에 해당한다. 대체재의 가격 상승은 수요 증가 요인이다.

9. 정답 ②

| 해설 | 케인스는 정부 개입 옹호론의 대표주자로, 재정정책의 승수효과를 바탕으로 정부지출을 통해 국민소득을 효과적으로 증가시킬 수 있음을 주장했다.
ㄱ. 케인스학파는 경기변동의 원인으로 총공급이 아니라 총수요의 변화를 주장했다.
ㄷ. 케인스학파는 가격의 경직성을 이유로 들어 시장의 단기적인 불균형을 설명했다.

| 오답피하기 | ㄴ. 케인스학파는 재정정책이 더 효과적임을 주장했다. 통화정책을 주장한 것은 프리드먼을 비롯한 통화주의학파이다.
ㄹ. 케인스학파는 정부 개입의 목적을 안정화로 보고 경기변동의 진폭을 작게 할 수 있음을 주장했다.

10. 정답 ⑤

| 해설 | A는 주식, B는 요구불예금이다. 주식은 요구불예금에 비해 높은 수익성, 낮은 안전성, 낮은 유동성을 특징으로 한다.
일반적으로 요구불예금의 수익률은 주식보다 낮다.

| 오답피하기 | ① 요구불예금은 주식에 비해 유동성이 높고, 주식은 요구불예금에 비해 수익성이 높다.
②④ 요구불예금은 예금자 보호를 받을 수 있고, 주식은 예금자 보호를 받을 수 없다.
③ 주식은 요구불예금과 달리 배당금을 기대할 수 있다.

11. 정답 ①

| 해설 | 철이 구리보다 훨씬 더 많이 매장되어 있음에도 불구하고 철의 가격이 구리의 가격보다 더 비싼 이유는, 철 한 단위를 추가로 소비할 때 느끼는 한계효용이 구리 한 단위를 추가로 소비할 때 느끼는 한계효용보다 크기 때문이다. 이 경우 철에 대한 수요는 구리에 대한 수요보다 크다.

| 오답피하기 | ② 철은 구리보다 더 희소한 자원이다.
③ 철은 구리보다 훨씬 더 많이 매장되어 있으므로 희귀한 자원이 아니다. 철은 구리보다 더 희소한 자원이다.

12. 정답 ③

| 해설 | 새로운 일자리를 탐색하거나 이직을 하는 과정에서 일시적으로 발생하는 실업은 마찰적 실업 또는 탐색적 실업이다. 마찰적 실업은 자발적 실업으로, 이는 경기변동 과정에서 발생하는 경기적 실업이나 특정 산업의 침체 등으로 발생하는 구조적 실업과는 구분된다.
최저임금제와 노동조합으로 발생하는 실업은 비자발적 실업이다.

| 오답피하기 | ① 일을 하고 싶어 하는 사람들이 모두 고용되는 완전고용 상태에서도 이직을 위한 자발적 실업은 존재한다.
④ 구직과 관련된 정보망의 확충은 새로운 일자리를 탐색하는 과정의 시간을 줄여 마찰적 실업자를 줄일 수 있다.
⑤ 실업보험급여 지급의 확대가 과도하게 이루어질 경우 일부 노동자들이 더 오랜 시간 동안 실업급여를 수령하고 일자리 탐색에 소홀해질 우려가 있다.

13. 정답 ②

| 해설 | 지니계수는 사회의 소득불평등 정도를 나타내는 지표로, 로렌츠곡선 그래프에서 45° 대각선 아래의 삼각형 대비 대각선과 로렌츠곡선 사이의 면적이 차지하는 비율을 나타낸다.
지니계수가 낮아진 것은 로렌츠곡선과 45° 대각선 사이의 면적이 줄어들었음을 의미한다.

| 오답피하기 | ① 지니계수와 파레토 효율은 관련이 없다.
③⑤ 올해의 국민소득이 감소한 것만으로는 분배 상황을 알 수 없다.
④ 노동소득분배율은 국민소득에서 노동소득이 차지하는 비율을 말한다. 지니계수가 낮아진 현상은 분배가 개선된 것이므로 노동소득분배율은 균등해졌을 가능성이 높다.

> **관련 개념 짚어보기**
> - 로렌츠곡선: 모집단 내 소득 또는 부의 분포를 그래프로 나타낸 것으로, 45° 대각선에서 멀어질수록 불평등함을 의미한다.
> - 지니계수: 사회의 소득불평등 정도를 나타내는 지표로, 로렌츠곡선에서 45° 대각선 아래의 삼각형 대비 대각선과 로렌츠곡선 사이의 면적이 차지하는 비율을 나타낸다. 지니계수는 0에서 1 사이의 값을 갖는다.
>
>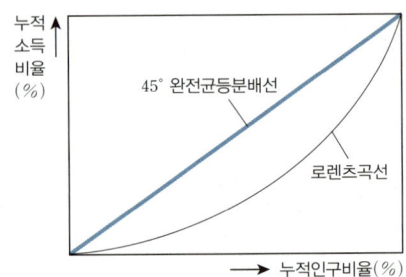

14. 정답 ④

| 해설 | 고정환율제에서는 정부가 재정지출을 늘려도 환율이 변하지 않으므로 수출이 크게 변동하지 않는다.

15. 정답 ⑤

| 해설 | 무역상대국 인플레이션의 높은 변동성은 경제적 불안정성을 초래할 수 있으므로 국제무역에 부정적인 영향을 준다.

| 오답피하기 | ① 유가가 하락하면 수송비용이 감소하므로 국제무역을 증가시킬 수 있다.
② 글로벌(국제) 가치사슬(GVC)은 다른 국가에서 수행되는 활동과 작업으로 기업의 생산이 여러 국가에 걸쳐 세분화되는 현상을 말한다. 국제가치사슬이 강화되면 각 국가는 상대국의 부품이나 서비스에 의존하게 되며, 이로 인해 국제무역이 활발하게 이루어진다.
③ 핀테크는 금융(Finance)과 기술(Technology)의 합성어로, 주로 대면으로 이루어지던 구 금융체계에 기술을 결합하여 보다 효율적이고 이용자에게 편리하도록 만든 금융서비스를 말한다. 핀테크 기술이 발달하면 국제결제 시스템이 향상되며 글로벌 송금시스템이 개선되어 국제무역을 증가시킬 수 있다.
④ 관세와 수입쿼터 철폐는 자유무역을 증가시킬 것이다.

16. 정답 ③

| 해설 | 부가가치세(VAT, Value Added Tax)는 소비재와 용역에 대한 세금으로, 10% 세율의 단일비례세 구조이다.

| 오답피하기 | ② 부가가치세는 국가가 징수하는 국세이다.
④ 부가가치세는 소비재와 용역의 소비에 대해 과세한다.
⑤ 부가가치세는 세금 납부 의무자와 실제 부담자가 일치하지 않는 간접세에 해당한다.

17. 정답 ④

| 해설 | 피구세는 외부불경제를 교정하기 위해 부과하는 세금이다. 정부는 피구세를 통해 균형거래량을 q1으로 이동시킬 수 있다.

| 오답피하기 | ① 시장에서 균형거래량은 q2에서 결정된다.
② 외부불경제 상황을 해결하는 방안은 정부 개입, 시장을 통한 내부화, 시장유인을 이용한 방법 등으로 다양하다.
③ a는 과다생산의 사회적 후생의 감소분을 나타낸다.
⑤ 사회적 한계비용(SMC)이 사적 한계비용(PMC)보다 큰 외부불경제를 나타낸다.

18. 정답 ③

| 해설 | 정보의 비대칭, 불완전한 경쟁, 공공재, 외부성과 같은 요인으로 인해 시장은 완전하고 공평한 분배를 실현하지 못한다.

19. 정답 ①

| 해설 | Fed의 기준금리 인상은 달러화의 가치를 상승시킨다.

20. 정답 ④

| 해설 | 이자율이 10%일 때 1년 후 1,000원을 현재가치로 나타내면 $\frac{1,000}{1.1}$원 (약 909원)이다.

> **관련 개념 짚어보기**
> 이자율과 현재가치의 관계는 수학적으로 역(−)의 관계이다.

21. 정답 ③

| 해설 | 모든 생산요소의 투입을 두 배 늘렸을 때 산출량이 두 배를 초과하여 늘어나는 것은 규모에 대한 수익 체증이다.

| 오답피하기 | ① 래퍼곡선은 미국의 경제학자 래퍼가 제시한 세율과 세수의 관계를 보여주는 곡선이다. 세율이 인상됨에 따라 세수는 지속적으로 증가하는 것이 아니라 증가하다가 감소하는 모습을 보인다.
② 규모에 대한 수익체감에 대한 설명이다.
④⑤ 고정요소의 투입 증가만으로는 판단할 수 없다.

> **관련 개념 짚어보기**
> 래퍼곡선
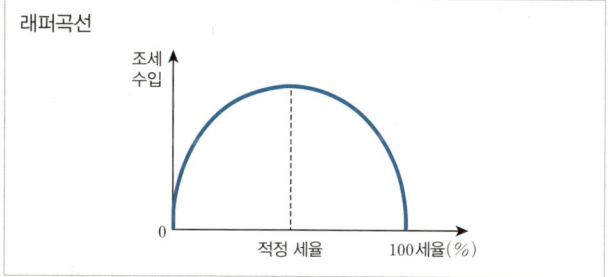

22. 정답 ④

| 해설 | 필립스곡선은 필립스가 개발한 이론을 보여주는 그래프로, 인플레이션과 실업률 간의 역(−)의 관계를 나타낸다.

| 오답피하기 | ①③ 단기 필립스곡선은 우하향하며, 장기 필립스곡선은 실업률이 자연실업률로 고정되어 수직선이 된다.
② 필립스곡선에서 자연실업률은 원점과 선 사이의 거리이므로 자연실업률이 증가하면 필립스곡선은 우측으로 이동한다.
⑤ 스태그플레이션은 물가상승과 경기침체가 동시에 나타나는 현상이다. 1970년대 스태그플레이션으로 인해 실업률과 물가상승률 간의 상충관계가 불분명해졌다.

> **관련 개념 짚어보기**
> 필립스곡선
> 물가상승률과 실업률 간의 상충관계를 나타낸다.
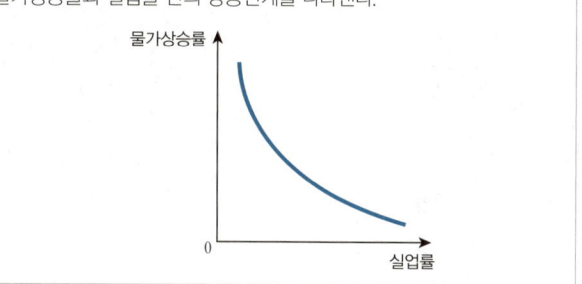

23. 정답 ①

| 해설 | 1급 가격차별(완전가격차별)이란 기업이 각각의 소비자에 대해 그들이 지불할 수 있는 최대 가격까지 가격을 설정하여 모든 소비자로부터 가능한 한 많은 이익을 얻으려는 전략을 말한다.
소비자잉여를 모두 이윤으로 가져가므로 소비자잉여는 0이다.

| 오답피하기 | ② 독점기업의 수요곡선은 시장의 수요곡선이자 한계수입곡선이다.
③ 소비자들은 지불용의가 있는 만큼 지불하므로 모든 소비자들은 다른 가격을 지불한다.
④ 수요곡선과 한계비용이 일치할 때까지 생산하므로 완전경쟁시장과 동일한 수량이 공급된다.
⑤ 일반적인 독점시장에서는 독점으로 인한 비효율이(자중손실이) 존재하지만, 1급 가격차별이 시행되는 독점시장에서는 거래량이 증가하므로 사회적 후생이 더 크다.

24. 정답 ⑤

| 해설 | 보호무역 수단에 해당하는 것은 관세, 수입할당제, 수출보조금이다.
ㄷ. 관세는 국내에 수입되는 외국 상품에 부과되어 자국 내 산업 보호를 위해 활용된다.
ㄹ. 수입할당제는 특정 상품이나 서비스의 수입량을 정부가 제한하는 제도로, 특정 산업을 보호하거나 국내 시장을 안정화하기 위해 활용된다.
ㅁ. 수출보조금은 정부가 국내 기업이나 산업체에게 수출 활동을 지원하기 위해 지급하는 금전적 지원이나 혜택을 말한다. 수출보조금을 통해 국내 기업의 수출을 촉진하고 보호한다.

| 오답피하기 | ㄱ. WTO는 세계 무역 분쟁 조정, 관세 인하 요구, 반덤핑 규제 등 자유무역과 관련하여 법적 권한과 구속력을 행사하는 국제기구이다.
ㄴ. 범위의 경제는 여러 품목의 재화를 생산할 때 시너지가 발생하는 것을 말한다.

25. 정답 ②

| 해설 | 사적재는 경합성과 배제성이 모두 있는 재화이다. 공공재는 경합성과 배제성이 모두 없는 재화이다.

| 오답피하기 | ① 막히지 않는 도로는 경합성이 없다. 유료도로의 여부를 알 수 없으므로 배제성은 판단할 수 없다.
③ 비배제성은 대가를 지불하지 않아도 사용할 수 있는 성질이다.
④ 무임승차는 재화가 배제성이 없어 나타나는 현상이다.
⑤ 공유지의 비극은 경합성이 있는 재화가 배제성이 없어 나타난다.

관련 개념 짚어보기

재화의 구분

구분		경합성	
		있음	없음
배제성	있음	• 사적재 • 아이스크림 • 옷	• 클럽재 • 케이블 TV • 유료 고속도로
	없음	• 공유자원 • 환경 • 바닷속 물고기 • 공유지의 비극	• 공공재 • 국방서비스

26. 정답 ⑤

| 해설 | 루카스 비판(Lucas Critique)은 정부의 정책 수립과 집행에 있어 전통적인 예측모형은 경제주체의 기대를 합리적으로 반영하지 않아 정확한 정책의 효과를 기대하기 힘들다는 주장이다.
⑤는 적응적 기대이론에 대한 설명이다. 루카스는 경제주체들이 현재 이용 가능한 모든 정보를 사용하여 통계적으로 정확한 방식으로 미래에 대한 기대를 형성한다고 하는 합리적 기대이론을 주장했다.

27. 정답 ④

| 해설 | (가)는 완전경쟁시장, (나)는 독점적경쟁시장, (다)는 독점시장, (라)는 과점시장이다.
ㄴ. 가격수용자(Price Taker)는 완전경쟁시장에서 시장의 가격을 받아들일 수밖에 없는 공급자들을 말한다.
ㄹ. 과점시장에서는 상대방의 전략을 고려하여 의사결정을 하므로 기업 간 상호 의존성이 높다.

| 오답피하기 | ㄱ. 완전경쟁시장에서는 P=MC이므로 자원 배분이 효율적으로 이루어진다.
ㄷ. 독점시장에는 수도, 철도와 같이 초기 고정비가 매우 높은 산업이 포함되어 자연독점을 이룬다.

28. 정답 ①

| 해설 | X재의 핵심 부품 가격 하락은 X재의 공급 증가 요인이다. X재의 공급이 증가하면 X재의 공급곡선은 우측으로 이동하므로 X재의 가격은 하락한다.
ㄱ. Y재가 X재의 대체재라면, X재의 가격 하락으로 인해 Y재의 수요가 감소하므로 Y재의 가격은 하락하고 Y재의 거래량은 감소한다. 따라서 Y재의 매출은 감소한다.
ㄴ. Y재가 X재의 대체재라면, X재의 가격 하락으로 인해 Y재의 수요가 감소하므로 Y재의 가격은 하락하고 Y재의 거래량은 감소한다. 따라서 Y재 시장에서 총잉여는 감소한다.

| 오답피하기 | ㄷㄹ. Y재가 X재의 보완재라면, X재의 가격 하락으로 인해 Y재의 수요가 증가하므로 Y재의 가격은 상승하고 Y재의 거래량은 증가한다. 따라서 Y재 시장에서 공급량은 증가하고, 생산자잉여는 증가한다.

관련 개념 짚어보기

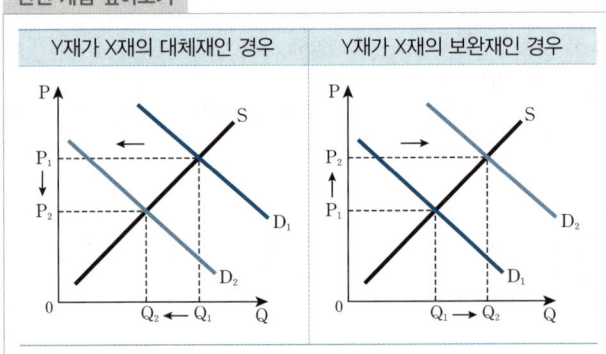

29. 정답 ①

해설 | 순수출에 의해 외환보유액은 500억 달러(=3,000억 달러 − 2,500억 달러) 증가하였고, 금융·자본계정에 의해 100억 달러(=800억 달러 − 700억 달러) 증가하였으므로 총 600억 달러 증가하였다.

관련 개념 짚어보기

국제수지표의 구성

경상수지	상품수지
	서비스수지
	본원소득수지
	이전소득수지
자본수지	
금융계정	
오차 및 누락	

30. 정답 ⑤

해설 | 임금경직성이란 노동의 수요 부족이나 공급 초과가 발생한 상황에서도 임금이 신속하게 조정되지 않는 성질을 말한다.
ㄱ. 노동자의 임금이 근로계약 기간 동안 고정되어 있다면 계약기간 중 물가가 상승해도 명목임금이 고정되어 있어 임금경직성이 나타난다.
ㄴ. 최저임금제가 시행되면 시장의 균형임금 수준이 변동하여도 시장의 균형임금이 최저임금보다 낮다면 임금은 최저임금에 고정되어 있으므로 임금경직성이 나타난다.
ㄷ. 근로자의 임금은 근로자의 생산성에 따라 결정된다고 설명하는 전통적인 임금이론에 대해, 효율성 임금 이론은 이를 정반대로 설명한다. 즉, 근로자의 임금이 높으면 이직률이 줄어들어 생산성 유지는 물론 직장을 잃지 않으려고 열심히 일할 것이므로 자연히 생산성이 올라간다는 것이다. 이에 따를 경우 시장 임금보다 높은 임금이 유지될 것이므로 임금경직성이 발생할 수 있다.

관련 개념 짚어보기

효율성 임금 이론

근로자의 임금의 크기가 생산성을 결정하는 요인이 된다는 이론이다.

시사 경제·경영

31. 정답 ①

해설 | 핌피(PIMFY)는 'Please In My Frontyard'의 줄임말로, 금전적 이익을 기대할 수 있는 시설의 유치를 위해 노력하는 행위를 말한다.

오답피하기 | ② 넛지(Nudge)는 '팔꿈치로 살짝 찌르다.'라는 뜻으로, 어떤 일을 강요하기보다는 스스로 자연스럽게 행동을 변화하도록 하는 유연한 개입을 말한다.
③ 베이크 아웃(Bake Out)은 새로 지어진 집에 입주했을 때 새집증후군을 예방하기 위해 집 온도를 높인 후 환기하는 행위를 반복하는 것을 말한다.
④ 병목현상은 병의 목과 유사한 현상이 일어남을 의미하는데, 병의 목 부분의 지름이 몸통 부분에 비해 좁아 물이 천천히 쏟아지는 것처럼 어떠한 하나의 제약조건으로 전체의 성능이 저하되는 현상을 말한다.
⑤ 지렛대효과란 투자액의 일부를 자기자본이 아닌 부채로 조달함으로써 자산의 가격 변동률보다 훨씬 더 높은 투자수익률을 발생시키는 것을 말한다.

관련 개념 짚어보기

님비(NIMBY)

'Not In My Backyard'의 줄임말로, 공공의 이익을 위해서는 필수적인 시설이지만 자신의 주거지에는 도움이 되지 않는, 또는 피해를 끼치는 폐기물 처리장과 같은 시설이 자신의 지역에 들어서는 것을 반대하는 행동을 말한다.

32. 정답 ②

해설 | 포워드 가이던스(Forward Guidance)는 중앙은행이나 정책 기관이 향후 통화정책이나 경제정책 방향에 대한 정보를 시장 참여자들에게 제공하는 것을 말한다.

오답피하기 | ① 린치핀(Linchpin)은 무언가를 단단히 고정시키는 중요한 부분이나 인물을 가리키는 말로, 조직에서 핵심적인 역할을 수행하는 사람을 말한다.
③ 베이시스(Basis)는 파생상품 시장에서 주식, 원자재, 화폐 등의 기초자산에 대한 선물 시장가격과 현물 시장가격 간의 차이를 말한다.
④ 프레너미(Frenemy)는 친구(Friend)와 적(Enemy)의 합성어로, 협력관계와 경쟁관계 모두에 있는 사람을 말한다.
⑤ 오퍼레이션 트위스트는 장기 금리의 하락을 유도하는 중앙은행의 공개시장조작 정책으로, 장기 국채를 매수하고 단기 국채를 파는 방식으로 이루어진다.

33. 정답 ②

해설 | • 그레이 스타트업(Grey Startup)은 빠른 기술 발전에 비해 느린 제도의 특성으로 생긴 회색 지대에서 서비스를 제공하는 기업을 말한다.
• 회색 코뿔소(Grey Rhino)는 2013년 세계정책연구소 대표이사인 미셸 부커가 2013년 1월 다보스포럼에서 처음 발표한 개념으로, 지속적인 경고가 나와서 충분히 예상할 수 있는데도 쉽게 간과하는 위험 요인을 말한다.

34. 정답 ③

| 해설 | 가격제한폭이란 주식시장에서 주가의 급변으로 인한 혼란을 막기 위해 설정해 둔 개별 주식의 가격 변동 상한폭을 말한다. 우리나라에서 가격제한폭은 30%이다. 어제 종가가 1만 원이었던 주식이 오늘 마감 시간에 하락하여 변동될 수 있는 최소 주가는 7,000원이다.

35. 정답 ⑤

| 해설 | 기업이 지속해서 수익이 비용보다 작은 순손실을 발생시키는 경우 자본잠식이 발생할 수 있다.

| 오답피하기 | ① 기업공개(IPO)는 비상장회사가 상장 절차 등을 밟아 주식을 외부 투자자들에게 공매하는 행위를 말한다.
② 무상증자는 자본잉여금을 재원으로 주주에게 대가를 받지 아니하고 신주를 발행하여 교부하는 것을 말한다.
③ 공직자윤리법에 의해 공직자는 재임 중 이해충돌을 방지하기 위하여 자신의 재산 관리를 제3자에게 맡겨야 하는데, 이를 백지신탁이라고 한다.
④ 출자전환은 기업이 자금을 조달하기 위해 발행한 채권이나 우선주와 같은 증권을 나중에 주식으로 전환할 수 있는 권리를 가지는 것을 말한다.

36. 정답 ①

| 해설 | 벤 버냉키는 2006년부터 2014년까지 미국 중앙은행(Fed)의 의장을 지냈으며, 저서 『행동할 용기』에 세계 금융위기 당시의 상황을 서술하였다.

| 오답피하기 | ② 재닛 옐런은 2014년부터 2018년까지 미국 중앙은행(Fed)의 의장을 지냈으며 2021년부터 현재까지 미국의 재무부 장관이다.
③ 폴 볼커는 1979년부터 1987년까지 미국 중앙은행(Fed)의 의장을 지냈으며, 1970년대와 1980년대의 인플레이션을 안정화하였다.
④ 앨런 그린스펀은 1987년부터 2006년까지 미국 중앙은행(Fed)의 의장을 지냈으며 그의 임기 동안 검은 월요일, 닷컴 버블 붕괴가 발생하였다.
⑤ 매리너 에클스는 1934년부터 1948년까지 미국 중앙은행(Fed)의 의장을 지낸 인물이다.

37. 정답 ⑤

| 해설 | 액면분할은 액면가가 높은 주식을 분할하여 액면가를 낮추는 것을 말한다. 액면가를 5,000원에서 100원으로 $\frac{1}{50}$로 낮추면 주식의 1주당 가치는 $\frac{1}{50}$만큼 낮아진다.

| 오답피하기 | ① 주식 1주를 50주로 분할하면 주식 수는 50배 늘어난다.
②④ 액면분할로 인한 기업의 가치에는 변화가 없다.
③ 주식가격이 액면분할비율에 따라 낮아지면 소액주주들의 접근이 쉬워져 주식 거래량은 증가할 것이다.

38. 정답 ④

| 해설 | 화이트존은 민간자본을 활용하여 주거나 상업, 업무 지구를 조성할 수 있게끔 지정한 지역으로, 쇠퇴한 도심의 공간을 개발하기 위한 목적 등으로 지정된다. 입지 규제 최소구역이라고도 한다.

39. 정답 ④

| 해설 | 민스키 모멘트는 채무상환능력 악화와 자산가치 급락, 금융위기의 시작 등으로 과도한 부채 주도의 경기호황이 끝나고 채무자들이 건실한 자산마저 팔기 시작하는 시기를 말한다.

| 오답피하기 | ① 숏커버링은 공매도(Short)한 주식을 되갚기 위해(Covering) 시장에서 주식을 매입하는 것을 말한다.
② 피터팬 증후군은 신체적으로는 이미 성숙하고 성장했음에도 아이로 남고 싶은 심리를 말한다. 경제학에서는 중소기업이 중견기업으로 성장할 때 중소기업일 때 받은 각종 정부 지원이나 혜택을 받지 못할 것을 두려워하여 중견기업으로의 변신을 꺼리는 현상을 말한다.
③ 서킷브레이커는 주식시장의 급격한 하락을 막기 위한 장치로 종합주가지수가 전일 대비 10% 하락한 상황이 1분 이상 이어지면 발동한다. 발동 시 모든 주식거래가 20분간 중단되고 10분 동안 접수한 호가를 단일가로 처리한 뒤 매매가 재개된다.
⑤ 번아웃 증후군은 현대 사회에서 소진증후군을 일컫는 신조어로, 한 가지 일에만 몰두한 사람이 극심한 육체적, 정신적 피로로 인해 무기력, 자기혐오, 직업 거부 등에 빠지는 증상을 말한다.

관련 개념 짚어보기

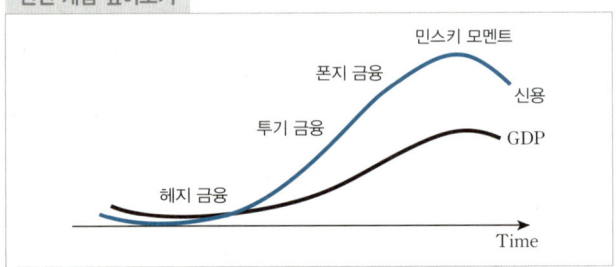

40. 정답 ⑤

| 해설 | 의견거절은 감사를 하는 데 필요한 충분한 정보를 제공받지 못해 감사 자체가 불가능한 경우 또는 기업의 존속가능성에 심각한 의문이 들 정도의 정보를 발견한 경우 제시한다.

| 오답피하기 | ① 적정의견: 기업이 회계기준에 따라 사업보고서를 공정히 작성한 경우 제시한다.
② 한정의견: 특정 감사 사항(주로 재무제표에 큰 영향을 미치지 않는)에 대해 합당한 증거를 제공받지 못한 경우 제시한다.
③ 부적정의견: 기업이 회계기준을 위배하여 사업보고서를 작성한 경우 제시한다.
④ 부실의견: 존재하지 않는 감사의견 유형이다.

41. 정답 ③

| 해설 | 국민부담률은 각종 사회보장부담금과 조세수입의 합이 국내총생산에서 차지하는 비율을 말한다.

| 오답피하기 | ① 조세부담률은 국민총소득(GNI)의 국민계정에서 조세수입이 차지하는 비중을 말한다. 이는 국민 전체의 조세부담 정도를 나타내는 지표로, 조세의 누진도와 국가의 조세징수능력에 의해 결정된다.
② 재정부담률은 정부의 재정 지출규모가 국민총생산에서 차지하는 비율을 말한다.
④ 사회보장부담률은 분모를 국민소득, 분자를 의료보험이나 연금의 보험료 등 각종 사회보장기여금의 합으로 하여 산출한다.
⑤ 금융비용부담률은 지급이자와 같은 금융비용이 매출액에서 차지하는 비중을 말한다.

42. 정답 ③

| 해설 | 동전주는 지폐의 최소 단위(1,000원)보다 낮은 주식을 말한다.

| 오답피하기 | ① 우선주는 보통주에 비해 이익의 배당이나 잔여 자산 분배에 우선권이 있는 주식을 말한다. 보통주와 달리 의결권이 없는 것이 특징이다.
② 가치주는 기업의 실적이나 자산 가치에 비해 가격이 저평가되어 있는 주식이다.
④ 황제주는 보통 1주당 100만 원이 넘는 주식을 말한다.
⑤ 자사주는 주식을 발행한 회사가 보유하는 자기 회사의 주식으로, 의결권이 없다.

43. 정답 ②

| 해설 | ㄱ. WTI(Western Texas Intermediate)는 3대 석유 중 황 성분이 가장 적으며 미국 밖으로 수출되는 경우가 드물다.
ㄹ. 브렌트유는 북해에서 생산되는 석유로, 전 세계로 이동이 편리하다는 특징이 있다.
ㅁ. 두바이유는 3대 원유 중 황 성분이 가장 많으며 대한민국이 주로 수입하는 원유이다.

| 오답피하기 | ㄴ. ISM 제조업지수는 300개 이상의 제조기업 구매관리자를 대상으로 한 설문조사를 바탕으로 미국의 경제활동을 월별로 보여주는 지표로, 미국 경제상황을 보여주는 핵심 지표로 꼽히며, 구매관리자지수(PMI)라고도 한다.
ㄷ. BDI(Baltic Dry Index)는 영국 런던에 있는 발틱해운거래소(Baltic Exchange)가 발표하는 신뢰성 있는 운임 지수이다.

44. 정답 ①

| 해설 | 카타르는 2022년 월드컵을 개최했으며, 천연가스 매장량이 세계 3위에 달한다.

45. 정답 ⑤

| 해설 | 그림자 금융은 글로벌 금융시스템 전반에 걸쳐 신용 창출을 촉진하지만 규제감독의 대상이 아닌 비은행 금융기관의 활동을 말한다.

| 오답피하기 | ① 브리지론(Bridge Loan)은 주로 부동산시장에서의 단기 대출을 의미하는데, 초기의 낮은 신용도로 인해 제1금융권으로부터 자금을 차입할 수 없는 시행사가 제2금융권으로부터 차입한 부채를 말한다.
② 메자닌은 건물의 층과 층 사이의 중간층 공간을 뜻하는 건축 용어로, 금융에서는 안전 자산과 위험 자산의 중간 위험에 속하는 자산에 투자하는 특성을 나타내는 용어로 쓰인다.
③ 마이크로 파이낸스는 신용이나 담보의 문제로 은행과 같은 일반 금융회사에서 대출받기 어려운 사회적 취약계층을 대상으로 무담보 소액대출과 금융서비스를 제공하는 활동이다.
④ 리파이낸싱은 이미 보유한 부채를 상환하기 위해 다른 자금을 조달하는 행위를 말한다.

46. 정답 ①

| 해설 | Fed의 기준금리를 인상하는 정도에 따라 0.5%p는 빅스텝, 0.75%p는 자이언트 스텝이라고 부른다.

47. 정답 ①

| 해설 | GDP는 국내총생산(Gross Domestic Product)의 약어로, 특정 국가 내에서 생산된 총 재화와 서비스의 시장가치를 측정하는 주요한 경제지표이다. 일정 기간 동안의 GDP의 변화율을 통해 실질경제성장률을 계산한다.

| 오답피하기 | ③ PPP는 구매력 평가환율(Purchasing Power Parity)의 약어로, 구매력 평가설은 양국 통화의 구매력에 의해 환율이 결정된다는 이론으로 스웨덴의 경제학자인 카셀에 의해 제시되었다. 이는 일물일가의 법칙을 국제시장에 적용한 이론으로, 경상수지의 관점에서 균형환율을 설명하기 때문에 국가 간 무역장벽이 없고, 국가 간 상품 운송비용이 없는 것을 가정한다.
④ PPI는 생산자 물가지수(Producer Price Index)의 약어로, 생산자가 판매하는 제품의 가격 수준을 측정하는 물가지수이다. 국내에서 생산되어 국내에 출하되는 모든 재화의 서비스 요금의 변화를 측정한다.
⑤ GRI(Global Reporting Initiative)는 지속가능 보고서에 대한 가이드라인을 제시하는 국제기구이다.

48. 정답 ②

| 해설 | • 차등의결권제도는 기업의 정관에 따라 주식마다 의결권을 차등적으로 부여하는 제도를 말한다.
• 포이즌 필(Poison Pill)은 적대적 M&A 위기에 놓인 기업이 대규모 유상증자, 임금 인상, 황금낙하산 등을 통해 기업매수자에게 엄청난 비용이 들게끔 하여 인수 포기를 유도하는 적대적 M&A 방어 전략이다.
• 황금낙하산은 적대적 M&A(합병)의 대표적인 방어 수단으로, 최고경영자가 사임하면 거액의 퇴직금이나 주식매수권이 부여되게 하는 제도이다.

관련 개념 짚어보기

M&A 전략

공격 전략	방어 전략
• 곰의 포옹	• 경영진 매수
• 공개매수	• 백기사, 백지주
• 그린메일	• 포이즌 필(독약조항)
• 토요일 밤의 기습	• 크라운주얼 처분
• LBO	• 팩맨 디펜스
	• 황금낙하산
	• 황금주

49. 정답 ②

| 해설 | 국제통화기금(IMF: International Monetary Fund)은 1944년 체결된 브레턴우즈협정에 따라 1945년 12월에 설립된 국제금융기구로, 회원국은 국제 수지가 악화될 때 외화를 지급받을 수 있는 권리인 특별인출권(SDR: Special Drawing Rights)을 갖는다.

| 오답피하기 | • NFT: 대체불가능토큰(Non-Fungible Token)의 약어로, 블록체인 기술을 활용하여 고유성을 가지게 된 디지털 자산을 말한다. NFT 기술을 통해 실물이 아닌 디지털 자산의 고유성, 저작권, 소유권을 증명하는 일이 용이해졌다.
• MMF: 단기금융펀드(Money Market Fund)의 약어로, 높은 금리의 단기금융상품에 투자하는 금융상품이다.

50. 정답 ⑤

| 해설 | 데드 캣 바운스(Dead Cat Bounce)는 주식시장이나 금융시장에서 사용되는 용어로, 급락한 주식 가격이나 시장 지수가 일시적으로 반등하는 현상을 말한다.

| 오답피하기 | ① 불마켓(Bull Market)은 장기적으로 주가가 상승하는 상승장을 말한다.
② 캐시 카우(Cash Cow)는 BCG 매트릭스에서 사용되는 용어로, 안정적인 현금 흐름을 창출해내는 사업 부문을 말한다.
③ 데드크로스(Deadcross)는 주가를 예측하는 기술적 분석의 지표 중 하나로, 주가의 단기 이동평균선이 중장기 이동평균선을 위에서 아래로 뚫고 내려가는 상황을 말한다.
④ 더블딥(Double Dip)은 경기침체 후 잠시 회복세를 보였으나 다시 불황에 빠지는 현상을 말한다. 이는 W자 형태로 나타난다.

51. 정답 ③

| 해설 | LCC는 제주항공, 진에어와 같은 저가 항공사를 말한다. 대형 항공사의 경우 저가 항공사를 추가로 인수함으로써 차별화 전략을 시도하기도 한다.

| 오답피하기 | ① LBO는 특정 기업을 인수하기에는 자금이 부족한 기업이 매수 대상인 기업의 자산을 담보로 금융기관으로부터 자금을 차입하여 기업을 인수하는 M&A 전략을 말한다.
② LTV는 주택담보비율로서 주택가격을 담보가치로 가정하였을 때 그에 대한 대출 비율을 말한다.
④ CDO는 부채담보부채권으로 고위험 대출채권이나 회사채 등을 묶어 리스크를 감소시킨 뒤 유동화한 금융상품이다.
⑤ CMA는 단기금융상품으로 자금을 국공채나 어음 등에 투자하여 수익을 고객에게 나누어준다.

52. 정답 ①

| 해설 | 온디맨드 경제란 플랫폼과 기술력을 가진 회사가 수요자의 요구에 적극적으로 대응하여 서비스와 제품을 제공하는 것으로, 우버와 에어비앤비가 대표적이다.

| 오답피하기 | ② 퍼스트 펭귄은 위험하고 무모한 일을 처음으로 도전하여 다른 사람들에게까지 그 일에 대한 동기를 부여하는 사람을 말한다.
③ 스필오버효과는 한 국가에서 발생한 관련이 없어 보이는 사건이 다른 국가의 경제에 영향을 미치는 것을 말한다.
④ 티핑 포인트란 '갑자기 뒤집히는 점'이란 뜻으로, 토머스 셸링의 '티핑이론'과 맬컴 글래드웰의 저서 『티핑 포인트』에서 소개된 용어이다. 때로는 엄청난 변화가 작은 일들에서 시작될 수 있고 대단히 급속하게 발생할 수 있는데, 그 엄청난 변화가 급속하게 발생하기 시작하는 지점을 말한다.
⑤ 팝콘 브레인은 뇌가 시각적 혹은 감정적으로 강렬한 자극에 노출되어 그것에 익숙해진 상태를 말한다.

53. 정답 ③

| 해설 | 2021년 개정으로 현재 법정 최고금리는 연 20%이다. 최고 금리는 대부업법 시행령에서 규정하고 있다.

54. 정답 ④

| 해설 | 영국은 소득세 기본세율 인하를 시도하고자 했으나, 통화가치 하락 및 여론의 반발로 감세안을 철회한 바 있다.

55. 정답 ⑤

| 해설 | 트리핀 딜레마는 기축통화 발행국 입장에서 발생하는 딜레마를 말한다. 기축통화 발행국은 기축통화의 유동성을 유지하기 위해 경상수지 적자를 지속해야 하는데, 이는 기축통화에 대한 신뢰도 하락을 가져와 딜레마가 발생한다.

| 오답피하기 | ① 사이드카는 주가의 등락 폭이 갑자기 커질 경우 시장에 미치는 영향을 완화하기 위해 주식 매매를 일시정지시키는 제도를 말한다. 코스피200 선물 가격이 전일 종가 대비 5% 이상 상승 또는 하락한 상태가 1분 이상 지속될 경우 발동된다. 사이드카가 발동되면 5분간 매매가 중지된다.
② 아비트리지는 차익거래를 뜻하며, 시장에 따라 동일한 상품의 가격이 다를 때 한 시장에서 구매한 상품을 다른 시장에서 판매하여 이득을 취하는 거래를 말한다.
③ 스미스의 역설은 가치의 역설, 다이아몬드의 역설이라고도 한다. 인간의 생존에 더 필수적인 재화는 다이아몬드보다 물이지만, 실제 가격은 다이아몬드가 훨씬 비싸다. 이처럼 시장에서의 교환가치는 재화 또는 서비스의 사용가치와 일치하지 않는데, 이를 스미스의 역설이라고 한다.
④ 하이퍼 로컬은 좁은 범위의 특정 지역이란 의미로 '동네'와 비슷한 개념이다.

56. 정답 ②

| 해설 | '계란을 한 바구니에 담지 말라.'라는 말로 대표되는 분산투자는 리스크 축소를 위해 활용된다.

| 오답피하기 | ① '같은 값이면 다홍치마'는 이왕 같은 값이면 품질이 더 좋은 것을 고른다는 속담이다.
③ '무릎에서 사서 어깨에 팔아라.'는 낮은 가격에 주식이나 금융상품에 매수해 높은 가격에 팔라는 말이다. 발 끝에 사서 머리에 파는 것이 아니므로 수익을 극대화하는 매매보다는 어느 정도의 안전성을 추구하는 매매가 바람직하다는 것을 말한다.
④ '인플레이션은 언제나 화폐적 현상이다.'라고 주장한 경제학자는 밀턴 프리드먼으로, 인플레이션이 실질 생산량에 영향을 미치지 않음을 주장했다.
⑤ '사하라 사막의 관리를 정부에 맡기면, 5년 안에 모래가 떨어진다.'는 밀턴 프리드먼이 한 말로, 정부 개입에 대한 반대를 함축하는 말이다.

57. 정답 ④

| 해설 | 유니콘 기업이라는 단어는 크게 성공하는 스타트업이 유니콘처럼 보기 힘들다는 의미에서 생겨났다. 보통 기업 가치가 10억 달러를 넘어가는 스타트업을 유니콘이라고 한다.

| 오답피하기 | ① 데스밸리는 벤처기업이 창업 후 초기 단계에서 어려움을 겪는 기간을 표현한 용어이다. 창업 후 새로운 제품이나 서비스가 수익을 창출하기까지의 사업화 과정에서 벤처기업은 수익은 없는데 많은 비용을 지출해야 한다. 결국 비용 지출은 초기 투자금에 의존할 수밖에 없는데, 많은 벤처기업들이 이 기간을 넘기지 못하고 자금이 마른다. 과거 미 서부개척시대에 많은 개척민들이 데스밸리를 넘지 못하고 죽어나간 것에서 유래한 용어이다.
② ESG란 환경, 사회, 지배구조의 앞글자를 딴 단어로, ESG 경영은 지속가능성의 관점에서 친환경, 사회적 책임, 지배구조의 투명성을 추구하는 방식을 말한다.
③ 마이데이터는 2020년 8월부터 시행된 데이터 3법을 통해 도입된 제도이다. 단순히 개인에게 데이터의 관리 권한을 부여하는 것이 아니라 이를 적극적으로 활용하게끔 하는 과정을 의미한다. 허가받은 금융사에서는 사용자의 동의를 얻어 마이데이터를 활용하여 자산의 분석 및 통합관리 서비스를 제공하는 중이다.
⑤ 승자의 저주란 경쟁에서는 이겼으나 이기기 위해 과도한 비용을 지불하여 오히려 위험에 빠지거나 커다란 후유증을 겪는 상황을 말한다. 일반적으로 M&A 경쟁 입찰에서 인수 대상 기업의 예상 가치를 초과한 금액을 지불한 경우 또는 인수 후 모기업의 재무 상태가 악화되는 경우가 승자의 저주에 빠진 예이다.

58. 정답 ④

| 해설 | 조각투자란 부동산, 예술 작품, 명품 등 개인이 구매하기 힘든 재화를 지분을 쪼개어 여러 사람이 공동 투자하는 행위를 말한다.

| 오답피하기 | ① 퀀트투자는 수학과 통계 지식을 바탕으로 투자 법칙을 수립하고 프로그램화하여 투자를 진행하는 것을 말한다.
② 재고투자는 재고자산의 총액을 늘리는 방식으로 행하는 투자이다.
③ 선행투자는 기존의 계획 혹은 통상적인 투자 시기보다 더 앞당겨 시행하는 투자를 말한다.

59. 정답 ④

| 해설 | 파킨슨 법칙은 업무량에 관계없이 공무원의 숫자가 늘어남을 말한다.

| 오답피하기 | ① 로그롤링이란 국회의원들이 자기의 이익이 걸린 법안을 통과시키기 위해 투표를 거래하는 행위를 말한다.
② 오쿤의 법칙이란 미국의 경제학자 오쿤이 경제성장률의 변화와 실업률의 변화 사이에는 부(-)의 상관관계가 있음을 밝힌 법칙을 말한다.
③ 이카루스의 역설은 사람이나 기업이 성공하게끔 만들어 준 요인을 변화나 개혁의 과정 없이 절대적으로 신뢰하면 결국 실패로 돌아가게 되는 현상을 말한다.
⑤ 게리맨더링은 특정 정당에게 유리하도록 선거구를 비정상적으로 분할하는 것을 말한다.

60. 정답 ③

| 해설 | 매스티지는 비교적 값이 저렴하면서도 감성적 만족을 얻을 수 있는 고급품을 소비하는 경향으로, '명품의 대중화 현상'이라고도 한다.

| 오답피하기 | ① 메세나란 예체능 분야에 이루어지는 기업의 후원을 말한다.
② 트윈슈머란 쌍둥이처럼 유사한 소비패턴을 지닌 소비자를 말한다.
④ 체리피커는 전체에서 가장 의미 있는 부분, 자신에게 가장 큰 효용을 가져다주는 특정 부분만 취하고 나머지를 버리거나 다른 이에게 떠넘기는 사람을 말한다.
⑤ 앰부시마케팅이란 어떠한 이벤트의 정식 스폰서가 아니면서도 정식 스폰서인 척을 해 마케팅 효과를 누리는 행위를 말한다.

상황추론·판단

61. 정답 ①

| 해설 | 물이 미세먼지를 배출하는 데 효과적이라는 연구결과는 생수의 수요 증가 요인이고, 지하 암반층으로부터 물을 끌어올려 가공하는 새로운 기술의 개발은 생수의 공급 증가 요인이다. 수요와 공급이 모두 증가하면 수요곡선과 공급곡선이 모두 오른쪽으로 이동하므로 균형거래량은 증가하고, 균형가격의 변화는 알 수 없다.

관련 개념 짚어보기

수요와 공급의 증가

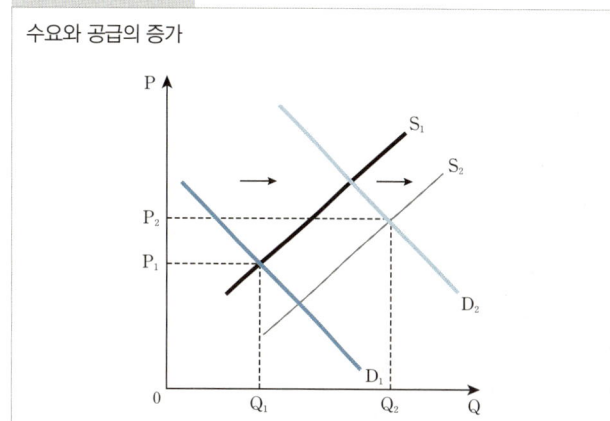

62. 정답 ②

| 해설 | ㉠은 수요견인 인플레이션, ㉡은 비용인상 인플레이션에 해당한다.
ㄱ. 수요견인 인플레이션 상황에서 긴축재정을 펼치면, 총수요곡선이 왼쪽으로 이동하므로 실업률은 높아질 수 있다.
ㄷ. 비용인상 인플레이션의 원인으로 국제 원자재 가격 상승과 같은 공급 충격을 들 수 있다.

| 오답피하기 | ㄴ. 수요견인 인플레이션 상황에서 정부지출을 늘리면, 물가는 더욱 상승할 것이다.
ㄹ. 비용인상 인플레이션 상황에서 통화량을 늘리면, 총수요곡선이 우측으로 이동하여 경기는 회복되지만 물가는 더욱 상승할 것이다.

63. 정답 ①

| 해설 | 국제 유가가 하락했는데도 원화 기준으로 기업이 더 많은 원유 구입비를 사용한 이유는 원유의 수요의 가격탄력성이 커서 더 많은 원유를 구입했거나, 달러화 대비 원화 가치의 하락으로 원유를 사기 위해 더 많은 원화를 소비했기 때문이다.

64. 정답 ③

| 해설 | '실질GNI = GDP + 해외 순수취 요소소득 + 교역 조건 변화로 인한 실질 무역손익'이다.
2021년에 1인당 GNI가 크게 증가하였으므로 국외 순수취 요소소득은 증가했을 것이다.

| 오답피하기 | ① 경제성장률이 4.1% 증가했으므로 실질GDP는 증가했을 것이다.
② 원화 가치의 상승은 교역 조건 변화로 인한 실질 무역이익에 긍정적 영향을 준다.
④ 국민 경제 규모가 늘어났다는 것은 경제가 성장함을 의미한다.
⑤ 경제성장률보다 GNI 증가율이 높으므로 인구증가율은 국민총소득 증가율보다 낮을 것이다.

65. 정답 ①

| 해설 | 학원, 미용실 등은 독점적 경쟁시장에 해당한다.
ㄱ. 독점적 경쟁시장에서는 어느 정도의 제품 차별화가 가능하다.
ㄴ. 독점적 경쟁시장의 공급자는 비가격경쟁을 한다.

| 오답피하기 | ㄷ. 역선택은 정보 비대칭으로 인해 나타난다.
ㄹ. 가격수용자는 완전경쟁시장의 공급자이다.

66. 정답 ⑤

| 해설 | 콘텐츠 제공업자는 망사용료를 부과하는 것에 반대할 것이다.

관련 개념 짚어보기

망 중립성(Network Neutrality)
유·무선 통신 사업자가 인터넷 사업자에게 어떤 차별도 하지 않고 모든 콘텐츠를 평등하게 대우해야 한다는 원칙을 말한다.

67. 정답 ④

| 해설 | 소비자가 이질적인 유보가격을 가져야 기업은 가격차별에 유리할 것이다.

| 오답피하기 | ① 멤버십 가입자 증가는 충성고객의 증가를 의미한다.
② 높은 시장 진입 비용은 새로운 기업의 진입을 막아 기존 기업이 독과점을 형성하기에 유리하다.
③ 개별 수요에 대한 정보 증가는 기업들이 상이한 가격정책을 펴는 데 유리하다.
⑤ 판매자의 정보 우위를 전제로 한 소비자와 판매자 간 정보 비대칭성은 기업에게 유리하게 작용할 것이다.

68. 정답 ④

| 해설 | GNI = GNP + ㉠이므로, 9,300억 달러 = 9,000억 달러 + ㉠에서 ㉠은 300억 달러이다.
GNI = GDP + 해외 순수취 요소소득 + 교역 조건 변화로 인한 실질 무역손익이다.
9,300억 달러 = 7,000억 달러 + (3,500억 달러 − ㉡) + ㉠
9,300억 달러 = 7,000억 달러 + (3,500억 달러 − ㉡) + 300억 달러
따라서 ㉡은 1,500억 달러이므로, ㉠과 ㉡의 합은 1,800억(=300억 + 1,500억) 달러이다.

69. 정답 ②

| 해설 | 중앙은행이 채권 발행을 늘리면 통화량은 감소하고, 국내 이자율은 상승한다. 이는 총수요곡선을 왼쪽으로 이동시키고 소비와 투자를 감소시킨다.

70. 정답 ⑤

| 해설 | 한국은행이 기준금리를 인상하면 코픽스 금리는 상승할 것이다.

| 오답피하기 | ① 기준금리를 인상하면 시중금리가 상승하므로 대출받은 경제주체의 이자 부담은 증가할 것이다.
② 경제상황이 악화되고 있으므로 경기선행지수는 지속적으로 하락할 가능성이 높다.
③ 가계·기업·정부부채가 증가하고 있으므로 인구 증가가 없으면 국민 한 사람당 갚아야 할 정부부채는 점점 늘어날 것이다.
④ 부채가 증가한 가계는 기준금리 인상에 다른 이자 부담이 증가할 것이므로 가처분 소득은 감소할 것이다.

관련 개념 짚어보기

COFIX
은행연합회가 국내 8개 은행(농협, 신한, 우리, 한국 스탠다드차타드, KEB하나, 중소기업, 국민, 한국 씨티)로부터 자금조달에 관련된 정보를 제공받아 산출하는 자금조달비용지수. 콜금리를 대체하여 2010년 2월에 도입된 새로운 대출 기준금리이다.

71. 정답 ②

| 해설 | A안과 B안에 대한 기대효용은 다음과 같다.

구분	A안	B안
확률	(1/2, 0, 0, 1/2)	(1/4, 1/4, 1/4, 1/4)
보수	(100, 80, 30, 0)	(100, 80, 30, 0)
기대효용	(50, 0, 0, 0)	(25, 20, 7.5, 0)

따라서 A안의 기대효용은 50, B안의 기대효용은 52.5이다.

72. 정답 ④

| 해설 | 신용등급을 안정적에서 낮추었으므로 (가)는 '부정적'이 된다. '막대한 정부의 (나)와 국가부채 급증'이라는 내용에서 (나)는 '재정적자'임을 추론할 수 있다. 신용등급 전망이 하락하였으므로 국채의 이자율은 상승할 것이다. 따라서 (다)의 국채 수익률은 '상승'한다.

73. 정답 ①

해설 | 수출 호조로 무역수지 적자 폭 축소, 수입 원자재 가격 상승에 따른 소비자 물가 상승을 통해 환율이 상승했음을 알 수 있다.
내국인의 해외 투자 증가는 외환의 수요 증가 요인이고, 외국인 관광객의 국내여행 감소는 외환의 공급 감소 요인이다.

오답피하기 | 외국인의 국내 투자 증가는 외환의 공급 증가 요인이다.
내국인의 해외 여행 감소는 외환의 수요 감소 요인이다.

74. 정답 ④

해설 | ㉠과 ㉢은 경기 상승 국면이고, ㉡과 ㉣은 경기 하락 국면이다.
ㄴ. ㉡과 같은 경기 하락 국면에서는 수요가 하락한다.
ㄹ. ㉣과 같은 경기 하락 국면에서는 생산과 고용이 감소한다.

오답피하기 | ㄱ. ㉠과 같은 경기 상승 국면에서는 소득이 증가한다.
ㄷ. ㉢과 같은 경기 상승 국면에서는 투자가 증가하고 물가가 상승한다.

75. 정답 ⑤

해설 | 택시업계의 반대와 규제로 타다가 시장에서 퇴출된 사건은 영국의 적기조례법과 관련이 있다.
ㄷ. 철의 삼각은 정책분야별로 특정 이익집단, 관료조직, 의회의 관련 상임위원회가 상호 간의 이해관계를 유지·보전하기 위해 견고한 동맹관계를 형성하고 있는 현상을 말한다.
ㄹ. 붉은 깃발법(적기조례)은 1865년 자동차의 등장으로 피해를 볼 수 있는 마차를 보호하기 위해 제정된 세계 최초의 교통법이다. 이 법은 당시 증기자동차의 출현으로 일자리를 잃게 된 마차 업자들의 항의가 들끓자 제정된 법안으로 자동차에 붉은 깃발을 든 기수 등 3명이 타도록 하고 자동차 최고속도를 말보다 느리게 규제했다. 이 법은 1896년까지 약 30년간 유지되면서 영국에서 소비자들의 자동차 구매 욕구를 감소시키는 주원인이 됐다. 산업혁명의 발상지였던 영국은 자동차를 가장 먼저 만들고도 자동차 산업이 크게 위축돼 주도권을 독일, 미국, 프랑스에 내주고 말았다. 붉은 깃발법은 기존 산업 보호를 위해 새로운 산업 모델을 규제로 억누르면 경제 전체의 역효과가 나타날 수 있다는 교훈을 준다.

오답피하기 | ㄱ. 코즈의 정리(Coase's Theorem)는 거래비용과 재산권(Property Right)의 개념으로 정부의 개입 없이 외부효과(Externality)를 해결할 수 있음을 밝혀낸 이론이다.
ㄴ. 쿠즈네츠 파동은 미국의 경제학자 쿠즈네츠의 이름을 딴 이론으로 약 20년의 주기를 갖는 실질국민소득의 성장률 순환이다.

76. 정답 ③

해설 | 가격에 따른 매출액을 나타내면 다음과 같다.

가격	소비자	매출액
9	(가)	9
7	(가), (라)	14
5	(가), (라), (다)	15
2	(가), (라), (다), (마)	8
0	(가), (라), (다), (마), (나)	0

한계비용과 고정비용이 0이므로 매출액의 크기는 이윤의 크기와 같다. 이윤 극대화 결과 이동통신사 A는 가격을 5로 설정할 것이다.

77. 정답 ②

해설 | 현재 수요량과 공급량이 1,500개로 일치하는 600원이 균형가격이다.
균형가격보다 높은 가격인 1,000원을 유지하려면 최저가격제를 실시해야 한다. 1,000원에서 공급량이 수요량에 비해 1,100개 초과되므로 이를 유지하기 위해서는 1,000원 × 1,100개 = 110만 원의 금액이 필요하다.

78. 정답 ③

해설 | 한국의 세계국채지수에 관찰대상국으로 이름을 올린 것은 한국의 국제신용도가 상승했음을 의미한다.
CDS 프리미엄의 상승은 국제신용도가 하락한 경우 나타난다.

오답피하기 | ① 한국의 국제 신용등급이 상승하면 국고채 금리는 하락할 것이다.
②④⑤ 한국의 국제 신용등급이 상승하면 국채의 신용등급이 상승하므로 외국인의 한국 채권 투자는 증가할 것이다. 이 과정에서 외환이 유입되어 원화 환율은 하락할 것이다.

관련 개념 짚어보기

CDS(Credit Default Swap, 신용부도스왑, 신용파산스왑)
채무불이행에 대한 보험 역할을 하는 파생상품이다. 채무자로부터 채권을 구입한 채권자는 채무자의 채무불이행이라는 위험을 부담한다. 채권자는 이 위험을 회피하기 위해 CDS 판매자(주로 대형 금융기관)로부터 CDS 프리미엄을 주고 CDS를 구매한다. 채무자가 채무불이행을 하는 경우 CDS 구매자(=채권자)는 CDS 판매자로부터 원금을 보장받을 수 있고, 채무가 잘 이행되는 경우에는 CDS 판매자가 CDS 프리미엄만큼의 이익을 얻는 구조이다. 채무자의 채무불이행 확률이 높을수록 CDS 프리미엄은 상승한다.

79. 정답 ⑤

해설 | 출발 기한이 얼마 안 남은 상황에서 고가 항공권을 판매하는 이유는 대체재가 적어 수요의 가격탄력성이 낮기 때문이다.

오답피하기 | ① 항공권 가격의 구성요소를 말하면서 항공권의 가격을 비용, 즉 원가의 측면에서 정의하고 있다.
② 항공권 가격이 시장의 수요와 공급에 결정되므로 성수기에는 수요가 많아 가격이 비싸다.
③ '좌석이 100개이면 가격이 100개이다.'는 말은 완전가격차별(1급 가격차별)을 연상시킨다.
④ 가격이 싼 좌석일수록 부가 서비스 혜택이 작다는 것은 모든 것에는 대가가 따른다는 것을 의미하므로 '공짜 점심은 없다.'라는 문구와 관련이 있다.

80. 정답 ③

해설 | 남해회사의 주식은 적정 가치에 비해 매우 고평가되어 있어 위험도가 매우 높은 투자 상품이었다.

오답피하기 | ④ FOMO는 Fear Of Missing Out의 줄임말로, 남에게 잊혀지거나 뒤처지는 것을 두려워하는 현상을 말한다.

제77회 특별 TESAT 문제지
정답 및 해설

경제이론

1	①	2	③	3	④	4	①	5	②
6	④	7	⑤	8	②	9	①	10	①
11	⑤	12	②	13	②	14	④	15	①
16	④	17	④	18	④	19	⑤	20	⑤
21	②	22	②	23	⑤	24	①	25	②
26	③	27	②	28	①	29	③	30	⑤

시사경제·경영

31	⑤	32	④	33	③	34	③	35	①
36	③	37	②	38	②	39	④	40	④
41	⑤	42	②	43	②	44	①	45	②
46	①	47	①	48	②	49	④	50	④
51	⑤	52	⑤	53	⑤	54	③	55	⑤
56	②	57	①	58	②	59	③	60	④

상황추론·판단

61	②	62	⑤	63	②	64	⑤	65	①
66	②	67	①	68	①	69	④	70	⑤
71	①	72	②	73	③	74	⑤	75	④
76	④	77	③	78	③	79	④	80	③

경제이론

1. 정답 ①
| 해설 | 경제학에서 말하는 자원의 희소성은 인간의 무한한 욕망에 비해 자원은 유한하다는 것을 의미한다.

2. 정답 ③
| 해설 | 유선방송에서 최신 영화를 보기 위해 지불한 2,000원은 서비스의 대가로 올해의 GDP에 포함된다.

| 오답피하기 | ① 살던 집을 매각한 대금은 올해의 GDP에 포함되지 않는다. 신규 건축은 올해의 GDP에 포함된다.
② 주식 매매대금은 GDP에 포함되지 않는다.
④ 가정주부의 가사 노동은 GDP에 포함되지 않는다.
⑤ 지난해에 생산된 쌀값은 지난해의 GDP에 포함되었으므로 올해의 GDP에 포함되지 않는다.

3. 정답 ④
| 해설 | 보완재 관계에 있는 상품의 단위당 생산성이 하락하면, 보완재 관계에 있는 상품의 가격이 상승한다. 즉, 보완재 관계에 있는 상품의 단위당 생산성 하락은 수요 감소 요인이다. 수요가 감소하면 수요곡선은 좌측으로 이동한다.

| 오답피하기 | ① 대체재 관계에 있는 상품의 공급이 감소하면 대체재 관계에 있는 상품의 가격이 상승한다. 즉, 대체재 공급 감소는 수요 증가 요인이다.
② 소비자 수 증가는 수요 증가 요인이다.
③ 미래 가격 상승 예상은 수요 증가 요인이다.
⑤ 재화에 대한 소비자의 선호도 증가는 수요 증가 요인이다.

| 관련 개념 짚어보기 |
수요곡선의 좌측 이동

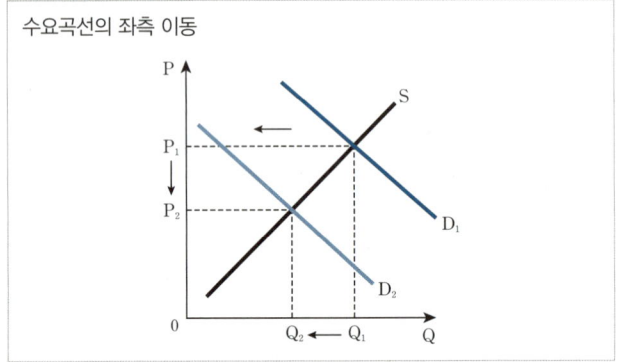

4. 정답 ①
| 해설 | 수요견인 인플레이션의 경우 총수요의 증가로 인해 발생하며, 공급견인 인플레이션의 경우 총공급의 감소로 인해 발생한다. 정부지출의 증가는 총수요 증가 요인으로 이는 수요 견인 인플레이션을 야기한다.

| 오답피하기 | ② 국제 원자재 가격 급등은 총공급 감소 요인이다.
③ 기업에 대한 환경규제는 총공급 감소 요인이다.
④ 자연재해는 생산성 감소로 인한 공급 측면 인플레이션을 야기한다.
⑤ 임금 상승은 총공급 감소 요인이다.

| 관련 개념 짚어보기 |
인플레이션의 원인

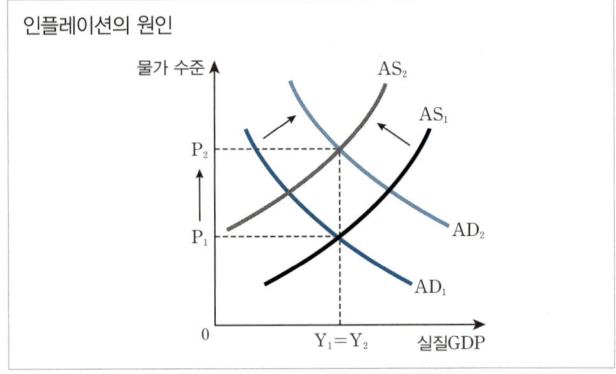

5. 정답 ②

| 해설 | 소비자잉여란 지불할 용의가 있는 최대 금액과 실제 지불한 금액의 차이를 말한다.

6. 정답 ④

| 해설 | 중앙은행이 화폐공급을 증가시키면 시중 이자율이 하락하고, 이는 투자의 증가로 연결된다. 투자의 증가는 총수요 증가 요인으로 이는 국민소득을 증가시킨다.

7. 정답 ⑤

| 해설 | 완전경쟁시장에서 거래되는 재화에 세금을 부과하면 자중손실이 발생하여 사회적 총잉여가 감소한다.

| 오답피하기 | ① 소득세율이 지나치게 높으면 근로의욕을 감소시키고, 법인세율이 지나치게 높으면 기업의 이윤을 감소시켜 기업의 투자활동을 감소시킬 수 있으므로 세금수입은 지속적으로 늘어난다고 볼 수 없다.
② 공급자에게 물품세를 부과하면 공급곡선이 좌측으로 이동한다.
③ 소비자의 가격탄력성이 무한대라면 수요곡선은 수평선 형태를 띤다. 이때 세금이 부과되면 생산자잉여만 감소하므로 공급자가 세금을 모두 부담한다.
④ 세금의 실제 부담 주체는 전가와 귀착 때문에 부과 대상보다는 탄력성과 밀접한 관련이 있다.

관련 개념 짚어보기

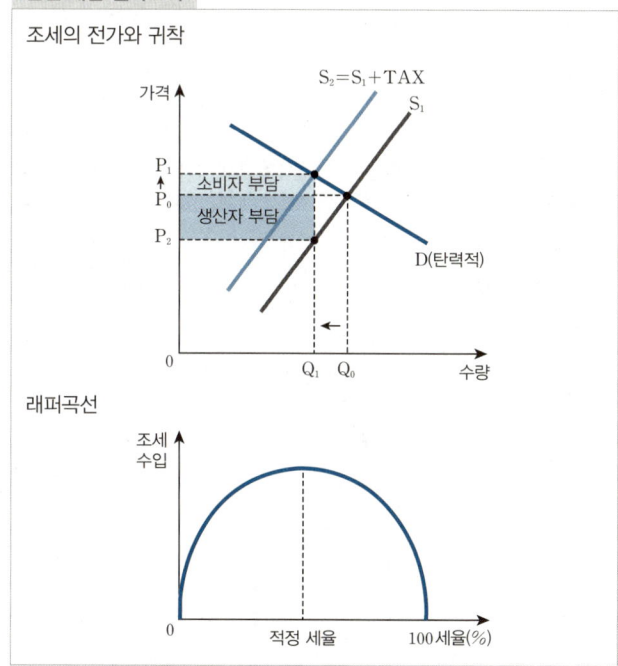

조세의 전가와 귀착

래퍼곡선

8. 정답 ②

| 해설 | 금리가 인상되면 채권금리 및 할인율이 상승하여 채권의 현재가격이 하락한다. 이자율과 채권가격은 역(−)의 관계이다.

| 오답피하기 | ① 금리 인상은 통화량 감소 및 총수요 감소를 일으키므로 이는 주식시장에서 악재 요인이다.
④⑤ 금리 인하 시기에는 예금 수익률이 감소하므로 주식 또는 채권시장이 유망하다.

9. 정답 ①

| 해설 | ⊙과 ⓒ은 경기 상승 국면이고, ⓒ과 @은 경기 하락 국면이다.
ㄱ. ⊙과 같은 경기 상승 국면에서는 생산이 증가한다.
ㄴ. ⓒ과 같은 경기 하락 국면에서는 수요가 하락한다.

| 오답피하기 | ㄷ. ⓒ과 같은 경기 상승 국면에서는 투자가 증가하고 물가가 상승한다.
ㄹ. @과 같은 경기 하락 국면에서는 기업의 이윤이 감소하고 고용 상황이 악화된다.

10. 정답 ①

| 해설 | ⊙에는 정보를 가지지 못한 사람이 잘못된 선택을 할 위험이 있는 상황을 일컫는 '역선택'이 들어갈 수 있다. 역선택의 해결방안에는 정보를 가지고 있는 사람이 적극적으로 정보를 알리는 '신호발송'과, 정보를 가지지 못한 측에서 상대의 특성을 파악하려고 하는 '선별'이 있다.

| 오답피하기 | • 도덕적 해이는 주인과 대리인의 상황에서 대리인이 정보의 비대칭을 이용하여 자신의 이익을 위한 행동을 취하는 현상을 말한다.
• 스티그마란 어떤 사람이 실수나 불가피한 상황으로 인해 사회적 일탈행위를 한 번 저지르고 이로 인해 나쁜 사람으로 낙인이 찍히면 그 사람에 대한 부정적 인식이 형성되어 쉽게 사라지지 않는 현상을 말한다.
• 유인 설계란 도적적 해이 현상을 방지하기 위해 성과에 기반한 보상체계를 제공하는 것을 말한다.

11. 정답 ⑤

| 해설 | (가)는 분배국민소득, (나)는 투자, (라)는 이윤이다.

| 오답피하기 | ① 국민소득 3면 등가의 원칙은 국민소득(GDP)이 측정 관점에 따라 지출국민소득, 생산국민소득, 분배국민소득으로 나뉘지만 사후로 측정된 이 3가지 국민소득은 언제나 같음을 의미한다.
③ 투자는 건축투자, 설비투자, 재고투자로 나뉜다. 기업이 재고를 보유하는 행위는 재고투자로, 이는 GDP에 집계된다.
④ 생산국민소득은 최종재의 가치만으로 구성되므로 중간재의 가치는 포함되지 않는다.

12. 정답 ②

| 해설 | 한계대체율이 체감하는 형태의 무차별곡선은 다음과 같다.

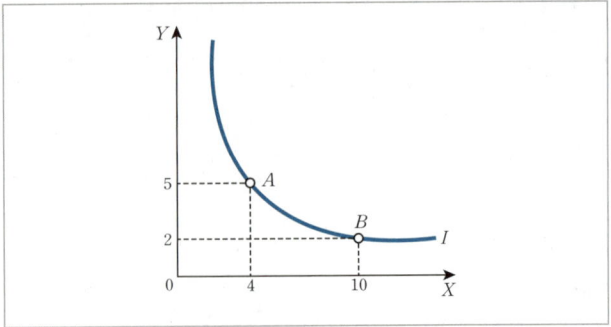

무차별곡선은 원점에 대해 볼록한 형태를 띤다. 그림에서 점 A는 (X재 4개, Y재 5개)로 9개, 점 B는 (X재 10개, Y재 2개)로 12개의 재화로 구성되어 있다. 점 A와 점 B의 총효용 수준은 같은데, 점 A가 더 적은 재화의 수로 구성되어 있으므로 극단적 상품조합보다는 골고루 들어간 상품조합을 더 선호함을 알 수 있다.

13. 정답 ②

| 해설 | 케인스가 주장한 절약의 역설은 구성의 오류의 예로, 개개인에게 절약은 미덕이지만 모두가 절약하면 소비가 위축되어 경기가 침체됨을 의미한다. 절약의 역설은 현재의 경기침체에 더 초점을 맞추고 있으므로 경제의 장기적인 관점에서는 유효한 현상이 아니다.

관련 개념 짚어보기

구성의 오류
부분이 지니고 있는 속성이 전체에는 나타나지 않는 경우를 말한다.

14. 정답 ④

| 해설 | 수요의 가격탄력성이 완전탄력적이면 수요곡선은 수평선 형태를 띤다. 이때 공급자에게 세금이 부과되면 공급곡선이 왼쪽으로 이동한다. 따라서 공급자에게 부과된 세금은 공급자가 모두 부담하게 된다.

| 오답피하기 | ① 수요곡선이 수평선 형태를 보이므로 공급이 증가하더라도 가격은 하락하지 않는다.
② 수요곡선은 수평선이다.
③ 공급이 감소하면 거래량은 감소한다.
⑤ 소비자에게 세금 부과 시 생산자잉여가 감소한다.

관련 개념 짚어보기

수요의 가격탄력성이 완전탄력적인 경우

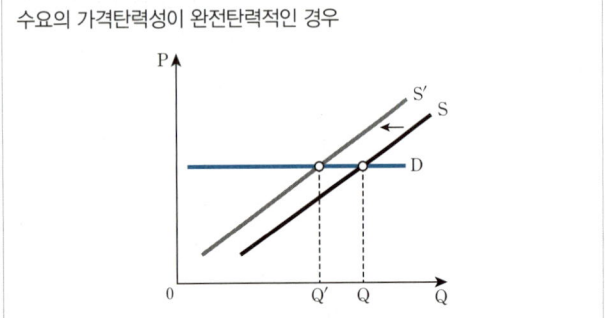

15. 정답 ①

| 해설 | 무역으로 인한 재화의 가격 하락은 소비자에게 이익을 가져다 주지만 생산자에게는 손실을 가져다 줄 수 있다.

| 오답피하기 | ② 비교우위 이론에 따르면 절대우위가 없더라도 비교우위가 있는 상품을 특화하는 방식으로 무역이 가능하다.
④ 국내 독과점 문제는 해외 무역을 통한 공급망 다각화로 해결이 가능하다.

16. 정답 ④

| 해설 | 밴드왜건효과는 자신의 주관 없이 대중적인 유행을 따라 이루어지는 소비 현상을 말한다.

| 오답피하기 | ① 기저효과란 경제지표 증가율을 해석할 때 기준시점과 비교시점의 상대적인 위치에 따라 경제상황에 대한 평가가 실제보다 위축되거나 부풀려지는 등의 왜곡이 일어나는 것을 말한다.
② 파레토 법칙은 20대 80의 원칙으로, 상위 20%가 전체 부의 80%를 소유하고 있는 것을 일컫는다.
③ 파랑새 증후군은 현재의 상황에 큰 관심을 가지지 않은 채 낙천적인 상황만 꿈꾸는 상태를 말한다.
⑤ 피터팬 증후군은 육체적으로는 이미 성숙해 어른이 됐지만 여전히 어린이로 남아 있기를 바라는 심리를 의미한다.

17. 정답 ④

| 해설 | 단기적으로 실업과 인플레이션 사이에는 부(−)의 관계가 있다. 이는 필립스곡선을 통해 확인되었다.

| 오답피하기 | ① 단기 필립스곡선보다 장기 필립스곡선이 가파르다.
② 자연실업률의 증가는 필립스곡선을 오른쪽으로 이동시킨다.
③ 장기 필립스곡선은 수직선 형태이다.
⑤ 스태그플레이션으로 물가상승률과 실업률이 동시에 오르자 실업률과 물가상승률 간의 상관관계를 분석한 필립스곡선은 설득력이 떨어지게 되었다.

관련 개념 짚어보기

필립스곡선
필립스곡선은 물가상승률과 실업률 간의 상충관계를 나타낸다.

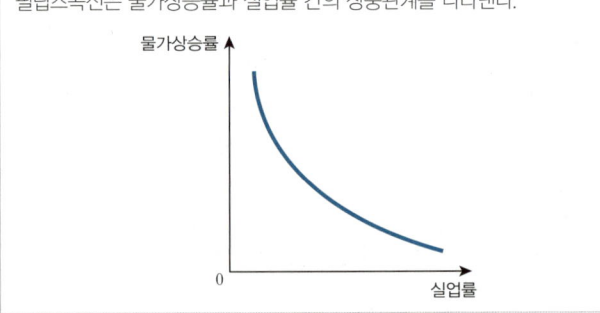

18. 정답 ④

| 해설 | A기업은 철판을 생산하면서 부정적 외부성을 발생시키고 있다. 부정적 외부성은 사회적 비용보다 사적 비용이 적으므로 과다생산된다. 이를 해결하기 위해 정부가 직접적인 규제를 하거나 한계 사회적 비용과 한계 사적 비용의 차이만큼 세금을 부과하는 방법(피구세)이 있으며, 탄소배출권 도입과 같이 코즈의 정리에 기반하여 시장 내부에서 해결하는 방법 등이 있다.

| 오답피하기 | ① 거래비용이 존재하므로 코즈의 정리와 같이 시장에 맡기는 방식은 제대로 작동하지 않을 수 있다.
⑤ 긍정적인 외부효과가 발생할 경우 한계 사회적 편익과 한계 사적 편익의 차이만큼 보조금을 지급하는 방식으로 해결이 가능하다.

| 관련 개념 짚어보기 |

부정적 외부성

한계 사회적 비용과 한계 사적 비용의 차이가 부정적 외부성의 크기이다.

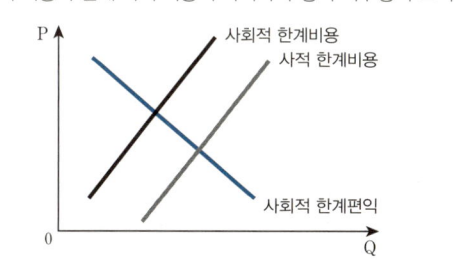

19. 정답 ⑤

| 해설 | 생산물시장에서 재화와 서비스를 구매하는 경제주체는 가계이다. 따라서 (가)는 가계, (나)는 기업이다.
ㄷ. 가계는 생산요소시장에 노동을 제공한 대가로 임금을 받는다. 따라서 임금은 ㉠에 해당한다.
ㄹ. 기업은 생산물시장에서 재화와 서비스를 팔아 판매수입을 얻는다. 따라서 기업의 판매수입은 ㉡에 해당한다.

| 오답피하기 | ㄱ. 가계는 소비의 주체이다. 공공재 생산은 정부가 담당한다.
ㄴ. 기업은 이윤극대화를 추구한다.

20. 정답 ⑤

| 해설 | 제시된 실업은 직업을 바꾸는 과정에서 발생하는 마찰적 실업이다. 산업구조 개편 등 경제구조의 변화로 인해 발생하는 실업은 구조적 실업이다.

| 오답피하기 | ① 마찰적 실업과 탐색적 실업은 자발적 실업으로 완전고용 상태에서도 발생하는 자연발생적 실업이다.
③ 일자리 정보 확충은 직업탐색 기간을 단축시켜줄 수 있으므로 마찰적 실업을 줄일 수 있다.
④ 실업보험급여는 실업 상태를 지속시킬 수 있으므로 마찰적 실업을 늘릴 가능성이 있다.

21. 정답 ②

| 해설 | 외자 도입에 따른 이자 지급은 소득계정에 기록된다. 소득계정에는 이자나 배당이 기록된다.

| 관련 개념 짚어보기 |

국제수지표의 구성

경상수지	상품수지
	서비스수지
	본원소득수지
	이전소득수지
자본수지	
금융계정	
오차 및 누락	

22. 정답 ③

| 해설 | (가)는 다수의 공급자가 동일한 상품을 판매하는 완전경쟁시장이고, (나)는 다수의 공급자가 차별적인 상품을 판매하는 독점적 경쟁시장이며, (다)는 단 하나의 공급자만 존재하는 독점시장이고, (라)는 소수의 공급자가 존재하는 과점시장이다.
우월전략균형, 즉 게임이론으로 설명할 수 있는 시장은 과점시장이다.

23. 정답 ⑤

| 해설 | 정부가 경기진작을 위해 소득세를 감면하고 정부부채를 증가시키는 것은 확장적 재정정책에 해당한다.
소비자들이 정부부채의 증가를 미래에 조세 증가로 이어질 것으로 예상한다면 현재의 소비를 줄이고 저축을 증가시켜 재정정책의 효과를 상쇄할 것이다.

| 오답피하기 | ① 한계소비성향이 높아지면 재정승수가 높아져 재정정책의 효과가 커진다.
② 정부부채의 증가가 이자율 상승을 초래하지 않으면 구축효과의 우려가 없어지므로 재정정책의 효과가 커진다.
③ 소비자들이 먼 미래를 생각하지 않고 현재를 중심으로 소비한다면 소비(C)가 증가할 것이다.
④ 신용제약에 놓여 있는 소비자들이 소득세 감면으로 더 많은 유동성을 확보하게 된다면 소비(C)를 늘릴 것이다.

24. 정답 ③

| 해설 | 미국인의 주식 투자자금이 국내에 유입되면 달러화 공급이 증가하므로 환율이 하락한다.

| 오답피하기 | ① 환율이 상승하면 원화 가치가 하락하므로 한국 정부의 대외 부채 부담이 늘어난다.
② 환율이 하락하면 한국 상품의 달러화 표시 가격이 상승하므로 수출 가격 경쟁력이 악화된다.
④ 환율이 하락하면 원화 가치가 상승하므로 미국 유학생을 둔 부모의 학비 송금 부담이 감소한다.
⑤ 환율 상승은 달러화 대비 원화 가치의 하락을 의미한다.

25. 정답 ②

| 해설 | A는 시장경제체제, B는 계획경제체제이다.
시장경제체제는 보이지 않는 손, 특히 가격에 의한 자원 분배를 중시한다.

| 오답피하기 | ① 모든 경제체제에서 희소성에 의한 경제문제가 발생한다.
③ 계획경제체제에 대한 설명이다.
④ 시장경제체제에서 경제적 유인을 강조한다.
⑤ 계획경제체제는 효율성보다 형평성을 더 강조한다.

관련 개념 짚어보기

시장경제체제 vs. 계획경제체제

시장경제체제	개인의 합리성을 전제로 사유재산권을 인정하고 가격기구에 의해 희소한 자원이 분배되는 경제시스템
계획경제체제	정부의 명령과 계획에 의해 희소한 자원이 분배되는 경제시스템

26. 정답 ③

| 해설 | 중앙은행은 통화정책을 관장하는 기관으로 경기침체 시 확장적 통화정책을 시행한다.
지급준비율을 낮추는 정책은 중앙은행의 확장적 통화정책에 해당한다.

| 오답피하기 | ① 소득세율 조정은 재정정책에 해당한다.
② 기업의 연구개발 장려는 투자(I)에 영향을 미치므로 재정정책에 해당한다고 볼 수 있다.
④ 기준금리를 높이는 것은 긴축적 통화정책에 해당한다.
⑤ 통화안정 증권을 발행하여 통화량을 줄이는 정책은 중앙은행의 통화정책으로, 이는 주로 경기과열 시에 시행된다.

관련 개념 짚어보기

통화정책의 수단

긴축	확장
기준금리 ↑	기준금리 ↓
지급준비율 ↑	지급준비율 ↓
재할인율 ↑	재할인율 ↓
통화안정 증권 매각	통화안정 증권 매입

27. 정답 ③

| 해설 | 정상재는 소득이 증가할 때 소비가 증가하는 재화를 말하고, 열등재는 소득이 증가할 때 소비가 감소하는 재화를 말한다.
소득이 적을 때에는 중고차를 구입하지만 소득이 증가하였을 때 신차를 구입하는 것으로 보아 중고차는 열등재, 신차는 정상재로 볼 수 있다.

| 오답피하기 | ① 재화는 시장에서 거래되는 것을 말하고, 비재화는 시장에서 거래되지 않는 것을 말한다.
② 공유재는 바닷속 물고기와 같이 경합성은 있으나 배제성이 없는 재화를 말하고, 공공재는 국방서비스와 같이 경합성과 배제성이 모두 없는 재화를 말한다.
④ 매몰비용은 이미 지출이 이루어져 회수가 불가능한 비용을 말한다. 기회비용은 선택하지 않은 것의 가장 큰 경제적 가치로, 명시적 비용과 암묵적 비용을 포함한 개념이다.
⑤ 명시적 비용은 특정 행위를 할 때 실제로 지출한 비용을 말하고, 암묵적 비용은 특정 행위를 할 때 선택하지 않은 행위 중 가장 큰 가치를 가진 대안의 잠재적 가치를 말한다.

28. 정답 ①

| 해설 | ㄱ. 외환보유액이 적으면 경제위기가 올 수 있다. 따라서 외환보유액은 국가 신용도와 밀접한 상관관계가 있다.
ㄴ. 충분한 외환보유액은 국가 신용도를 상승시키며 외국자본 조달 비용을 낮추고 외국인 투자를 촉진시킨다.

| 오답피하기 | ㄷ. 한국은행은 본원통화로 외환을 구매하여 외환보유액을 상승시키므로 외환보유액 증가는 국내 통화 증가로 이어진다.
ㄹ. 위안화, 유로화는 외환보유액에 포함된다.

29. 정답 ③

| 해설 | ㄴ. 가격차별 대상이 되는 집단 간에 상호 재판매가 불가능해야 가격차별이 성공적으로 이루어질 수 있다.
ㄷ. 분리된 시장에서 수요의 가격탄력성이 같으면 똑같은 가격으로 판매해야 이윤이 극대화되므로 가격차별의 의미가 퇴색된다.

| 오답피하기 | ㄱ. 많은 판매자와 낮은 진입장벽은 가격경쟁을 발생시켜 가격차별을 시행하기 어렵게 만든다.
ㄹ. 시장분리비용이 시장분리에 따른 이윤증가분보다 크면 가격차별 시행 시 손해가 발생한다.

30. 정답 ⑤

| 해설 | 정부가 공급자에게 단위당 $P_0 \sim P_1$의 세금을 부과하면 공급곡선이 좌측으로 이동하여 균형가격은 P_0와 P_2 사이에서 결정된다.

| 오답피하기 | ① 정부가 최고가격을 P_1으로 설정하면 공급량은 Q_1 수요량은 Q_2가 되므로 $Q_1 \sim Q_2$만큼의 초과수요가 발생한다.
② 정부가 최저가격을 P_2로 설정하면 공급량은 Q_2 수요량은 Q_1이 되므로 $Q_1 \sim Q_2$만큼의 초과공급이 발생한다.
③ 정부가 최고가격을 P_1으로 설정하면 P_2 가격에 구매 의사를 가진 수요자가 암시장에서 P_2 가격에 재화를 구매할 것이다.
④ $P_1 \sim P_2$만큼 공급자에게 조세를 감면하든 수요자에게 소비 보조금을 지급하든 균형거래량은 Q_2로 같다.

시사경제·경영

31. 정답 ⑤

| 해설 | 법정최고금리를 인하하자 저신용자가 불법 사금융시장으로 밀려나는 현상은 풍선효과로 설명할 수 있다. 풍선효과는 풍선의 한 부분을 누르면 다른 부분이 부풀어 오르는 것처럼 특정 분야에 대한 정책 또는 규제가 다른 분야의 문제를 불러오는 현상을 말한다. 특정 지역의 집값을 규제하면 비규제지역에서 집에 대한 수요가 몰려 집값이 오르는 현상이 대표적이다.

| 오답피하기 | ① 낙수효과는 많은 부를 가진 사람들이 더 많은 부를 얻고 더 많은 소비를 행할 때 가난한 사람들도 긍정적인 효과를 경험하는 현상을 말한다.
② 롤링효과는 채권 잔존 기간이 짧아질수록 수익률 감소가 일어나 채권가격의 상승이 발생하는 현상을 말한다.
③ 분수효과는 낙수효과에 대비되는 개념으로, 중산층 또는 저소득층의 세금을 줄여주거나 복지를 늘려주면 이들의 소비 지출이 늘어나 경제가 활성화되고 궁극적으로는 고소득층의 소득 역시 늘어날 수 있다는 이론이다.

32. 정답 ④

| 해설 | '계란을 한 바구니에 담지 마라.'라는 말이 있듯이 분산투자는 리스크 축소를 위해 시행된다.

| 오답피하기 | ① 복리효과는 이자에 또 이자가 붙는 복리 방식이 시간이 지날수록 눈덩이처럼 자산을 키우는 현상을 말한다.
② 나비효과는 하나의 작은 사건이 연쇄적으로 영향을 미쳐 나중에 예상하지 못한 엄청난 결과를 일으킬 수 있다는 것을 말한다. '브라질 나비의 작은 날갯짓이 텍사스에 태풍을 몰고 올 수 있다.'라는 말로 표현된다.
③ 지렛대효과는 투자액의 일부를 자기자본이 아닌 부채로 조달함으로써 자산의 가격변동률보다 훨씬 더 높은 투자수익률을 발생시키는 것을 말한다.
⑤ 고위험 고수익은 하이리스크 하이리턴이라고도 하며, 높은 수익을 추구하는 행위에는 높은 위험이 따른다는 것을 의미한다.

33. 정답 ③

| 해설 | 인플레이션 감축법은 조 바이든 정부가 추진한 법으로, 기후변화와 의료보험 확대 등의 내용을 담고 있다. 법안 내용 중 미국에서 제조된 전기차에만 보조금을 주는 내용이 포함되어 있어 큰 논란이 되었다.

| 오답피하기 | ① 도드-프랭크 법은 2008년에 발생한 금융위기 이후 발의된 법으로, 파생상품 거래의 투명성을 높이는 데 기여하였다.
④ 스무트-홀리 관세법은 미국이 자국 산업 보호 명분으로 2만여 종의 수입품에 평균 60%의 세율을 부과한 법안이다.
⑤ 우루과이라운드는 관세 및 무역에 관한 일반 협정(GATT)의 문제점을 해결하고 해당 협정을 새로운 다자간 무역 협정으로 발전시키기 위해 1993년에 타결된 무역협상이다.

34. 정답 ③

| 해설 | BSI(기업경기실사지수), CSI(소비자동향지수), PMI(구매관리자지수)는 모두 100을 기준으로 그 이상이면 경기확장, 그 이하면 경기수축으로 판단한다.

35. 정답 ①

| 해설 | 코픽스(COFIX)는 은행의 자금조달비용을 반영하여 주택담보대출금리 등의 기준이 되는 대출금리를 말한다.

| 오답피하기 | ② 코스닥은 코스피에 비해 벤처기업이나 중소기업이 많이 상장되어 있는 주식시장이다.
③ 코스피는 한국을 대표하는 주가지수로, 코스닥에 비해 핵심 대기업들이 상장되어 있는 주식시장이다.
④ 코리보는 은행 간에 돈을 빌릴 때 적용하는 호가금리를 말한다.
⑤ 코넥스는 중소, 벤처기업과 같이 규모가 큰 기업에 비해 주식 발행을 통한 자금 조달에 어려움을 겪는 기업들을 위한 중소기업 전용 증권시장이다.

36. 정답 ③

| 해설 | 노인복지법에 따르면 주요 노인복지제도의 기준이 되는 나이는 65세이다.

37. 정답 ②

| 해설 | 전환사채는 사채의 형태로 발행되었지만 후에 회사의 주식으로 교환할 수 있는 권리가 부여된 채권이다.

| 오답피하기 | ① 만기가 없는 채권을 영구채라고 한다.
③ 할인채는 이자가 없는 대신 채권 가격이 액면금액보다 낮은 채권을 말한다.
④ 듀레이션은 채권의 만기, 수익률 등을 보고 채권의 이자율 위험을 측정한 것이다.
⑤ 커버드콜은 주식 매수와 콜옵션 매도를 동시에 진행하여 옵션 프리미엄을 얻는 행위를 말한다.

38. 정답 ②

| 해설 | 국부펀드(Sovereign Wealth Fund)는 주로 투자수익을 목적으로 다양한 종류의 국내외 자산에 투자·운용하는 국가보유투자기금을 말한다. 한국의 국민연금, 사우디의 사우디 아람코가 대표적이다.

| 오답피하기 | ① 헤지펀드는 개인을 대상으로 모집한 자금을 고수익 또는 위험 회피 등을 목적으로 국제증권시장이나 국제외환시장에 투자하는 사적 투자조합 또는 투자계약을 말한다.
③ 벌처펀드는 부실기업에 전문적인 투자를 하는 펀드를 말하며, 해당 기업을 인수하고 부동산 매각이나 구조조정을 시행하여 수익을 창출한다.
④ 퀀트펀드는 계량 분석을 기반으로 기계적 학습 및 코딩을 통해 프로그램 매매를 하는 펀드를 말한다. AI의 개발과 머신러닝의 등장으로 수익성과 안정성이 더욱 증대되고 있다.
⑤ 매칭펀드는 공동자금출자를 말하며, 흔히 컨소시엄 형태로 여러 기업이 공동출자하는 경우를 지칭한다.

39. 정답 ④

| 해설 | 기간산업은 한 나라의 경제를 지탱하는 핵심 산업을 말한다. 우리나라의 자동차, 반도체, 조선 산업 등을 예로 들 수 있다.

| 오답피하기 | ① 리스산업은 자동차와 같은 물건을 대여하고 일정 기간 동안 그 대가를 분할하여 지급받는 리스 형태의 산업을 말한다.
② 사양산업은 경제와 기술의 발전으로 인해 자연스럽게 쇠퇴해가는 산업을 말한다. 우리나라의 경우 섬유 산업을 예로 들 수 있다.
③ 한계산업은 변화에 적응하지 못하여 어려움을 겪는 산업을 말한다. FTA 확대 시행으로 어려움을 겪는 농식품 산업을 예로 들 수 있다.
⑤ 후방산업은 특정 회사를 기준으로 최종 소비자보다 원재료 공급 쪽에 가까운 산업을 말한다.

40. 정답 ④

| 해설 | • 그레이 스완: 이미 알려진 악재이지만 적당한 해결책이 없어 위험 요인이 계속 존재하는 상태를 말한다.
• 그레이 라이노(회색 코뿔소): 갑자기 발생한 것이 아니라 계속해서 경고음을 내면서 빠르게 다가오는 위험이지만 대처하기 어려운 위험 요인을 말한다.

관련 개념 짚어보기

블랙 스완	발생할 가능성이 현저히 적은 일이 발생하는 현상을 말한다.
화이트 스완	이미 알려진 상태이고 충분히 예방할 수 있는 악재이지만 적절한 대응을 하지 못해 발생한 현상을 말한다.

41. 정답 ⑤

| 해설 | 공매도란 보유하고 있지 않은 주식을 매도하는 것을 말한다. 투자자가 주식을 보유하지 않은 상태에서 주가 하락을 예상하고 주식을 빌려 먼저 매도한 후, 주가가 하락하면 시장에서 주식을 매입하여 되갚은 후 차익을 얻는 투자를 말한다.

| 오답피하기 | ① 유상감자는 회사가 주식의 수를 줄여 자본을 감소시킬 때 발생한 금액을 주주에게 환급하는 것을 말한다.
② 로스컷은 손절매를 뜻하는 용어로, 손해를 감수하고 주식이나 상품을 매도하는 행위를 말한다.
③ 무상증자는 자본잉여금을 재원으로 주주에게 대가를 받지 아니하고 신주를 발행하여 교부하는 것을 말한다. 자본잉여금이 자본금으로 바뀌므로 자본금은 증가하지만 자본 총량은 변하지 않는다.
④ 숏커버링은 공매도(Short)한 주식을 되갚기 위해(Covering) 시장에서 주식을 매입하는 것을 말한다.

42. 정답 ⑤

| 해설 | 디폴트 옵션은 연금 가입자가 특별한 지시를 하지 않는 경우 운용사가 사전에 지정된 방법으로 투자 상품을 자동으로 선정·운용하는 제도이다.

| 오답피하기 | ① 순환출자는 그룹 계열사들끼리 돌려가며 출자를 하여 자본을 늘리는 것을 말한다.
② 골드뱅킹은 금과 관련된 상품을 은행에서 사고파는 제도를 말한다.
③ 대체투자는 종래의 주식, 채권, 현금의 범주 중 하나에 속하지 않는 금융자산에 투자하는 행위이다. 사모펀드나 벤처캐피털, 헤지펀드, 부동산 등은 모두 대체투자의 예이다.
④ 플래시백은 과거의 사건으로 거슬러 올라가는 영화, 이야기 또는 연극의 짧은 부분이다. 현실에 특정한 단서를 통해 그것과 관련된 기억을 회상하는 행위를 말한다.

43. 정답 ②

| 해설 | 조회공시는 투자자 보호를 달성하고자 기업 주가에 영향을 미칠 수 있지만 사실이 확인되지 않는 보도, 풍문에 대해 해당 기업이 직접 답변하도록 하는 제도이다.

| 오답피하기 | ① 기업공개는 비상장회사가 상장 절차 등을 밟아 주식을 외부 투자자들에게 공매하는 행위를 말한다.
③ 내부감사는 회사 내의 구성원이 행하는 회계감사이다. 이를 통해 리스크 관리, 기업의 내부 통제, 기업 지배구조 및 회계 과정의 효율성을 평가한다. 내부감사는 외부감사에 앞서 회사의 결함을 발견하고 수정할 수 있는 부분을 경영진 및 이사회에 제공한다.
④ 외부감사는 내부자가 아닌 독립적인 외부인, 외부기관으로부터 받는 회계감사이다. 감사 주체는 감사 결과에 따라 적정, 부적정, 한정, 의견거절 등의 결과를 제공한다.
⑤ 수요예측은 공모주 청약 전에 기관이 청약 주관사에 희망하는 매입 수량과 가격을 통보하는 것을 말한다.

44. 정답 ①

| 해설 | 통화스와프는 두 당사자가 대출의 원금과 한 통화의 이자를 다른 통화의 원리금으로 교환하는 합의로, 주로 안정적인 외화보유액을 유지하기 위해 시행하는 계약이다.

| 오답피하기 | ② 베이시스는 선물계약과 현물지수와의 가격 차이를 말한다.
③ 헤징은 주식과 같은 현물가격의 하락에 의한 손실을 막기 위해 선물을 매도하는 행위이다.
④ 인덱스는 코스피나 다우존스와 같은 시장지수를 지칭한다.
⑤ 스프레드는 기준금리와 실제 거래에서 적용한 금리 간의 차이를 말하며, 가산금리라고도 한다. 일반적으로 신용도가 떨어지면 스프레드가 커지게 된다. 또한 선물 시장에서 조건(보통 만기 조건)이 다른 선물가격 간의 차이를 스프레드라고 한다.

45. 정답 ③

| 해설 | '차가운 머리, 뜨거운 가슴'을 이야기한 경제학자는 알프레드 마샬로 신고전학파의 창시자이자 현대 미시경제이론을 정립한 학자이다. '인플레이션은 언제나 화폐적 현상이다.'라고 주장한 경제학자는 밀턴 프리드먼이다. 프리드먼은 정부의 재정정책을 반대했다는 점에서 케인스와 대비되지만, 통화주의의 대표주자로 시카고학파를 이끌었다. 그는 정책 당국의 재량적 통화정책을 경계하며 명확한 준칙에 따른 통화정책의 필요성을 강조하였다.

관련 개념 짚어보기
- 애덤 스미스(A. Smith): 경제학의 아버지라 불리우며, '보이지 않는 손'이라는 말을 남겼다.
- 존 메이너드 케인스(J. M. Keynes): 정부 개입 옹호론의 대표주자로, 승수효과를 비롯한 이론을 바탕으로 정부지출을 통해 국민소득을 효과적으로 증가시킬 수 있음을 주장한 학자이다.

46. 정답 ①

| 해설 | 톱니효과는 소비수준이 한 번 높아지면 다시 낮아지기 힘들어지는 현상을 설명하는 용어로, 소비의 비가역성이라고도 한다.

| 오답피하기 | ② 승수효과는 정부지출 등 정부정책변수의 변화율에 비해 국민소득의 변화율이 더욱 크게 나타나는 현상을 말한다.
③ 피구효과는 물가가 하락하면 화폐의 구매력이 증가하여 실질부(Real Wealth)가 증가하는 효과를 말한다. 부의 효과, 실질잔고 효과와 같은 의미이다.
④ 스놉효과는 어떤 제품이 대중화되면 남들과 다르다는 것을 증명하기 위해 해당 제품을 더 이상 구매하지 않는 소비 현상을 일컫는 말이다.
⑤ 핀볼효과는 제임스 버크의 저서 『핀볼효과(The Pinball Effect)』에서 '우연적 사건의 연쇄가 세상을 움직인다.'라는 뜻으로 처음 등장한 용어이다. 이는 경제성장률, 유동성, 금리, 투자심리 등이 복합적으로 작용하여 자산 가격을 크게 오르게 하는 것을 가리킨다.

47. 정답 ①

| 해설 | 치킨게임은 게임이론에서 나오는 두 플레이어의 극단적 갈등 모델이다. 한쪽이 포기하면 다른 쪽이 이득을 보지만, 포기하는 겁쟁이(Chicken)가 나오지 않을 경우 양쪽 모두 파멸적인 결과를 맞게 된다.

| 오답피하기 | ② 바벨전략은 중간 정도의 위험을 가진 투자상품을 배제한 채 큰 안전성을 가진 상품과 높은 위험성을 가진 상품으로만 포트폴리오를 구성하는 전략이다.
④ 상쇄전략은 투자자가 자신의 포지션을 공개하고 공개한 포지션과 정반대의 포지션을 취하는 것이다.
⑤ 룰렛게임은 37개의 칸으로 나누어진 룰렛을 돌려 공이 어디로 들어갈지 맞히는 게임이다.

48. 정답 ③

| 해설 | 로보어드바이저는 사전에 프로그램된 알고리즘을 통해 투자와 매매 및 자산배분 서비스를 제공하는 행위 또는 그 프로그램을 말한다.

| 오답피하기 | ① 빅블러(Big Blur)는 산업 간 경계가 애매해지는 현상을 말한다.
② 메타버스는 가상현실 또는 증강현실을 포함하는 상위 개념으로, 현실 세계가 아닌 가상공간에서 현실과 같이 사회, 경제 활동을 할 수 있는 세계를 말한다.
④ 블록체인은 탈중앙화 방식으로 정보를 기록하는 시스템으로 정보의 변경이나 해킹이 매우 힘든 특징이 있다.
⑤ 텔레매틱스는 자동차 등의 운송장비 안에서 무선통신과 GPS의 결합을 통해 금융서비스, 위치서비스, 오락 등을 이용할 수 있게 만드는 기술을 말한다.

49. 정답 ④

| 해설 | 공정거래법에 따르면 1개의 사업자 시장 점유율이 50% 이상이거나 3개 이하의 사업자의 시장 점유율 합이 75% 이상이면 해당 사업자를 시장지배적 사업자로 규정한다.

관련 개념 짚어보기
공정거래법 제6조 시장지배적 사업자의 추정
1. 하나의 사업자의 시장 점유율이 100분의 50 이상
2. 셋 이하의 사업자의 시장 점유율의 합계가 100분의 75 이상. 이 경우 시장 점유율이 100분의 10 미만인 사업자는 제외한다.

50. 정답 ④

| 해설 | 패리티는 다른 통화와의 비율을 말한다.

| 오답피하기 | ② 황금률은 타인에게 기대하는 행위를 본인이 먼저 실천하라는 의미를 지닌 도덕 철학 원칙이다.
③ 녹아웃은 한계수익률을 말한다. 기초자산이 녹아웃 가격에 도달하면 수익률이 확정된다.
⑤ 트리핀 혹은 트리핀 딜레마는 기축통화 발행국은 기축통화의 국제 유동성을 유지하기 위해 국제수지(경상수지) 적자를 지속해야 하는데, 이는 기축통화에 대한 신뢰도 하락으로 연결될 수밖에 없다는 상충관계를 의미한다.

51. 정답 ⑤

| 해설 | 아람코는 사우디아라비아의 국부펀드를 지칭한다.

52. 정답 ①

| 해설 | 발생주의 회계는 수익의 인식을 재화(재고) 또는 서비스를 구매자에게 인도한 시점에, 비용의 인식은 재화 또는 서비스를 소비한 시점에 하는 것을 말한다.

| 오답피하기 | ② 현금주의 회계는 현금 수취 또는 지출 시점에 수익과 비용을 인식하는 회계 방식이다.
④ 총액주의 회계는 순액주의와 대비되는 개념으로, 수익과 비용을 상계하지 않고 각각 총액으로 재무제표에 기재하는 방식을 말한다.
⑤ 권리의무 확정주의는 실현주의라고도 하는데, 실제 금전의 수수 여부에 상관없이 금전을 수취할 권리와 지급할 의무가 확정되는 시점에 손익을 인식하는 기준을 말한다.

53. 정답 ⑤

| 해설 | 수직계열화는 대기업이 원재료 조달, 제조, 유통, 판매에 관련된 기업들을 계열사화하여 공급사슬을 통제하에 두는 것을 말한다. 비용을 절감하고 효율성을 높일 수 있는 장점이 있지만, 통합에 큰 자본 투자가 필요하고 제품이 경쟁력을 잃거나 불황에 빠질 경우 계열사 전체가 연쇄적으로 위기에 빠질 수 있다는 단점이 있다.

| 오답피하기 | ① 관리대상계열은 재무구조개선 약정 체결대상은 아니지만 그에 준하는 기업들을 선정하여 신규사업 진출이나 해외투자를 조건부로 규제하는 제도이다.
② 라이선스생산은 다른 업체에게 설계도나 제조과정 및 노하우를 전수받아 대리 생산하는 생산 방식이다.
③ 수평계열화는 사업적으로 관계가 적은 기업들을 계열사화하는 것으로, 이는 위험을 분산할 수 있다는 장점이 있다.
④ 주채무계열은 부채 감당이 힘든 사업채에 대해 주채권은행으로 하여금 채무를 통합하여 관리하게 하는 제도이다.

54. 정답 ⑤

| 해설 | 금과 미국 달러화, 미국 국채는 위험이 적은 안전자산으로 분류되어 불황기에 인기가 많다. 하지만 이러한 투자상품들은 주식과 달리 배당수익을 제공하지 않는다.

55. 정답 ②

| 해설 | 오버슈팅은 재화 또는 금융자산의 가격이 급격히 폭등 또는 폭락하였다가 다시 균형가격으로 되돌아가는 현상을 말한다.

| 오답피하기 | ① 어닝쇼크는 시장에서 예상한 것보다 기업이 저조한 실적을 발표하여 주가에 영향을 미치는 현상을 일컫는 용어이다. 시장의 예상치보다 영업실적이 저조한 경우 주가 하락으로 이어지는 경우가 일반적이다.
③ 턴어라운드는 전환점을 의미하며, 국가가 경기침체 국면에서 경기호황 국면으로 전환되는 시점을 말한다.
④ 크로스오버는 장르를 넘나드는 교류현상을 말하는데, 은행과 보험사가 다른 금융채널을 활용하여 상품을 판매하는 것을 예로 들 수 있다.
⑤ 오너어닝은 기업가치를 판단하는 지표로서 순이익과 같은 현재적 자금 흐름에서 투자비용과 같은 자본적 지출을 빼서 구한다.

56. 정답 ②

| 해설 | RBC(Risk-Based Capital)는 보험회사의 재무건전성을 나타내는 지표이다. 이 지표를 통해 보험사의 지급능력을 가늠할 수 있다.

| 오답피하기 | ① EVA(Economic Value Added)는 주주의 관점에서 기업의 가치를 파악하기 위한 지표로, 세후영업이익에서 자본비용을 차감하여 구한다.
③ ROE(Return On Equity)는 기업의 수익성을 나타내는 지표의 하나로서, 주주가 출자한 자본에 대한 이익의 창출 정도를 나타낸다.
④ LBO(Leveraged Buyout)는 특정 기업을 인수하기에는 자금이 부족한 기업이 매수 대상인 기업의 자산을 담보로 금융기관으로부터 자금을 차입하여 기업을 인수하는 M&A 전략을 말한다. 적은 자기자본으로 기업을 인수할 수 있다는 장점이 있지만, 사모펀드 등의 고위험 투기 전략으로 활용되면서 비판의 목소리 또한 존재한다.
⑤ CMA(Cash Management Account)는 단기금융상품으로 자금을 국공채나 어음 등에 투자해서 수익을 고객에게 나누어준다.

57. 정답 ①

| 해설 | 리쇼어링(Reshoring)은 인건비, 생산비 절감 등의 이유로 해외로 생산시설을 옮긴 기업들이 다시 자국으로 돌아오는 현상을 말한다.

| 오답피하기 | ② 리텐더(Retender)는 선물 또는 선물 계약으로 인한 인도를 목적으로 하는 상품 또는 자산의 소유권을 매각하거나 양도하는 것을 말한다.
③ 리커버리(Recovery)는 위기인 기업이나 산업을 살리기 위해 정부나 금융기관이 자금을 지원해주는 행위를 말한다.
④ 리세션(Recession)은 경기침체를 의미하며, R의 공포라고도 한다.
⑤ 리타이어먼트(Retirement)는 은퇴, 퇴직을 말한다.

58. 정답 ②

| 해설 | 캔자스시티 연방은행은 매년 주요국 중앙은행 총재들을 초대하여 심포지엄을 개최하는데, 이를 잭슨홀 미팅이라고 한다.

| 오답피하기 | ① 타운홀 미팅은 지역 주민과 해당 지역 국회의원이나 지역 의원이 만나 입법에 대한 토론을 하는 것을 말한다.
③ 킥오프 미팅은 프로젝트를 시작할 때 진행되는 첫 미팅을 말하며, 이때 프로젝트의 목표나 기한 등을 정한다.
④ 오픈 컨퍼런스는 특정한 주제 아래 시민들의 자발적 참여로 열리는 컨퍼런스이다.
⑤ 선밸리 컨퍼런스는 비공개 국제 비즈니스 회의로, 투자회사 앨런앤컴퍼니가 개최하며, 미디어나 IT업계에서 큰 영향력을 발휘하는 인물들만 초대한다.

59. 정답 ③

| 해설 | NICE, 피치, 무디스, 한국기업평가, S&P는 모두 신용평가사로, 국가나 기업의 신용을 평가하는 기관이다.
골드만삭스는 투자은행이다.

60. 정답 ④

| 해설 | 님비(NIMBY)현상은 'Not In My Backyard'의 줄임말로, 공공의 이익을 위해서는 필수적인 시설이지만 자신의 주거지에는 도움이 되지 않거나 피해를 끼치는 폐기물처리장과 같은 시설이 자신의 지역에 들어서는 것을 반대하는 행동이다.

| 오답피하기 | ① 병목현상은 병의 목과 유사한 현상이 일어남을 의미하는데, 병의 목 부분의 지름이 몸통 부분에 비해 좁아 물이 천천히 쏟아지는 것처럼 어떠한 하나의 제약조건으로 전체의 성능이 저하되는 현상을 말한다.
② 설단현상은 어떤 내용을 기억하려 할 때 방해하는 요인이나 장애가 있어 해당 내용을 정확하게 기억해내지 못하는 상태를 말한다.
③ 적목현상은 사진을 찍을 때 사람 눈의 모세혈관이 빛을 받아 눈이 빨갛게 보이는 현상을 말한다.
⑤ 공동현상은 유체 내에 속도 변화가 생겨 이로 인한 압력 변화가 발생하여 공간들이 생기는 현상을 말한다.

상황추론·판단

61. 정답 ②

| 해설 | 코로나19로 인해 반도체 공장이 중단되면 반도체 시장에서 공급 감소가 나타난다. 공급이 감소하면 가격은 상승하고 거래량은 감소한다.

관련 개념 짚어보기

공급의 감소

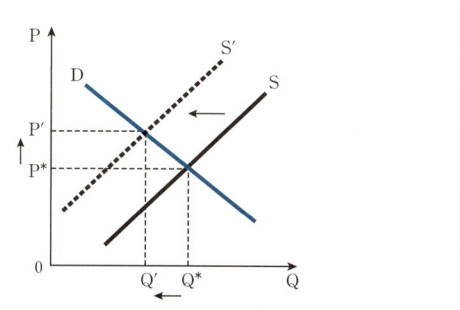

62. 정답 ⑤

| 해설 | 2022년 9월에 작성된 제시된 신문기사는 미국 중앙은행(연준)이 고물가에 대응하기 위해 기준금리를 높이는 정책을 펼쳤는데, 그 결과 투자자금이 미국으로 몰려 달러화 가치가 상승했다고 보도하고 있다. 이를 통해 2022년 1월에는 주요국 통화와 비교했을 때 달러화 가치가 낮았음을 알 수 있다.

| 오답피하기 | ① 기준금리 인상으로 1월에 비해 9월에 달러화 가치가 높다.
② 달러화 가치 상승은 외국 통화의 가치 하락으로 이어져 수입 물가의 하락을 가져와 미국 인플레이션 억제에 도움이 된다.
③ 유럽과 중국의 불황은 유로화와 위안화의 가치를 하락시켜 달러화 가치 상승을 견인한다.
④ 달러 인덱스가 상승하면 달러화 대비 원화 환율은 상승한다.

관련 개념 짚어보기

달러 인덱스(USDX)

유로(유럽), 엔(일본), 파운드(영국), 캐나다 달러, 스웨덴 크로나, 스위스 프랑 등 경제 규모가 크고 통화가치가 안정적인 6개국 통화에 대한 미국 달러화의 평균적인 가치를 보여주는 지표이다. 지수 산출을 위한 6개국 통화의 비중은 경제 규모에 따라 결정된다. 1973년 3월을 기준점인 100으로 하여 미 연방준비제도 이사회(FRB)가 작성·발표한다. 달러 인덱스가 상승하면 미 달러화 가치가 오른다는 것을 의미한다. 특정 시점의 달러 인덱스가 80이라면 주요국 통화 대비 미 달러화 가치가 1973년 3월 대비 20%가량 떨어졌다는 것을 의미한다.

63. 정답 ②

| 해설 | 제시된 신문기사는 공적연금의 재무 개선이 불가능한 상황에서 지속적으로 정부 재원이 투입되어야 하는 상태임을 보여준다.
계속되는 연금적자에 재정투입이 늘어나는 것은 '밑 빠진 독에 물 붓기'와 같은 상황이다.

| 오답피하기 | ① '티끌 모아 태산'은 작은 것도 모으면 큰 것으로 불어난다는 속담이다.
③ '같은 값이면 다홍치마'는 이왕 같은 값이면 품질이 더 좋은 것을 고른다는 속담이다.
④ '우물에 가 숭늉 찾는다.'는 순서를 무시하고 행위를 보채는 사람을 의미한다.
⑤ '바늘 도둑이 소도둑 된다.'는 사람이 가벼운 죄도 계속 저지르다 보면 언젠가 중죄를 지게 된다는 속담이다.

64. 정답 ⑤

| 해설 | 인텔은 CPU 산업에 모든 기업 역량을 쏟아부어 다른 기업들이 만들어 내지 못하는 수준의 CPU를 만들어 90%가 넘는 시장 점유율을 기록하였다.

| 오답피하기 | ① 인텔은 CPU 시장에서 높은 점유율을 차지하기 위해 카르텔을 활용하지 않았다.
② 인텔은 가격차별이 아닌 더 높은 질의 제품을 생산하여 시장을 독점하였다.
③ 인텔은 시장지배력을 행사하지 않았다.
④ 인텔은 높은 수준의 제품을 만들어 소비자들에게 혜택을 주었다.

65. 정답 ①

| 해설 | A국의 실업률은 {400/(1,200+400)}×100으로 25%이다.

| 오답피하기 | ② A국가의 고용률은 {1,200/(1,200+400+400)}×100으로 60%이다.
③ A국가의 경제활동참가율은 {(1,200+400)/(1,200+400+400)}×100으로 80%이다.
④ 직업군인은 생산가능인구에 포함된다.
⑤ 일주일에 1시간 이상 일하여 보수를 받는 경우 취업자에 포함된다. 주당 10시간 이상 아르바이트를 하는 대학생은 취업자에 포함된다.

관련 개념 짚어보기

- 실업률(%) = $\dfrac{실업자}{경제활동인구} \times 100$
- 고용률(%) = $\dfrac{취업자}{생산가능인구} \times 100$
- 경제활동참가율(%) = $\dfrac{경제활동인구}{생산가능인구} \times 100$
  = $\dfrac{취업자 + 실업자}{생산가능인구} \times 100$

66. 정답 ②

| 해설 | 통신요금, 국민연금, 건강보험과 같은 비금융 정보의 경우 본인이 신청해야만 신용점수에 반영된다.

| 오답피하기 | ① 과도한 대출은 신용점수에 악영향을 끼친다.
③ 신용점수가 높으면 높은 신용 상태를 의미하고, 신용점수가 낮으면 낮은 신용 상태를 의미한다.
④ 연체 기간이 길어질수록 신용점수에 악영향을 끼친다.
⑤ 감당하기 어려운 빚은 신용회복위원회의 도움을 받을 수 있다.

67. 정답 ①

| 해설 | 제시문은 과점 기업들이 시장 지배력을 이용하여 초과이윤을 추구하려는 행위를 보여준다.
ㄱ,ㄴ,ㄷ. 과점시장에서의 기업들의 선택에 대한 이론인 게임이론, 과점 기업들의 배타적 연합인 카르텔, 담합을 규제하려는 공정위의 제도인 리니언시가 A국 시멘트시장이 속한 시장 형태와 관련이 있다.

| 오답피하기 | ㄹ. 공유지는 무제한 공급이 불가하므로 과도한 사용으로 인해 가치가 감소할 수 있으며, 보충할 수 있는 양보다 많이 사용하면 부족해지거나 사용 자체가 불가능해질 수 있다. 이를 공유지의 비극이라고 한다.
ㅁ. 가격수용자는 완전경쟁시장에서 개별 사업체들의 행위가 가격에 영향을 주지 못하므로 가격을 그대로 받아들여야 하는 행태를 말한다.

> **관련 개념 짚어보기**
>
> **리니언시(Leniency)**
> 관용, 관대, 자비를 의미하는 영어단어로, 경제용어에서는 담합 행위를 한 기업들의 자백을 유도하여 자진 신고 시 과징금을 감면해주는 제도를 말한다. 경제학적으로 리니언시는 과점기업들의 카르텔(담합)을 죄수의 딜레마 상황으로 몰고가 서로를 배신하게 만드는 데 의의가 있다. 자진 신고자 감면제라고도 한다.

68. 정답 ①

| 해설 | 제시된 그림은 총수요가 증가를 나타낸다.
정부지출 증가, 기업투자 증가, 기준금리 인하는 총수요 증가 요인이다. 총수요가 증가하면 물가가 상승하므로 이는 채무자에게 유리하게 작용한다.

| 오답피하기 | ②③④⑤ 인플레이션이 발생하면 채권자, 임금 근로자, 연금 생활자는 불리해지고 실물자산 보유자, 채무자는 유리해진다.

> **관련 개념 짚어보기**
>
> **총수요의 증가**
>
>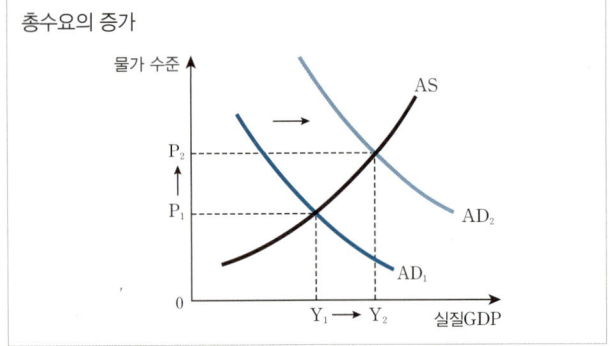

69. 정답 ④

| 해설 | 지대추구행위는 경제주체가 경제적 지대를 얻기 위해 정치적 로비 등의 수단을 통해 공급을 제한하는 행위이다. 이는 새로운 부를 창출하지 않으면서 다른 사회 구성원의 부를 이전시키는 행위라는 점에서 일반적인 이윤추구행위와 다르며, 사회 전체 후생을 감소시킬 수 있다.
지대추구 행위는 소비자잉여를 감소시키고 생산자잉여를 증가시킨다.

| 오답피하기 | ① 지대추구행위는 이익집단이 주로 입법기관의 위원들, 관료를 섭외해 철의 삼각을 구성하여 이루어진다.
② 지대추구행위는 정부가 입법이나 정책을 통해 시장에 개입하지만 효율성 저하 및 사회적 손실을 발생시키므로 정부 실패로 볼 수 있다.
③ 지대추구행위의 예시인 적기조례법은 비효율적인 자원 배분을 야기한다.
⑤ 지대추구행위는 이익집단들이 정책 결정을 통해 자신들의 이익을 추구한다.

70. 정답 ⑤

| 해설 | 양적긴축 혹은 테이퍼링은 긴축적 통화정책을 사용하여 통화량을 줄여 물가안정을 추구하는 정책이다.
양적긴축에 해당하는 정책에는 기준금리 인상, 국공채 매각, 지급준비율 인상 등이 있다.

| 오답피하기 | ① 미국이 긴축적 통화정책을 사용하면 달러화의 통화량이 줄어 달러화의 가치 상승 및 달러 인덱스 상승이 나타난다.
② 필립스곡선에 따르면 실업률과 물가상승률은 음(−)의 상관관계에 있다. 양적긴축은 물가안정을 목표로 시행되며 이때 일정 수준의 실업률 상승은 중앙은행이 용인할 것이다.
③ 양적긴축은 물가안정을 목표로 한다.
④ 기준금리 인상은 양적긴축에 해당하는 정책이다

71. 정답 ①

| 해설 | 정부가 카드 가맹점 수수료 인하 정책을 펼치게 된다면 누군가는 그 정책의 비용을 부담해야 할 것이다.
A국 정부의 정책으로 인해 소비자의 카드 혜택 감소가 정책의 비용이 될 전망이다. 이는 '세상에 공짜 점심은 없다.'의 상황으로 볼 수 있다.

| 오답피하기 | ② '가을 부채는 시세가 없다.'는 가을에 부채 값이 의미가 없듯이 해당 시기에 필요가 없는 물건은 가치가 하락함을 의미한다.
④ '장기적으로 우리는 모두 죽는다.'는 케인스의 말로, 경기침체 시 시장의 자율 조정 기능을 기대하기 어려움을 의미한다.
⑤ '오얏나무 아래에서 갓을 고쳐 쓰지 마라.'는 오해될 만한 행동을 하지 말 것을 의미한다.

72. 정답 ②

| 해설 | 시장에서 효율성이 완전하게 충족되지 못하고 문제가 생기는 것을 시장 실패라고 한다. 흔히 시장 실패를 교정하기 위해 정부가 개입하는데 정부 개입이 더 심각한 비효율을 초래하는 것을 정부 실패라고 한다.
시장 실패의 예로는 공공재, 불공정 경쟁, 비대칭 정보, 외부경제 등이 있고, 정부 실패에는 관료제 의사결정, 정보 부족 등이 있다.

73. 정답 ③

| 해설 | X재의 관세를 인상하면 X재의 가격 인상, 자중손실 발생, X재의 수입 감소, X재의 국내 생산량 증가 등이 나타난다.

| 오답피하기 | ① 관세의 인상으로 X재의 가격은 상승한다.
② 관세의 인상으로 갑국의 X재 수입량은 감소한다.
④ 관세의 인상으로 갑국의 X재 수요량은 감소한다.
⑤ 관세의 인상으로 갑국의 X재에 대한 관세 수입은 증가한다.

관련 개념 짚어보기

관세 부과의 효과

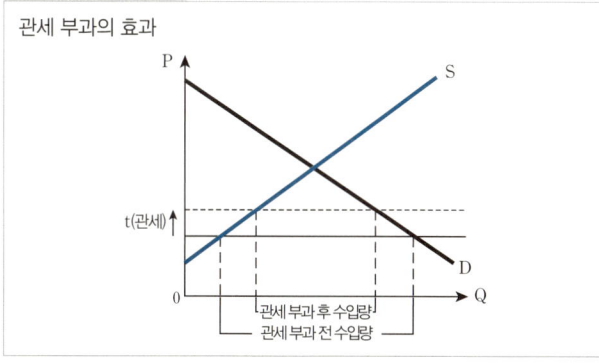

74. 정답 ⑤

| 해설 | 제시된 그림은 모딜리아니의 생애주기가설의 모형이다.
소득은 포물선의 형태를 그리기 때문에 a점에서 소득과 소비의 차이인 저축액이 가장 많다. 따라서 B는 저축에 해당하며, B의 면적이 A+C보다 클 때 안정적인 노후 생활이 가능하다.

75. 정답 ④

| 해설 | 중앙은행이 공개시장조작을 통해 국공채를 매각하는 것은 양적긴축의 정책에 해당한다.
양적긴축(테이퍼링)은 총수요를 감소시켜 총수요곡선을 왼쪽으로 이동시킨다. 이에 따라 균형국민소득은 감소하고 물가 수준은 하락한다.

관련 개념 짚어보기

통화정책의 수단

긴축	확장
기준금리 ↑	기준금리 ↓
지급준비율 ↑	지급준비율 ↓
재할인율 ↑	재할인율 ↓
통화안정 증권 매각	통화안정 증권 매입

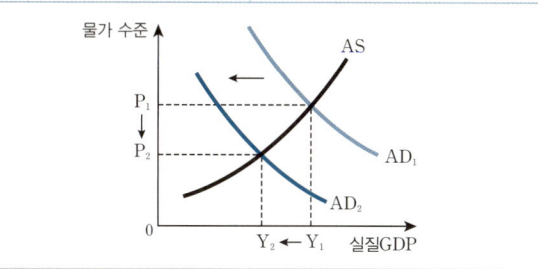

76. 정답 ④

| 해설 | 2010년 이후 물가 상승이나 실업률 상승이 나타나지 않았다.

| 오답피하기 | ① 최근에는 물가상승률의 급격한 상승이 고통지수를 높이고 있다.
② 금리를 인상하면 물가상승률이 낮아지고 실업률이 높아질 수 있다.
③ 재정지출을 확대하면 총수요가 증가하며 총수요곡선이 오른쪽으로 이동한다. 이에 따라 물가가 상승하고 실업률이 낮아진다.
⑤ 우크라이나 전쟁에 따른 곡물 가격 상승은 총공급 감소 요인으로 총공급곡선이 왼쪽으로 이동한다. 이에 따라 물가가 상승하고 실업률이 높아진다.

관련 개념 짚어보기

경제고통지수

국민들이 피부로 느끼는 경제적 삶의 어려움을 계량화해서 수치로 나타낸 것으로, 물가상승률과 실업률을 합한 다음 소득증가율이나 국내총생산 증가율을 빼서 수치로 나타낸다.

77. 정답 ③

| 해설 | 제시문은 공공선택이론의 내용으로, 국민과 정치인을 주인 – 대리인으로 해석하여 정치에서 나타나는 정보 비대칭 현상을 설명하고 있다. 이에 따르면 정부와 정치인은 공익을 위해 노력하는 개인들이 아닌 자신들의 효용을 극대화하려는 시장 참여자일 뿐이다.

78. 정답 ③

| 해설 | A국보다 B국의 소득이 더 불평등하게 배분되어 있다. 따라서 B국이 누진세를 도입하여 소득재분배를 위해 힘써야 할 것이다.

| 오답피하기 | ① A국은 완전평등 상태로 지니계수가 0이다.
② B국의 지니계수는 0.5로, A국보다 높다.
④ B국의 로렌츠곡선에서 하위 50%까지의 누적 소득이 0이므로 하위 50%의 소득은 0이다.
⑤ A국의 소득분배가 B국의 소득분배보다 더 균등하다.

79. 정답 ④

| 해설 | 밑줄 친 대출은 전세자금 대출로 소득 조건, 재직 상태 등의 요건을 확인하지만 담보를 요구하지 않는다. 이는 은행의 입장에서 실물자산을 담보로 진행되는 대출보다 위험성이 크다.

| 오답피하기 | ① 전세자금대출은 신용 대출이다.
② 담보대출보다 일반적으로 위험성이 높으므로 이자율도 높다.
③ 채무불이행 시 신용등급에 부정적 영향을 준다.
⑤ 급여소득의 상승은 은행 입장에서 위험이 줄어드는 상황이므로 금리가 낮아질 가능성이 있다.

80. 정답 ③

| 해설 | 제시문의 '결국 세월이 갈수록 식량은 점점 싸진다.'의 내용을 통해 기술 발전에 힘입어 밀 가격이 하락하였음을 알 수 있다.

제74회 특별 TESAT 문제지
정답 및 해설

경제이론

1	④	2	①	3	⑤	4	②	5	⑤
6	④	7	②	8	①	9	⑤	10	③
11	①	12	②	13	④	14	①	15	②
16	④	17	③	18	④	19	③	20	③
21	⑤	22	③	23	④	24	①	25	①
26	⑤	27	③	28	②	29	⑤	30	②

시사경제·경영

31	⑤	32	④	33	①	34	④	35	⑤
36	⑤	37	③	38	②	39	②	40	③
41	②	42	④	43	②	44	①	45	④
46	⑤	47	③	48	①	49	①	50	③
51	①	52	③	53	②	54	①	55	⑤
56	④	57	②	58	④	59	②	60	⑤

상황추론·판단

61	②	62	②	63	④	64	③	65	①
66	⑤	67	⑤	68	①	69	③	70	⑤
71	②	72	⑤	73	①	74	①	75	③
76	②	77	④	78	③	79	④	80	④

경제이론

1. 정답 ④

| 해설 | 단기적으로 실업과 인플레이션 사이에는 부(–)의 상관관계가 있다. 이는 필립스곡선을 통해 확인할 수 있다.

| 오답피하기 | ② 교환의 이익에 대한 설명이다.
③ 일반적으로 한 나라의 생활 수준은 그 나라의 생산 능력(GDP)에 달려 있다.
⑤ 기회비용에 대한 설명이다.

관련 개념 짚어보기

필립스곡선
필립스곡선은 물가상승률과 실업률 간의 상충관계를 나타낸다.

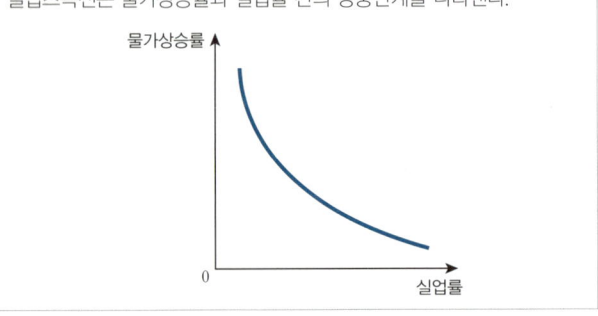

2. 정답 ①

| 해설 | 시장경제 측면에서 공유지의 비극을 해소하기 위한 적절한 방법은 코즈의 정리(Coase's Theorem)에 의한 재산권(소유권)의 부여이다.

관련 개념 짚어보기

코즈의 정리
거래비용이 낮은 상태에서 적절한 재산권만 부여된다면 정부의 개입 없이 시장 거래에 의해 외부성의 문제가 해결될 수 있음을 밝혀낸 이론이다.

3. 정답 ⑤

| 해설 | 중앙은행이 화폐공급을 증가시키면 시중 이자율이 하락하고, 이는 투자의 증가로 연결된다(투자는 이자율의 감소함수). 투자의 증가는 총수요를 늘려 국민소득을 증가시킨다.

4. 정답 ②

| 해설 | 총고용량과 물가 수준 등 국민경제 전반에 관심을 갖는 경제학은 거시경제학이다.
미시경제학은 가계, 기업 등 개별 경제주체의 경제행위에 관심을 갖는다.

5. 정답 ⑤

| 해설 | 지대추구(Rent Seeking)란 이익집단이 자신의 경제적 이익을 증대시키기 위해 정부의 개입이나 중재를 얻어 다른 사회 구성원으로부터 부의 이전을 꾀하는 경우를 말한다. 자신의 이익을 위한 로비, 약탈, 방어 등과 같이 비생산적인 활동에 경쟁적으로 자원을 지나치게 소비하는 현상으로, 사회 전체적으로도 비생산적인 활동이다. 지대추구가 정경유착과 결탁할 경우 정부 실패의 요인이 될 수 있다.

6. 정답 ④

| 해설 | ㄴ. 비교우위에 따라 무역을 하면 수입이 증가하여 국내 소비자잉여가 증가한다.
ㄹ. 수입으로 인해 소비자는 다양한 상품을 무역 전보다 저렴한 가격에 구할 수 있다.

| 오답피하기 | ㄱ. 외국 상품이 국내 시장을 점령한다고 볼 수 없다.
ㄷ. 수출하는 국가의 공급자는 고용이 증가할 것이며, 수입하는 국가의 공급자는 실업이 증가할 것이다.

7. 정답 ②

| 해설 | 높은 인플레이션은 물가와 화폐 가치를 예측하기 어렵게 하여 기업의 이윤을 정확히 측정하는 데 어려움을 준다.

| 오답피하기 | ①③ 인플레이션 발생 시 화폐 가치가 하락하므로 고정된 연금 소득을 받는 사람은 불리해지고, 실물자산 보유자가 현금자산 보유자보다 유리해진다.
④ 인플레이션 발생 시 제품이나 서비스의 가격을 재조정해야 하는 데에서 오는 불필요한 비용을 메뉴비용이라고 한다. 인플레이션은 메뉴비용을 발생시킨다.
⑤ 예상하지 못한 인플레이션이 발생하면 채무의 실질 가치가 하락하므로 채권자는 불리해지고, 채무자는 유리해진다.

8. 정답 ①

| 해설 | A는 계획경제체제, B는 시장경제체제이다.
시장경제체제는 인간의 합리성을 전제하므로 경제적 유인을 강조한다.

9. 정답 ⑤

| 해설 | 합리적 기대에서도 예상하지 못한 통화팽창은 이를 알아차리기 전까지 단기적으로 실업률에 영향을 미칠 수 있다.

10. 정답 ③

| 해설 | OTT에서 최신 영화를 보기 위해 지불한 1만 원은 서비스의 대가로 GDP에 포함된다.

| 오답피하기 | ① 주식 매매대금은 GDP에 포함되지 않는다.
② 살던 아파트를 매각한 대금은 GDP에 포함되지 않는다.
④ 가정주부의 가사 노동가치는 GDP에 포함되지 않는다.
⑤ 지난해에 생산된 쌀값은 지난해의 GDP에 포함되고, 올해 GDP에는 포함되지 않는다.

11. 정답 ①

| 해설 | 부가가치세는 납세자와 담세자가 일치하지 않으므로 간접세이다.

| 오답피하기 | ② 누진적 소득세 제도는 대표적인 자동 안정화 장치이다.
③ 우리나라는 국세의 비중이 지방세에 비해 더 크다.
④ 세율이 일정하다면 수요와 공급이 탄력적일수록 균형거래량이 더 많이 감소하므로 경제적 순손실이 커진다.
⑤ 세율이 지나치게 높을 경우 경제가 침체되어 전체 세수는 오히려 감소할 수 있다. 이는 래퍼곡선의 주장을 따른다.

12. 정답 ②

| 해설 | 소비자잉여란 지불할 용의가 있는 최대 금액과 실제 지불한 금액의 차이를 말한다.
이 사람의 지불용의와 소비자잉여를 나타내면 다음과 같다.

햄버거 소비	첫 번째	두 번째	세 번째	네 번째
지불용의	10,000원	8,000원	6,000원	3,000원
햄버거 가격(개당)	5,000원	5,000원	5,000원	5,000원
소비자잉여	5,000원	3,000원	1,000원	소비하지 않음

이 사람의 총 소비자잉여는 9,000원(5,000원 + 3,000원 + 1,000원)이다.

13. 정답 ④

| 해설 | 미국의 기준금리 인상은 달러화의 가치를 상승시킨다.
달러화의 가치가 상승할 경우 미국 상품의 수출 가격경쟁력은 낮아질 것이다.

14. 정답 ①

| 해설 | ㄱㄴ. A는 경합성과 배제성이 모두 없는 재화이므로 순수 공공재이다. 공공재는 배제성이 없기 때문에 무임승차의 문제가 발생할 수 있다.

| 오답피하기 | ㄷ. 공공재는 무임승차의 문제 때문에 시장에 맡겨두면 생산되지 않거나 과소생산될 가능성이 높다.
ㄹ. 공공재는 경합성이 없으므로 한 개인이 소비한다고 해서 다른 개인이 소비를 못하는 것은 아니다.

관련 개념 짚어보기

재화의 구분

구분		경합성	
		있음	없음
배제성	있음	• 사적재 • 아이스크림 • 옷	• 클럽재 • 케이블 TV • 유료 고속도로
	없음	• 공유자원 • 환경 • 바닷속의 물고기 • 공유지의 비극	• 공공재 • 국방서비스

15. 정답 ②

| 해설 | 공급곡선은 완전비탄력적, 수요곡선은 완전탄력적이므로 정부가 종량세를 부과하면 완전비탄력적인 생산자가 조세를 전부 부담하게 된다.

16. 정답 ④

| 해설 | 총공급 감소의 요인으로는 원자재 가격 상승 등이 있다. 원자재 가격이 상승하면 기업의 생산비용이 증가하여 생산 및 고용이 감소하므로 총공급은 감소한다. 총공급곡선이 왼쪽으로 이동하는 공급충격이 발생하면 물가가 상승하고 실질GDP는 감소하는 스태그플레이션이 발생하게 된다.

| 오답피하기 | ①③⑤ 정부지출, 수출, 소비의 증가는 총수요 증가 요인이다.
② 기술 개발은 총공급 증가 요인이다.

관련 개념 짚어보기
총공급의 감소

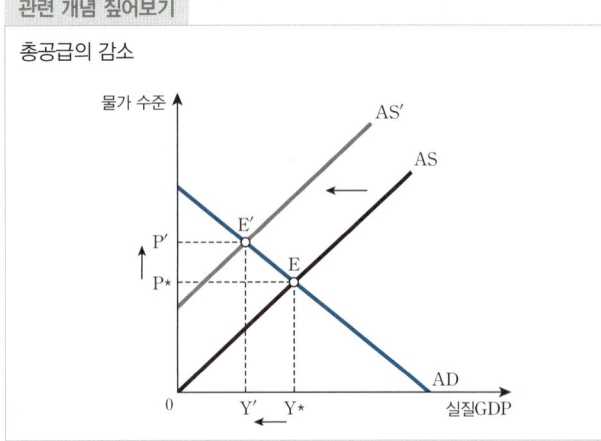

17. 정답 ③

| 해설 | 완전경쟁시장은 다수의 소비자와 생산자가 시장 내에 존재하여 모든 기업이 동질적인 재화를 생산하고, 소비자와 생산자 모두 가격 영향력을 행사할 수 없는 가격수용자(Price Taker)임을 가정한다. 또한 경제주체들이 가격 등 시장에 관한 완전한 정보를 보유하고 있으며, 미래에 대한 불확실성은 없는 것으로 가정한다. 완전경쟁시장 내의 모든 기업은 진입과 퇴출이 자유로워 장기에는 '0'의 경제적 이윤만 얻을 수 있다.

| 오답피하기 | ① 완전경쟁시장을 제외한 모든 시장은 생산자가 제품의 가격에 영향을 미칠 수 있는 가격설정자의 역할을 한다.
② 기업이 생산하는 제품이 조금씩 다른 시장은 독점적 경쟁시장이다.
④ 소수의 생산자 및 다수의 소비자가 존재하는 시장은 독과점시장에 가깝다.
⑤ 진입장벽이 있어 생산자들이 시장에 자유롭게 진입할 수 없는 시장은 독과점시장이다.

18. 정답 ④

| 해설 | 교역 후 소비자잉여는 A로, 교역 전에 비해 감소한다.

| 오답피하기 | ① 국내 소비량은 Q_1이지만 (Q_3-Q_1)만큼 수출할 수 있다.
②⑤ 교역 전 사회적잉여는 $(A+B+C)$이고, 교역 후 사회적잉여는 $(A+B+C+D)$이다. 즉, 교역으로 인해 사회적잉여는 D만큼 증가한다.
③ 공급곡선과 국제가격이 만나는 점이 자전거의 공급량이 되므로 국제가격 밑, 공급곡선 위의 면적이 생산자잉여가 된다. 따라서 교역 후의 생산자잉여는 $(B+C+D)$가 된다.

19. 정답 ③

| 해설 | 수요와 공급이 증가하면 균형거래량은 증가하고 균형가격은 불분명하다.

관련 개념 짚어보기
수요와 공급의 증가

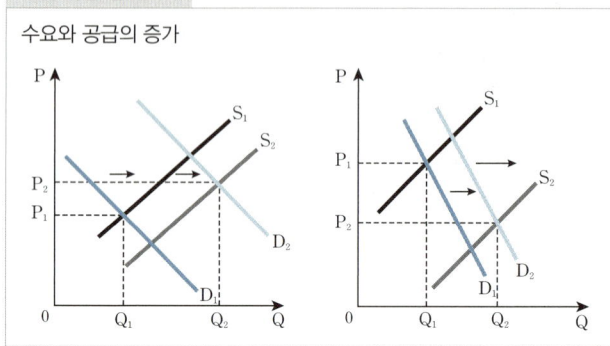

20. 정답 ③

| 해설 | 항상소득가설(Permanent Income Hypothesis)은 미국 경제학자 밀턴 프리드먼이 제창한 소비함수이론으로, 소득은 정기적이고 확실한 항상소득과 임시적 수입인 변동소득(일시소득)으로 구분되는데 항상소득만이 소비를 결정한다는 이론이다.
직장에서 승진하여 월급이 오르는 것은 정기적인 소득인 항상소득의 변동으로, 이는 소비에 영향을 준다.

| 오답피하기 | ①④⑤ 임시소득의 증가에 해당한다.
② 임시소득의 감소에 해당된다.

21. 정답 ⑤

| 해설 | 정부가 경기진작을 위해 소득세를 감면하고 정부부채를 증가시키는 것은 확장적 재정정책에 해당한다.
소비자들이 정부부채의 증가를 미래에 조세 증가로 메울 것으로 기대한다면, 현실의 소비를 줄이고 저축을 증가시켜 재정정책의 효과가 상쇄될 것이다.

| 오답피하기 | ① 한계소비성향이 높으면 재정승수가 높아져 재정정책의 효과가 커진다.
② 정부부채의 증가가 이자율 상승을 초래하지 않으면 구축효과의 우려가 없어지므로 재정정책의 효과가 커진다.
③ 소비자들이 현재를 중심으로 소비활동을 한다면 소비가 증가할 것이다.
④ 신용제약에 놓여 있는 소비자들이 소득세 감면으로 더 많은 유동성을 확보하게 된다면 소비를 늘릴 것이다.

22. 정답 ③

| 해설 | 중앙은행이 외환시장에 개입해 달러화를 매각하면 시중의 통화량이 감소한다.

| 오답피하기 | ①②④⑤ 통화량이 증가하는 경우이다.

관련 개념 짚어보기

통화정책의 수단

긴축	확장
기준금리 ↑	기준금리 ↓
지급준비율 ↑	지급준비율 ↓
재할인율 ↑	재할인율 ↓
통화안정 증권 매각	통화안정 증권 매입

23. 정답 ④

| 해설 | 대출 한도 내에서 언제든 대출금을 인출할 수 있는 것은 마이너스 통장이다.

| 오답피하기 | ① 요구불 예금은 일반적으로 이자율이 낮으므로 목돈을 일정 기간 넣어두기에는 적합하지 않다.

24. 정답 ①

| 해설 | 갑국이 P_1 수준에서 최저가격제를 실시하면 X재의 시장 거래량은 Q_2가 된다.

| 오답피하기 | ② 최고가격제는 균형가격보다 낮은 가격에서 설정되어야 효력을 갖는다. 갑국이 P_1 수준에서 최고가격제를 실시하면, 이는 균형가격보다 높기 때문에 최고가격제의 효력은 발생하지 않는다. 따라서 X재의 시장 거래량은 기존의 균형인 Q_0이다.
③ 갑국이 P_2 수준에서 최고가격제를 실시하면 X재의 시장 거래량은 Q_2가 된다.
④ 최저가격제는 균형가격보다 높은 가격에서 설정되어야 효력을 갖는다. 갑국이 P_2 수준에서 최저가격제를 실시하면, 이는 균형가격보다 낮기 때문에 최저가격제의 효력은 발생하지 않는다. 따라서 X재의 시장 거래량은 기존의 균형인 Q_0이다.
⑤ 갑국이 P_2 수준에서 최고가격제를 실시하면 X재의 시장가격은 P_2가 된다.

25. 정답 ①

| 해설 | 중앙은행은 독립적인 통화정책의 시행보다 환율 수준 유지에 그 역할이 국한되므로, 고정환율제도에서는 통화정책의 자주성을 확보하기 어렵다.

| 오답피하기 | ③ 변동환율제도는 외환의 수요와 공급에 의해 환율이 변하는 제도이다. 변동환율제도 내에서는 국제수지 불균형이 환율 변동으로 조정된다.

26. 정답 ⑤

| 해설 | A기업의 철판 생산으로 환경이 오염되는 것은 부정적 외부성이 발생하고 있는 상황이다. 이를 막기 위해서는 철판의 공급을 줄여야 한다. 따라서 정부는 한계 사회적비용과 한계 사적비용의 차이에 해당하는 만큼의 세금을 부과해야 한다.

관련 개념 짚어보기

부정적 외부성

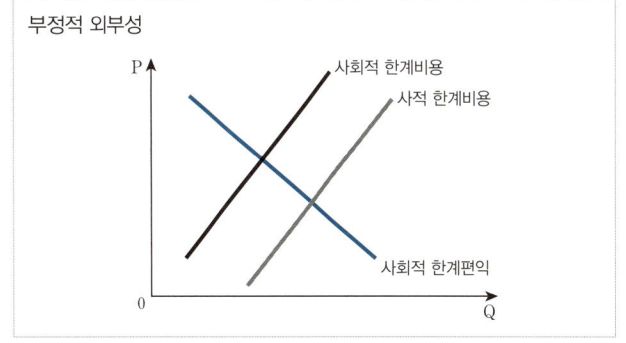

27. 정답 ③

| 해설 | ㄴ. 경제학자 파레토는 다른 경제주체의 후생을 감소시키지 않고 어떤 경제주체의 후생을 증대시키는 것이 전체의 후생이 증가하는 것이라고 했다. 파레토 효율을 만족할 때 사회적잉여는 극대화된다.
ㄷ. 파레토 효율을 만족할 때 사회적잉여는 극대화되며, 열 명 중 한 명이 자원을 독점하고 있더라도 파레토 분배를 위해 그 한 명의 후생을 감소시켜야 한다면 파레토 최적이 될 수 있다.

| 오답피하기 | ㄱ. 파레토 효율이 형평성을 극대화하는 것은 아니다.
ㄹ. 파레토 효율성은 다른 경제주체의 후생을 감소시키지 않고는 어떤 경제주체의 후생을 증대시킬 수 없는 상태를 말한다.

28. 정답 ②

| 해설 | 경기침체로 발생하는 실업은 경기적 실업이다. 자연실업률은 마찰적 실업과 구조적 실업으로 구성된다.

29. 정답 ⑤

| 해설 | 가격차별은 독점시장에서 나타나며, 완전경쟁시장에서는 사례를 찾아볼 수 없다.

30. 정답 ②

| 해설 | 채권의 가격은 채권의 금리(수익률)와 역(−)의 관계이므로 채권의 가격이 오르면 채권의 금리는 하락한다.

시사경제·경영

31. 정답 ⑤

| **해설** | 스테이블 코인은 코인의 가치가 법정 화폐의 가치에 대응하도록 설정되어 가격 변동성이 낮은 암호화폐를 말한다.

| **오답피하기** | ① 다크코인: 거래 관련 정보가 드러나지 않도록 설계된 암호화폐를 말한다.

32. 정답 ④

| **해설** | 엔데믹(Endemic)은 끝(End)과 팬데믹(Pandemic)의 합성어로, 이제는 풍토병으로 굳어진 감염병을 일컫는 말이다.

| **오답피하기** | ① 팬데믹(Pandemic): 공식적으로는 WHO(세계보건기구)에서 발표하는 감염병의 최고 등급을 의미하며, 전세계적 전염병 유행 사태를 이른다.
② 에피데믹(Epidemic): WHO(세계보건기구)에서 발표하는 감염병 최고 단계인 팬데믹의 전 단계에 해당하는 용어이다.
③ 인포데믹(Infodemic): 실제와 다른 루머가 전염병과 같이 급속히 퍼져 혼란을 초래하는 사태를 말한다.

33. 정답 ①

| **해설** | D의 공포는 디플레이션(Deflation)과 공포의 합성어로, 경기침체와 물가 하락이 동시에 발생하는 현상을 말한다.

| **오답피하기** | ② 펀더멘털(Fundamental): 원래는 '근본적인'을 의미하는 단어로, 경제학에서는 국가의 경제상태를 나타내는 지표(경제성장률, 물가상승률 등)를 가리키는 용어로 사용된다.
③ 블랙아웃(Blackout): 대규모 정전사태를 말한다. 주로 전력 부족으로 인해 발생하는데, 여름철 냉방으로 인해 전기 사용이 급증할 때 그 위험성이 커진다.
④ J-Curve효과(J-Curve Effect): 환율 상승이 즉각적으로 경상수지 흑자를 불러오는 것이 아니라, J자의 형태로 그 효과가 처음에는 반대로 나타났다가 점진적으로 반영되는 현상을 말한다.
⑤ 하이퍼인플레이션(Hyper Inflation): 단기간에 물가가 엄청나게 급등하는 현상을 말한다. 세계대전 후의 독일, 아프리카 짐바브웨, 최근 베네수엘라 등이 하이퍼인플레이션을 겪었다.

관련 개념 짚어보기

J-Curve(J커브)

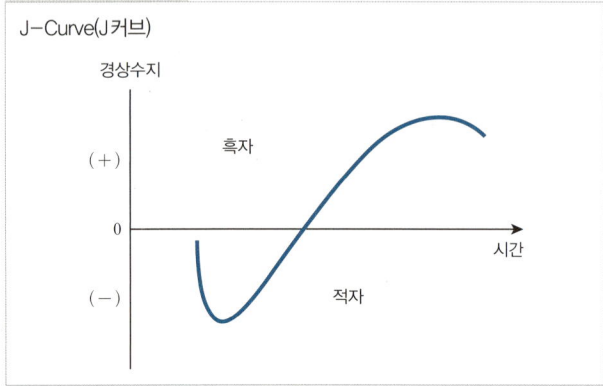

34. 정답 ④

| **해설** | MVNO(Mobile Virtual Network Operator, 가상 이동통신망 사업자)는 자체 이동통신망은 없지만, 타 이동통신망 사업자로부터 네트워크를 빌려 고객에게 서비스를 제공하는 사업자를 말한다. 우리나라에서는 소위 알뜰폰이라고 불린다.

| **오답피하기** | ① NFC(Near Field Communication): 단거리(10cm 이하)에서 데이터를 무선으로 주고 받는 통신 기술을 말한다.
② RCEP(Regional Comprehensive Economic Partnership, 역내포괄적경제동반자협정): 한중일 3개국, ASEAN 10개국, 호주, 뉴질랜드 총 15개국이 맺은 협정으로 관세 철폐 및 자유무역을 추구한다.
③ ISBN(International Standard Book Number): 세계적으로 통용되는 표준 도서 번호이다.
⑤ 핀테크(Fintech): 금융(Finance)과 기술(Technology)의 합성어로, 주로 대면으로 이루어지던 구 금융체계에 기술을 결합하여 더 효율적이고 편리하도록 만든 금융서비스를 말한다. 대표적인 예로는 카카오뱅크, 토스뱅크가 있다.

35. 정답 ⑤

| **해설** | 모빌리티(Mobility)는 특정 기술을 활용하여 사람의 이동을 편리하게 돕는 서비스 또는 교통수단을 말한다.

| **오답피하기** | ① 플랫폼(비즈니스): 소비자에게 서비스 또는 재화를 제공하는 전통적 공급자의 역할에서 벗어나 생산자 그룹과 소비자 그룹을 연결하는 비즈니스 형태를 말한다. 영상 크리에이터와 시청자를 연결하는 유튜브가 대표적인 플랫폼 비즈니스이다.
② 클라우드(Cloud): 데이터와 소프트웨어를 하드웨어가 아닌 인터넷, 정확하게는 그와 연결된 서비스 제공자의 중앙컴퓨터에 저장하는 기술을 말한다.
③ 유비쿼터스(Ubiquitous): 소프트웨어 공학 및 컴퓨터 과학의 개념으로 언제 어디서나 컴퓨팅할 수 있도록 만들어진 정보통신 환경을 말한다.
④ 메타버스(Metaverse): 가상현실 또는 증강현실을 포함하는 상위 개념으로, 현실 세계가 아닌 가상공간에서 현실과 같이 사회, 경제활동을 할 수 있는 세계를 말한다.

36. 정답 ⑤

| **해설** | ㄷ. BIS(Bank of International Settlement, 국제결제은행) 비율은 국제결제은행인 BIS가 만든 은행의 위험자산 대비 자기자본비율을 말한다. 바젤위원회가 가장 최근에 권고한 바젤Ⅲ에서 은행이 유지해야 할 최저 수준의 BIS 비율은 8%이다. BIS 비율은 자기자본에서 위험가중자산을 나눈 값에 100을 곱하여 구한다.
ㄹ. NCR(Net Capital Ratio) 비율은 은행의 건전성 지표인 BIS 비율과 유사한 역할을 하는 지표로, 주로 증권사의 재무건전성을 평가할 때 이용된다.

| **오답피하기** | ㄱ. ROA(Return On Asset, 총자산이익률) 비율은 기업의 수익성을 나타내는 지표로, 총자산에 대한 이익의 창출 정도를 나타낸다.
ㄴ. EBITDA(Earnings Before Interest, Taxes, Depreciation and Amortization) 비율은 영업 현금흐름을 구하기 위해 영업활동과 관련 없는 비용인 이자비용과 현금유출이 없는 비용인 감가상각비를 차감하기 전의 영업이익을 말한다. 기업의 실제가치를 평가하고 수익창출능력을 비교하는 데 활용된다.

관련 개념 짚어보기

$$\text{BIS 자기자본비율(\%)} = \frac{\text{자기자본}}{\text{위험가중자산}} \times 100 \geq 8(\%)$$

37. 정답 ③

| 해설 | 예대마진은 은행의 대출금리(수익)에서 예금금리(비용)를 뺀 금액을 말한다. 예대마진이 클수록 은행의 수익성이 높음을 의미한다.

| 오답피하기 | ① 지급준비율: 고객의 예금 중 금융회사가 중앙은행에 필수적으로 예치해야 하는 비율을 말한다. 본래 금융회사의 재무건전성과 예금 안정성을 위해 도입되었으나, 현재는 중앙은행의 통화정책 중 하나로 활용된다. 지급준비율을 인하(인상)하면 시중 통화량이 증가(감소)한다.
② 감가상각: 고정자산의 가치를 감소시키고 해당 액수를 비용으로 계상하는 회계 절차를 말한다.
④ 순이자마진: 금융기관을 수익성을 나타내는 지표로, 예대업무, 투자 등에서 창출된 수익에서 조달비용을 제외한 금액을 운용자산 총액으로 나누어 구한다.
⑤ 레버리지비율: 기업의 타인자본 의존도를 측정하기 위해 사용되는 지표로, 부채비율이라고도 한다. 부채총액을 자본총액으로 나누어 구한다.

38. 정답 ②

| 해설 | 양적긴축은 양적완화의 반대 개념으로, 경기과열을 방지하기 위해 시행되는 정책이다. 주로 중앙은행이 매입한 채권의 만기가 도래했을 때 해당 금액을 재투자하지 않고, 보유 채권을 매각하는 방식으로 이루어진다.

| 오답피하기 | ① 코넥스(KONEX, Korea New Exchange): 중소·벤처기업의 경우 규모가 큰 기업에 비해 주식 발행을 통한 자금 조달에 어려움을 겪는다. 이를 해결하기 위해 2013년 7월 1일부터 중소기업 전용 증권시장인 코넥스가 개장되었다. 코넥스는 코스피나 코스닥에 비해 진입 방식이 다양하고 충족 요건이 적다.
③ 데드크로스: 주가를 예측하는 기술적 분석의 지표 중 하나로, 주가의 단기 이동평균선이 중장기 이동평균선을 아래로 뚫고 내려가는 상황을 말한다. 단기 이동평균선이 중장기 이동평균선을 위로 뚫고 올라가는 골든크로스의 반대 개념이다.
⑤ 오퍼레이션 트위스트: 장기 금리의 하락을 유도하는 중앙은행의 공개시장조작 정책을 말한다. 장기 국채를 매수하고 단기 국채를 파는 방식으로 이루어진다.

39. 정답 ②

| 해설 | 특별인출권(SDR, Special Drawing Rights)은 1969년 국제통화기금(IMF)에 의해 만들어진 권리로, 국제통화기금의 회원국이 국제수지가 악화될 때 외화를 지급받을 수 있는 권리이다. 현재는 달러화, 유로화, 파운드화, 엔화, 위안화로 구성되어 있다.
2016년 추가된 통화는 위안화이다.

| 오답피하기 | ④ 표준 바스켓 방식은 특별인출권의 가치를 나타내기 위해 고안된 방식이다. 달러화, 유로화, 위안화, 엔화, 파운드화의 가치를 가중평균하여 산출된다.

40. 정답 ③

| 해설 | IPEF(Indian-Pacific Economic Framework, 인도-태평양 경제 프레임워크)는 미국의 조 바이든 대통령이 2021년 처음 제안한 경제협력체로, 표면적으로는 단순한 경제동맹처럼 보이지만 미국의 대중국 견제를 위한 주요 전략의 일환으로 분석된다.

| 오답피하기 | ① WTO(World Trade Organization, 세계무역기구): 세계 무역 분쟁 조정, 관세 인하 요구, 반덤핑규제 등 무역과 관련해 법적 권한과 구속력을 행사하는 국제기구이다.
② APEC(Asia-Pacific Economic Cooperation, 아시아태평양경제협력체): 환태평양 지역의 국가들이 모여 1989년 결성된 국제기구로, 자유무역 달성을 목표로 한다.
④ CPTPP(Comprehensive and Progressive Agreement for Trans-Pacific Partnership, 포괄적·점진적 환태평양경제동반자협정): 환태평양 지역에 속한 국가들의 자유무역협정이다.
⑤ NAFTA(North American Free Trade Agreement, 북미자유무역협정): 1992년 미국, 캐나다, 멕시코 간에 체결된 자유무역협정으로, 1994년 1월 발효됐다. 협정국 간에 무관세 또는 낮은 관세를 적용함으로써 경제적 협력 관계를 구축한다.

41. 정답 ②

| 해설 | 한국은행은 2022년 5월 기준금리를 1.5%(A)에서 1.75%(B)로 0.25%포인트 인상했다. 2024년 5월 기준 현재 기준금리는 3.5%이다.

42. 정답 ④

| 해설 | 취업유발계수는 10억 원만큼 특정 재화를 생산할 때 직간접적으로 창출되는 취업자 수를 말한다.

| 오답피하기 | ③ 노동분배율: 노동의 대가(임금)가 국민소득에서 차지하는 비율을 말한다.

> **관련 개념 짚어보기**
> - 실업률(%) = $\dfrac{\text{실업자}}{\text{경제활동인구}} \times 100$
> - 고용률(%) = $\dfrac{\text{취업자}}{\text{생산가능인구}} \times 100$
> - 경제활동참가율(%) = $\dfrac{\text{경제활동인구}}{\text{생산가능인구}} \times 100$
>   = $\dfrac{\text{취업자} + \text{실업자}}{\text{생산가능인구}} \times 100$

43. 정답 ②

| 해설 | 반도체의 생산과정에서 팹리스로 불리는 설계 전문업체에서 설계 디자인을 위탁받아 제조에 초점을 맞춘 회사를 파운드리(Foundry)라고 한다. 대만의 TSMC는 세계 1위 파운드리 업체이다.

44. 정답 ①

| 해설 | 그린북은 국내외 최근 경기흐름을 조사하여 기획재정부에서 발표하는 경제 동향 관련 보고서이다. 표지가 녹색이라서 붙여진 이름으로, 미국의 연방준비제도가 발표하는 베이지북과 유사한 역할을 맡는다.

45. 정답 ④

| 해설 | 크립토 윈터(Crypto Winter)는 가상자산의 가격이 전반적으로 떨어지고 시장이 얼어붙는 침체기를 말한다.

| 오답피하기 | ① 더블딥(Double Dip): 경기침체 후 잠시 회복세를 보였으나 다시 불황에 빠지는 현상을 말한다. W자 형태로 나타난다.
② 산타랠리: 랠리는 주가가 하강기에서 상승기로 접어드는 현상을 말하며, 산타랠리는 연말 소비가 증가하여 기업의 실적이 상승해 크리스마스 전후로 발생하는 랠리를 말한다.
③ 서킷 브레이커(Circuit Breaker): 주식시장의 급격한 하락을 막기 위한 장치로, 종합주가지수가 전일 대비 10% 하락한 상황이 1분 이상 이어지면 발동한다. 발동 시 모든 주식거래가 20분간 중단되고 10분 동안 접수한 호가를 단일가로 처리한 뒤 매매가 재개된다.
⑤ 퍼펙트 스톰(Perfect Storm): 개별적으로 보았을 때에는 위력이 없는 사건들이 모여, 동시에 발생하면서 심각한 결과를 초래하는 경제현상을 말한다.

46. 정답 ⑤

| 해설 | 통화정책에 있어 매파는 인플레이션율을 높이지 않기 위해 금리 인상을 주장하고, 비둘기파는 실업률 감소와 경제성장률 상승을 위해 금리 인하를 주장한다.
최종 대부자 기능은 경제위기가 발생했을 때 막대한 양의 유동성을 공급하여 경기침체를 막는 것을 말한다. 이는 매파보다 비둘기파와 관련이 있다.

| 오답피하기 | ② 테이퍼링: 경기부양을 위해 실시했던 양적완화정책을 점진적으로 축소해 나가는 것으로, 양적완화 축소라고도 한다.

47. 정답 ③

| 해설 | 골디락스는 물가 상승 압력 없이 경제가 지속적으로 성장하는 상태를 말한다. 거시경제학의 목표인 성장과 안정을 동시에 누리는 상태이다. 영국의 동화 골디락스와 곰 세 마리에서 유래되었다.

| 오답피하기 | ① 독트린: 본래는 종교 용어이지만 현재는 특정 국가의 정부가 향후 외교 정책의 방향성을 공표하는 정치적 행위를 말한다.
② 스핀닥터: 국민 여론을 수렴하여 구체적인 정책을 수립하거나 특정 정책을 국민에게 설득하는 역할을 맡는 정부 소속 전문가를 말한다.
④ 블루오션: 레드오션의 반의어로, 대중적으로 알려지지 않고 경쟁자가 적어 시장침투력이 큰 유망 시장을 말한다.
⑤ 스트라이샌드(효과): 미국의 유명 배우인 바브라 스트라이샌드의 이름에서 유래되었으며, 정보를 은폐하려는 행위가 오히려 큰 관심을 부르는 현상을 말한다.

48. 정답 ①

| 해설 | 빅테크(BigTech)는 회사의 규모가 큰 IT기업을 말한다. 미국의 FAANG[Facebook(現 META), APPLE, AMAZON, NETFLIX, GOOGLE], 한국의 네이버, 카카오가 대표적인 예이다.

| 오답피하기 | ② 텐 배거(Ten Bagger): 10루타를 의미하는 용어로, 10배 이상의 수익률을 가져다준 주식 종목을 말한다.
③ 실리콘밸리: 미국 캘리포니아 주에 위치한 공업단지를 말한다. 미국의 IT기업 및 벤처기업 대부분이 집중된 지역으로 컴퓨터 회로의 주요 재료인 실리콘으로부터 이름이 유래했다.
④ 사이드카: 주가의 등락 폭이 갑자기 커질 경우 시장에 미치는 영향을 완화하고자 주식 매매를 일시 정지시키는 제도이다. 코스피200 선물 가격이 전일 종가 대비 5%(코스닥 선물의 경우에는 6%) 이상 상승 또는 하락한 상태가 1분 이상 지속될 경우 발동된다. 사이드카가 발동되면 향후 5분간 프로그램 매매 호가의 효력이 정지된다.
⑤ 로스리더(Loss Leader): 의도적으로 원가보다 싸게 팔아 다른 상품의 판매를 유도하는 미끼상품을 말한다.

49. 정답 ①

| 해설 | 리쇼어링(Re-shoring)은 인건비, 생산비 절감 등을 이유로 해외로 생산시설을 옮긴 기업들이 다시 자국으로 돌아오는 현상을 말한다.
니어쇼어링(Near-shoring)은 리쇼어링이 어려울 경우 생산시설을 인접 국가로 이동하는 현상을 말한다.

| 오답피하기 | ② 홈소싱(Home Sourcing): 고객 응대를 맡는 콜센터 업무를 회사 사무실이 아닌 집에서 처리하는 행위를 말한다.
③ 오픈소싱(Open Sourcing): 재화 생산에 필요한 부품을 하나의 납품업체가 아니라 여러 업체로부터 구입하는 전략을 말한다.
④ 오프쇼어링(Off-shoring): 리쇼어링의 반의어로, 비용의 절감을 위해 국내 기업이 아닌 외국 기업에 외주를 맡기는 현상을 말한다.
⑤ 트러스트쇼어링(Trust-shoring): 신뢰할 수 있는 지역 또는 국가에 생산시설을 구축하는 행위를 말한다.

50. 정답 ③

| 해설 | 발생주의 회계는 수익의 인식은 재화(재고) 또는 서비스를 구매자에게 인도한 시점에, 비용의 인식은 재화 또는 서비스를 소비한 시점에 하는 것을 말한다. 따라서 현금 수취 또는 지출 시점에 수익과 비용을 인식하는 현금주의회계와는 큰 차이가 있으며, 오늘날 기업회계는 대부분 발생주의를 기반으로 한다.

| 오답피하기 | ① 현금주의: 현금을 수취하였을 때 수익(매출)으로 인식하고 현금을 지출하였을 때 비용으로 인식하는 회계처리제도이다. 발생주의회계와 달리 재화나 용역의 인수·인도의 시점은 중요하지 않고 현금의 수취와 지급 시점만이 기준이 된다. 현금수입액의 합계에서 현금지출액의 합계를 차감하여 당기의 순이익을 계산하는 방법으로, 이 제도하에서는 수익과 비용을 대응시키지 못한다는 단점이 있다. 소기업이나 의사·회계사·변호사 등과 같은 직종에 사용된다.
② 총액주의: 순액주의와 대비되는 개념으로, 수익과 비용을 상계하지 않고 각각 총액으로 재무제표에 기재하는 방식을 말한다.
④⑤ 권리의무 확정주의(실현주의): 실제 금전의 수수여부에 상관없이 금전을 수취할 권리와 지급할 의무가 확정되는 시점에 손익을 인식하는 기준을 말한다.

51. 정답 ①

| 해설 | 기업이 발행 주식을 액면분할할 경우 유통되는 주식 수는 증가하지만, 기업가치 및 자본금에는 변화가 없다.

| 오답피하기 | ④⑤ 액면분할 이후 주식 액면가가 낮아지기 때문에 이전에는 투자할 수 없었던 소액투자자의 수요가 증가하고, 액면분할을 한 회사의 주식 거래가 활성화될 수 있다.

관련 개념 짚어보기

액면병합과 액면분할

구분	액면병합	액면분할
의미	액면가가 낮은 주식을 합쳐 액면가를 높임	액면가가 높은 주식을 분할해 액면가를 낮춤
효과	주식의 액면가가 높아짐	유동성 확보 및 신주 발행이 용이해짐
공통점	해당 기업의 가치와 자본금은 변화 없음	

52. 정답 ③

| 해설 | 펭귄효과는 타인의 소비 행위에 영향을 받아 다른 사람이 물건을 구매하면 따라서 사게 되는 현상을 말한다. 천적에 대한 공포로 바닷물에 쉽게 뛰어들지 못하는 펭귄은 한 마리가 먼저 뛰어들면 나머지도 따라 뛰어드는데, 이런 모습으로부터 유래한 이름이다.

53. 정답 ③

| 해설 | (A) 황제주: 보통 1주당 100만 원이 넘는 주식을 말한다.
(B) 동전주: 지폐의 최소 단위(1,000원)보다 주가가 낮은 주식을 말한다.

| 오답피하기 |
- 우선주: 보통주에 비해 이익의 배당이나 잔여 자산 분배에 우선권이 있는 주식을 말한다. 보통주와 달리 의결권이 없는 것이 특징이다.
- 가치주: 기업의 실적이나 자산 가치에 비해 가격이 저평가된 주식을 말한다.

54. 정답 ①

| 해설 | 조각투자는 부동산, 예술 작품, 명품 등 개인이 구매하기 힘든 재화의 지분을 쪼개어 여러 사람이 공동 투자하는 행위를 말한다.

| 오답피하기 | ② 퀀트투자: 수학과 통계 지식을 바탕으로 투자법칙을 수립하고 프로그램화하여 투자를 진행하는 방식을 말한다.
③ 엔젤투자: 아이디어와 기술력은 있으나 자금이 부족한 예비창업자, 창업 초기단계(Early Stage) 기업에 투자 및 경영 자문을 진행해 성장시킨 후 투자 이익을 회수하는 투자 방식을 말한다.
④ 유발투자: 정부의 직접적 투자와 같은 독립투자와 달리 국민소득과 유효수요의 변화로 인해 발생하는 투자를 말한다.
⑤ 임팩트투자: 수익창출만이 목적이 아니라 사회적으로도 긍정적인 영향을 행사하고자 하는 투자 방식을 말한다.

55. 정답 ⑤

| 해설 | 감사를 하는 데 있어 필요한 정보를 충분히 제공받지 못해 감사가 불가능하거나, 또는 기업의 존립에 의문이 들 정도로 중대한 결함이 발견된 심각한 경우를 의견거절이라고 한다.

관련 개념 짚어보기

감사의견 정리

- **적정**: 기업이 회계기준에 따라 사업보고서를 공정히 작성한 경우
- **부적정**: 기업이 회계기준을 위배하여 사업보고서를 작성한 경우
- **한정**: 특정 감사 사항(주로 재무제표에 큰 영향을 미치지 않는)에 대해 합당한 증거를 제공받지 못한 경우
- **의견거절**: 감사를 하는 데 필요한 충분한 정보를 제공받지 못해 감사 자체가 불가능한 경우 또는 기업의 존속가능성에 심각한 의문이 들 정도의 정보를 발견한 경우

56. 정답 ④

| 해설 | 주식회사의 이해관계자에는 주주, 채권자, 정부, 근로자 등이 포함된다. 하지만 이익 분배 주체는 주주로 보는 경우가 일반적이다.

| 오답피하기 | ① 다른 회사 형태에 비해 주식 발행을 통해 자금을 쉽게 조달할 수 있다.
③ 주주와 같은 출자자는 자신의 인수가액(출자금액)을 한도로 출자의무를 부담하는 유한책임을 진다.

57. 정답 ②

| 해설 | 경상수지와 재정수지 적자가 동시에 발생하는 현상을 쌍둥이 적자라고 한다.

| 오답피하기 | ③ 트리핀의 딜레마(Triffin's Dilemma): 기축통화 발행국은 기축통화의 국제 유동성을 유지하기 위해 국제수지(경상수지) 적자를 지속해야 하는데, 이는 기축통화에 대한 신뢰도 하락으로 연결될 수밖에 없다는 상충관계를 말한다.

58. 정답 ④

| 해설 |
- BSI(Business Survey Index, 기업경기실사지수): 기업가들의 경기전망을 살펴볼 수 있는 척도이다. OECD의 공식 기준으로 부정/보통/긍정의 답변을 조사하고, 이 비중을 바탕으로 지수를 도출한다. 0부터 200까지의 값을 갖는데, 100보다 높으면 기업가들은 경기를 긍정적으로 전망하고 있음을 의미한다.
- CSI(Consumer Survey Index, 소비자심리지수): 소비자들의 경기전망을 살펴볼 수 있는 지표로, 소비자동향조사에서 도출한 지수를 활용하여 계산한다. 0부터 200까지의 값을 갖는데, 100보다 높으면 소비자들은 경기를 긍정적으로 전망하고 있음을 의미한다.
- ESI(Economic Sentiment Index, 경제심리지수): 경기 연관성을 고려하여 BSI와 CSI를 가중평균하여 산출하는 지수이다. 0부터 200까지의 값을 갖는데, 100보다 높으면 경기 전망이 낙관적, 낮으면 비관적임을 의미한다.

59. 정답 ②

| 해설 | (A)는 공정거래위원회이다. 공정거래위원회는 독점 및 과점으로 인한 경쟁 저해 방지, 불공정거래 규제 등의 역할을 담당한다.
ㄱ. 공정거래위원회는 기업결합 심사를 통해 기업결합을 승인 또는 거부하는데, 기업결합으로 인해 시장지배력이 과도하게 강화될 경우 결합을 거부한다.
ㄷ. 리니언시(Leniency)는 관용, 관대, 자비를 의미하는 영어단어로, 경제용어에서는 담합행위를 한 기업들의 자백을 유도하여 자진 신고 시 과징금을 감면해주는 제도를 말한다. 자진 신고자 감면제라고도 한다. 경제학적으로 리니언시는 과점기업들의 카르텔(담합)을 죄수의 딜레마 상황으로 몰고 가 서로를 배신하게 만든다는 의미가 있다. 공정거래위원회가 독점 및 과점에 대한 방지책으로 운영 중인 제도 중 하나이다.

| 오답피하기 | ㄴ. 빅맥지수는 영국 경제지인 이코노미스트에서 1986년부터 매해 1월과 7월에 발표하는 지수이다. 맥도날드의 주력 제품인 빅맥은 나라를 불문하고 쉽게 구매할 수 있으므로 각 국가별 빅맥 가격을 활용해 물가 및 환율을 쉽게 비교할 수 있다. 구매력평가설과 일물일가 법칙에 기반을 두고 있다.
ㄹ. 오버슈팅은 재화 또는 금융자산의 가격이 급격히 폭등 또는 폭락하였다가 다시 균형가격으로 되돌아가는 현상을 말한다.

60. 정답 ⑤

| 해설 | ㄷ. 코즈의 정리(Coase's Theorem)는 거래비용과 재산권(Property Right)의 개념으로 정부의 개입 없이 외부효과(Externality)를 해결할 수 있음을 밝혀낸 이론이다. Ronald H. Coase는 거래비용이 낮은 상태에서 적절한 재산권만 부여된다면, 시장 거래에 의해 외부성의 문제가 해결됨을 주장하였다. 탄소배출권 거래시장은 코즈의 정리의 대표적인 예이다.
ㄹ. 탄소 크레딧은 탄소배출권의 다른 이름이다.

| 오답피하기 | ㄱ. 규제 일몰제는 규제에 존속기한을 설정함으로써 일정 기간이 지나면 규제가 자동적으로 폐기되도록 하는 제도이다.
ㄴ. 오일러의 정리는 스위스의 수학자 오일러가 증명한 정리로, 탄소거래와 관련이 없다.

상황추론 · 판단

61. 정답 ②

| 해설 | ㄱ. 시장경제체제에서 가격은 자원을 적재적소에 배분하는 기능을 수행한다.
ㄷ. 경제적 자유와 사유재산권 보장은 밀접한 관계가 있으며, 경제적 자유의 핵심 근간은 사유재산권 보장이다.

| 오답피하기 | ㄴ. 경제적 자유를 통해 추구할 수 있는 것은 효율성이다.
ㄹ. 경쟁이 생산자들 간에 이루어지면 가격이 하락하고 자원 배분이 효율적으로 이루어진다.

62. 정답 ②

| 해설 | ㉠이 수요량이므로 ㉡은 180보다 작고, ㉢이 공급량이므로 ㉣은 210보다 크다. 따라서 ㉣에서 ㉡을 뺀 값은 양(+)의 값이다.

63. 정답 ④

| 해설 | 제시된 상황은 금리역전이라고 부르는 상황이다. 미국의 기준금리가 한국보다 높은 경우, 한국에 투자한 미국 투자자의 투자 이익이 감소해 달러화가 미국으로 다시 유출될 가능성이 높다. 이를 캐리트레이드 청산이라고 부른다.

| 오답피하기 | ①③ 금리가 높은 미국으로 외국인 자금이 이동하면 달러화가 희소해지므로 원/달러 환율은 상승하게 된다. 환율 상승으로 인해 한국 수출기업들의 수출 가격경쟁력은 높아질 것이다.

64. 정답 ③

| 해설 | '너무 많이 먹어도 문제, 너무 적게 먹어도 문제죠. 어느 쪽으로든 정도의 지나침이 과하면 안 됩니다.'라는 내용을 통해 과유불급의 경제임을 유추할 수 있다.

| 오답피하기 | ① 괄목상대: 타인의 학식이나 재주가 놀랄만큼 늘었음을 이르는 말이다.
② 우공이산: 어떤 일이든 끊임 없이 노력하면 반드시 이루어짐을 이르는 말이다.
④ 군계일학: 많은 사람 가운데서 뛰어난 인물을 이르는 말이다.
⑤ 유비무환: 미리 준비가 되어 있으면 걱정할 것이 없음을 이르는 말이다.

65. 정답 ①

| 해설 | A재와 B재는 각각 소비할 때보다 함께 소비할 때 만족감이 더 크므로 A재와 B재는 보완재 관계에 있다.
정부가 A재 생산에 보조금을 지급하면 A재의 공급이 증가하여 A재의 균형가격은 하락한다.

| 오답피하기 | ② A재의 공급이 증가하므로 A재의 균형거래량은 증가한다.
③ A재의 가격이 하락하므로 보완재인 B재의 수요는 증가하여 B재의 매출액은 증가한다.
④ 보완재인 B재의 수요가 증가하여 B재의 균형가격은 상승한다.
⑤ 보완재인 B재의 수요가 증가하여 B재의 균형거래량은 증가한다.

관련 개념 짚어보기

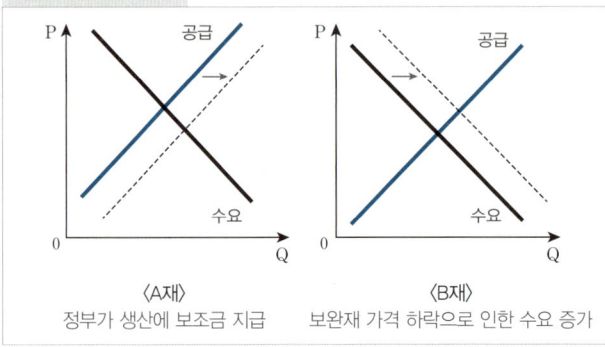

〈A재〉 정부가 생산에 보조금 지급
〈B재〉 보완재 가격 하락으로 인한 수요 증가

66. 정답 ⑤

| 해설 | 피셔효과에 따르면 '명목이자율 = 실질이자율 + 인플레이션율(물가상승률)'이다.
연도별 물가상승률과 이자율을 나타내면 다음과 같다.

구분	2019년	2020년	2021년
실질이자율(%)	2	−2	1
물가상승률(%)	3	3	1
명목이자율(%)	5	1	2

2020년의 실질이자율은 −2%로, 2021년의 실질이자율인 1%보다 낮다.

| 오답피하기 | ① 2020년 대비 2021년에 실질이자율은 −2%에서 1%로 상승하였다.
② 2020년의 물가 수준은 2019년에 비해 3% 상승하였다.
③ 2020년의 실질이자율은 −2%이므로 음(−)의 값이다.
④ 2021년의 실질이자율은 1%이므로 양(+)의 값이다.

67. 정답 ⑤

| 해설 | 연구결과의 내용은 과거에 소득 하위 20%에 속했던 사람들의 87%가 상위 그룹으로 이동한 것이다. 이는 가난한 사람도 부자가 될 수 있다는 것을 입증하는 통계라고 할 수 있다.

68. 정답 ①

| 해설 | 경제활동참가율은 생산가능인구 중 경제활동인구가 차지하는 비율이다.

- 경제활동참가율(%) = $\frac{경제활동인구}{생산가능인구} \times 100$
  = $\frac{2,400만\ 명 + 600만\ 명}{2,400만\ 명 + 600만\ 명 + 1,000만\ 명} \times 100 = 75\%$

실업률은 경제활동인구 중 실업자가 차지하는 비율이다.

- 실업률(%) = $\frac{실업자\ 수}{경제활동인구} \times 100$
  = $\frac{600만\ 명}{2,400만\ 명 + 600만\ 명} \times 100 = 20\%$

69. 정답 ③

| 해설 | 정부의 사법행정에 대한 불신이 만연하면 상업자본이나 제조업자본이 크게 성장하기 어렵다는 주장은 북한 사람들이 번 돈을 은행에 저축하지 않고 집안에 숨겨두는 점과 일맥상통한다.

| 오답피하기 | ① 사적자유의 원칙에 따라 개인은 자유롭게 계약을 맺을 자유가 있다. 국가가 모든 계약 조항을 꼼꼼하게 검토해야 하는 것은 과도한 개입이다.
② 제시문은 정부의 공공부채와 관련이 없다.
④ 국가가 시장 참여자가 예측하기 힘들 정도로 법을 자주 바꾼다면 국가에 대한 신뢰가 형성되기 힘들다.
⑤ 국가가 임대 기간과 임대료를 동일하게 규제하는 것은 결과적 평등을 지향하는 것으로, 과도한 시장 개입이 된다.

70. 정답 ⑤

| 해설 | 기준금리 인하로 시중의 유동성이 풍부해지면 소비자의 소비활동은 증가한다.

| 오답피하기 | ① 대출금리 하락 요인이다.
② 인플레이션의 발생 요인이다.
③ 시중의 통화량은 증가한다.
④ 기업의 투자 심리는 살아날 것이다.

71. 정답 ②

| 해설 | 법인세 및 기업의 조세부담율이 높아지면 국내 총수요(AD)곡선은 왼쪽으로 이동할 것이다.

72. 정답 ⑤

| 해설 | 조세부담의 형평성이 개선되었고, 물가안정에 도움이 되었다는 내용을 통해 (A)에는 직접세 징수와 관련된 내용이 들어갈 수 있음을 추론할 수 있다.

| 오답피하기 | ① 할당관세제도: 특정 물품의 수입이 정부가 정한 일정 수량에 이를 때까지는 저율의 관세가 부과되나, 일정량을 초과하면 그 이후에는 고율의 관세가 부과되는 제도이다. 이때 부과되는 고율 또는 저율의 관세를 할당관세라고 한다.
③ 예비타당성조사: 대규모 개발사업에 대해 우선순위, 적정 투자시기, 재원 조달방법 등 타당성을 검증함으로써 대형 신규 사업에 신중하게 착수하여 재정투자의 효율성을 높이기 위한 제도이다. 타당성조사가 주로 기술적 타당성을 검토하는 반면, 예비타당성조사는 경제적 타당성을 주된 조사대상으로 삼는다.

73. 정답 ①

| 해설 | ㄱ, ㄴ. OPEC는 중동의 산유국이 주축인 석유수출국기구를 말한다. 이와 관련된 용어는 페트로 달러와 석유파동이다. 페트로 달러란 전 세계의 주요 산유국들이 원유 및 관련 상품을 수출해서 벌어들이는 돈을 말하는데, 오일달러, 오일머니 등으로도 불린다. 1970년대 초 OPEC의 담합으로 석유파동이 있었으며, 한국은 중동지역 개발에 건설 기술자 등을 보낸 바 있다.

| 오답피하기 | ㄷ. 플라자 합의는 1985년 9월 22일 미국, 영국, 프랑스, 서독, 일본의 5개국 재무장관, 중앙은행총재가 뉴욕 플라자호텔에 모여 미 달러를 일본 엔화와 독일 마르크화에 대해 절하하기로 한 합의이다.
ㄹ. OPEC은 독점적 경쟁시장이 아니라 일종의 독과점시장이다.

> **관련 개념 짚어보기**
>
> **OPEC+**
> 석유수출기구(OPEC)에 속하지 않았던 러시아를 비롯한 산유국과 기존 OPEC 회원국이 함께 결성한 협의체이다. 현재 국제 유가에 큰 영향력을 행사한다.

74. 정답 ①

| 해설 | ㄱ. A국 정부는 빚 탕감 정책을 민간회사로까지 확대하여 시행하려고 한다. 이 경우 채무자가 빚을 갚지 않으려는 도덕적 해이가 발생할 수 있고, 채권자와 금융기관 입장에서는 대부(貸付)를 꺼려 신용시장이 위축될 가능성이 존재한다.

| 오답피하기 | ㄷ. 스놉효과: 어떤 제품이 대중화되면 남들과 다르다는 것을 증명하기 위해 해당 제품을 더 이상 구매하지 않는 소비현상을 일컫는 말로, 잘난 체하는 속물을 의미하는 스놉(Snob)이라는 단어에서 유래됐다. 고급 의류나 가구, 희소가치 있는 미술품 등에서 스놉효과가 빈번하게 나타난다. 까마귀가 몰리면 백로가 까마귀 떼를 멀리하는 것 같다고 해서 '백로 효과'라고 부르기도 한다.
ㄹ. 스미스의 역설: 가치의 역설, 물과 다이아몬드의 역설이라고도 한다. 인간의 생존에 더 필수적인 재화는 다이아몬드보다 물이지만 실제 가격은 다이아몬드가 훨씬 비싸다. 이처럼 시장에서의 교환가치는 재화 또는 서비스의 사용가치와 일치하지 않는데, 이를 스미스의 역설이라고 한다.

75. 정답 ③

| 해설 | E_1에서 E_2로의 이동은 총수요 증가에 의한 것이다. 따라서 확장적 재정정책이나 확장적 통화정책의 시행으로 총수요가 증가했을 것이다. 총수요 증가로 인해 인플레이션이 발생하여 고정급을 받는 임금 근로자는 불리해졌을 것이다.

| 오답피하기 | ① 인플레이션은 연금생활자에게 유리하게 작용하지 않는다.
② 인플레이션은 실물자산 보유자에게 유리하다.
④ 기업투자 감소는 총수요 감소 원인이다.
⑤ 인플레이션은 채권자에게 불리하다.

76. 정답 ②

| 해설 | 2055년에는 아예 고갈될 것으로 예상하고 있으므로 2040년부터 국민연금 적립금이 모두 고갈될 것이라는 내용은 옳지 않다. 2040년은 국민연금 재정수지가 적자로 전환되는 해이다.

77. 정답 ④

| 해설 | 국산 한약재를 원하는 구매자는 한약재에 국산 한약재의 가치인 1천만 원을 지불할 의향이 있을 것이다. 다만, 원산지 식별 능력이 없는 상태에서는 평균적인 가치의 기댓값인 600만 원 이상을 지불하려 하지 않을 것이다.

78. 정답 ③

| 해설 | 지니계수가 커질수록 소득불평등도가 악화됨을 알 수 있다. B국의 지니계수는 2019년이 0.40, 2020년이 0.45로, 2020년에 지니계수가 더 커졌다. 이는 소득불평등 수준이 악화되었음을 의미한다.

| 오답피하기 | ② 로렌츠곡선이 대각선에서 멀어질수록, 지니계수가 클수록 소득이 불평등함을 의미한다. 2020년의 지니계수는 A국이 0.42, B국이 0.45로, B국이 A국보다 크다. 즉, B국이 A국보다 로렌츠곡선이 대각선에 멀어진 상태임을 알 수 있다.
④ 지니계수가 작아지는 것은 소득불평등도가 개선되고 있음을 의미한다. 2021년에 B국의 지니계수는 2020년보다 작아졌으므로 소득분배가 개선되었다고 볼 수 있다.
⑤ A국의 지니계수가 매년 작아지고 있으므로, 이는 소득불평등도가 개선되고 있음을 의미한다. 따라서 복지정책을 펼쳤을 것임을 추론할 수 있다.

> **관련 개념 짚어보기**
>
> 로렌츠곡선
>
>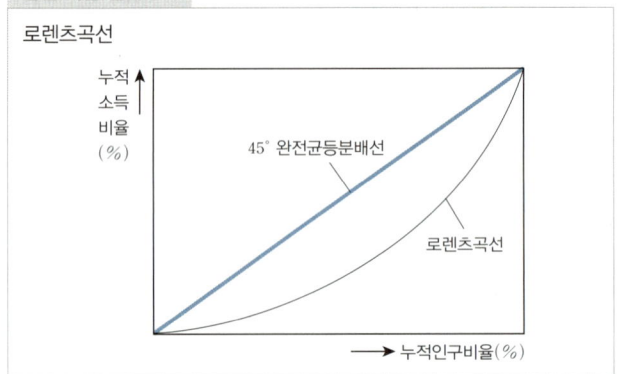

79. 정답 ④

| 해설 | (A)는 준칙에 입각한 통화정책, (B)는 준칙을 벗어난 재량에 입각한 통화정책을 설명한다.
케인스학파는 재량에 입각한 정책을 펴는 것이 바람직하다는 입장이다.

80. 정답 ④

| 해설 | 신문기사는 조선 후기 흥선대원군의 잘못된 당백전 발행으로 화폐의 가치가 폭락하는 하이퍼인플레이션이 발생한 상황을 보여준다.
그레셤의 법칙은 악화가 양화를 구축하는 상황으로 우리나라에서 현재 사용되는 화폐에는 발생할 여지가 없다.

> **관련 개념 짚어보기**
>
> 그레셤의 법칙
> '악화가 양화를 구축한다.'라는 말로 알려져 있다. 가치가 낮은 것이 가치가 높은 것을 몰아냄을 말한다. 예를 들어 귀금속으로서는 가치가 다른 금화와 은화가 동일한 화폐 가치로 통용되면, 사람들은 가치가 낮은 은화(악화)만 사용하고, 가치가 높은 금화(양화)는 소장해두기 때문에 금화는 유통되지 않고 사라진다(구축).

제74회 TESAT 문제지
정답 및 해설

경제이론

1	⑤	2	②	3	④	4	③	5	④
6	②	7	①	8	①	9	②	10	④
11	②	12	①	13	⑤	14	②	15	④
16	④	17	③	18	⑤	19	④	20	①
21	②	22	⑤	23	②	24	①	25	②
26	②	27	⑤	28	⑤	29	③	30	①

시사경제·경영

31	②	32	③	33	③	34	①	35	④
36	③	37	①	38	①	39	⑤	40	②
41	④	42	⑤	43	④	44	②	45	②
46	④	47	②	48	②	49	⑤	50	①
51	⑤	52	③	53	②	54	②	55	⑤
56	③	57	②	58	⑤	59	④	60	⑤

상황추론·판단

61	④	62	⑤	63	③	64	④	65	①
66	②	67	④	68	⑤	69	③	70	③
71	②	72	①	73	⑤	74	①	75	③
76	①	77	⑤	78	④	79	②	80	②

경제이론

1. 정답 ⑤

| 해설 | 시장경제는 효율성을 목표로 하기 때문에 공평한 소득분배를 담보하는 것은 아니다.

2. 정답 ②

| 해설 | ㄱㄷㄹ. 인구 고령화, 경쟁국과 무역 분쟁, 연구개발 관련 세액공제 감소는 경제성장의 속도를 늦추는 요인이 될 수 있다.

| 오답피하기 | ㄴㅁ. 외국으로부터의 활발한 기술 도입, 신산업 관련 규제 완화는 경제성장의 촉진 요인이다.

3. 정답 ④

| 해설 | 한계생산물체감의 법칙은 어느 시점이 지나면 생산요소를 추가로 투입할 때 이로 인해 늘어나는 한계생산량이 줄어드는 것을 의미한다. 이는 고정된 생산요소가 존재하는 단기에 성립하는 것으로, 정부 실패와는 관련이 없다.

4. 정답 ③

| 해설 | 대체재의 공급 증가는 대체재의 가격을 하락시켜 대체재의 수요량이 증가하는 반면, 해당 수요곡선을 좌측으로 이동시킨다.

| 오답피하기 | ①②④⑤ 소비자의 소득 증가, 보완재 생산기술 발전, 미래 가격 상승 예상, 재화에 대한 소비자의 선호도 증가는 모두 수요 증가 요인이므로 수요곡선이 우측으로 이동한다.

관련 개념 짚어보기
수요곡선의 좌측 이동

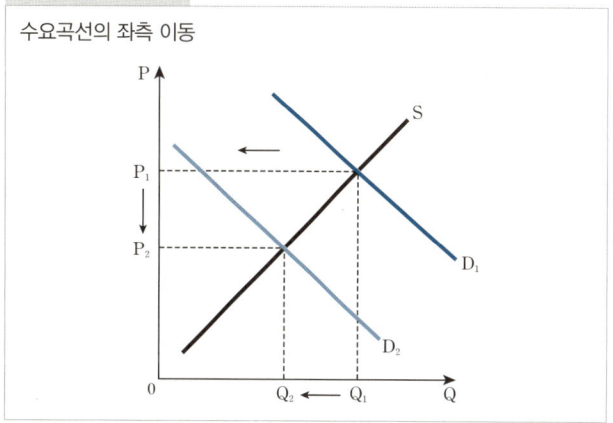

5. 정답 ④

| 해설 | ㉠은 수요견인 인플레이션, ㉡은 비용인상 인플레이션에 해당한다. 비용인상 인플레이션의 원인으로는 국제 원자재 가격 상승과 같은 공급 충격을 들 수 있다.

| 오답피하기 | ① ㉠은 수요견인 인플레이션이다.
② 민간 소비 지출 감소는 총수요의 감소 요인이다.
③ 정부지출 확대는 총수요의 증가 요인이다.
⑤ ㉡은 실질GDP의 감소를 수반한다.

관련 개념 짚어보기
인플레이션의 원인

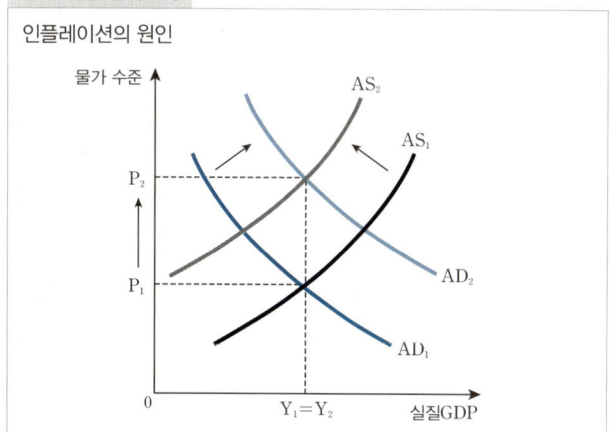

6. 정답 ②

| 해설 | 수요의 가격탄력성이 완전탄력적일 경우 수요곡선이 수평선이기 때문에 공급곡선이 이동하더라도 균형에서의 가격은 변함이 없다.

| 오답피하기 | ① 수요곡선은 수평선의 모양을 가진다.
③ 공급이 감소하면 재화의 거래량은 감소한다.
④ 이 재화의 공급자에게 세금을 부과하면 세금의 전부를 공급자가 부담한다. 세금을 수요자에게 부과하여 가격이 높아지면 수요량이 극단적으로 줄기 때문이다.
⑤ 이 재화의 수요자에게 세금을 부과하면 세금의 전부가 공급자에게 전가된다.

> **관련 개념 짚어보기**
>
> **수평의 수요곡선과 우상향하는 공급곡선**
>
>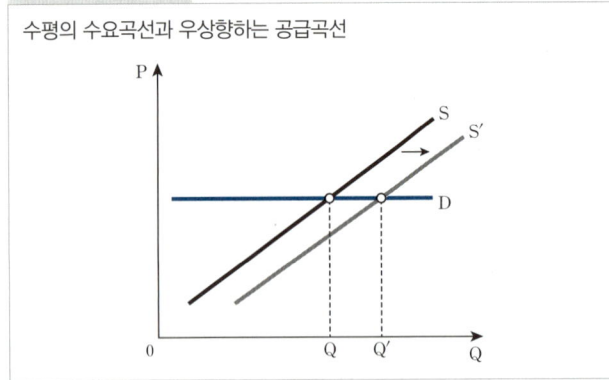

7. 정답 ①

| 해설 | 입장료가 아까워서 재미없는 영화를 계속 보는 것은 매몰비용과 관련이 있다. 매몰비용은 한 번 지출되면 되돌려 받는 것이 불가능한 비용으로, 합리적 의사결정 시 고려해서는 안 된다.

8. 정답 ①

| 해설 | 지니계수가 낮을수록 소득분배가 평등하다고 보며 소득분배가 평등할수록 로렌츠곡선은 대각선에 가까워진다.
올해의 지니계수가 작년보다 낮아졌으므로 로렌츠곡선은 45° 대각선에 가까워졌을 것이다.

| 오답피하기 | ② 지니계수가 작년보다 낮아졌으므로 10분위 분배율은 커졌을 것이다.

> **관련 개념 짚어보기**
>
> **십분위 분배율**
>
> 십분위 분배율이란 최하위 40%의 소득점유율을 최상위 20%의 소득점유율로 나눈 값으로, 저소득층과 고소득층 간의 소득분배를 나타내는 지표이다. 소득분배가 완전히 평등하면 2, 소득분배가 완전히 불평등하면 0의 값을 가지며, 값이 클수록 소득분배가 평등함을 나타낸다. 십분위 분배율은 중간계층의 소득을 잘 반영하지 못한다는 단점이 있다.
>
> $$\text{십분위 분배율} = \frac{\text{최하위 40\% 소득계층의 소득}}{\text{최상위 20\% 소득계층의 소득}}$$

9. 정답 ③

| 해설 | • 구축효과(Crowd-out Effect): 정부지출 증가 때문에 민간 부문의 투자가 감소하는 현상을 말한다. 정부가 경기부양을 위해 세금을 걷지 않고 지출을 늘리려면 국채를 발행해서 돈을 빌려야 하는데, 이 경우 민간에서 빌릴 수 있는 자금이 줄어들어 이자율이 상승하고 민간 투자가 감소한다. 결국 투자 감소로 인해 민간 부문에서 창출될 생산 증가가 감소해 정부의 재정지출로 인한 생산 증가가 상쇄되는 현상이 나타난다. 경제가 불황일 때에는 민간의 투자수요가 적기 때문에 구축효과가 크지 않을 수 있지만, 경제가 정상이거나 활황일수록 구축효과는 더 뚜렷하게 나타날 수 있다.
• 승수효과: 대표적인 정부개입 옹호론자인 케인스는 정부지출 등 정부정책 변수의 변화율에 비해 이로 인한 국민소득의 변화율이 크게 나타나는 현상을 승수효과라고 말했다. 승수효과는 정부의 개입을 통해 국민소득을 효과적으로 증가시킬 수 있음을 뒷받침하는 이론으로, 재정정책을 중시하는 입장에서는 구축효과보다 승수효과를 더 크게 본다.

| 오답피하기 | ① 금융정책보다 재정정책의 효과가 직접적이다.
② 국채 발행을 통해 정부가 자금을 조달할 경우 시중 이자율은 상승한다.
④ 추가경정예산은 정부의 대표적인 재정정책이다.

10. 정답 ④

| 해설 | 중앙은행이 자연실업률을 실제보다 낮게 평가하면 경기침체라고 판단하여 확장적 통화정책을 실시한다. 이에 따라 인플레이션율은 계속 상승한다.

11. 정답 ②

| 해설 | 가격 하한제(최저가격제)는 균형가격보다 높은 가격에서 설정되어야 효력을 갖는다. 기존의 시장 균형가격보다 낮은 수준에서 가격이 설정되면 가격 하한제의 효과가 나타나지 않는다.

12. 정답 ①

| 해설 | (가)는 공유재, (나)는 사적재, (다)는 클럽재, (라)는 순수 공공재에 해당한다.
공유지의 비극은 경합성은 있으나 배제성이 없는 재화가 과도한 낭비로 인해 고갈되는 현상을 말한다. 이에 해당하는 재화는 공유재이다.

> **관련 개념 짚어보기**
>
> **재화의 구분**
>
> | 구분 | | 경합성 | |
> | --- | --- | --- | --- |
> | | | 있음 | 없음 |
> | 배제성 | 있음 | • 사적재
• 아이스크림
• 옷 | • 클럽재
• 케이블 TV
• 유료 고속도로 |
> | | 없음 | • 공유자원
• 환경
• 바닷속의 물고기
• 공유지의 비극 | • 공공재
• 국방서비스 |

13. 정답 ⑤

| 해설 | A는 주식, B는 채권이다.
채권과 주식은 모두 시세 차익을 기대할 수 있다.

| 오답피하기 | ① 이자 수익을 기대할 수 있는 것은 채권(B)이다.
② 기업의 입장에서 자기자본에 해당하는 것은 주식(A)이다. 채권의 경우 만기 시에 기업은 채권자에게 원금을 상환해야 한다.
③ 주식의 소유자는 이사회가 아니라 주주총회에 참석할 수 있는 권리가 주어진다.
④ 주식은 채권과 달리 배당 수익을 기대할 수 있다.

14. 정답 ③

| 해설 | 총수요 변동성의 주요 원인은 투자에 있다.

| 오답피하기 | ① 일반적으로 투자는 이자율의 감소함수이므로 이자율이 상승하면 투자가 감소한다.
② 총수요의 구성요소인 투자, 소비 등은 이자율에 따라 감소하거나 증가한다. 따라서 총수요는 이자율에 영향을 받는다.
④ 화폐의 중립성이 성립한다면 화폐량의 증가는 총수요에 영향을 미치지 않고 물가만 상승시킨다.
⑤ 한 국가에서 생산한 상품의 총수요는 소비, 투자, 정부지출, 순수출(수출-수입)의 합이다.

15. 정답 ④

| 해설 | 순수출액(수출액 2,000억 - 수입액 1,500억)에 의해 외환보유고가 500억 달러 증가하였고, 자본·금융계정에 의한 순유출액(외국인의 국내 자산 매입액 500억 - 내국인의 해외 자산 매입액 600억)이 -100억 달러이므로, 한국의 외환보유액은 총 400억 달러 증가하였다.

16. 정답 ④

| 해설 | 제시된 실업은 마찰적 실업(탐색적 실업)이다. 마찰적 실업은 새로운 일자리를 탐색하거나 이직을 하는 과정에서 일시적으로 발생하는 실업을 말한다.
최저임금제, 노동조합의 강화로 인한 실업은 구조적 실업이다.

17. 정답 ③

| 해설 | 코즈의 정리(Coase's Theorem)는 거래비용과 재산권(Property Right)의 개념으로 정부의 개입 없이 외부효과(Externality)를 해결할 수 있음을 밝혀낸 이론이다. Ronald H. Coase는 거래비용이 낮은 상태에서 적절한 재산권만 부여되어 있다면 시장 거래에 의해 외부성의 문제가 해결됨을 주장하였다. 코즈의 정리에 따르면 재산권이 누구에게 있는지에 따라 외부불경제를 감소시키는 정도가 달라지는 않는다. 하지만 초기 소유권을 어떻게 설정해도 시장이 합리적으로 해결한다는 아이디어는 부정적 외부성의 원인 제공자에게 소유권을 설정해주는 근거가 되어 윤리·도덕적으로 비판을 받기도 한다.

18. 정답 ⑤

| 해설 | 보험시장에서 평균 보험료를 제시할 때 사고를 낼 위험이 높은 사람이 가입하는 것은 역선택의 예이다.

관련 개념 짚어보기

정보 비대칭

정보 비대칭	
역선택	도덕적 해이
• 감추어진 특성 • 레몬시장	• 감추어진 행동 • 주인-대리인 문제

19. 정답 ④

| 해설 | 모든 생산요소의 투입을 두 배 늘렸을 때 산출량이 두 배를 초과하여 늘어나는 것은 규모에 대한 수익 체증이다.

| 오답피하기 | ② 모든 생산요소의 투입을 두 배 늘려도 산출량이 변하지 않았으므로 규모에 대한 수익 체감이다.
③⑤ 모든 생산요소의 투입을 두 배 늘렸을 때 산출량이 두 배 늘어나야 규모에 대한 수익 체증이다. 고정요소의 투입 증가만으로는 판단할 수 없다.

관련 개념 짚어보기

규모의 경제를 표현하는 방식
- 장기 총평균비용곡선(LRATC)이 우하향한다.
- 초기 고정비용이 높고, 한계비용은 일정하다.
- 노동(L)과 자본(K)이 각각 2배씩 증가할 때 산출량이 2배 이상 증가한다.

20. 정답 ①

| 해설 | (가)는 가계, (나)는 기업이다.
ㄱ. 가계는 소비활동의 주체이고, 기업은 생산활동의 주체이다.
ㄴ. 가계는 효용극대화를 위해, 기업은 이윤극대화를 위해 경제활동을 한다.

| 오답피하기 | ㄷ. ㉠은 요소소득에 해당한다.
ㄹ. ㉡은 판매수입에 해당한다.

21. 정답 ②

| 해설 | 절약의 역설은 저축의 증가가 투자의 증가로 바로 이어지지 않는 '단기'에 적합한 이론이다.

관련 개념 짚어보기

저축의 역설(절약의 역설)

'구성의 오류(Fallacy of Composition)' 또는 '합성의 오류'의 대표적 예시이다. 구성의 오류는 부분이 지닌 속성이 전체에는 나타나지 않는 경우를 말한다. 개인에게 절약과 저축은 미덕이지만, 모두가 절약과 저축을 행할 경우 소비가 위축되어 경기가 침체되기 때문이다.

22. 정답 ⑤

| 해설 | '물건의 가치가 같은 화폐 단위로 표시되므로 모든 상품 간의 교환 비율을 알 수 있다.'에서 가치척도의 기능을 유추할 수 있다.

23. 정답 ②

| 해설 | 수입할당제를 시행하면, 공급자가 수입 물량을 통제할 수 있게 되므로 생산자잉여는 증가하고 소비자잉여는 감소한다. 정부가 관세를 걷는 것이 아니므로 정부의 관세수입은 0이고 국내 물가는 상승할 것이다. 즉, 전체적으로 해당 국가의 후생수준은 전반적으로 감소할 것이다.

관련 개념 짚어보기

수입쿼터제(수입할당제)

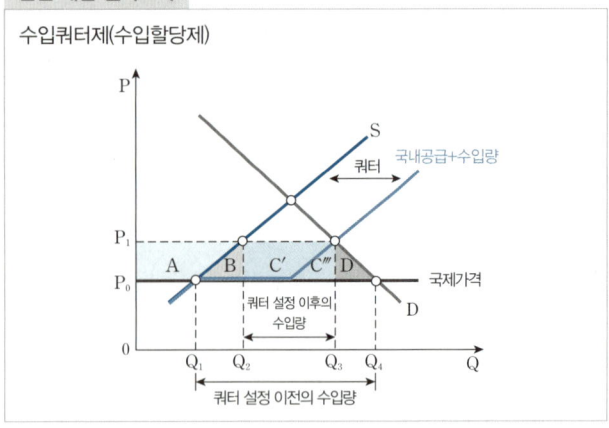

24. 정답 ①

| 해설 | GDP는 Y(GDP) = C(소비) + I(투자) + G(정부지출) + N[X(수출) − M(수입)]으로 구할 수 있다.
따라서 수입이 증가하면 GDP는 감소한다.

| 오답피하기 | ② 가정주부의 가사노동은 GDP에 포함되지 않는다.
③ 기준연도에서는 실질GDP와 명목GDP가 일치한다.
④ GDP는 국내총생산량으로 국내에서 근무하는 외국인 근로자가 생산한 가치도 GDP에 포함된다.
⑤ A년도에 생산한 제품이 다음 연도인 B년도에 판매되더라도 이는 B년도 GDP가 아닌 A년도 GDP에 포함된다.

25. 정답 ③

| 해설 | 무차별곡선은 원점에 대해 볼록한 형태를 띤다.

관련 개념 짚어보기

무차별곡선

점 A, B, C의 총효용 수준은 같은데, 점 B가 더 적은 수의 재화로 구성되어 있다. 이는 무차별곡선의 볼록성이 극단적 상품조합보다 골고루 들어간 상품조합을 더 선호한다는 것을 의미한다.

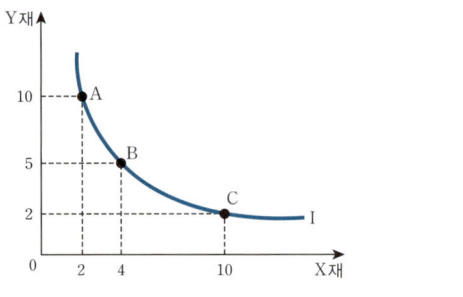

26. 정답 ②

| 해설 | (가)는 완전경쟁시장, (나)는 독점적 경쟁시장, (다)는 독점시장, (라)는 과점시장이다.
ㄱ. 완전경쟁시장에서는 P = MC이므로 자원 배분이 효율적으로 이루어진다.
ㄷ. 독점시장은 생산요소의 독점, 규모의 경제, 특허 및 저작권 등의 이유로 진입장벽이 존재하여 다른 기업의 진입을 막는다.

| 오답피하기 | ㄴ. 기업 간 담합과 리니언시에 관한 논쟁이 나타날 수 있는 시장은 과점시장이다.
ㄹ. 과점시장에서는 상대방의 전략을 고려하여 의사결정을 하므로 기업 간 상호 의존성이 높다.

27. 정답 ⑤

| 해설 | 예상하지 못한 인플레이션이 발생하면 채권자는 불리해지고 채무자가 이득을 보는 부의 재분배가 발생할 수 있다. 예상된 인플레이션이라면 채권자가 인플레이션율에 맞춰 명목이자율 인상을 요구하므로 부의 재분배가 일어난다고 보기 어렵다.

| 오답피하기 | ① 메뉴비용은 인플레이션 발생 시 제품이나 서비스의 가격을 재조정해야 하는 데에서 오는 불필요한 비용을 말한다.

28. 정답 ⑤

| 해설 | 무역 상대국 인플레이션의 높은 변동성은 상대국 화폐 가치의 예측을 방해하므로 국제무역을 감소시키는 요인으로 볼 수 있다.

29. 정답 ③

| 해설 | ㄱ, ㄷ. 국가 대외신인도가 하락하는 부정적 징후로 평가되는 것은 외국환평형기금채권의 가산금리 상승과 신용평가기관의 국가신용등급 하락이다.

| 오답피하기 | ㄴ. 신용부도스와프(CDS) 프리미엄은 높을수록 신용위험이 크다는 것을 의미한다. CDS가 하락하면 국가 대외신인도에 긍정적 징후로 평가될 것이다.

30. 정답 ①

| 해설 | 1급 가격차별은 완전가격차별이라고도 하며, 소비자잉여를 전부 흡수하는 전략이다. 소비자의 선호와 지불능력을 완전히 알고 있을 때에만 가능한 전략으로 완전가격차별이 실시되면 사회의 경제적 후생이 극대화된다. 단, 그 후생은 전부 공급자에게 귀속되어 소비자잉여는 0이 된다.

| 오답피하기 | ②④ 거래는 이루어지지만 발생하는 잉여는 전부 공급자에게 귀속된다.
③⑤ 각 소비자에게 서로 다른 가격을 부과함으로써 거래량이 늘고 생산자잉여가 증가한다. 완전가격차별이 가능하면 시장에서의 거래량은 늘어난다.

시사경제 · 경영

31. 정답 ②

| 해설 | · 유니콘: 스타트업은 많지만 페이스북처럼 성공하는 스타트업은 머리에 뿔이 달린 상상 속의 동물인 유니콘만큼이나 찾아보기 어렵다는 것에서 나온 말이다. 보통 기업 가치가 10억 달러를 넘어가는 스타트업을 유니콘이라고 한다.
· 데카콘: 기업 가치 100억 달러(유니콘의 10배) 이상인 스타트업은 10을 뜻하는 접두사 데카(Deca)를 붙여 데카콘이라고 한다.

32. 정답 ③

| 해설 | 텐 배거(Ten Bagger)는 10루타를 의미하는 용어로, 10배 이상의 수익률을 가져다준 주식 종목을 말한다.

| 오답피하기 | ① 손절매(Loss Cut, 로스컷): 현재 주가가 본인의 매입 단가보다 낮지만, 앞으로의 주가 하락을 예상해 손실을 감수하고 매도하는 행위를 말한다.
② 바이백(Buy-back): 무엇을 팔았다가 다시 사는 행위를 말한다. 주식에 있어서는 기업의 자사주 매입 행위를, 채권에 있어서는 조기상환 행위를 의미한다.
④ 오버행(Overhang): 주식시장에 있어 오버행이란 미래에 매도 물량으로 쏟아질 수 있는 잠재적 주식을 말한다.

33. 정답 ③

| 해설 | 밀키트(Meal Kit)는 이미 손질된 식재료와 여러 부재료를 하나의 구성품으로 하여 조리만 하면 되는 간편식품을 말한다.

| 오답피하기 | ① PB(Private Brand): 특정 유통업체(주로 백화점, 대형마트)에서 직접 만든 자체 브랜드 상품을 말한다. 대표적인 예로는 노브랜드가 있다.
② OEM(Original Equipment Manufacturing): 두 회사가 계약을 맺어 한 회사는 제품의 생산을 맡고(위탁생산), 다른 회사는 완성된 상품을 받아 자신의 브랜드로 판매하는 방식을 말한다.

34. 정답 ①

| 해설 | 메기효과는 막강한 경쟁자의 존재가 다른 경쟁자들의 잠재력을 끌어올리는 효과를 말한다. 미꾸라지를 장거리 운송할 때 수조에 메기 한 마리를 넣어두면 미꾸라지들이 메기를 피해 다니느라 생기를 얻어 미꾸라지가 상하지 않는다는 것에서 유래되었다.

| 오답피하기 | ⑤ 네트워크효과: 독립적인 개인의 재화나 서비스에 대한 수요가 그 재화나 서비스를 사용하는 사람의 수에 영향을 받는 것을 말한다. 소비자의 수가 증가할수록 재화나 서비스의 수요가 증가하였다면 양(+)의 네트워크효과가 있다고 말한다. 인터넷이나 스마트폰이 그 예이다.

35. 정답 ④

| 해설 | 소비자 물가지수(CPI)는 가계가 소비하는 상품들의 가격 수준을 측정하는 지표를 말한다.
ㄴ. 엥겔지수는 가계의 총지출액에서 식료품비가 차지하는 비율을 말한다. 가계의 소득과 상관없이 반드시 일정 금액을 식료품비로 지출해야 하므로 저소득 가구일수록 엥겔지수는 상승하는 경향을 보인다. 소비자 물가지수의 상승에서 식료품비가 상승했을 것임을 유추할 수 있으므로 엥겔지수는 상승했을 것이다.
ㄹ. 장바구니 물가는 물건을 직접 구입할 때 느끼는 물가로, 체감 물가라고도 한다. 공식 물가와 달리 소비자가 자신이 구입하는 물품만을 대상으로 매기는 주관적 물가이다.

| 오답피하기 | ㄱ. PMI제조지수는 제조기업 구매관리자를 대상으로 한 설문조사를 바탕으로 미국의 경제활동을 월별로 보여주는 지표로, ISM제조업지수라고도 불린다. 미국 경제상황을 보여주는 핵심 지표로 꼽힌다. 심리지수이기 때문에 물가지수와 양(+)의 상관관계에 있다고 단정할 수 없다.
ㄷ. CSI(Consumer Survey Index, 소비자 심리지수)는 소비자들의 경기전망을 살펴볼 수 있는 지표로, 소비자동향조사에서 도출한 지수를 활용하여 계산한다. 100보다 높으면 소비자들은 경기를 긍정적으로 전망하고 있음을 의미한다. PMI지수와 마찬가지로 심리지수이기 때문에 물가지수와의 관계를 특정지을 수 없다.

36. 정답 ③

| 해설 | 블랙아웃은 대규모 정전사태를 말한다. 주로 전력 부족으로 인해 발생하는데, 여름철 냉방으로 인해 전기 사용이 급증할 때 그 위험성이 커진다.

37. 정답 ①

| 해설 | 구축효과(Crowd-out Effect)는 정부지출 증가 때문에 민간 부문의 투자가 감소하는 현상이다. 정부가 경기부양을 위해 세금을 걷지 않고 지출을 늘리려면 국채를 발행해서 돈을 빌려야 하는데, 그럴 경우 민간에서 빌릴 수 있는 자금이 줄어들어 이자율이 상승하고 민간 투자가 감소한다. 결국 투자 감소로 인해 민간 부문에서 창출될 생산 증가가 감소하여 정부의 재정지출로 인한 생산 증가가 상쇄되는 현상이 나타난다. 경제가 불황일 때에는 민간의 투자수요가 적기 때문에 구축효과가 크지 않을 수 있지만, 경제가 정상이거나 활황일수록 구축효과는 더 뚜렷하게 나타날 수 있다.

| 오답피하기 | ② 전시효과: 듀젠베리에 의해 만들어진 용어로, 개인의 소비 패턴이 타인에 의해 변화하는 현상을 말한다. 주위 사람들이 소득 증가로 인해 적극적인 소비를 할 때 본인의 소득 변화에 상관없이 지출을 늘리는 현상이 대표적인 예이다.
③ 분수효과: 낙수효과에 대비되는 개념이다. 중산층 또는 저소득층의 세금을 줄여주거나 복지를 늘려주면 이들의 소비 지출이 늘어나 경제가 활성화되고 궁극적으로는 고소득층의 소득 역시 늘어날 수 있다는 이론이다.
④ 핀볼효과: 제임스 버크의 저서 『핀볼효과(The Pinball Effect)』에서 '우연적 사건의 연쇄가 세상을 움직인다.'라는 뜻으로 처음 등장한 용어이다. 경제성장률, 유동성, 금리, 투자심리 등이 복합적으로 작용하여 자산 가격을 크게 오르도록 만드는 것을 가리킨다.
⑤ 피셔효과: 명목금리가 실질금리와 기대인플레이션율의 합계와 같다는 미국의 경제학자 어빙 피셔가 발표한 이론이다.

38. 정답 ①

| 해설 | 삼성SDI, LG에너지솔루션, SK온 모두 전기차 배터리를 주력 제품으로 생산하는 기업이다. 전기차가 본격적으로 상용화되면서 전기차 배터리 시장 역시 급성장했고, 세 기업 모두 전기차 배터리 관련 기업으로 큰 주목을 받았다.

| 오답피하기 | ④ 메모리 반도체: 반도체의 종류는 크게 메모리 반도체와 시스템 반도체(비메모리 반도체)로 나눌 수 있다. 메모리 반도체는 데이터의 저장, 시스템 반도체는 정보처리를 주요 기능으로 삼는다.

39. 정답 ⑤

| 해설 | 한국의 경우 포이즌 필 도입의 필요성에 관한 논의는 전개되어 왔지만, 제도로 채택되지는 않았다.

| 오답피하기 | ② 공개매수는 적대적 M&A의 전략 중 하나로, 유가증권시장 외에서 불특정 다수로부터 인수대상 기업의 주식을 매수하는 행위를 말한다. 2022년 머스크는 트위터의 공개매수를 선언한 바 있다.

관련 개념 짚어보기

- **백기사**: 적대적 M&A가 진행될 경우 기존 경영진에 대해 우호적인 주주를 말한다. 이러한 주주의 지분을 높임으로써 경영권을 효과적으로 방어할 수 있다.
- **포이즌 필(Poison Pill)**: 적대적 M&A 위기에 놓인 기업이 대규모 유상증자, 임금 인상, 황금낙하산 등을 통해 기업매수자에게 엄청난 비용이 들게끔 하여 인수 포기를 유도하는 적대적 M&A 방어 전략이다. 독약을 삼킨다는 의미에서 포이즌 필이라는 이름이 붙었다. 기업매수자가 일정량 이상의 지분을 확보하면 기존주주에게 할인된 가격으로 대규모 신주를 발행하도록 정관에 정해두어 M&A 기업이 확보한 지분을 희석시키는 방법이 주로 사용되고 있다.
- **황금낙하산**: 적대적 M&A(합병)의 대표적인 방어수단으로, 최고경영자가 사임하게 되면 거액의 퇴직금이나 주식매수권이 부여되게끔 하는 제도이다.

40. 정답 ②

| 해설 | 빅배스(Big Bath)는 목욕을 하며 더러운 것을 씻어낸다는 뜻으로, 새로 부임하는 경영자가 전임자의 재임기간 동안 누적된 손실, 향후 잠재적 부실요소까지 회계장부에 반영하여 책임을 전임자에게 넘기는 행위를 뜻하는 회계용어이다. 이는 내년의 실적을 인위적으로 향상시켜 후임자의 경영성과를 돋보이게 하므로 보통 회사의 CEO 교체기에 빅배스가 이루어진다.

| 오답피하기 | ① 뱅크런: 은행의 대규모 예금인출사태를 말한다. 금융시장 상황이 불안하거나 은행의 경영 및 건전성 등에 문제가 발생하면 예금자들은 은행에 맡긴 돈을 보장받을 수 없을 거라는 불안감에 저축한 돈을 인출하고, 은행은 지급 가능한 자금이 부족해 패닉 상태에 빠질 수 있다. 예금보험공사는 뱅크런과 이로 인한 금융 불안정을 방지하기 위해 예금자보호법에 의해 5,000만 원까지의 예금을 보호해준다.
③ 홀딩스: 지주회사를 뜻하는 용어로, 특정 기업 그룹(우리, 하나 등)에 속하는 여러 기업의 지분을 보유한 회사를 말한다. 지주회사를 통해 모든 기업의 지분을 100% 소유하지 않아도 기업을 지배 및 관리할 수 있다.
④ 숏커버링: 공매도(Short)한 주식을 되갚기 위해(Covering) 시장에서 주식을 매입하는 것을 말한다.
⑤ 윈도드레싱: 기관투자가들이 분기별 또는 연말 성과평가를 앞두고 자신의 포트폴리오에 포함된 주식 종목의 주가를 인위적으로 끌어올리는 행위를 말한다.

41. 정답 ④

| 해설 | 경제고통지수는 국민들이 피부로 느끼는 경제적 삶의 어려움을 계량화해 수치로 나타낸 것이다. 물가상승률과 실업률을 합한 다음 소득증가율이나 국내총생산 증가율을 빼서 수치로 나타낸다.

| 오답피하기 | ① 경제자유지수: 미국의 싱크탱크 중 하나인 헤리티지 재단이 월스트리트 저널과 협력해 계산하는 경제적 자유수준의 지표이다.
⑤ 경제신뢰지수: 앞으로의 경제 전망에 대한 국민의 인식을 설문조사 등을 통해 산출하여 보여주는 지수이다. 소비자심리지수가 대표적인 예이다.

42. 정답 ⑤

| 해설 | 망 중립성은 유·무선 통신 사업자가 인터넷 사업자에게 어떤 차별도 하지 않고 모든 콘텐츠를 평등하게 대우해야 한다는 원칙을 말한다. 2022년 한국에서는 넷플릭스, 유튜브와 관련한 망 사용료 부과 이슈가 존재했다.

| 오답피하기 | ① 페그제: 자국 통화의 환율을 다른 나라의 통화에 고정시키는 제도를 말한다.
② 로그롤링: 국회의원들이 자기의 이익이 걸린 법안을 통과시키기 위해 투표를 거래하는 행위를 말한다.
③ 미란다 원칙: 수사기관이 용의자를 체포할 때 체포 이유와 변호인의 조력을 받을 수 있는 권리로, 진술거부권 등이 있음을 미리 고지해야 한다는 원칙이다.
④ 스놉효과: 어떤 제품이 대중화되면 남들과 다르다는 것을 증명하기 위해 해당 제품을 더 이상 구매하지 않는 소비현상을 일컫는 말이다. 잘난 체하는 속물을 의미하는 '스놉(Snob)'이라는 단어에서 유래됐다. 고급 의류나 가구, 희소가치가 있는 미술품 등에서 스놉효과가 빈번하게 나타난다. 까마귀가 몰리면 백로가 까마귀 떼를 멀리하는 것 같다고 해서 '백로효과'라고도 부른다.

43. 정답 ④

| 해설 | 메타(舊 페이스북)는 리브라의 도입을 추진했으나 디엠으로 이름을 바꾸어 프로젝트를 이어나갔다. 하지만 2022년 디엠 관련 사업 역시 철수하며 실패로 막을 내렸다.

| 오답피하기 | ③ NFT(Non-Fungible Token, 대체불가능토큰): 블록체인 기술을 활용하여 고유성을 가지게 된 디지털 자산(토큰)을 말한다. NFT 기술을 통해 실물이 아닌 디지털 자산의 고유성, 저작권, 소유권을 증명하는 일이 용이해졌으며 디지털 예술작품의 거래에 활발히 이용되고 있다.
⑤ 팡(FAANG): 미국의 빅테크 기업인 Facebook(現 META), APPLE, AMAZON, NETFLIX, GOOGLE의 앞글자를 따서 만든 용어이다.

44. 정답 ①

| 해설 | 기업이 영업활동을 중단하고 청산할 경우, 회수 가능한 금액의 화폐적 가치를 청산가치라고 한다. 청산가치는 기업이 파산 등의 이유로 영업활동을 중단해 청산하는 경우를 상정해 매긴 자산가치를 장부가와 대비했을 때, 회수 가능한 금액의 가치를 말한다.

| 오답피하기 | ② 수익가치: 회사의 미래 수익을 현재로 가치화한 금액을 말한다.
③ 존속가치: 청산가치와 반대로 기업이 지속적인 영업을 한다고 가정해 자산을 평가하는 것을 존속가치 또는 계속기업가치라고 한다.
⑤ 부가가치: 재화 또는 서비스가 생산되는 과정에서 부가된 가치를 말한다.

45. 정답 ①

| 해설 | 금전적 이익을 기대할 수 있는 시설의 유치를 위해 노력하는 (주로 이기적인) 행위를 핌피(PIMFY)현상이라고 한다. 이는 'Please In My Frontyard'의 줄임말이다.

| 오답피하기 | ② 넛지효과: '팔꿈치로 살짝 찌르다.'라는 뜻으로 어떤 일을 강요하기보다는 스스로 자연스럽게 행동을 변화하도록 하는 유연한 개입을 말한다. 2008년 출간된 리처드 탈러와 캐스 선스타인의 행동경제학 책『넛지(Nudge)』에서 소개돼 널리 알려진 개념이다.
③ 베이크 아웃: 새로 지어진 집에 입주했을 때 새집증후군을 예방하기 위하여 집 온도를 높인 후 환기하는 행위를 반복하는 것을 말한다.
④ 바나나현상: 님비(NIMBY)현상은 'Not In My Backyard'의 줄임말로 공공의 이익을 위해서는 필수적인 시설이지만 자신의 주거지에는 도움이 되지 않는, 또는 피해를 주는 폐기물처리장과 같은 시설이 자신의 지역에 들어서는 것을 반대하는 행동이다. 바나나현상은 님비현상과 유사하지만 자신의 지역권과 상관없이 시설의 건립 자체를 반대하는 현상이다.
⑤ 지렛대효과: 투자액의 일부를 자기자본이 아닌 부채로 조달함으로써 자산의 가격변동률보다 훨씬 더 높은 투자수익률을 발생시킨다. 레버리지 효과라고도 한다.

46. 정답 ④

| 해설 | 현행 규제를 적용받지 않으면서 자신의 상품, 서비스, 비즈니스모델을 시험할 수 있는 공간이나 제도를 규제 샌드박스라고 한다. 기존 규제 하에서는 신산업·신기술의 빠른 변화를 신속하게 반영하기 힘들다는 점에서 마련되었다. 아이들이 안전한 환경에서 자유롭게 뛰어놀 수 있게 만든 모래놀이터(Sandbox)에서 유래했다.

| 오답피하기 | ① 규제 기요틴: 기요틴은 과거 프랑스에서 사용되던 처형 기구인데, 규제 기요틴은 비효율적 규제를 짧은 시간 동안 대규모로 개혁하는 행위를 말한다.
③ 규제 일몰제: 새로 신설되거나 강화되는 모든 규제는 존속기한을 설정하고, 기한이 끝나면 자동적으로 규제가 폐지되는 제도를 말한다. 규제가 만들어질 당시에는 타당했으나 사회 경제적 상황이 변하여 그 타당성을 잃었음에도 해당 규제가 계속 유지·운영되어 부작용을 양산하는 것을 방지하기 위함이다.
⑤ 규제 총량제: 규제 일몰제와 함께 도입된 제도로 새로운 규제가 만들어질 때 상한선에 맞춰 기존의 규제는 폐지하는 제도를 말한다.

47. 정답 ②

| 해설 | 공직자윤리법에 의해 공직자는 재임 중 이해충돌을 방지하기 위하여 자신의 재산 관리를 제3자에게 맡겨야 하는데, 이를 백지신탁이라고 한다.

| 오답피하기 | ① 공증: 특정한 법률관계를 공식적으로 증명해주는 행정작용을 말한다.
③ 수의계약: 국가 또는 지방자치단체가 맺는 계약은 입찰을 통한 경쟁계약으로 이루어지는 것이 원칙이다. 하지만 때에 따라 계약상대방을 임의로 선택하는 경우가 있는데, 이를 수의계약이라고 한다. 주로 매각이 어려운 압류재산 등이 대상이 된다.
④ 유상증자: 주주로부터 새로운 자금을 납입받아 신주를 발행하는 방식이다. 반면 무상증자는 준비금을 자본금으로 전환하는 방식으로 이루어진다.
⑤ 스톡옵션: 기업이 임직원에게 일정 기간이 지난 후 일정량의 자사주를 미리 정해둔 가격에 매수할 수 있도록 부여한 권리를 말한다. 주로 기업 경영에 기여할 수 있는 구성원에게 부여되며 기업과 스톡옵션을 부여받은 임직원의 이해관계를 일치시킨다(기업이 발전하면 추후에 높은 가격의 자사주를 저렴하게 매입할 수 있다).

48. 정답 ②

| 해설 | 비둘기파는 국공채 매입, 지급준비율 인하 등의 확장적 정책을 통한 경제성장을 중시하는 입장을 보인다. 반면 매파는 재할인율 인상, 기준금리 인상 등의 긴축적 정책을 통한 인플레이션 안정을 중시한다.

> **관련 개념 짚어보기**
>
> **매파 & 비둘기파**
> 통화정책에 있어 매파는 인플레이션율을 높이지 않기 위해 금리 인상을 주장하며, 비둘기파는 실업률 감소와 경제성장률 상승을 위해 금리 인하를 주장한다.

49. 정답 ③

| 해설 | NATO(North Atlantic Treaty Organization, 북대서양 조약 기구)는 세계 주요 국제기구 중 하나로, 북미 및 유럽 지역의 32개 회원국으로 구성되어 있으며, 안보 관련 협력에 중점을 둔다. 과거 소련은 이에 대항해 바르샤바 조약 기구를 결성하기도 하였다.

| 오답피하기 | ① NAFTA(North American Free Trade Agreement, 북미 자유무역협정): 1992년 미국, 캐나다, 멕시코 간에 체결된 자유무역협정으로, 1994년 1월 발효됐다. 협정국 간에 무관세 또는 낮은 관세를 적용함으로써 경제적 협력 관계를 구축한다.
② UNCTAD(United Nations Conference on Trade and Development, 유엔무역개발협의회): 선진국과 후진국 사이의 무역격차를 해소하기 위해 만들어진 유엔 직속 기구이다.
④ WFP(World Food Programme, 유엔세계식량계획): 유엔 산하 기구 중 하나로, 기아 문제 해결을 중점 과제로 삼는다.
⑤ CPTPP(Comprehensive and Progressive Agreement for Trans-Pacific Partnership, 포괄적·점진적 환태평양경제동반자협정): 환태평양 지역에 속한 국가들의 자유무역협정이다.

50. 정답 ①

| 해설 | 국책은행은 정부에 의해 설립된 은행으로, 특정한 목적 달성을 위해 운영된다. 산업은행, 중소기업은행, 수출입은행 등이 이에 속한다.

| 오답피하기 | ② 저축은행(상호저축은행): 상호저축은행법에 근거해 설립된 은행으로, 일반적으로 저축은행이라고 한다. 주 업무는 수신업무, 여신업무, 부대업무로 나뉘며, 일반은행보다 이자율이 높고 대출금리가 높다.

51. 정답 ⑤

| 해설 |
- 더블딥(Double Dip): 경기침체 후 잠시 회복세를 보였으나 다시 불황에 빠지는 현상을 말한다. W자 형태로 나타난다.
- 스태그플레이션(Stagflation): 물가 상승과 경기침체가 동시에 오는 현상이다. 주로 비용인상 인플레이션이 원인이 되어 발생한다.

52. 정답 ④

| 해설 | 2022년 4월, 금융통화위원회는 연 1.25%에서 연 1.5%로 금리를 인상했다. 2025년 4월 기준 한국의 기준금리는 연 2.75%이다.

관련 개념 짚어보기

금융통화위원회

한국은행의 회의 기구로 한국은행 운영에 관한 주요 사항을 심의 및 의결한다. 기준금리 인상 또는 인하 결정 역시 금융통화위원회에서 이루어진다.

53. 정답 ③

| 해설 | 액티브(Active)펀드는 펀드 자금 운용자가 포트폴리오 구성에 대해 적극적으로 운영전략을 펴는 펀드이다. 반면, 패시브(Passive)펀드는 수익률이 시장 지수 수익률을 추종하도록 포트폴리오를 구성한 펀드를 말한다. 인덱스펀드나 ETF는 패시브펀드의 일종이다.

| 오답피하기 | ① 인컴펀드: 채권, 리츠, 배당주 등에 투자하여 안정적이고 꾸준한 수익을 추구하는 펀드이다.
② 매칭펀드: 컨소시엄 형태로 여러 기업이 자금을 공동출자하는 펀드를 말한다.
④ 인덱스펀드: 시장 지수의 구성요소와 일치하도록 또는 시장 지수를 추종하도록 포트폴리오를 구성한 펀드이다. 낮은 수수료와 높은 장기수익률이 장점이다.
⑤ 스폿펀드: 주식시장에서 인기를 끌고 있어 단기적으로 높은 수익률을 안겨줄 수 있는 주식 종목을 묶은 펀드이다.

54. 정답 ②

| 해설 | 블랙먼데이는 1987년 미국 증권 시장에서 일어났던 주가 대폭락 사건을 말한다. 현재는 월요일에 주가가 폭락할 경우 사용되는 용어로 자리 잡았다.

| 오답피하기 | ① 박싱데이: 스포츠에서 사용되는 영어로, 크리스마스 다음 날인 12월 26일을 가리킨다.
④ 프리미엄프라이데이: 달에 한 번씩 금요일에 2시간씩 일찍 퇴근하도록 하는 제도를 말한다.
⑤ 트리플위칭데이: 주가지수선물, 주가지수옵션, 개별주식옵션의 만기가 겹치는 날을 말한다. 파생상품의 만기일이 겹칠 경우 시장의 변동성이 커지고 예측이 어려워지기 때문에 마녀가 날뛰는 것 같다고 하여 만들어진 용어이다. 더블위칭데이는 선물과 옵션의 만기일이 겹치는 경우, 쿼드러플위칭데이는 트리플위칭데이에 개별주식선물 만기까지 겹치는 경우를 말한다.

55. 정답 ⑤

| 해설 | 디폴트는 자금이 없어 돈을 갚지 못하겠다고 선언하는 것으로, 모라토리움과 달리 미래 상환 의사가 존재하지 않는 경우를 말한다.

| 오답피하기 | ② 모멘텀: 추진력의 뜻을 가진 모멘텀은 주식시장에서 주가가 상승하거나 하락할 때 이러한 추세가 얼마나 지속될지 예측할 때 사용되는 지표이다.
③ 밸류에이션(가치평가): 특정 기업 또는 자산의 현재가치를 평가하는 행위를 말한다. 이를 통해 산출한 기업 또는 자산의 적정가치와 현재 시장가치를 비교하여 투자 판단을 내린다.
④ 펀더멘털: '근본적인'을 의미하는 단어로, 경제학에서는 국가의 경제상태를 나타내는 지표들(경제성장률, 물가상승률 등)을 가리키는 용어로 사용된다.

56. 정답 ③

| 해설 | (A) 전환사채(CB): 사채의 형태로 발행되었지만 후에 회사의 주식으로 교환할 수 있는 권리가 부여된 채권이다.
(B) 신주인수권부사채(BW): 사채의 형태로 발행되었지만 후에 미리 정한 가격에 회사의 신주를 매입할 수 있는 권리가 부여된 채권이다.

| 오답피하기 | • ELW(Equity Linked Warrant): 특정 자산을 만기 때 미리 정해둔 가격에 매수 또는 매도할 수 있는 권리를 지닌 증권을 말한다.
• ELS(Equity Linked Securities): 개별 주식 또는 지수에 연동된 유가증권으로, 주로 기초자산이 만기까지 정해진 박스권 내에 머무르면 일정 수익률을 보장하는 상품이다.
• ETF(Exchanged Traded Fund): 코스피200과 같은 특정 지수의 움직임을 추종하도록 만든 인덱스펀드로, 주식시장에서 거래가 가능하다.

57. 정답 ②

| 해설 | • (가) 황제주: 보통 1주당 100만 원이 넘는 주식을 말한다.
• (나) 우선주: 보통주에 비해 이익의 배당이나 잔여 자산 분배에 우선권이 있는 주식을 말한다. 보통주와 달리 의결권이 없다.

| 오답피하기 | • 황금주: 단 한 주만 가지고 있더라도 주주총회 결의사항에 대해 거부권을 행사할 수 있는 권리가 부여된 특별주식을 말한다. 차등의결권과 함께 대표적인 경영권 방어수단으로 꼽힌다. 1980년대 유럽 국가들이 전략적으로 중요한 공기업을 민영화하면서 외국자본으로부터 경영권을 보호하고 공익성을 유지하고자 도입한 제도이다.
• 테마주: 회사의 영업실적과 무관한 특정 이슈에 의해 가격이 급등하는 주식을 말한다.

58. 정답 ⑤

| 해설 | (A)는 한계기업으로, 기업 자체의 수익성이나 성장 가능성이 떨어져 정부나 금융기관의 도움을 받지 않으면 존속하기 힘든 기업을 말한다. 이자보상배율은 기업이 상환하지 못한 부채에 대해 얼마만큼의 이자를 지급할 수 있는지를 측정하는 데 사용되는 지표로, 3년 연속 1 미만이면 한계기업으로 판정된다. 이자보상배율이 1 미만이면 영업에서 창출한 이익에서 이자비용도 지불할 수 없으므로 잠재적인 부실기업으로 본다.

| 오답피하기 | ② BSI(Business Survey Index, 기업경기실사지수)는 기업가들의 경기전망을 살펴볼 수 있는 척도이다. OECD의 공식 기준으로 부정/보통/긍정의 답변을 조사하고, 이 비중을 바탕으로 지수를 도출한다. BSI가 100보다 높으면 기업가들은 경기를 긍정적으로 전망하고 있음을 의미한다. 한계기업이 증가하면 기업가들의 경기전망은 부정적으로 변할 것이다.

관련 개념 짚어보기

$$이자보상비율(배) = \frac{영업이익}{이자비용}$$

59. 정답 ④

| 해설 | 기준금리 인상은 0.25%포인트로 이루어지는 경우가 일반적인데, 0.5%포인트 금리 인상은 이와 구별하여 빅스텝이라고 한다. 0.75%포인트를 인상하는 경우는 자이언트스텝이라고 한다.

| 오답피하기 | ⑤ 빅브라더: 조지 오웰의 소설 『1984』에서 나오는 존재가 일반화된 용어로, 정보 독점을 바탕으로 사회를 감시하고 통제하는 권력체계를 말한다.

60. 정답 ⑤

| 해설 | 안전자산은 위험이 없거나 적은 자산을 말한다. 금융자산 투자는 채무불이행, 급격한 가격변동 등의 위험을 수반하기 마련인데 이러한 위험이 비교적 적은 금, 은, 달러화 등이 대표적인 안전자산이다.
루블화는 러시아의 통화로, 안전자산으로 보기 어렵다.

| 오답피하기 | ③ 스위스 프랑은 달러화와 더불어 대표적인 통화 안전자산으로 여겨진다.

상황추론·판단

61. 정답 ④

| 해설 | • 갑: 배추 구입비가 지난해와 동일하므로 수요가 가격에 대해 단위탄력적이다. 따라서 수요의 가격탄력성은 1이다.
• 을: 작년과 같은 수량(20포기)을 유지하므로 수요가 가격에 대해 완전비탄력이다. 따라서 수요의 가격탄력성은 0이다.
• 병: 배추 구입비를 줄이므로 수요가 가격에 대해 탄력적이다. 따라서 수요의 가격탄력성은 1보다 크다.
따라서 가격탄력성 절댓값의 크기는 병>갑>을의 순서가 된다.

62. 정답 ⑤

| 해설 | 수요와 공급이 모두 증가하였으므로 균형거래량은 증가하고 균형가격은 불분명하다.

관련 개념 짚어보기

수요와 공급의 증가

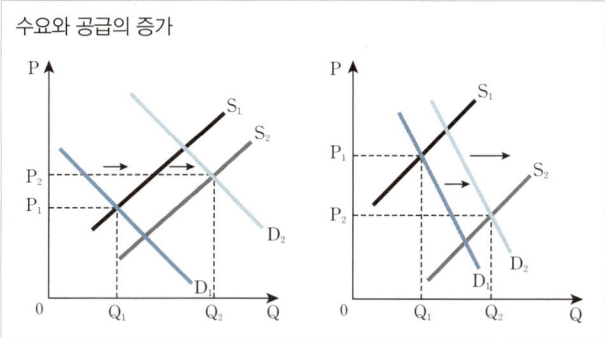

63. 정답 ③

| 해설 | 취업률 급락, 실질금리 상승, 기업 고충 심화 등의 내용을 통해 갑국의 경제상황이 불경기에 해당함을 알 수 있다. 경기침체 시에는 확장적 정책이 필요하다. 총수요를 늘리는 확장적 재정정책에는 SOC예산 투입, 법인세 인하, 해외유턴기업 조세 감면 등이 있다. 확장적 통화정책에는 기준금리 인하, 국공채 매입, 지급준비율 인하, 재할인율 인하 등이 있다.

관련 개념 짚어보기

통화정책의 수단

긴축	확장
기준금리 ↑	기준금리 ↓
지급준비율 ↑	지급준비율 ↓
재할인율 ↑	재할인율 ↓
통화안정 증권 매각	통화안정 증권 매입

64. 정답 ④

| 해설 | 베블런효과는 수요법칙과 달리 오히려 가격이 오를수록 수요가 늘어나는 현상으로, 남들에게 과시하기 위해 이루어지는 명품 소비 등을 예로 들 수 있다.
제시된 신문기사에서는 소비자들이 가격이 높다는 이유로 구글 앱스토어를 이용하는 것은 아니므로 베블런효과에 해당하지 않는다.

65. 정답 ①

| 해설 | ㄱ, ㄴ. 공용 자전거는 배제성이 없으나 경합성이 있는 재화에 해당된다.
ㄷ. 배제성이 없으면 무임승차가 일어나고, 경합성이 있으면 재화가 고갈된다. 이런 상황을 공유자원의 비극이라고 한다.

| 오답피하기 | ㅁ. 왈라스의 법칙은 개별 재화 시장에서는 수요와 공급이 항상 일치한다는 보장이 없지만, 경제 전체에서는 총수요의 가치와 총공급의 가치가 항상 일치한다는 법칙이다.

66. 정답 ②

| 해설 | 초고령사회는 65세 이상 인구 비율이 20%가 넘어야 한다. 2020년에 65세 이상 인구 비율은 16.1%이므로 초고령사회에 진입하지 않았다.

67. 정답 ④

| 해설 | 수입 원재료의 가격 상승과 국제 유가의 상승은 총공급을 감소시키는 공급충격에 해당하므로 총공급곡선이 좌측으로 이동하여 물가가 상승할 것이다.

| 오답피하기 | ① 임금의 상승으로 인해 기업이 부담을 느껴 구조적 실업이 일어날 수 있으므로 실업률은 증가할 수 있다.
② 민간투자가 늘어나면 총수요곡선은 우측으로 이동한다.
③ 수입하는 철강 가격이 올랐으므로 국내총생산이 증가할 것이라고 유추하기는 어렵다.
⑤ 총수요 증가로 인해 나타나는 인플레이션은 수요견인 인플레이션이다. 대화를 통해 추론할 수 있는 것은 비용인상 인플레이션이다.

관련 개념 짚어보기

공급충격

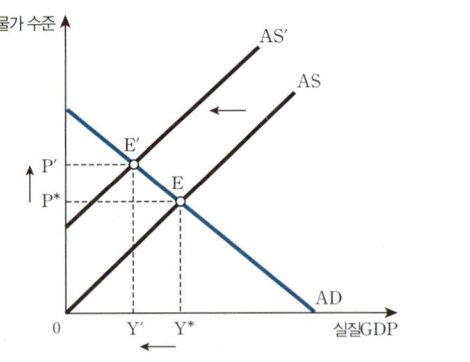

68. 정답 ⑤

| 해설 | 채권 가격과 시중 금리는 역(-)의 관계를 갖는다. 기준금리를 인상하는 긴축적 통화정책의 시행은 시중 금리를 상승시켜 채권 가격의 하락 요인이 된다.

69. 정답 ③

| 해설 | ㄴ. '빅3' 택배사의 국내 택배시장 점유율이 77%에 달하므로 독점규제 및 공정거래에 관한 법률(공정거래법)에 의하여 과점시장에 해당한다.
ㄷ. 리니언시는 담합행위를 한 기업들의 자백을 유도하여 자진 신고 시 과징금을 감면해주는 제도를 말한다. 자진 신고자 감면제라고도 한다.

| 오답피하기 | ㄹ. 가격수용자(Price Taker)는 완전경쟁시장에서 가격에 영향을 줄 수 없고, 시장에서 결정된 가격에 따라서 소비와 생산을 결정하는 개별 경제주체를 말한다.

관련 개념 짚어보기

시장지배적 사업자의 추정(공정거래법 6조)
1. 하나의 사업자의 시장 점유율이 100분의 50 이상
2. 셋 이하의 사업자의 시장 점유율의 합계가 100분의 75 이상. 다만, 이 경우에 시장 점유율이 100분의 10 미만인 사업자를 제외한다.

70. 정답 ③

| 해설 | ㄴ. 소비액을 초과하는 소득액은 저축된 자금이다.
ㄷ. 저축이 소비보다 많으면 저축된 자금을 통해 안정적인 노후생활을 보낼 수 있다.

| 오답피하기 | ㄱ. 소비는 생애주기의 끝에 도달할 때까지 누적되므로 가로축의 끝에서 누적액이 가장 높다. a점은 소득이 소비보다 낮아지기 시작하는 지점으로, a점에서 가장 높은 것은 저축의 누적액이다.
ㄹ. 청년기부터 중장년기의 일정 시점까지는 소득이 증가한다.

71. 정답 ②

| 해설 | '늦게나마 문제를 인식하고, 뒤늦게 대처하는 것' 등의 내용을 통해 '소 잃고 외양간 고친다.'와 관련 있음을 알 수 있다.

| 오답피하기 | ① 도랑 치고 가재 잡는다: 일의 순서가 뒤바뀌어서 애쓴 보람이 나타나지 않음 또는 한 가지 일로 두 가지 이익을 봄을 비유적으로 의미한다.
③ 바늘 가는 데 실 간다: 서로 떨어질 수 없는 아주 가까운 사이를 일컫는 말로, 함께 다녀야 제 역할을 하고 그 가치를 인정받을 수 있다.
④ 흉년의 떡도 많이 나면 싸다: 귀한 물건이라도 많이 나면 천해짐을 의미한다.
⑤ 맛있는 음식도 늘 먹으면 싫다: 아무리 좋은 일이라도 여러 번 되풀이하면 싫어짐을 의미한다.

72. 정답 ①

| 해설 | '맬서스적 개념은 틀린 개념이다.'라는 내용을 통해 맬서스의 주장을 반박하고 있음을 알 수 있다.
'식량은 산술급수적으로 늘지만, 인구는 기하급수적으로 늘어난다.'는 맬서스의 견해이다.

73. 정답 ⑤

| 해설 | 유가가 일정할 때, 엔화 환율이 110엔 → 120엔 → 130엔으로 상승할수록 경상수지 적자는 개선되고 있다.

| 오답피하기 | ① 엔화 환율 130엔과 유가 90달러에서 경상수지 적자 수준이 -1.6%로 가장 약하다.
② 엔화 환율이 일정할 때 유가의 상승은 경상수지 적자를 심화시킨다.
③ 엔화 환율이 낮을수록, 유가가 높을수록 경상수지는 악화된다.
④ 엔화 환율의 상승보다 유가의 상승이 경상수지에 미치는 부정적 효과가 크다.

74. 정답 ①

| 해설 | 행동경제학(㉠)은 주류경제학의 합리적 인간이라는 전제를 부정하고, 실제적인 인간 행동과 그 결과를 심리학, 사회학, 생리학적 배경에 따라 연구·규명하는 경제학의 일종이다. 애덤 스미스 이래 합리성의 경제학이 많은 발전을 했지만, 실제 현실과 괴리를 나타낸다는 문제의식에서 시작된 학문이다. 이는 2017년 리차드 탈러가 '승자의 저주'로 노벨 경제학상을 받은 이후 경제학에서 급부상하고 있다.
행동경제학에서 손실 회피성(㉡), 손실혐오란 사람들이 이익보다 손실을 더 강하게 회피하려고 하는 경향을 말한다.
보유효과(㉢)는 어떤 것을 일단 소유하게 되면 그것이 객관적으로 평가받는 가치보다 더 많은 가치를 부여하게 되는 현상을 말한다.

75. 정답 ③

| 해설 | 일반적으로 재정적자는 국가부채를 증가시킨다. 국가부채를 지속 가능한 수준으로 관리하기 위해 정부는 의무지출을 줄여야 한다.

| 오답피하기 | ① 한국의 부가가치세는 간접세에 속하며, 세율은 10%이다.
② 세금의 인상은 국민의 조세부담률을 증가시킨다.
④ 국가채무란 국가가 중앙은행이나 민간으로부터 빌려 쓴 돈을 말하고, 국가부채는 국가채무에 미래에 국가가 지불해야 할 금액까지 더한 것이다. 즉, 국가채무에 미래에 지출하기 위해 현재 충당해야 하는 공무원연금과 군인연금 등의 충당부채를 합한 것이다.
⑤ 세율의 인상이 경기를 침체시킬 경우 전체 조세수입이 감소해 국가부채를 증가시킬 우려가 있다.

76. 정답 ①

| 해설 | 신문칼럼은 규제를 개혁할 때 이를 막는 요인으로 관료제의 저항과 안전에 대한 욕구를 들고 있다.
ㄱ. 철의 삼각은 정책분야별로 특정 이익집단, 관료조직, 의회의 관련 상임위원회가 상호 간의 이해관계를 유지·보전하기 위해 견고한 동맹관계를 형성하는 현상을 말한다.
ㄴ. 붉은 깃발법(적기조례)은 영국 빅토리아 여왕 시절인 1865년 증기자동차의 등장으로 피해를 볼 수 있는 마차 사업과 마부들의 일자리 보호를 위해 제정된 세계 최초의 교통법이다. 이 법은 자동차에 붉은 깃발을 든 기수 등 3명이 타도록 하고 자동차 최고 속도를 말보다 느리게 규제했는데, 약 30년간 법이 유지되면서 자동차 구매 욕구를 감소시키는 주원인이 됐다. 산업혁명 발상지였던 영국은 자동차를 가장 먼저 만들고도 산업이 크게 위축돼 주도권을 독일·미국·프랑스에 내주고 말았다. 이는 기존 산업 보호를 위해 새로운 산업 모델을 규제로 억누르면 경제 전체에 역효과가 나타날 수 있다는 교훈을 준다.

| 오답피하기 | ㄷ. 콩도르세의 역설은 개인들의 선호는 모두 이행성을 충족하더라도 사회 전체로는 이행성이 충족되지 않는 다수결 투표의 맹점을 표현한 말이다. 투표의 역설이라고도 한다.
ㄹ. 인클로저 운동은 울타리 치기를 통해 사유지를 명시하는 행위로, 중세 말기부터 19세기까지 영국을 중심으로 유럽에서 일어난 운동이다. 곡물 생산보다 양모 생산의 효율성이 높아지자 농경지를 목축지로 바꾸는 과정에서 일어났고, 소작농의 도시 임금 노동자화를 가속해 산업혁명에 영향을 주었다.

77. 정답 ⑤

| 해설 | 원/달러 환율이 상승하고 있으므로 달러화 대비 원화의 가치는 하락한다. 따라서 미국산 농산물을 우리나라에 수입할 때의 수입 가격은 상승할 것이다.

78. 정답 ④

| 해설 | 신용등급을 안정적에서 낮추었으므로 (가)는 '부정적'이 된다. '막대한 정부의 (나)와 국가부채 급증'이라는 내용에서 (나)는 재정적자임을 유추할 수 있다. 신용등급전망이 하락하였으므로 국채의 이자율은 상승할 것이다. 따라서 (다)의 국채 수익율은 상승한다.

79. 정답 ②

| 해설 | 2019년에서 2020년까지의 이자비용이 53조 3,500억 원에서 53조 300억 원으로 소폭 감소하였으므로 기업의 이자비용이 지속적으로 증가했다고 볼 수 없다.

80. 정답 ②

| 해설 | 프레데릭 바스티아는 프랑스의 경제학자로 자유무역과 시장경제를 강조했다. 제시문에서는 양초제조업자들이 태양광을 규제해달라는 형식의 비현실적인 청원을 통해 규제의 불합리함을 역설적으로 말하며 자유무역을 강조하고 있다. 따라서 보호무역을 주장하는 중상주의의 입장을 옹호하는 것이라 볼 수 없다.

> **관련 개념 짚어보기**
>
> **중상주의**
>
> 15세기부터 18세기 후반 산업혁명에 의해 근대자본주의가 성립하기 전까지 서유럽 국가들에서 채택된 경제정책을 말한다. 정부의 지원으로 국내시장을 보호(수입 억제)하고 국외 시장의 개척을 촉진(수출 장려)하는 보호무역정책이 중상주의 정책의 핵심 내용이다. 중상주의자들은 무역을 통해 한 국가가 부유해지면 상대방 국가는 가난해지므로 무역을 제로섬 게임(Zero-Sum Game)으로 인식했다.

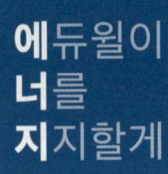

삶의 순간순간이
아름다운 마무리이며
새로운 시작이어야 한다.

– 법정 스님

eduwill

정답 및 해설

2025 최신판

에듀윌 TESAT
회차별 기출문제집
+무료특강

고객의 꿈, 직원의 꿈, 지역사회의 꿈을 실현한다

| 에듀윌 도서몰
book.eduwill.net | • 부가학습자료 및 정오표: 에듀윌 도서몰 > 도서자료실
• 교재 문의: 에듀윌 도서몰 > 문의하기 > 교재(내용, 출간) / 주문 및 배송 |

에듀윌에서만 누릴 수 있는
역대급 기출 수록량!

에듀윌이 업계 최고의 한경TESAT
기출 서비스를 제공합니다

※ 상기 문항 수는 기출변형을 제외한 실제 기출문제 수를 의미하며, 향후 교재 개정 상황에 따라 변동될 수 있음